Louise Richardson

Was Terroristen wollen

Schriftenreihe Band 679

Louise Richardson

Was Terroristen wollen

Die Ursachen der Gewalt und wie wir sie bekämpfen können

Aus dem Englischen von Hartmut Schickert

bpb:
Bundeszentrale für politische Bildung

Louise Richardson, geb. 1958, ist Professorin an der Harvard University und gilt weltweit als Expertin für Sicherheitspolitik. Die gebürtige Irin erlebte den Schrecken der IRA während ihres Studiums und machte es zu ihrer Lebensaufgabe, Terrorismus zu erforschen, um ihn eindämmen zu können.

Die englische Originalausgabe *What Terrorists Want. Understanding the Enemy, Containing the Threat* erschien 2006 bei Random House, an imprint of The Random House Publishing Group, a division of Random House, Inc., New York 2006

Bonn 2007
Lizenzausgabe für die Bundeszentrale für politische Bildung
Adenauerallee 86, 53113 Bonn

Umschlaggestaltung: Michael Rechl, Kassel
Umschlagfoto: Türme des World Trade Center, New York, 1986
© Norbert Michalke / buchcover.com
Satz: Campus Verlag, Frankfurt am Main
Druck und Bindung: Freiburger Graphische Betriebe

ISBN 978-3-89331-840-7

www.bpb.de

Für Ciara, Fiona und Rory

Inhalt

Einleitung

> Nichts ist leichter, als den Übeltäter zu verurteilen, und nichts ist schwieriger, als ihn zu verstehen.
>
> *Dostojewski**

Die obskure akademische Disziplin, mit der ich mich seit vielen Jahren unauffällig abgeplagt hatte – Terrorismusforschung –, stand im September 2001 plötzlich im Rampenlicht. Über Terrorismus habe ich gegrübelt, solange ich denken kann, und seit Mitte der neunziger Jahre halte ich für Harvard-Studenten Seminare darüber ab. Plötzlich wurde ich mit Einladungen für Vorträge aus dem ganzen Land und darüber hinaus eingedeckt, und seither habe ich vor manch einem Publikum gesprochen. Am Ende meiner Referate werde ich immer gefragt: »Welches ist das *eine* Buch, das ich lesen sollte, um Terrorismus zu begreifen?« Die Enttäuschung der Fragesteller ist spürbar, wenn ich mit einer ausführlichen Liste von Büchern antworte, die jeweils unterschiedliche Aspekte des Terrorismus behandeln. Ich war immer davon ausgegangen, dass unternehmungslustigere Autoren als ich sich unverzüglich daran gemacht hätten, dieses eine Buch zu schreiben, das das Problem des Terrorismus in all seiner Komplexität angeht, aber mit einem verständlichen, stimmigen, analytischen Ansatz. Ein Buch, das Terrorismus unparteiisch als uraltes politisches Phänomen darstellt, welches man rational begreifen kann. Das Lesern zu verstehen hilft, was Menschen zu Terroristen macht und was Terroristen zu erreichen versuchen. Ich habe *Was Terroristen wollen* geschrieben, um diese Lücke zu schließen. Es stützt sich auf jahrelange Forschungen über die Entwicklung terroristischer Bewegungen und antiterroristischer Strategien weltweit und lotet aus, wie der Terrorismus beschaffen ist, von dem wir heute bedroht sind. Es untersucht die Zusammenhänge und die Ursachen hinter den Terroristen und fragt, was sie dazu bringt, gegen uns zu kämpfen. Es erforscht die Erfahrungen, die andere Demokratien mit dem Kampf gegen den Terrorismus gemacht haben und zeigt auf, welche Lektionen man aus deren Erfolgen und Niederlagen ziehen kann, damit wir eine effizientere Antiterrorpolitik formulieren können.

Meine persönliche Perspektive ist eine andere als die der meisten Terrorismusexperten. Mein ursprünglicher gesellschaftlicher Hintergrund hat zahlreiche Terroristen hervorgebracht, und ich habe den größten Teil meines Berufslebens mit dem Versuch verbracht, sie zu verstehen. Wenn ich an die Gräueltaten von Terroristen denke, stelle ich mir die Übeltäter nicht als bösartige Monster vor; vielmehr denke ich an Terroristen, die ich kennen gelernt habe, und an Bekannte, die sich Terrorgruppen angeschlossen haben, und in meinem Kopf spule ich ihre Selbstrechtfertigungen ab. Ich schlage mich mit der Frage herum, wie junge Idealisten glauben können, dass sie gegen Ungerechtigkeit und für eine bessere Welt kämpfen, wenn sie unschuldige Menschen ermorden. Ich denke – wie es der protestantische Märtyrer John Bradford vor 500 Jahren ausdrückte –, »Gott sei Dank, es hätte genauso gut auch mich erwischen können.«[1] Ich finde die Rechtfertigungen der Terroristen nicht überzeugend. Ganz im Gegenteil. Meinen Moralvorstellungen nach hat niemand das Recht, einem nicht in Kampfhandlungen verwickelten Menschen das Leben zu nehmen. Andererseits fällt mir immer wieder auf, wie sehr Antiterrorstrategien zum Scheitern verurteilt sind, bei denen Terroristen grundsätzlich als eindimensionale Bösewichte und Psychopathen gesehen werden.

Ich wuchs in den sechziger und siebziger Jahren in einer kleinen Küstenstadt im ländlichen Irland auf. Jeden Morgen versammelten sich meine Klassenkameraden und ich zum Gebet unter einer Statue des gekreuzigten Christus und unter einer großen, gerahmten Kopie der Unabhängigkeitserklärung. Der Text dieser Erklärung war von Fotos der sieben Männer umgeben, die wegen ihrer Rolle beim Osteraufstand 1916 hingerichtet worden waren; damals hatte man erfolglos versucht, mit Waffengewalt eine Republik Irland zu schaffen. Ihre Bilder waren mir so vertraut wie die der amerikanischen Gründerväter meinen Kindern. Meine Klassenkameraden und ich bewunderten diese sieben Männer genauso wie meine Kinder Benjamin Franklin, Thomas Jefferson, George Washington und Abraham Lincoln. Der Unterschied ist natürlich, dass Jefferson und Franklin und die anderen Unterzeichner der amerikanischen Unabhängigkeitserklärung ihren

Kampf um die Selbstständigkeit gewannen, die Unterzeichner der irischen Unabhängigkeitserklärung ihren aber verloren. Sie hatten nicht zusammengehalten, sondern wurden, wie Franklin gefürchtet hatte, zusammen hingerichtet.[2] Das Kruzifix wie die Unabhängigkeitserklärung vermittelten unausgesprochen dieselbe Botschaft: dass die Guten oft verunglimpft werden und leiden müssen, dass gegen die Mehrheit zu kämpfen und dafür bestraft zu werden nicht bedeutet, dass man auf der falschen Seite steht, dass mit der Zeit die Wahrheit triumphiert. Anders ausgedrückt: Meine Weltsicht unterscheidet sich also sehr von der meiner amerikanischen Kinder, die gelernt haben, dass die Mehrheit im Recht ist und – wie der Unabhängigkeitskrieg, der Amerikanische Bürgerkrieg und die beiden Weltkriege zeigten – die Guten die Kriege gewinnen.

Als ich Jahre später unter der Obhut englischer Historiker irische Geschichte studierte, erfuhr ich, dass der ruhmreiche Aufstand von 1916, über den wir gelernt hatten, dass die Nation sich gemeinsam erhob, um das britische Joch abzuschütteln, in Wirklichkeit alles in allem eine eher bescheidene Unternehmung gewesen war. Eine Splittergruppe bewaffneter Amateurrebellen terrorisierte das Zentrum von Dublin eine Woche lang; sie besetzten das Hauptpostamt und ein paar weitere Gebäude und schossen auf die britischen Besatzer und die einheimischen Polizisten. Insgesamt wurden im Verlauf der einwöchigen Kämpfe in der dicht bevölkerten Stadt 254 Zivilisten, 132 Sicherheitskräfte und 64 Aufständische getötet.[3] Es war die Reaktion – oder besser Überreaktion – der britischen Regierung, die daraus eine große Sache machte. Die Anführer wurden hingerichtet und damit zu Märtyrern, während die Mitläufer und Sympathisanten nach Großbritannien in Internierungslager verfrachtet und dort radikalisiert wurden, um dann besser organisiert, verbitterter und zu einem richtigen Unabhängigkeitskrieg motiviert heimzukehren. Die Parallelen zu heute sind offenkundig.

Der Mythos von 1916 lebte im Bewusstsein des Volkes fort. In meiner Kindheit hörte ich unzählige Geschichten von meinen Tanten mütterlicherseits, wie sie heimlich Botschaften in das besetzte Postamt schmuggelten, von mutig unter Lebensmitteln in Fahrradkörben versteckten Gewehren, die »den Burschen« gebracht wurden. Väterlicherseits ging es darum, dass mein Vater nach seinem Onkel benannt worden war, der kurz vor der Geburt meines Vaters in den brutalen Händen der *Black and Tans* gestorben war. Das waren schlecht ausgebildete britische Hilfstruppen, die in Irland die Ordnung aufrechterhalten sollten, solange die regulären britischen Sicherheitskräfte im Ersten Weltkrieg kämpften. (*Black and Tans*, »Schwarz-Braune« nannte man sie, weil ihre Uniformen aus überzähligen Armee- und Polizeibeständen zusammengestückelt waren.) Man erzählte mir, der Onkel sei Zeuge geworden, wie ein paar aggressive *Black and Tans* ein Dubliner Mädchen belästigten, und als er ihm zu Hilfe kam, hätten sie ihn einfach kaltblütig erschossen. Erst später fand ich – mit der Skepsis der methodisch geschulten Geschichtsstudentin – heraus, dass die meisten dieser Geschichten geklittert gewesen waren. Als ich meiner Großmutter einmal ein paar Schubladen aufräumen half, stieß ich auf ein Foto vom Namensgeber meines Vaters: Der angeblich von den verhassten *Black and Tans* getötete Onkel trug die Uniform eines britischen Soldaten. Davon war in der Familie nie die Rede gewesen. Ich wahrte das Geheimnis. Wichtiger als die Fakten war bei diesen Geschichten die Art und Weise, wie man sich an sie erinnerte und sie weitergab. Diese erinnerte Historie – stets zu stark vereinfacht, mit überzeichneten Helden und Schurken – ist es, die die nächste Generation mobilisiert und motiviert, auf die Fakten kommt es nicht so sehr an.

Wie viele in meinem Umfeld wuchs ich mit einem leidenschaftlichen Hass auf England heran, den meine apolitischen Eltern nicht teilten, der aber zuhause oder in der Schule mit Sicherheit niemals kritisiert wurde. Irische Geschichte lernten wir in der Schule als eine lange Folge von heroischen Anstrengungen, das böse Joch der Briten abzuwerfen. Ihnen gaben wir die Schuld an all unseren Übeln, den politischen, kulturellen, sprachlichen, sozialen und natürlich religiösen. Gelegentlich lernte ich englische Urlauber kennen, die unsere Stadt besuchten, was meine Gewissheit erschütterte, und so beschloss ich, die englische Regierung zu hassen und nicht die einzelnen Engländer. Als in den späten sechziger Jahren in Nordirland die Straßenkämpfe zwischen der Bürgerrechtsbewegung und den überreagierenden Sicherheitskräften eskalierten, schien das alles eine Fortsetzung derselben brutalen Unterdrückung irischer Katholiken zu sein. In Notizbüchern hielt ich die Gräueltaten an Katholiken fest und schrieb Tagebücher voller Schmähungen angesichts der neusten Beispiele, wie die Briten ihre traditionelle Rolle als Ausbeuter und Schinder Irlands weiterspielten. Mit dem Massaker am Blutsonntag 1972 erreichte meine Wut einen neuen Höhepunkt. Ich war 14 Jahre alt, und wenn die IRA mich genommen hätte, wäre ich ohne zu zögern eingetreten.[4] Meine irritierte Mutter musste mich in meinem Zimmer einschließen; ich durfte das Haus nicht verlassen, damit ich nicht meinem brennenden Wunsch nachgeben konnte, nach Norden zu fahren und mich am Wochenende nach dem Blutsonntag dem Marsch der Bürgerrechtler in Newry anzuschließen.

Meine Ansichten standen im völligen Einklang mit der Kultur um mich herum. Die Ermordung eines Katholiken empfanden wir als etwas ganz anderes als die eines Protestanten oder eines britischen Soldaten. Ein katholischer Toter war ein Verlust für unsere Seite, ein toter Soldat ein Sieg. Der Extremismus, den ich aufsog, kam aus der Schule, aus Büchern, volkstümlichen Legenden und Liedern. Als ich Jahre später in einem friedlichen Vorort von Boston verzweifelt versuchte, in den frühen Morgenstunden wachzubleiben und gleichzeitig eines meiner kleinen Kinder in den Schlaf zu wiegen, stellte ich zu meinem Entsetzen fest, dass ich nur ein oder zwei Wiegenlieder kannte. Hingegen kannte aus meiner Kindheit ein endloses Repertoire irischer Lieder. Schließlich sang ich meinem unruhigen Kind mit sanfter Stimme ein blutrünstiges, kriegstreiberisches Lied nach dem anderen vor. Sie erzählten einfache Geschichten von Gut und Böse und dem gerechten Kampf für Veränderung.

Mit 17 Jahren kam ich auf das Trinity College in Dublin: Als katholisches Mädchen vom Land fühlte ich mich unter den protestantischen oberen Zehntausend sozial ziemlich entwurzelt. Mit Veranstaltungen für die Neuen versuchten die verschiedenen Clubs, die Erstsemester als Mitglieder zu werben. Meine beste Freundin, eine ebenfalls sozial entwurzelte Katholikin, und ich wurden von der Studentenvereinigung der IRA rekrutiert. Zu diesem Zeitpunkt war ich bereits zu dem Schluss gekommen, dass Morde nicht das richtige Mittel seien, um Irland wiederzuvereinen. Ich besuchte Versammlungen und diskutierte mit, sagte aber, ich wolle nicht beitreten, weil ich den Einsatz von Gewalt nicht gutheißen könnte. Meine Freundin trat ein.

Ich hielt mich im Hintergrund, debattierte über Methoden und schmierte in der Küche Sandwiches, bis attraktivere Dinge wie etwa der Kampf gegen die Apartheid in Südafrika meine Aufmerksamkeit fesselten. Diejenigen, die der IRA beitraten, glichen mir in fast jeder Hinsicht. Sie waren junge Idealisten, die ihrem Land dienen wollten, wie es ihre Vorfahren getan hatten (oder wie sie glaubten, dass es ihre Vorfahren getan hätten). Sie waren von dem Verlangen motiviert, das Unrecht aus der Welt zu schaffen und für eine hehre Sache ihr Bestes zu geben. Sie wussten, dass sie für ihre Entscheidung vermutlich persönlich büßen müssten. Sie rechtfertigten den Einsatz von Gewalt damit, dass es der einzige Weg wäre, in Richtung auf die angestrebten legitimen Ziele Fortschritte zu machen.

Am Trinity College lernte ich die britische Version der irischen Geschichte kennen. Als ich versuchte, meiner Familie Beweise vorzulegen, die die hier akzeptierten Lehren des irischen Republikanismus infrage stellten, wurde das als »Trinity-Gewäsch« abgetan. Es faszinierte mich – und fasziniert mich bis auf den heutigen Tag –, wie wohlmeinende, als Nachbarn miteinander lebende Menschen zwei völlig verschiedene Versionen ein und desselben Ereignisses glauben konnten. Als ich mich Jahre später in Harvard auf meine Promotion vorbereitete, las ich Literatur über Terrorismus. Ich erschrak zutiefst, wie wenig man von dem Thema verstand. Terroristen wurden als Psychopathen dargestellt, Terrorbewegungen als Banden von Kriminellen, die auf persönliche Vorteile aus waren, der Begriff »Terrorismus« selbst war ein unklares, abwertendes Etikett, das man seinen Feinden anhängte. Meine Sicht der Dinge war das nicht. Diese Beschreibung entsprach nicht meinen Kommilitonen, die sich der IRA angeschlossen hatten, oder den Eltern meiner Freunde oder meinen Lehrern im Gaeltacht (dem Teil Irlands, wo noch gälisch gesprochen wird), die dasselbe getan hatten.

Diese inadäquaten Darstellungen brachten mich zur Terrorismusforschung; ich wollte herausfinden, warum ansonsten verantwortungsbewusste Eltern, Studenten oder Lehrer sich einer terroristischen Bewegung anschlossen und in ihr blieben und wie eine Gruppe von Leuten kollektiv entscheiden konnte, unschuldige andere, ihnen nicht bekannte Menschen zu töten, um Fortschritte in Richtung auf ein Ziel zu machen, das sie höchstwahrscheinlich zu ihren Lebzeiten nicht erreichen würden. Meine Nachforschungen führten mich an die Quellen heran, an Aufzeichnungen der Täter selbst. Über die Motivationen, die Ziele und die Rechtfertigungen von Terroristen gibt es viele Primärquellen. Sie finden sich in Befragungen gefangen genommener Terroristen und in den Verlautbarungen sowie auf den Websites von Terrorgruppen. Ich sprach auch mit allen Terroristen, mit denen das möglich war. In der Zeit vor dem 11. September 2001 war das erheblich leichter als danach.

Vor ein paar Jahren trafen einige Kollegen und ich uns mit einer Gruppe, die wir höflich als »Aktivisten« bezeichneten; es handelte sich um Repräsentanten einer Reihe von ethnonationalistischen Terrorgruppen. Unsere geheim gehaltene Versammlung in einem Privathaus dauerte mehrere Tage, und während dieser Zeit verhielten wir uns ganz wie Akademiker bei einem Kongress. Ich hielt einen Vortrag über Faktoren, die die Entscheidungen von Terroristen zur Eskalation treiben, und ein führendes Mitglied einer wohlbekannten Terrorgruppe hielt dazu das Koreferat. Höflich wies er darauf hin, wo ich seiner Ansicht nach Recht hätte und wo er nicht mit mir übereinstimmte, welche meiner Verallgemeinerungen auf seine Bewegung zutrafen und welche nicht. Mehrere Tage blieben wir gesellig beisammen. Bald konnte man kaum noch sagen, welche Teilnehmer in welches Lager gehörten.

Ziel des Treffens war unter anderem herauszufinden, welche Faktoren eine Gruppe zur Eskalation auf eine andere Gewaltebene treiben; also konstruierten wir ein paar Szenarien, um in dieser Frage voranzukommen. Wir beteiligten uns auch an ein paar Sandkastenspielen – wiederum weil wir die Faktoren herauszufinden versuchten, die eine Eskalation auslösen. Gemischte Teams von Akademikern und »Aktivisten« übernahmen dabei jeweils eine Rolle. Meine Gruppe spielte die einer tschetschenischen Zelle in Moskau. Das Szenario schrieb vor, dass wir unter immer stärkeren Druck der Behörden gerieten, während wir herauszufinden versuchten, welche Art von Druck die Entscheidung zur Eskalation herbeiführen würde. Es war verblüffend, wie ähnlich sich die Reaktionen von Akademikern und Aufständischen waren. Während die operative Effizienz der Kampferfahrenen atemberaubend war (nüchtern und sachlich korrigierten sie uns Akademiker, wie viele Personen und welche Waffen man für eine bestimmte Operation brauchte), waren bei der wichtigeren Frage, wann man es zu einer Eskalation kommen lassen sollte, die Aufständischen nicht schneller bei der Hand als die Wissenschaftler. (Vielmehr waren die Aufständischen ob der Kampfeslust der Akademiker in den gemischten Gruppen ziemlich verblüfft.) Der einzige wirkliche Unterschied drehte sich um die Frage, wie man auf einen Zwischenfall reagieren solle, den man als Beleidigung der eigenen Ehre betrachten konnte. Ich argumentierte rational, wir seien schwach, müssten mit unseren Kräften haushalten und sollten nichts unternehmen. Ein Aufständischer bestand entschieden darauf, wir müssten unsere Ehre verteidigen, egal was es koste. Als es darum ging, ob wir Kinder und Familien angreifen sollten, waren es die Akademiker, die als erste dazu bereit waren. Ich erwähne das nicht, um ein ernstes Thema zu bagatellisieren, sondern will nur klarstellen, dass Terroristen Menschen sind, die genauso denken wie wir. Sie haben Ziele, die sie erreichen wollen, und unter anderen Umständen würden sie – wie vielleicht auch wir – ein ganz anderes Leben führen.

Mit meinen Kollegen organisierte ich ein zweites, ähnliches Treffen, diesmal mit Vertretern religiöser Terrorgruppen. Als Termin war der 11. bis 14. September 2001 vorgesehen. Doch sechs Wochen vor dem geplanten Treffen entschieden wir uns, den Termin abzusagen, weil wir uns Sorgen machten, dass eine der Gruppen das Treffen an die Öffentlichkeit bringen könnte und zudem eine Rebellengruppe darauf bestand, dass unter den Wissenschaftlern keine Juden sein dürften. Oft habe ich mir vorgestellt, wie es gewesen wäre, an jenem Tag in solcher Gesellschaft zu sein.

Als Politikprofessorin in Harvard hielt ich Seminare über internationale Beziehungen und amerikanische Außenpolitik. Wenn Studenten in mein Büro kamen und meine Regale voller Bücher über Terrorismus erblickten, fragten sie, warum ich ihnen nicht etwas über Terrorismus beibringen würde. Darauf antwortete ich, dies sei mein Hobby, das stünde nicht auf meinem Lehrplan. Aber sie überredeten mich. Ich willigte ein, ein Anfängerseminar zu geben, das keine Pflichtveranstaltung war. Solche Kurse sind auf 15 Teilnehmer begrenzt, und normalerweise werden sie von halb so viel Studenten besucht. Als ich erstmals das Seminar anbot, schrieben sich 130 Studenten ein. Wie immer, wenn man kluge Studenten unterrichtet, lernt man genauso viel wie sie.

Eingedenk meiner eigenen ersten Studienjahre erwartete ich, die Seminarteilnehmer wären von der Politik enttäuscht und hätten Che-Guevara-Poster in ihren Zimmern hängen. Doch als ich am ersten Tag herumging und fragte, warum sie das Seminar besuchten, lauteten die Antworten einmütig, man wolle Außenminister oder CIA- oder FBI-Direktor werden. Sie waren gekommen, weil sie Terroristen einsperren wollten, nicht weil sie mit ihnen sympathisierten. Zu Beginn des Semesters stellte ich jedem Studenten die Aufgabe, sich eine Terrorbewegung auszusuchen, ihre Spuren zu verfolgen, ihre Website zu besuchen, die Literatur darüber zu lesen, Nachforschungen über die Anführer und Aktionen der Gruppe anzustellen und dann am Ende des Semesters vor den Kommilitonen ein Referat darüber zu halten. Etwas Komisches geschah. Fast ausnahmslos begann der Student (es handelte sich überwiegend um junge Männer) seine Präsentation mit einer Aussage wie: »Nun, bei all den anderen Gruppen handelt es sich um Terroristen, aber wenn man sich die ETA [oder die IRA oder den Leuchtenden Pfad oder welche Bewegung er sich auch immer ausgesucht hatte] genau ansieht, stellt man fest, dass sie eigentlich keine echten Terroristen sind. Wisst ihr, wie mit ihnen umgesprungen wurde, oder wisst ihr, was sie für die Armen tun? Oder wisst ihr etwas über ihre Kulturprogramme?«

Wie sehr sich die Studenten in den neunziger Jahren für das Thema interessierten, hat mich immer wieder erstaunt. Meine kleinen Seminare konnten die Nachfrage nicht befriedigen, also bot ich eine Vorlesung an. Die Studenten strömten in Scharen. Ihr Wunsch, das Phänomen in den Griff zu bekommen und zu verstehen und jede Behauptung zu hinterfragen, war atemberaubend.

In den neunziger Jahren war die Terrorismuserforschung ein Randgebiet. Viele verschiedene Disziplinen untersuchten das Thema, aber für keine war es der Hauptgegenstand. Keine große Universität hatte einen Lehrstuhl für Terrorismus, und nur sehr wenige boten überhaupt Veranstaltungen dazu an. Über das Land verteilt gab es jedoch eine kleine Anzahl engagierter Wissenschaftler, die sich der Erforschung einiger Aspekte dieses Phänomens verschieben hatten. Man sprach von uns als der »Gemeinde« der Terrorforscher. Für Terrorbekämpfung interessierten wir uns nicht so sehr – nicht etwa, weil wir Maßnahmen gegen den Terror ablehnten, sondern nur, weil wir uns stärker für andere Fragen interessierten: Warum machen Menschen so etwas? Wie werden sie rekrutiert? Wann drehen sie an der Gewaltspirale? Was sind die tieferen Ursachen?

Sehr gelegentlich schaute ein Regierungsvertreter vorbei, um sich wissenschaftlich auf dem Laufenden zu halten. Anfang August 2001 besuchte mich ein solcher und fragte, warum meiner Meinung nach noch keine Terrorgruppe je versucht hätte, ein Flugzeug als Bombe zu benutzen, und ob ich glaubte, dass man das probieren werde. Meine Antwort war alles andere als hilfreich. Ich sagte, diese Strategie würde eingehend in Betracht gezogen und ich würde den Verdacht hegen, dass die eine oder andere Gruppe eher früher als später dazu greifen würde. Ich prophezeite jedoch fälschlicherweise, man würde koordinierte Angriffe auf eine Reihe von amerikanischen Botschaften rund um die Welt versuchen.

Ein anderes Mal besuchte ein Mitglied der Antiterrorabteilung des Außenministeriums Harvard, um sich ein Bild zu machen, welche Art von Terrorismusforschung dort betrieben würde. Er beklagte sich bitter darüber, dass wir keine Hilfe wären und erforschen würden, was immer wir wollten, statt uns auf die Dinge zu konzentrieren, die der Regierung Sorgen bereiteten. Ich entgegnete genauso vehement, es sei nicht in unserem Interesse und meiner Ansicht nach noch nicht einmal in seinem, Universitäten in Forschungsabteilungen der Regierung umzuwandeln. Später plädierte ich bei einer wissenschaftlichen Konferenz in einem Vortrag mit dem Titel *Long Live the Gap* [»Lang lebe die Kluft«] dafür, die Distanz zwischen Regierungspolitik und wissenschaftlicher Arbeit zu wahren.

Aufgrund der Erfahrungen nach dem 11. September 2001 hat sich meine Einstellung in dieser Frage gemäßigt. Hätten in den letzten Jahren die Terrorismusforscher mehr Einfluss auf die amerikanische Regierungspolitik genommen, hätte diese wohl wirklich ganz anders ausgesehen. Leben wurden geopfert, weil unsere Regierung nicht das Wesen des Gegners begreift, mit dem wir konfrontiert sind, und weil sie nicht bereit ist, aus den Erfahrungen anderer im Kampf gegen den Terror zu lernen. Ich bin daher von meinem akademischen Elfenbeinturm herabgestiegen, um in diesem Buch zu begründen, dass wir den Terrorismus nicht besiegen, indem wir jede Terrorbewegung zerschlagen. Jeder Versuch in dieser Richtung wird nur mehr Terroristen hervorbringen, wie das schon in der Vergangenheit wiederholt geschehen ist. Wir hätten nie dem weltweiten Terrorismus den Krieg erklären dürfen, denn wir wissen, dass solch ein Krieg niemals gewonnen werden kann. Wir hätten niemals glauben dürfen, Osama Bin Laden und Saddam Hussein würden gegen uns zusammenarbeiten. Wir sollten nicht das völlig unerreichbare Ziel verfolgen, den Terrorismus auszulöschen; vielmehr sollten wir uns die bescheidenere und zu bewältigende Aufgabe setzen, die Rekrutierung von Terroristen einzudämmen und den Rückgriff auf Terrorstrategien einzugrenzen.

Nach dem 11. September kam eine völlig neue Art von Terrorismusexperten auf. Deren Priorität galt der Terrorismusbekämpfung und der amerikanischen Machterhaltung. Sie wussten alles über die amerikanische Regierungsmaschinerie und über Militär- und Sicherheitspolitik. Viele hatten über internationale Sicherheitsfragen wie die Nichtverbreitung von Atomwaffen oder die Strategien des Kalten Krieges gearbeitet; andere hatten offiziell oder verdeckt Erfahrungen im praktischen Antiterrorkampf gesammelt; doch nur wenige hatten je versucht, das Phänomen wirklich zu begreifen. Der Gemeinde der Terrorismusforscher warfen sie vor, den Missetätern gegenüber hoffnungslos nachsichtig zu sein, nichts von Politik zu verstehen und blind für die Gefahr zu sein, die von al-Qaida ausgeht. Darüber trösteten sich die Mitglieder der Gemeinde mit der Feststellung hinweg, wie wenig die frischgebackenen Experten doch von ihrem Forschungsgegenstand verstünden. Eindeutig ist es im Interesse aller, dass diese Kluft überwunden wird.

Weit verbreitet ist die Ansicht, dass Terrorismus zu verstehen oder zu erklären bedeutet, mit ihm zu sympathisieren. Das weise ich zurück.

Es ist vielmehr ein zentraler Grundsatz dieses Buches, dass man den Terrorismus am besten dadurch eindämmt, indem man seine Anziehungskraft begreift und dieses Wissen dazu verwendet, effiziente Antiterrorstrategien zu entwickeln. Die Kampagne der Regierung von Peru gegen den Leuchtenden Pfad ist ein Beispiel, dass eine Terrorbewegung zu verstehen dem Terrorismus viel effizienter ein Ende bereiten kann als jeder Versuch, sie zu zerschlagen. Der Leuchtende Pfad war eine maoistische Bewegung mit knapp 10 000 Anhängern, die auf ihrem Höhepunkt in den achtziger Jahren einen Großteil des Gebiets von Ayacucho terrorisierte.[5] Ihr Anführer war ein rücksichtsloser Akademiker namens Abimael Guzmán, der Maos Revolutionsrezept befolgte: zunächst die Bauern mobilisieren und dann in die Städte gehen. Geschätzte 69 000 Menschen wurden im Verlauf dieses zwanzigjährigen Terrorfeldzugs umgebracht.[6] Es mag jeder selbst Vermutungen darüber anstellen, wie viele von diesen Menschen vom Leuchtenden Pfad getötet wurden und wie viele von den Militärbataillonen, die zu seiner Zerschlagung in die Provinz geschickt wurden. Ich denke, den Angehörigen der Opfer war das ziemlich egal.

Eine peruanische Regierung nach der anderen schickte Militär zur Zerschlagung der Guerilla, was die Anzahl der Toten erhöhte, aber nicht den Terrorismus minderte. Erst als die Regierung DIRCOTE einrichtete, eine siebzigköpfige Aufklärungseinheit im Rahmen der Polizeikräfte, stellten sich Erfolge ein. Sie nahm die Bewegung unter die Lupe, und bald war klar, dass die Achillesferse der Gruppe ihre Zentralisierung war, ihre Abhängigkeit von dem charismatischen Führer Guzmán. Würde man diesen eliminieren, schlussfolgerte man, könnte man die Bewegung zerschlagen. Die Leute prüften alles, was sie über Guzmán in Erfahrung bringen konnten, und fanden heraus, dass er eine bestimmte Hautkrankheit hatte. Mit altmodischer Polizeiarbeit und guter elektronischer Überwachung konnten sie Guzmán anhand seiner Arzneirezepte ausfindig machen. Er wurde zusammen mit mehreren seiner Oberbefehlshaber verhaftet. Davon erholte sich die Bewegung niemals wieder.[7] Diese siebzigköpfige Polizeieinheit schaffte, was einer Flut von Truppen nicht gelungen war.

Die aus dem peruanischen Beispiel zu ziehende Lektion lautet nicht, dass jede Terrorbewegung zerfällt, wenn der Führer gefangen wird.

Das ist nicht der Fall. Der Terrorismus ist ein komplexes Phänomen, eine Strategie, die viele verschiedene Gruppen in vielen Teilen der Welt verfolgen, um viele verschiedene Ziele zu erreichen. Es kommt also vor allem darauf an, das Wesen der Bewegung zu verstehen, mit der man es zu tun hat. Wenn eine Gruppe um einen einzigen Anführer herum organisiert ist – wie der Leuchtende Pfad in Peru, Aum Shinrikyo in Japan oder die PKK in der Türkei –, lohnt der Versuch, der Bewegung die Spitze zu nehmen.

Daraus folgt jedoch nicht, dass eine Gefangennahme von Osama Bin Laden al-Qaida den entscheidenden Schlag versetzen würde. Es gibt keinen Beweis für die Annahme, dass die Bewegung auf ihn ausgerichtet organisiert ist. Eindeutig hat er etliches unternommen, um sicherzustellen, dass al-Qaida auch ohne ihn weitermachen kann. Verschiedene Terrorbewegungen sind unterschiedlich organisiert, und den Unterschied zu kennen ist entscheidend.

Unsere Gegner wissen sehr genau, wie wichtig es ist, den Feind zu kennen, um ihn unterminieren zu können. Radikalislamische Gruppen waren gegen uns nicht zuletzt so erfolgreich, weil sie die Errungenschaften unserer Demokratie gegen uns verwendeten. Ein al-Qaida-Sprecher drückte es so aus:

> Al-Qaida kann sich der Mittel des Feindes bedienen und diese gegen ihn einsetzen, während der Feind nicht dasselbe tun kann. Die Mudschaheddin können das, weil sie jetzt wissen, wie der Feind denkt und wie seine Gesellschaft funktioniert; doch der Feind hat keine Möglichkeit, den Gläubigen von seinem Weg abzubringen oder seinen Weg zu beeinflussen.[8]

Wir müssen beweisen, dass sie Unrecht haben.

In der ersten Hälfte dieses Buches kümmere ich mich kaum um unsere Regierungspolitik; vielmehr wende ich mich den Terroristen selbst zu. Ich erkläre genau, was der Ausdruck »Terrorismus« bedeutet und wie die Terroristen selbst dieses Etikett empfinden. Ich schaue in die Vergangenheit, um die lange Tradition terroristischer Strategien aufzuzeigen und um den Mythos zu entlarven, Terrorismus – auch religiöser – sei entweder etwas Neues oder hauptsächlich eine Domäne des Islam. Ich arbeite den politischen Gebrauch des Begriffs heraus, stelle

Terroristen vor, die zu Staatsmännern wurden, und beschreibe, wie Menschen, die ziemlich viel gegen Terrorismus hatten, als Terroristen abgestempelt wurden. Ich lege dar, dass Terroristen weder verrückt noch unmoralisch sind, sondern rational versuchen, innerhalb selbst auferlegter Grenzen bestimmte Ziele zu erreichen.

Ich führe aus, dass die Ursachen des Terrorismus nicht in den objektiven Lebensbedingungen Armut oder Leiden noch in einem rücksichtslosen Machtstreben zu finden sind, sondern vielmehr in einem tödlichen Cocktail, der aus einem entfremdeten Individuum, einer Terror gutheißenden Gemeinschaft und einer legitimierenden Ideologie besteht. Ich glaube, man kann das Verhalten von Terroristen sowohl auf langfristige politische Motive zurückführen, die von Gruppe zu Gruppe andere sind, als auch auf unmittelbare Motive, die sehr unterschiedlichen Terroristen gemeinsam sein können. Was diese sekundären Motive angeht, ist die Liste der Erfolge viel länger als die bei dem angestrebten fundamentalen politischen Wandel. Mit ihren Taten verfolgen Terroristen drei unmittelbare Ziele: Sie wollen Rache nehmen, Ruhm einfahren und ihren Gegner zu einer Reaktion zwingen. Diesen drei großen Rs werden wir immer wieder begegnen: Rache, Ruhm und Reaktion.

Im zweiten Teil des Buchs untersuche ich die Lage in den Vereinigten Staaten nach dem 11. September 2001. Ich lege dar, was seit diesem Tag anders ist und was nicht. Die größte Veränderung – und die mit den ernsthaftesten langfristigen Folgen – ist die Reaktion unserer Regierung auf den Terrorismus. Weltweit dem Terrorismus den Krieg zu erklären, war ein schrecklicher Fehler und ist zum Scheitern verdammt. Ich schlage einen anderen Ansatz zur Eindämmung des Terrorismus vor, der stattdessen auf die Kenntnis der Faktoren setzt, die Terroristen antreiben, und ihnen das vorenthält, was sie haben wollen. Aus den Erfahrungen anderer Länder mit dem Terrorismus können wir lernen. Ihren Erfolgen sollten wir nacheifern, ihre Fehler nicht wiederholen.

Terrorismus ist eine Strategie, die immer wieder verfolgt werden wird, solange sie Wirkung zu zeigen verspricht. Technische Entwicklungen werden es immer kleineren Gruppen leichter machen, immer tödlichere Waffen gegen uns zu wenden. Politische, soziale und wirtschaftliche Entwicklungen werden weiterhin entfremdete Individuen hervorbringen. Wir werden niemals in der Lage sein, jeden Anschlag zu vereiteln. Aber wir können unsere Reaktionen auf diese Anschläge steuern. Wenn wir mit Terroranschlägen richtig umgehen und erkennen, dass die stärksten Waffen unseres Arsenals gegen Terrorismus genau unsere hochgeschätzten Errungenschaften der Demokratie sind, dann können wir in der Tat die Terrorgefahr eindämmen.

Erster Teil
Die Terroristen

Der Revolutionär und der Terrorist unterscheiden sich insofern, als sie aus verschiedenen Gründen kämpfen. Denn wer immer für eine gerechte Sache eintritt und für die Freiheit und die Befreiung seines Landes von den Eindringlingen, den Siedlern und den Kolonialisten kämpft, kann unmöglich Terrorist genannt werden, denn sonst wären auch die Amerikaner in ihrem Kampf um Unabhängigkeit von den britischen Kolonialisten Terroristen gewesen, der europäische Widerstand gegen die Nazis wäre Terrorismus gewesen, der Kampf der asiatischen, afrikanischen und lateinamerikanischen Völker wäre ebenfalls Terrorismus, und viele von ihnen hier in dieser Versammlung würden ebenfalls als Terroristen gelten … Was aber die angeht, die gegen die gerechte Sache kämpfen, die Krieg führen, um zu besetzen, zu kolonisieren und andere Menschen zu unterdrücken, das sind die Terroristen. Sie sind die Menschen, deren Taten man verurteilen sollte, die man Kriegsverbrecher nennen sollte: Denn die Gerechtigkeit der Sache bestimmt das Recht zu kämpfen.

*Jassir Arafat, November 1974**

Kapitel 1

Was ist Terrorismus?

Terror ist nichts anderes als strenge und unbeugsame Gerechtigkeit.

Maximilien de Robespierre, 1794[1]

Heute sah unser Land das Böse,
die allerdunkelste Seite der menschlichen Natur.

George W. Bush, 11. September 2001

Das Beste, was man von diesen Leuten sagen kann, ist,
dass sie moralisch verderbt sind. Sie treten für die Unwahrheit ein,
sie unterstützen den Schlächter gegen das Opfer,
den Unterdrücker gegen das unschuldige Kind.

Osama Bin Laden, 7. Oktober 2001

Wie Pornografie erkennen wir Terrorismus, wenn wir welchen sehen. Oder etwa nicht? Wir wissen, dass wir ihn nicht mögen. Faktisch ist das einzige universell anerkannte Merkmal des Ausdrucks »Terrorismus«, dass er negativ ist. Terrorismus ist das, was die Bösen tun. Über den Begriff selbst ist so viel hin und her diskutiert worden, dass er praktisch jede Bedeutung verloren hat. Ein beliebiger Blick in die Zeitung ergibt, dass Währungsspekulation als »Wirtschaftsterrorismus« bezeichnet wird, Gewalt in der Familie als »häuslicher Terrorismus«; selbst häufiges Angerufenwerden nennt man »Telefonterror«. Wenn Sie Ihrem Gegner das Etikett »Terrorist« anhängen können, haben Sie den Public-Relations-Aspekt eines jeden Konflikts bereits so gut wie gewonnen.

Selbst Terroristen mögen das Etikett nicht. In einer al-Qaida-Verlautbarung war es so formuliert: »Wenn das Opfer Gerechtigkeit sucht, wird es als Terrorist bezeichnet.«[2] Viele definieren daher den Begriff zunächst um. In Osama Bin Ladens Worten: »Wenn es Terrorismus ist, die zu töten, die unsere Söhne umbringen, dann soll die

Geschichte unser Zeuge sein, dass wir Terroristen sind.«[3] Ein anderes Mal antwortete er auf die Frage, was er davon halte, dass ihn die Medien als Terroristen bezeichneten: »Ein arabisches Sprichwort sagt: Sie warf mir vor, ich hätte ihre Krankheit, und dann schlich sie davon.«[4] Andere Terroristenführer sehen das ähnlich. Abimael Guzmán, der peruanische Akademiker, der zum Anführer des maoistischen Leuchtenden Pfads wurde, erklärte: »Sie behaupten, wir wären Terroristen. Darauf möchte ich gern die folgende Antwort geben, damit jeder darüber nachdenken kann: Waren es nicht der Yankee-Imperialismus und vor allem Reagan, die alle revolutionären Bewegungen als Terroristen gebrandmarkt haben, ja oder nein? Damit versuchen sie, uns in Misskredit zu bringen und zu isolieren, um uns zu zerschlagen.«[5] Schamil Bassajew, der Tschetschenenführer, der unter anderem für die Schulbesetzung von Beslan verantwortlich war, erklärte: »In Ordnung. Ich bin also ein Terrorist. Aber wie würden Sie die nennen? Wenn dies die Hüter der verfassungsmäßigen Ordnung sind, wenn dies Antiterroristen sind, dann scheiß ich auf alle Vereinbarungen und schönen Worte.«[6]

Terrorismus bedeutet einfach, für politische Zwecke planmäßig und gewaltsam gegen Zivilisten vorzugehen. Er zeichnet sich durch sieben entscheidende Merkmale aus. Erstens: Ein Terrorakt ist politisch motiviert. Wenn nicht, handelt es sich einfach um ein Verbrechen. Nach dem Bombenattentaten in Riad am 13. Mai 2003 erklärte Außenminister Colin Powell: »Wir sollten nicht versuchen, ihre ... kriminelle Aktivität, ihre mörderische Aktivität mit irgendeinem Anschein von politischen Absichten zu bemänteln. Es sind Terroristen.«[7] Doch genau weil sie politische Ziele verfolgten, waren sie in der Tat Terroristen.

Zweitens: Wenn nicht gewaltsam vorgegangen wird und auch keine Gewalt angedroht wird, handelt es sich nicht um Terrorismus. Der Begriff »Cyberterrorismus« ist nicht sinnvoll. Unser Wortschatz ist umfassend genug, um für die Sabotage unserer IT-Einrichtungen einen Ausdruck zu finden, ohne auf solch ein Vokabular zurückzugreifen.

Drittens: Zweck von Terrorismus ist nicht, den Feind zu besiegen, sondern eine Botschaft zu verkünden. Zu den Attentaten vom 11. September erklärte ein Sprecher von al-Qaida: »Die Wiederherstellung arabischer und islamischer Größe wurde eingeläutet.«[8]

Viertens: Der Terrorakt und die Opfer haben in der Regel symbolische Bedeutung. Bin Laden bezeichnete die Zwillingstürme als »Ikonen« der »militärischen und wirtschaftlichen Macht« Amerikas.[9] Die Schockwirkung eines Terrorakts wird durch die Symbolik des Angriffsziels enorm gesteigert. Es kommt darauf an, dass die psychologische Wirkung größer ist als der tatsächliche physische Schaden. Terrorismus ist in der Tat eine Waffe der Schwachen. Terrorbewegungen sind ausnahmslos ihren Gegnern an Zahl und Ausrüstung unterlegen, also wenden sie solche Strategien an, um mehr Aufmerksamkeit zu erlangen, als man ihnen aufgrund der objektiven Einschätzung ihrer Fähigkeiten zubilligen würde.

Fünftens ist – und das ist umstritten – Terrorismus die Vorgehensweise von Gruppen auf substaatlicher Ebene, nicht von Staaten. Das soll nicht heißen, dass Staaten nicht Terrorismus als Instrument ihrer Außenpolitik benutzen. Wir wissen, dass sie das tun. Viele Staaten wie etwa Iran, Irak, Syrien und Libyen haben Terroristen im Ausland unterstützt, weil sie nicht das Risiko eingehen wollten, offen mächtigere Länder anzugreifen. Großmächte haben Terrorgruppen in anderen Ländern unterstützt, um Stellvertreterkriege führen zu lassen oder heimlich innenpolitische Veränderungen herbeizuführen, ohne ihre Stärke offen zur Schau zu stellen. Ich will auch nicht behaupten, dass Staaten von Handlungsweisen Abstand nehmen, die moralisch Terrorismus gleichkommen. Wir wissen, dass sie das nicht tun. Die Bombardements der Alliierten im Zweiten Weltkrieg, die in den Atombomben auf Hiroshima und Nagasaki gipfelten, zielten absichtlich auf die Zivilbevölkerungen ab, um deren Regierungen zum Handeln zu zwingen. Die Strategie, kollektiv Gemeinschaften zu bestrafen, die Terroristen hervorbringen, ist ein weiteres Beispiel, wie Zivilisten ins Visier genommen werden, um politische Ziele zu erreichen. Doch wenn wir das Verhalten von Terrorgruppen mit analytischer Klarheit begreifen wollen, müssen wir sie als substaatliche Akteure und nicht als Staaten sehen.

Das sechste Merkmal des Terrorismus ist, dass die Opfer der Gewalt und das Publikum, das die Terroristen zu erreichen versuchen, nicht identisch sind. Opfer sind Mittel, um das Verhalten eines größeren Publikums zu beeinflussen, in der Regel einer Regierung. Opfer werden entweder per Zufall ausgesucht oder als Repräsentanten irgendeiner größeren Gruppe. Individuelle Opfer sind austauschbar. Die Identitäten der Menschen, die in Tel Aviv in einem Bus oder in Madrid in einem Zug fuhren, die in Bali tanzten oder in New York mit Anleihen handelten, waren für ihre Mörder ohne Belang. Sie wurden benutzt, um andere zu beeinflussen. Das ist ein Unterschied zu den meisten anderen Formen politischer Gewalt, die auf Sicherheitskräfte oder Repräsentanten von Staaten zielt, um einen Gegner zu schwächen.

Das letzte und wichtigste Merkmal des Terrorismus ist, dass er sich bewusst gegen Zivilisten richtet. Das unterscheidet ihn von anderen Formen politischer Gewalt, auch von eng verwandten wie dem Guerillakrieg. Terroristen haben Praktiken weiterentwickelt, die normalerweise als Exzesse im Rahmen normaler Kriegführung gelten, indem das Töten von Nichtkämpfenden kein unbeabsichtigter Nebeneffekt ist, sondern strategisch geplant. Sie behaupten, wer an eine Regierung Steuern zahle, sei für deren Verhalten verantwortlich, ob es nun Russen oder Amerikaner sind. Bassajew erklärte alle Russen zum Freiwild, denn: »Sie bezahlen Steuern. Sie stehen mit Worten und Taten dahinter. Sie sind alle verantwortlich.«[10] Ähnliches sagte Bin Laden über Amerikaner: »Er ist unser Feind, ob er direkt gegen uns kämpft oder bloß seine Steuern bezahlt.«[11]

Terroristen, Guerilleros und Freiheitskämpfer

Es versteht sich von selbst, dass die sehr wirre Welt der Gewalt und der politischen Strategien sich nicht immer säuberlich kategorisieren lässt. Guerilleros greifen ab und zu Zivilisten an, und Terroristen attackieren gelegentlich Sicherheitskräfte. Wenn aber die Hauptstrategie einer Organisation darin besteht, planvoll Zivilisten zu Opfern zu machen, muss man diese eine Terrorgruppe nennen, gleich wie der politische Rahmen aussieht, in dem sie operiert, oder wie legitim die Ziele sind, die sie zu erreichen versucht. Zwischen Guerilleros und Terroristen gibt es natürlich noch weitere Unterschiede. Die Guerilla ist eine irreguläre Armee, die gegen die regulären Truppen des Staates kämpft.

Sie ist militärisch durchorganisiert und hat im Allgemeinen viele Anhänger, was ihr erlaubt, quasi-militärische Operationen durchzuführen. Ihr Ziel ist, den Feind mit militärischen Mitteln zu besiegen. Im Gegensatz dazu hegen Terroristen kaum Illusionen, was ihre Möglichkeiten angeht, dem Feind eine militärische Niederlage beizubringen. Vielmehr versuchen sie, entweder den Feind zu einer Überreaktion zu zwingen – was ihnen erlaubt, große Anhängerzahlen zu rekrutieren, so dass sie einen Guerillakrieg beginnen können – oder beim Gegner eine so große psychologische oder wirtschaftliche Wirkung zu erzielen, dass er sich aus freien Stücken zurückzieht. Bin Laden sprach vom »Plan ›Blut bis zum Bankrott‹«[12].

Die eingesetzten Mittel sind es, nicht die verfolgten Ziele und auch nicht der politische Kontext einer Gruppe, anhand derer man festmachen kann, ob es sich um eine Terrorbewegung handelt oder nicht.

Als Jassir Arafat, Vorsitzender der Palästinensischen Befreiungsorganisation und Gründer von deren militärischem Flügel Fatah, 1974 in seiner berühmten Rede vor den Vereinten Nationen dem Terrorismus abschwor, erklärte er: »Der Revolutionär und der Terrorist unterscheiden sich insofern, als sie aus verschiedenen Gründen kämpfen. Denn wer immer für eine gerechte Sache eintritt und für die Freiheit und die Befreiung seines Landes … kämpft, kann unmöglich Terrorist genannt werden.«[13] Sehr viele Menschen, darunter mehrere US-Präsidenten, teilen seine Ansicht. Dass die internationale Zusammenarbeit gegen den Terrorismus in den letzten gut 30 Jahren so unbedeutend war, liegt in der Tat genau daran, dass der Begriff so abwertend ist: Niemand möchte das Etikett einer Gruppe anhängen, die für das kämpft, was er für legitime Ziele hält. Präsident Ronald Reagan fand es richtig, dass in Nicaragua die Contras die marxistische Sandinisten-Regierung stürzen wollten, also bezeichnete er sie als »das moralische Äquivalent unserer Gründerväter«[14]. Unsere europäischen Verbündeten betrachteten die Contras als gewalttätige, nicht repräsentative Gruppe, die eine beim Volk beliebte Regierung stürzen wollte, und erachteten sie als Terroristen. Faktisch ist aber die Legitimität der angestrebten Ziele irrelevant. Viele Terrorgruppen – und vor allem die langlebigsten, die ethnonationalistischen Gruppen – kämpfen für Ziele, die viele teilen und sogar für gerecht halten. Aber wenn sie absichtlich Zivilisten töten, um ein solches Ziel zu erreichen, sind sie Terroristen.

Bin Ladens Perspektive unterscheidet sich davon nur geringfügig. Er glaubt, es gäbe guten und schlechten Terrorismus:

> Terrorismus kann löblich und er kann verwerflich sein. Eine unschuldige Person zu erschrecken und zu terrorisieren ist verwerflich und ungerecht, und auch ungerechterweise ein Volk zu terrorisieren ist nicht richtig. Hingegen Unterdrücker und Kriminelle und Diebe und Räuber zu terrorisieren ist für die Sicherheit der Menschen und den Schutz ihres Eigentums notwendig … Der Terrorismus, den wir praktizieren, ist von der löblichen Art, denn er richtet sich gegen Tyrannen und Aggressoren und die Feinde Allahs, die Tyrannen, die Verräter, die ihr eigenes Land und ihren eigenen Glauben und ihren eigenen Propheten und ihre eigene Nation verraten. Diese zu terrorisieren und zu bestrafen sind notwendige Maßnahmen, um Recht und Ordnung wiederherzustellen.[15]

Bin Laden glaubt offensichtlich, Terrorismus ist gerechtfertigt, wenn er gegen die eingesetzt wird, die Unrecht tun, wohingegen er nicht gerechtfertigt ist, wenn er sich gegen Unschuldige wendet. Seine oben zu erkennende Vorstellung von Unschuld ist jedoch merkwürdig. Es handelt sich um eine Variante der weit verbreiteten Haltung, dass das angestrebte Ziel bestimmt, ob eine Vorgehensweise terroristisch ist oder nicht.

Eine weitere populäre Ansicht besagt, dass ein Attentat nur dann ein Terrorakt ist, wenn es in einem demokratischen Staat begangen wird, der friedliche Formen von Opposition erlaubt. Liberale Intellektuelle machten diesen Unterschied im Hinblick auf den Afrikanischen Nationalkongress (ANC) in Südafrika. Conor Cruise O'Brien und andere behaupteten gern, die Mitglieder der Irisch-Republikanischen Armee (IRA) in Nordirland wären Terroristen, als sie in den siebziger Jahren in Belfast Bomben in Abfallkörben platzierten, denn sie hatten eine demokratische Alternative, um ihre Opposition zum Staat zum Ausdruck zu bringen. Als aber der ANC in den achtziger Jahren in Johannesburg Bomben in Abfallkörben platzierte, galt er nicht als terroristische Vereinigung, weil ihm keine Möglichkeiten der politischen Opposition offenstanden. Dieser Ansicht nach waren auch die Anhänger der baskischen Unabhängigkeitsgruppe Euskadi ta Askatasuna (ETA) keine Terroristen, als sie unter Franco Bomben legten und Touristen ermordeten; sie wurden aber zu Terroristen, als sie in einem demokratisch regierten Spanien Bomben legten und Touristen ermordeten. Solch eine Argumentation kann kaum überzeugen. Der politische Kontext, in dem eine Tat begangen wird, kann unsere normative Bewertung beeinflussen – das Maß, in dem wir sie für moralisch gerechtfertigt oder moralisch verwerflich halten –, aber er ändert nichts an der Tatsache, dass es sich um einen Terrorakt handelt.

Der vielleicht schwierigste Fall ist wohl der südafrikanische ANC. Wenn je eine Gruppe legitimerweise behaupten konnte, nur als letzte Möglichkeit zur Gewalt gegriffen zu haben, dann der ANC. Im Jahr 1912 gegründet, betrachtete die Bewegung die ersten 50 Jahre lang Gewaltlosigkeit als ihr Grundprinzip. Nachdem ihr jedoch alle Formen politischer Organisation verschlossen waren, wurde Nelson Mandela 1961 autorisiert, eine separate militärische Organisation aufzubauen, Umkhonto We Sizwe (MK). In seiner Autobiografie beschreibt Mandela die Strategiesitzung, auf der die Bewegung die ihr zur Verfügung stehenden Optionen durchging:

> Bei der Planung von Richtung und Form der MK zogen wir vier Typen von Gewaltaktionen in Betracht: Sabotage, Guerillakrieg, Terrorismus und offene Revolution. Für eine kleine, gerade flügge werdende Armee war die offene Revolution undenkbar. Terrorismus warf unvermeidlich ein schlechtes Licht auf jene, die sich seiner bedienten, und unterminierte jede öffentliche Unterstützung, die anders vielleicht zu gewinnen wäre. Guerillakrieg war eine Möglichkeit, aber da der ANC stets gegen Gewaltanwendung gewesen war, schien es am sinnvollsten, jene Form von Gewalt einzusetzen, die für Menschen am harmlosesten war: Sabotage.[16]

Diese feinen Unterscheidungen spielten für das Gericht in Rivonia keine Rolle, das Mandela und die meisten ANC-Führer 1964 zu lebenslänglich verurteilte. Die nächsten 20 Jahre lang verweigerte eine zunehmende repressive weiße Minderheit, die die Macht im Staate hatte, der mehrheitlich schwarzen Bevölkerung die einfachsten politischen Grundrechte.

Ein Aufstand in Soweto wurde niedergeschlagen, der von Nachbarländern aus betriebene MK-Guerillakampf ebenso. 1985 verhängte die Regierung den Ausnahmezustand, in den folgenden drei Wochen kam es in den größeren Städten zu Bombenanschlägen. Vernünftige Menschen können durchaus verschiedener Ansicht sein, ob der Terrorismus des ANC angesichts der Legitimität seiner Ziele und der moralisch zu verurteilenden Haltung der Regierung nun gerechtfertigt war oder nicht. Die Gewaltkampagne des ANC Anfang und Mitte der achtziger Jahre war jedoch unbestreitbar eine terroristische. Solange wir nicht bereit sind, einer Gruppe, deren Ziele wir teilen, dennoch das Etikett Terroristen anzuhängen, wenn sie zum Erreichen dieser Ziele planvoll Zivilisten angreift, werden wir niemals in der Lage sein, eine wirkungsvolle internationale Zusammenarbeit gegen den Terrorismus zustande zu bringen.

Dieselbe Konfusion hinsichtlich der Mittel und Ziele hat auch dem ziemlich dummen Ausspruch »des einen Freiheitskämpfer, des anderen Terrorist« ein langes Leben verliehen. Die meisten Terroristen halten sich für Freiheitskämpfer. Bin Laden sagte dem amerikanischen Volk: »Wir kämpfen, weil wir freie Männer sind, die nicht schlafen können, solange sie unterdrückt werden. Wir wollen unserer Nation die Freiheit wiedergeben.«[17] Schamil Bassajew äußerte etwas ganz Ähnliches: »Für mich dreht sich der Kampf zuallererst und vor allem um die Freiheit. Wenn ich kein freier Mann bin, kann ich meinen Glauben nicht leben. Ich muss ein freier Mann sein. Die Freiheit ist das Wichtigste.«[18] Die Freiheit, für die sie kämpfen, ist jedoch oft ein abstrakter Begriff. Er bedeutet politische Freiheit und weniger, dass anderen das Recht gewährt wird, frei von Angst oder frei von willkürlicher Gewalt zu leben, wenn Terroristen die Angst von Zivilisten zur Erreichung ihrer Ziele ausnutzen. Ob sie nun für die Freiheit von Unterdrückung kämpfen oder für die Freiheit, eine repressive Theokratie zu errichten: Wer behauptet, ein Friedenskämpfer könne kein Terrorist sein, verwechselt Ziele und Mittel. Dass Terroristen behaupten, sie seien Freiheitskämpfer, heißt nicht, dass wir ihnen das zugestehen sollten, genau wie wir nicht zugestehen sollten, dass alle Bürger einer Demokratie legitime Opfer sind, weil sie die Möglichkeit haben, ihre Regierung zu wechseln, das aber nicht getan haben und daher für das Verhalten ihrer Regierung verantwortlich sind.

Es wird oft behauptet, und zwar nicht ohne Grund, die Geschichte werde von den Siegern geschrieben, sodass ein siegreicher Terrorist zu einem Staatsmann wird und ein gescheiterter Terrorist ein Terrorist bleibt. Die Terroristen, mit denen ich gesprochen habe, haben immer wieder Nelson Mandela und Menachem Begin als Beweis dafür angeführt, dass jemand, der heute als Terrorist gilt, morgen als Staatsmann geachtet werden kann. (Früher nannten sie auch oft noch Robert Mugabe, heute weniger.) Nelson Mandela galt lange Zeit nicht nur der südafrikanischen Regierung, sondern auch unserer amerikanischen und genauso vielen Akademikern als Terrorist. Faktisch verübte Mandela aber Sabotage, nicht jedoch Terror. Menachem Begin hingegen ist ein anderer Fall. Begin führte von 1943 bis zu deren Auflösung 1948 die Irgun an. Die Irgun war eine illegale jüdische rechtsgerichtete Bewegung revisionistischer Zionisten. Sie kämpfte sowohl gegen Araber als auch gegen Briten und wollte zu beiden Seiten des Jordans einen jüdischen Staat errichten. 1938 zündete die Irgun auf einem arabischen Gemüsemarkt in Haifa Landminen und tötete damit 74 Menschen. Berühmter wurde 1946 der Anschlag auf das King David Hotel in Jerusalem, bei dem 91 Menschen starben. 1948 griffen die Irgun und ihr Ableger Lechi das arabische Dorf Dir Jassin an und brachten 254 der Einwohner um. Als das britische Mandat 1948 endete, gingen Irgun und Lechi bald in der neu entstehenden israelischen Armee auf. Trotz dieser Vergangenheit war Menachem Begin von 1977 bis 1983 israelischer Ministerpräsident und teilte sich mit Anwar as-Sadat 1978 den Friedensnobelpreis. In der Tat war Begin in den vierziger Jahren Terrorist, in den siebziger Jahren Staatsmann.

Ein Terrorist ist also weder ein Freiheitskämpfer noch ein Guerillero. Terroristen sind Terroristen, ganz egal, ob man die von ihnen verfolgten Ziele teilt oder nicht, ganz egal, ob man die Regierung, die sie bekämpfen, mag oder nicht.

Typen des Terrorismus

Heute assoziiert man mit dem Ausdruck »Terrorist« das Bild eines radikalislamischen Fundamentalisten aus dem Nahen Osten. Vor 30 Jahren wäre es das eines atheistischen jungen europäischen Kommunisten gewesen. Schon damals kämpften auch Terroristen von Sri Lanka bis Nordirland für traditionelle Ziele wie beispielsweise die territoriale Kontrolle über ihre Heimat. Abgesehen von ihrer Bereitschaft, zur Erreichung ihrer Ziele Gewalt gegen Zivilisten einzusetzen, war all diesen Gruppen eines gemeinsam: Sie waren in einem ungleichen Konflikt die schwächere Partei. Terrorismus ist die Waffe derjenigen, die einen Wandel herbeiführen wollen, und zwar schnell, die aber zu wenige sind, um sich entweder in einem demokratischen System durchzusetzen oder mit einiger Aussicht auf Erfolg Krieg führen zu können.

Terrorismus wurde und wird von Rechten wie von Linken praktiziert, von Atheisten, Agnostikern und Weltuntergangsgläubigen, von Christen, Juden, Muslimen, Hindus und Anhängern der meisten anderen Religionen. Es hat ihn in reichen wie in armen Ländern gegeben, unter autoritären Regimes und unter demokratischen Regierungen. Das Spektrum terroristischer Ziele reicht von der maoistischen Revolution in Peru und Nepal bis zum Heraufbeschwören der Apokalypse in Japan; von der Zerschlagung des Kapitalismus in Europa bis zur Vernichtung des Staates Israel; von der Befreiung des Nahen Ostens vom amerikanischen Einfluss bis zur Rückkehr zum Kalifat; vom Verjagen der Russen aus Tschetschenien und der Briten aus Nordirland bis zu einem eigenen Staat für Kurden, Tamilen, Sikhs und Basken. Jeder Versuch, all das auf einen einzigen, vereinfachten Begriff von Terrorismus zu reduzieren, würde uns nur den Verstand vernebeln.

Sozialrevolutionäre Bewegungen wie die italienischen Roten Brigaden, die deutsche Rote Armee Fraktion, die Japanische Rote Armee und die französische Action directe und Weltuntergangssekten wie die japanische Aum Shinrikyo haben sich hauptsächlich in hochentwickelten Industriestaaten gebildet. Maoistische Bewegungen wie der Leuchtende Pfad in Peru, die Kommunistische Partei Nepals und die New People's Army auf den Philippinen entstanden in Entwicklungsländern. Radikale religiöse Bewegungen kamen hauptsächlich im Nahen Osten und in Fernasien auf, beispielsweise die Hisbollah im Libanon und die Abu Sayyaf auf den Philippinen, und ethnonationalistische Bewegungen finden sich von Indien bis Irland überall auf der Welt.

Trotz der schwindelerregenden Vielfalt von Terrorgruppen gibt es zwei Variablen, die für das Verständnis aller terroristischen Bewegungen entscheidend sind, nämlich die Art ihrer Ziele und das Verhältnis zu der Gemeinschaft, die sie zu repräsentieren behaupten (siehe Tabelle auf der nächsten Seite). Diese einfache Matrix erlaubt uns, die immer noch wachsende und ziemlich disparate Menge von terroristischen Bewegungen zu organisieren, wird sich aber auch später als wichtig erweisen, wenn wir zu begreifen versuchen, wie Terrorgruppen ihre Kampagnen ausrichten und wie man ihnen am effizientesten begegnet.

Ziele von Terrorgruppen

Die Ziele aller terroristischen Organisationen lassen sich einer von zwei Kategorien zuordnen: begrenzt und grundsätzlich. Unter »begrenzt« verstehe ich politische Ziele, die erreicht werden können, ohne das politische System umzustürzen. Ein unabhängiges Heimatland für Sikhs, Tamilen, Tschetschenen und Basken zählt dazu, auch die Loslösung Kaschmirs von Indien oder Nordirlands vom Vereinigten Königreich. Damit sollen solche Bestrebungen nicht trivialisiert werden und auch nicht die Schwierigkeiten unterschätzt werden, die Ziele gewährt zu bekommen. Die Vereinigten Staaten kämpften einen erbitterten und blutigen Bürgerkrieg mit 600 000 Toten, bei dem es um die Abspaltung einiger Staaten ging. Dennoch können solche Ziele erreicht oder vereitelt werden, ohne die grundsätzliche Machtbalance zu verändern. Es sind auch Ziele, bei denen man über Kompromisslösungen verhandeln kann, beispielsweise lokale Autonomie statt völliger Unabhängigkeit.

Über ein grundsätzliches Ziel kann man hingegen *per se* nicht verhandeln, und sein Erreichen erfordert die völlige Zerstörung des regionalen staatlichen Systems. Die europäischen sozialrevolutionären Bewegungen in den siebziger Jahren des 20. Jahrhunderts wollten den Kapitalismus vernichten. Das Bestreben, die Staaten des heutigen Nahen Ostens durch das Kalifat zu ersetzen – der Herrschaft von Mohammeds Nachfolgern von seinem Tod bis zum 13. Jahrhundert –, ist von vergleichbarer Größenordnung. Natürlich darf man die erklärte Politik solcher Bewegungen – ganz ähnlich wie die von vielen Regie-

ART DER ZIELE

VERHÄLTNIS ZUR GEMEINSCHAFT

isoliert

begrenzte Ziele

- Abu Nidal Organisation (ANO)
- Al-Badhr Mudschaheddin
- al-Ittihad al-Islami (AIAI, Islamische Union)
- Cambodian Freedom Fighters (CFF, Kambodschanische Freiheitskämpfer)
- Continuity IRA (CIRA)
- Ejército de Liberación Nacional (ELN, Nationale Befreiungsarmee in Kolumbien)
- Grupo de Resistencia Anti-Fascista Primero de Octubre (GRAPO, Antifaschistische Widerstandsgruppe 1. Oktober)
- Irish National Liberation Army (INLA)
- Jamiat ul-Mujahideen (JUM)
- Lord's Resistance Army (LRA)
- Loyalist Volunteer Force (LVF)
- Modjahedin-e Khalq (MEK, Volksmudschaheddin des Irak)
- Palästinensische Befreiungsfront (PLF)
- People Against Gangsterism and Drugs (PAGAD)
- People's War Group (PWG)
- Popular Front for the Liberation of Palestine (PFLP, Volksfront für die Befreiung Palästinas)
- Popular Front for the Liberation of Palestine – General Command (PFLP-GC, Volksfront für die Befreiung Palästinas – Generalkommando)
- Real IRA (RIRA, Wahre IRA)
- Red Hand Defenders (RHD)
- Revolutionary Nuclei (RN)
- Revolutionary Organization 17 November (Dekati Evdomi Noemvri, 17. November)
- Special Purpose Islamic Regiment (SPIR, Islamisches Regiment zur besonderen Verwendung)
- Ulster Defence Association, Ulster Freedom Fighters (UDA, UFF)
- Ulster Volunteer Force (UVF)

grundsätzliche Ziele

- Abu Sayyaf
- Action directe
- Alex Boncayao Brigade (ABB)
- Gamaa al-Islamija (Islamische Gruppe)
- Al-Dschihad
- Ansar al-Islam
- Asbat al-Ansar (Liga der Nachfolger)
- Aum Shinrikyo (Om-Lehre der Wahrheit)
- Batallion of Chechen Martyrs (RSRSBCM, Ryadus Salikhin Renaissance und Sabotage-Bataillon der tschetschenischen Märtyrer)
- Brigate Rosse (BR, Rote Brigaden)
- Cellules Communistes Combatantes (CCC)
- Devrimci Sol (Dev Sol, Revolutionäre Linke)
- Eastern Turkistan Islamic Movement (ETIM, Islamische Bewegung Ostturkestan)
- Groupe Islamique Armé (GIA, Bewaffnete Islamische Gruppe)
- Groupe Islamique Combattant Marocain (GICM, Gruppe marokkanischer Islamkämpfer)
- Islami Büyüledogu Akincilar Cephesi (IBDA-C, Islamische Große Ost-Stürmer-Front)
- Harakat ul-Jihad-i-Islami (HUJI)
- Harakat ul-Jihad-i-Islami/Bangladesh (HUJI-B)
- Harakat ul-Mujahidin (HUM)
- Hizb-e-Islami Gulbuddin (HIG)
- Hizb-ul-Mujedhideen (HM)
- Islamic Army of Aden (IAA, Islamische Armee Aden)
- Islamic International Peacekeeping Brigade (IIPB, Islamische Internationale Friedensbrigade)
- Islamic Movement of Uzbekistan (IMU, Islamische Bewegung Usbekistan)
- Dschaisch e-Mohammed (JEM, Armee Mohammeds)
- Japanische Rote Armee (JRA)
- Jemaah Islamiah (JI, Islamische Gemeinschaft)
- Kach (Kahane Chai)
- Kumpula Mujadedin Malaysia (KMM)
- Laschkar e-Taiba (LT)
- Laschkar e-Dschhangvi (LJ)
- Libyan Islamic Fighting Group (LIFG, Libysche Islamische Kampfgruppe)
- Movimiento Revolucionario Túpac Amaru (MRTA)
- Nuclei Territoriali Antiimperialisti (NTA, Antiimperialistische territoriala Einheiten)
- Nucleo d'Iniziativa Proletaria Rivoluzionaria (NIPR, Einheit »Revolutionär-proletarische Initiative«)
- Palästinensischer Islamischer Dschihad
- Märtyrerbrigade »Rijad al-Salihin«
- Rote Armee Fraktion (RAF)
- Salafisten-Gruppe für Predigt und Kampf (GSPC)
- Sipah-I-Sahaba/Pakistan (SSP, Soldaten der Prophetengefährten/Pakistan)
- Tunisian Combat Group (TCG, Tunesische Kämpfende Vereinigung)

1 2

- al-Quaida

4 3

- Hamas (Eifer)
- Hisbollah (Partei Gottes)

eng

- al-Aksa-Märtyrerbrigaden
- Army for the Liberation of Rwanda (ALIR)
- Autodefensas Unidas de Colombia (AUC, Vereinte Selbstverteidigungsgruppen von Kolumbien)
- Kommunistische Partei Nepals
- Euskadi ta Askatasuna (ETA, »Das Baskenland und seine Freiheit«)
- Fuerzas Armadas Revolucionarias de Colombia (FARC, Revolutionäre Streitkräfte Kolumbiens)
- Irisch-Republikanische Armee (IRA)
- Befreiungstiger von Tamil Eelam (LTTE)
- Maoist Communist Center of India (MCCI)
- New People's Army (NPA)
- Partiya Karkêrem Kurdistan (PKK, Kurdische Arbeiterpartei
- Leuchtender Pfad (Sendero Luminoso)
- (Türkische) Kurdische Hisbollah

rungen verkündete Politik – nicht immer für bare Münze nehmen. Es kommt entscheidend darauf an, in welchem Maß sie sich für die erklärten Ziele engagieren und ob sie möglicherweise tatsächlich von traditionelleren politischen Bestrebungen motiviert sind oder nicht.

Die zweite Variable ist die Beziehung einer Bewegung zu der Gemeinschaft, die sie zu repräsentieren behauptet. Einige Organisationen sind von ihrem kulturellen Hintergrund ziemlich isoliert. Meist konnten solche am leichtesten zerschlagen werden. Ohne finanzielle Unterstützung sind sie häufig gezwungen, das Geld für ihre Operationen mit kriminellen Aktivitäten zu beschaffen, und dabei setzen sich die Mitglieder der Gefahr aus, gefangen genommen zu werden. Bei ihnen kommt es am häufigsten zu internen Spaltungen. Sie weisen die höchste Zahl von Deserteuren auf, und es hat sich gezeigt, dass sie am einfachsten mit traditionellen Sicherheitsmaßnahmen zu bekämpfen sind. Die Gruppen in dieser Kategorie wie etwa der linksextreme 17. November in Griechenland oder die GRAPO in Spanien konnten ihren Gegnern nur begrenzt schaden.

Viel gefährlicher sind die Organisationen, die enge Verbindungen zu der Gemeinschaft haben, die sie zu repräsentieren behaupten. Das ist das Wasser, in dem Maos Fische schwimmen. In sehr vielen Fällen streben die größeren Gemeinschaften dasselbe an wie die Terrorgruppen, auch wenn erstere nicht immer der Wahl der Mittel zustimmen. In einer solchen Komplizen-Gesellschaft kann eine Terrororganisation gut überleben und gedeihen. Zwar wird sich die Bevölkerung als solche nicht an Terrorakten beteiligen und sie noch nicht einmal öffentlich gutheißen, aber sie wird die Terroristen auch nicht gegnerischen Kräften ausliefern. Die Bevölkerung schaut einfach weg, bietet aber wichtige, wenn auch oft passive Unterstützung. Wenn die Behörden nach dem Rechten sehen, gehen die Terroristen einfach in der Gemeinschaft auf. Reagieren die Behörden hart auf Terrorakte, lassen sich leicht neue Anhänger rekrutieren. Solche Gruppen können ewig Bestand haben, aber wenn man richtig vorgeht, kann die Gemeinschaft ihnen auch Grenzen setzen. Andererseits kann eine Terrorbewegung, die die Gemeinschaft gutheißt, zu einem Aufstand auf breiter Basis werden oder, unter den richtigen Bedingungen, zu einer politischen Bewegung.

Tabelle S. 38: Ziele von Terrorgruppen[19]

Die Rationalität des Terrorismus

Oft halten wir Terroristen für verrückt. Wie soll das Ermorden von Touristen vor einem Tempel in Luxor oder von Fluggästen in den Vereinigten Staaten in irgendeiner Weise die Sache des islamistischen Fundamentalismus vorantreiben können? Was bringt das Töten von Kindern in Beslan, von Passanten in London oder Touristen in Spanien dem tschetschenischen, irischen oder baskischen Nationalismus? Terroristen müssen geistesgestörte Psychopathen sein. Ihre Taten ergeben keinen Sinn.

Im Großen und Ganzen sind Terroristen aber alles andere als verrückt. Das auffälligste gemeinsame Merkmal an ihnen ist ihre Normalität, jedenfalls so wie wir den Begriff verstehen. Psychologische Untersuchungen von Terroristen kommen hier so gut wie alle zum selben Ergebnis.[20] Der britische Journalist Peter Taylor fragte einmal einen jungen Häftling aus Derry, der wegen Mordes lebenslang einsaß, wie einer von der IRA dazu käme, Tolstoi und Hardy zu lesen. Der Gefangene antwortete: »Weil einer von der IRA so normal ist wie alle anderen auch.« Als Taylor darauf hinwies, dass ganz normale Leute nicht nach Belieben Menschen umbringen, antwortete der Häftling, woanders würden normale Leute ja auch nicht in Nordirland leben.[21] Natürlich finden sich in vielen Terroristengruppen auch Psychopathen, genau wie in vielen anderen Organisationen, in denen Gewalt sanktioniert ist, doch leben unter Terroristen nicht annähernd so viele Psychopathen, wie man meinen möchte. Die meisten Bewegungen betrachten sie als ein Risiko und versuchen, sich ihrer ziemlich systematisch zu entledigen.[22] Das gilt für die unterschiedlichsten Typen von Gruppen von Ethnonationalisten bis zu religiösen Fundamentalisten.

Historisch betrachtet, sind Terroristen in der Wahl ihrer Mittel sehr konservativ. Das gebräuchlichste Terrorinstrument ist die Bombe, und die Gründe dafür liegen auf der Hand. Eine Bombe ist billig. Man kann sich leicht vom Schauplatz des Anschlags entfernen. Eine Bombe trifft meist wahllos viele, und ihre Wirkung ist dramatisch. Die Ansicht, dass Terroristen verrückt sind, wurde durch die Zunahme von Selbstmordanschlägen verstärkt. Aus der Sicht der Organisation aber sind Selbstmordanschläge sehr rational, ja, ökonomisch. Dr. Aiman al-Sawahiri, Bin Ladens Stellvertreter, sagte: »Die Methode der Märtyreroperationen ist die erfolgreichste Möglichkeit, dem Gegner Schaden zuzufügen, und sie kostet die Mudschaheddin selbst die wenigsten Leben.«[23] Sie ist natürlich auch effektiver.[24]

Selbst wenn der Selbstmordterrorismus aus Sicht der Organisation sinnvoll ist, erscheint er aus der Perspektive des Individuums verrückt. Aber die Organisationen, die diese Strategie verfolgen, haben mehr Freiwillige, als sie brauchen. Bewusst nehmen sie keine Freiwilligen, die sie für depressiv oder selbstmordgefährdet halten. Der Palästinenser Fayez Jaber, ein al-Aksa-Kommandeur, der Selbstmordattentäter ausbildete, drückte es folgendermaßen aus: »Es gibt bestimmte Kriterien, die wir beachten. Menschen mit mentalen oder psychischen Problemen oder persönlichen Schwierigkeiten in der Familie – ich kann mir nicht erlauben, solche Leute zu schicken … es muss sich um eine ausgereifte Persönlichkeit handeln, einen Erwachsenen, einen vernünftigen Menschen, und natürlich muss er mindestens 18 Jahre alt und sich voll bewusst sein, was er tun wird.«[25] Die angehenden Märtyrer scheinen von einer Kombination von Motiven angetrieben: Wut, Demütigung, Rachegelüste, Verpflichtung ihren Kameraden und ihrer Sache gegenüber und dem Streben nach Ruhm – anders ausgedrückt, aus Gründen, die nicht irrationaler sind als die eines jeden Menschen, der bereit ist, für die gute Sache sein Leben zu opfern.[26]

Das Verhalten von Terroristen erscheint Außenstehenden seit Urzeiten sinnlos. Was die berühmte mittelalterliche Sekte der Assassinen tat, erschien anderen so unverständlich, dass man jahrhundertelang glaubte, sie seien während ihrer Selbstmordoperationen mit Haschisch vollgepumpt gewesen. Heute geht man eher davon aus, dass sie nur von ihrer eigenen Ideologie berauscht waren.[27]

Die Moral des Terrorismus

Ein weiteres Merkmal von Terroristen, glaubt man fast überall, sei ihre Amoralität. Mit den Worten von Präsident Bush leugnen sie »jede Wertvorstellung außer dem Willen zur Macht«[28]. Ich habe jedoch niemals Terroristen kennen gelernt, die sich für un- oder amoralisch hielten. Ganz im Gegenteil. Wenn sie nicht als Terroristen handeln, zeigen sie in ihrem Alltagsleben so viel oder so wenig Moral wie fast alle anderen Menschen auch. Darüber hinaus geben sich die meisten Terroristen erhebliche Mühe, ihre Taten moralisch zu rechtfertigen, und zwar nicht nur in ihren öffentlichen Verlautbarungen, sondern auch in ihren internen Aufzeichnungen.

In seinem Theaterstück *Die Gerechten* fängt Albert Camus wunderbar die Wertvorstellungen der Anarchisten im 19. Jahrhundert ein, die Vorläufer vieler heutiger Terroristen waren. Sein Protagonist Kaliayev kann sich nicht überwinden, die Bombe auf das Opfer, den Großfürsten, zu werfen, weil in dessen Begleitung zwei Kinder sind. Später führt er das Attentat aus und wird dafür hingerichtet, aber er konnte es vor sich selbst nicht rechtfertigen, Kinder zu töten.[29]

Viele zeitgenössische Terroristen haben natürlich keine Probleme damit, den Tod von Kindern zu rechtfertigen. Im Allgemeinen bieten sich eine ganze Reihe von Entschuldigungen dafür an, dass man auf Terror zurückgegriffen hat. Die erste lautet, man habe ihn nur als letztes Mittel gewählt. Bin Laden behauptete das in seinem Fatwa von 1996, mit dem er Amerika den Krieg erklärte: »Warum hat denn das Regime alle friedlichen Wege verschlossen und die Menschen gezwungen, zu den Waffen zu greifen?!! Welche andere Wahl haben sie denn noch, um Recht und Gerechtigkeit durchzusetzen?«[30] Das ist eine bloße Behauptung. Als solche kann sie schnell mit Fakten widerlegt werden. Viele Terrorgruppen versuchen es in der Tat zunächst mit politischen Aktionen, aber sie haben die ihnen zur Verfügung stehenden Möglichkeiten kaum ausgeschöpft, wenn sie zu Terrorismus greifen.

Die zweite oft vorgebrachte Entschuldigung lautet, es stünde keine andere Strategie zur Verfügung. Velupillai Prabhakaran, der charismatische Anführer der Befreiungstiger von Tamil Eelam, formulierte prägnant: »Wir haben keine andere Option, als zurückzuschlagen.«[31] Ein Mitglied von al-Qassam, dem militärischen Arm der Hamas, sagte zu der pakistanischen Autorin und Katastrophenhelferin Nasra Hassan: »Wir haben keine Panzer oder Raketen, aber wir haben etwas Besseres – unsere explodierenden menschlichen Bomben.«[32] Ein junger italienischer *brigadista* drückte es ähnlich aus: »Ich bin kein Mörder, ich bin kein Terrorist, ich bin jemand mit einer Reihe von Werten, der politisch aktiv sein will, und heute besteht die einzige Möglichkeit ... politisch aktiv zu sein, genau darin.«[33] Wenn man zu den 25 Mitgliedern der Baader-Meinhof-Gruppe in Deutschland zählt und den kapitalistischen westdeutschen Staat auf der Stelle zerschlagen will, stehen einem nicht allzu viele Optionen offen. Ulrike Meinhof erklärte in einer der ersten Verlautbarungen der Baader-Meinhof-Gruppe, der Stadtguerilla-Krieg sei das einzige revolutionäre Mittel, das im Großen und Ganzen schwachen revolutionären Kräften zur Verfügung stünde[34]. Problematisch ist an dieser Argumentation, dass es immer andere Optionen gibt. Wenn die, die den Wandel wollen, beschlössen, in einem größeren Zeitraum zu denken, und sich auf eine langfristige politische Strategie der Propaganda und des bürgerlichen Ungehorsams einließen, könnten sie den Staat möglicherweise unterminieren. Aber sie wollen immer auf der Stelle Ergebnisse sehen. Schwach sind sie also nicht nur gegenüber dem Staat, sondern auch gegenüber der breiteren Bevölkerung, die ihre Ansichten nicht teilt. Hätten sie mehr Unterstützung, müssten sie nicht zu Terror greifen. Es mag sein, dass Terrorismus die einzige verfügbare Option ist, aber nur, wenn es einem an Unterstützung mangelt, wenn man sofort Resultate erzielen will und wenn man bereit ist, Unschuldige zu ermorden.

Drittens rechtfertigen sich Terroristen oft damit, dass ihre Strategien Wirkung zeigten. Gewiss, der palästinensische Schwarze September, berühmt für die Entführung von Flugzeugen und berüchtigt für die Ermordung israelischer Olympiateilnehmer 1972 in München, lenkte die internationale Aufmerksamkeit auf das Anliegen der Palästinenser, genau wie die Gewalt der IRA in Nordirland die Aufmerksamkeit darauf lenkte, dass nordirischen Katholiken Bürgerrechte verweigert wurden. Wenn man aber beweisen wollte, dass Terrorismus funktioniert, müsste man zeigen, dass mit Terrorakten vollbracht wurde, was die Terroristen wollten und mit anderen Mitteln nicht zu erreichen war, und das hat noch niemand geschafft. Vielleicht hat der Kampf der IRA mit seinen 3 500 Toten in Nordirland dazu geführt, dass man sich heute dort die Exekutivmacht teilt, aber diese – gegenwärtig nach wie vor instabile – Regierung ist weit von der Einheit Irlands entfernt, die die IRA immer gefordert hat. Darüber hinaus kann man vernünftigerweise davon ausgehen, dass aufeinander abgestimmte friedliche politische Aktionen im Verlauf der letzten 30 Jahre ohne einen erheblichen Verlust an Leben sicher zum selben Ergebnis geführt hätten.

Um die Aktionen heutiger islamistischer Fundamentalisten zu rechtfertigen, wird häufig mit kollektiver Schuld und moralischer Äquivalenz argumentiert. Radikale Palästinenser bestehen seit langem darauf, dass Bürger Israels, die allesamt in der Armee des Landes dienen müssen, keine Zivilisten seien und damit legitime Ziele darstellten: »Sie sind nicht unschuldig, wenn sie Teil der Gesamtbevölkerung sind, die Teil der Armee ist ... von 18 Jahren an sind sie Soldaten, auch wenn sie Zivilkleidung tragen.«[35] Ähnlich hat Bin Laden explizit argumentiert, dass Amerikaner und Bürger anderer westlicher Staaten die Möglichkeit hätten, ihre Regierungen abzulösen, und wenn sie das nicht täten, seien sie für deren Handlungen verantwortlich. Er erklärte: »Die Amerikaner sind diejenigen, die die Steuern bezahlen, von denen die Flugzeuge bezahlt werden, die uns in Afghanistan bombardieren, die Panzer, die unsere Häuser in Pakistan beschießen und zerstören, die Armeen, die unsere Länder am Arabischen Meer besetzt halten, und die Flotten, die das Embargo gegen den Irak durchsetzen.«[36]

Das letzte Argument schließlich gleicht einer vertrauten Teenagerreaktion: »Jeder macht das.« Unser Terrorismus ist gerechtfertigt, weil alle anderen auch Terrorismus praktizieren. Ein wütender Palästinenser sagte zu Nasra Hassan: »Die Israelis töten unsere Kinder und unsere Frauen. Das ist ein Krieg, und dabei werden auch Unschuldige getroffen.«[37] Eddie Kinner, ein junger protestantischer Paramilitär in Nordirland, gebrauchte eine ähnliche Formulierung: »Was mich anging, so war ich in eine Armee eingetreten, und wir kämpften in einem Krieg. Der Feind hatte meine Seite angegriffen, und ich war bereit, es ihm mit gleicher Münze heimzuzahlen.«[38] In all seinen Verlautbarungen ergeht sich Bin Laden im Detail über die Schandtaten der Vereinigten Staaten, die Bombardierung Hiroshimas und Nagasakis, den Tod irakischer Kinder aufgrund amerikanischer Sanktionen und die Ermordung von afghanischen Dorfbewohnern mittels amerikanischer Bomben. Er und seine Anhänger glauben, die USA lebten von Gewalt, und so müsse man ihnen mit Gewalt begegnen. Lange vor dem 11. September erklärte Bin Laden: »In seiner gesamten Geschichte hat sich Amerika nicht den Ruf erworben, zwischen dem Militär und den Zivilisten zu unterscheiden, zwischen Männern und Frauen oder Erwachsenen und Kindern. Es waren die Amerikaner, die Atombomben abwarfen und diese Massenvernichtungswaffen gegen Nagasaki und Hiroshima eingesetzt haben. Können Bomben zwischen Truppen und Frauen, Säuglingen und Kindern unterscheiden?«[39]

Selbst wenn sie argumentieren, es sei legitim, Zivilisten zu töten, und sie täten ihren Feinden ja nichts anderes an als diese ihnen antun, setzen sie sich doch Grenzen, in welchem Umfang sie ihren Feinden Schaden zufügen dürfen. Der am 11. September 2002 in Karatschi, Pakistan, verhaftete Ramzi Binalshibh, einer der führenden Köpfe hinter den Anschlägen genau ein Jahr zuvor, verfasste für den internen Gebrauch eine ideologische Rechtfertigung der Attacken, in der es heißt:

Wegen Saddam und der Baath-Partei bestrafte Amerika ein ganzes Volk. Seine Bomben und sein Embargo töteten Millionen von irakischen Muslimen. Und wegen Osama Bin Laden kesselte Amerika Afghanen ein und bombardierte sie, wobei Zehntausende von Muslimen starben ... Gott sagt, man soll dem, der einem Schaden zufügt, in gleicher Weise Schaden zufügen ... Wenn Muslime Amerikaner töten, die in der Regel keine Grenzen kennen, sollten sie die Zahl von vier Millionen Nichtkämpfern nicht überschreiten oder nicht mehr als zehn Millionen von ihnen heimatlos machen. Wir sollten das vermeiden, damit die Strafe nicht höher ausfällt als das Gleichmaß.[40]

Dass ein al-Qaida-Anführer sich im Recht fühlt, vier Millionen Amerikaner umzubringen und zehn Millionen heimatlos zu machen, bietet kaum Anlass für Optimismus, zeigt aber, dass al-Qaida einen Kodex hat, der ihren Taten Grenzen setzt. Bin Laden sagte: »Dem Gleichmaß entsprechende Behandlung ist gerecht.«[41] Die ständigen Kriegserklärungen auf Grund eines Fatwa sind ein weiterer Versuch, die eigenen Taten mit einer höheren Autorität zu rechtfertigen.

Schließlich ist die Beliebtheit von Selbstmordattentaten oder »Märtyrermissionen«, wie die Freiwilligen sie lieber nennen, an und für sich moralisch begründet. Dass uns Selbstmordattentate so faszinieren, liegt an einer Reihe von Faktoren: Wir fürchten ihre Destruktivität, wir empfinden solch ein Verhalten als verrückt und daher nicht nachvollziehbar, und schließlich ist uns nicht ganz wohl dabei, dass so etwas nicht ganz in unser Bild vom unmoralischen Terroristen passt. Dass die Attentate unter Terroristen so beliebt sind, liegt zum Teil tatsächlich an ihrer zerstörerischen Wirkung, aber dass sie für die Freiwilligen so attraktiv sind, ist genau darauf zurückzuführen, dass sie dem Täter die moralische Überlegenheit über den Feind attestieren.

Am deutlichsten wird das im Fall von Hungerstreiks. Sich selbst zu schaden, um Schande über seinen Feind zu bringen, hat in vielen Kulturen Tradition, vor allem in der gälischen. Als sich 1981 zehn inhaftierte Republikaner langsam zu Tode hungerten, straften sie die Versuche Lügen, sie als verderbte Kriminelle hinzustellen. Stattdessen beanspruchten sie die höhere Moral für sich. Es war eine enorm wirkungsvolle Strategie. Auch wenn sie ihr unmittelbares Ziel damit nicht erreichten – die Anerkennung als politische Gefangene –, gewannen sie weltweite Aufmerksamkeit und mehr neue Rekruten, als die Bewegung brauchen konnte. Im Volk schlug ihnen so viel Sympathie entgegen, dass einer der Streikenden mit haushohem Vorsprung ins Parlament gewählt wurde.[42]

Es ist natürlich leichter, den eigenen Tod um der guten Sache willen zu rechtfertigen als den eigenen Tod als Mittel, andere zu töten, besonders wenn jene anderen Zivilisten sind, die ihren Alltag leben. Dennoch glauben die Dutzende junger Männer und zunehmend junger Frauen und älterer Männer, die sich freiwillig für Selbstmordoperationen melden, dass sie moralisch handeln, indem sie selbstlos ihr Leben für die Sache geben.[43] Auf einem Video, das am Vorabend eines Selbstmordanschlags auf einen israelischen Bus aufgenommen wurde, sagt ein Mitglied der Hamas: »Wir wollen klarstellen, dass der wahre Mörder Israel ist, weil unsere Forderungen legitim sind.«[44]

Terroristen sind substaatliche Akteure, die Gewalttaten gegen Zivilisten begehen, um Dritten eine politische Botschaft zukommen zu lassen. Terroristen sind weder verrückt noch amoralisch. Sie kommen aus allen Teilen der Welt. Sie kommen aus allen gesellschaftlichen Schichten. Sie kämpfen für ein Spektrum unterschiedlicher Ziele. Viele werden von den Gemeinschaften unterstützt, aus denen sie kommen;

andere nicht. Ihre Gruppengröße reicht von einer Hand voll korsischer Nationalisten bis zu Tausenden bewaffneter Tamilen. Einige kämpfen für dieselben Ziele, die schon seit Jahrhunderten Anlass zu Kriegen boten, etwa die Macht über ein bestimmtes Territorium. Einige versuchen das Staatensystem an sich umzustürzen. Sie entstammen allen möglichen religiösen Traditionen oder gar keinen. Eines aber ist ihnen gemeinsam: Sie sind schwächer als die, gegen die sie kämpfen.

Kapitel 2

Wo kommen Terroristen her?

Ich als Vorsitzender der palästinensischen Befreiungsorganisation erkläre hiermit einmal mehr, dass ich Terrorismus in all seinen Formen verurteile, und zugleich verbeuge ich mich vor allen hier in diesem Saal, die damals, als sie darum kämpften, ihre Länder vom Joch des Kolonialismus zu befreien, von ihren Unterdrückern des Terrorismus bezichtigt wurden und die heute die treuen Führer ihrer Völker sind, die entschlossenen Verfechter von Gerechtigkeit und Freiheit.

Jassir Arafat im Dezember 1988
vor der Vollversammlung der Vereinten Nationen[1]

Die drei Terroristen versteckten 248 Kilogramm Sprengstoff in einem 164-Liter-Bierfass, legten es in eine Schubkarre und zogen eine Persenning darüber.[2] Sie hatten den Sprengstoff in kleinen Mengen gekauft, um keinen Verdacht zu erregen. Die Schubkarre fuhren sie an die Gefängnismauer und stellten sie dort ab. Nach einem vorher verabredeten Plan warfen sie einen weißen Ball über die Gefängnismauer um den Gefangenen drinnen ein Zeichen zu geben. Dann zündeten sie die Lunte an und zogen sich in sichere Entfernung zurück. Die Zündschnur flackerte und ging aus. Einer aus der Gruppe kam zurück heran, entzündete sie erneut und zog sich abermals zurück. Wieder ging sie aus. Ein drittes Mal kam er hervor, steckte die jetzt schon gefährlich kurze Lunte an und zog sich zurück. Doch wiederum ging die Zündschnur aus. Die Gruppe entschied, den Sprengstoff wegzufahren.

Am folgenden Tag brachten dieselben drei Männer – wahrscheinlich James Murphy, Michael Barrett und Jeremiah O'Sullivan – die Schubkarre wieder zur Gefängnismauer. Diesmal hoben sie das Fass heraus, legten es an die Mauer, entzündeten die Lunte und zogen sich erst zurück, nachdem sie sich davon überzeugt hatten, dass die Zündschnur wirklich und tatsächlich brannte. Das Fass explodierte. Die

Bresche in der Gefängnismauer war unten 6 und oben 18 Meter breit. Die Gefängnisverwaltung hatte einen Tipp bekommen, dass eine Befreiung versucht werden sollte, und die Gefangenen in Zellen am entgegengesetzten Ende des Gebäudes verlegt. Der Knall war über 60 Kilometer weit zu hören.

Ihre eigentliche Wirkung zeigte die Explosion in den umliegenden Straßen. Tausende von erschrockenen Londonern kamen aus ihren zerstörten Häusern. Überall in den übervölkerten Slums brach Feuer aus. Sechs Menschen wurden bei der Explosion getötet, darunter die siebenjährige Minnie Abbot und die siebenundsechzigjährige Martha Evans. Über 100 Menschen wurden verletzt, darunter fünf Mitglieder von Minnie Abbots Familie. Mehr als 400 Häuser wurden beschädigt, viele völlig zerstört. Armee und Polizei verhängten eine totale Urlaubssperre, landesweit wurden Freiwillige aufgerufen, im Notfall als Hilfspolizisten Dienst zu tun; 166 000 meldeten sich. Im Oberhaus erklärte ein Mitglied, der Terror hätte die Gesellschaft im Griff.[3] *The Times* schrieb, die Explosion sei »eine der schändlichsten, ruchlosesten und unsinnigsten Gräueltaten, die in den Annalen der Verbrechen zu finden sind«[4].

Diese Explosion am Clerkenwell-Gefängnis in London ereignete sich am 13. Dezember 1867. Mit Ausnahme des Sprengstofftyps – Schießpulver statt Semtex oder Kunstdünger – hätte es auch diese Woche dazu kommen können. Wir leben schon ziemlich lange mit Terrorismus. Im September 2001 brachte die Menschheit keineswegs plötzlich eine neue Sorte von Missetätern hervor. Die Kräfte, die die heutigen Terroristen motivieren, gleichen jenen, von denen Revolutionäre in anderen Ländern und zu anderen Zeiten getrieben wurden.

Nach den Anschlägen vom 11. September unterstützte die internationale Öffentlichkeit die Vereinigten Staaten in einem nie zuvor da gewesenen Ausmaß. Die Herzlichkeit der damaligen Reaktion hat mit der Zeit abgenommen. Selbst unsere engsten Verbündeten befremdet die amerikanische Vorstellung, am 11. September sei der Terrorismus erfunden worden. Viele europäische Länder werden seit den späten sechziger Jahren von Terrorismus heimgesucht. Aber seine Entstehung reicht viel weiter zurück als die letzten 30 bis 40 Jahre.

Wenn wir verstehen wollen, was sich am 11. September änderte, müssen wir zunächst begreifen, was zuvor war. Terrorismus ist nichts Neues, er ist kein modernes Phänomen; die historischen Beispiele reichen bis ins 1. Jahrhundert nach Christus zurück. Terrorismus ist nicht die ausschließliche Domäne des Islam und war es auch nie; die folgenden Beispiele lassen sich vier Religionen und einem Nichtglauben zuordnen: Judentum, Islam, Hinduismus, Christentum und Atheismus. Die Mixtur von religiösen und politischen Motiven, die einen Großteil des zeitgenössischen Terrorismus seit der Iranischen Revolution von 1979 auszeichnet, ist auch nichts Neues. Vielmehr hat der heutige Terrorismus tiefreichende historische Wurzeln in diversen politischen und religiösen Traditionen. Wie er sich in jüngster Zeit manifestiert, spiegelt umfassendere Entwicklungen der Vorstellungen wider, wie legitim es ist, politischen Wandel mit Gewalt herbeizuführen. Die historischen Bewegungen ähneln verblüffend vielen heutigen Terrorgruppen. Während der Französischen Revolution nahm der moderne Terrorismus Gestalt an, Marx und Bakunin bereiteten ihm im politischen Denken des Abendlands den Boden, und die irischen Nationalisten sowie die russischen Anarchisten waren im 19. Jahrhundert die Vorläufer der heutigen Terroristen.[5]

Die historische Trilogie

Die drei wichtigsten und meistgenannten historischen Vorgänger heutiger Bewegungen waren allesamt religiös motiviert, was die weit verbreitete Überzeugung infrage stellt, die Kombination von Terrorismus und Religion sei ein neuzeitliches Phänomen. Bei diesen drei Beispielen handelt es sich um die Sicarii oder Zeloten aus der Antike, die Assassinen aus dem Mittelalter und die Thug, die vom Mittelalter bis in die Neuzeit ihr Unwesen trieben. Ihr Bekanntheitsgrad gründet sich im Fall der Thug auf deren Brutalität und Langlebigkeit, im Fall der Assassinen auf deren Märtyrerkultur und im Fall der Zeloten auf deren Mobilisierung von Massenaufständen und die verheerenden politischen Folgen ihrer fehlgeschlagenen Revolte. Ihre Namen sind unvergessen, und das ist kein Zufall: In aller Regel machen Terroristen Eindruck.

Die erste Gruppe bekam ihren einen Namen, Sicarii, von ihrer Lieblingswaffe, dem Dolch (lateinisch *sica*), ihren anderen, Zeloten, von Zelos, der Inkarnation des Eifers in der griechischen Mythologie.[6] Ihr Ziel war hauptsächlich politischer Natur – sie wollten die römische Herrschaft über Palästina beenden –, aber ihre Lehre hatte auch ein stark messianisches Element. Sie versuchten eine Massenrevolte gegen die Römer anzuzetteln und glaubten, der daraus resultierenden Gewaltspirale würde die Ankunft des Messias folgen. Es gab sie zwar nur 25 Jahre lang, aber unter allen Terroristen zeichnen sich die Sicarii/Zeloten dadurch aus, dass sie erfolgreich einen Massenaufstand herbeiführten. Die Revolte geriet zur Katastrophe, in der Festung Masada kam es zum kollektiven Selbstmord, aber die Gruppe diente als Vorbild für zwei Volksaufstände bei den nachfolgenden Generationen, die für die jüdische Bevölkerung der Gegend langfristig noch verheerendere Folgen hatten.

Der Fanatismus der Zeloten war grenzenlos. Absichtlich machten sie alle Versöhnungsversuche zunichte und versuchten, noch mehr Unterdrückung zu provozieren, damit die Verhältnisse so schrecklich würden, dass das Volk zu einer Revolte gezwungen wäre. Jedes Zugeständnis der Römer konterten sie mit einer weiteren Gräueltat. Der Meuchelmord mit dem Dolch machte sie zwar bekannt, aber sie wendeten ein breites Spektrum von Strategien an, das von der Geiselnahme bis zur direkten Konfrontation mit dem Militär reichte. In jedem Fall zeichneten sie sich dadurch aus, dass sie alle normale Zurückhaltung fahren ließen und Gefangene abschlachteten, Waffenstillstandsvereinbarungen brachen und Gemäßigte ermordeten.

Ihre Opfer waren keineswegs nur Römer, sondern auch alle ortsansässigen Juden, die bereit waren, mit dem Imperium zusammenzuarbeiten, die man heutzutage also Kollaborateure nennen würde. Sie terrorisierten jüdische Grundbesitzer, um eine Umverteilung des Landes gemäß biblischen Traditionen zu erreichen.[7] Aus ihrer Sicht wählten sie die Opfer zwar nicht nach Belieben, aber die Liste ihrer Feinde war so lang, dass sie in den Augen von Unbeteiligten unterschiedslos zu morden schienen und daher Angst und Schrecken verbreiteten. Wie heutige Terroristen gelernt haben, zeigt wahllose Gewaltanwendung viel größere Wirkung als gezielte, denn wenn niemand direkt als Opfer ausgewählt wird, dann ist keiner sicher. Die Lieblingstaktik der Zeloten war, sich bei Festen oder anderen großen Menschenansammlungen unter die Menge zu mischen, einen Gegner ausfindig zu machen, dann einen unter der Kleidung versteckten Dolch zu ziehen, das Opfer niederzustechen und wieder in der Menge zu verschwinden. Da sie in Menschenmengen agierten, konnten sie sicher sein, dass sich die Kunde von ihren Taten rasch verbreitete. Zeitgenössische Autoren beschrieben den Schrecken, den sie verbreiteten: »Die erzeugte Panik war erschreckender als das eigentlich angerichtete Unheil; wie auf einem Schlachtfeld erwartete ein jeder stündlich seinen Tod.«[8]

Zwischen den Zeloten und heutigen Terrorbewegungen gibt es eine Reihe interessanter Parallelen, und zwar nicht nur die Namensgebung. »Hamas« ist das arabische Wort für »Eifer«. Die meisten modernen Terroristen behaupten, sie würden im Interesse des »Volkes« handeln, und hoffen, dieses Volk zu einem Aufstand gegen den Unterdrücker zu motivieren. Im Großen und Ganzen hat sich »das Volk« in dieser Hinsicht aber als äußerst zögerlich erwiesen. Somit waren die Zeloten hier ungewöhnlich erfolgreich. Viele spätere Terrorbewegungen – von den russischen Anarchisten des 19. Jahrhunderts über die urbanen Sozialrevolutionäre Europas im 20. bis zu den lateinamerikanischen, ländlich geprägten Bewegungen – haben versucht, das Volk zum Aufstand unter ihrer Führung zu bewegen, und sind im Allgemeinen damit gescheitert.

Die außerordentliche Brutalität der Zeloten kann man teils ihren religiösen Überzeugungen zuschreiben, teils aber auch dem Umstand, dass mehrere verschiedene Gruppen von Zeloten und Sicarii gleichzeitig für dieselben Ziele kämpften. Diese Gruppen konkurrierten miteinander, jede wollte zeigen, dass sie die engagierteste ist, und damit ihren Führungsanspruch durchsetzen. Dieselbe Dynamik der Konkurrenz zwischen Terroristen treibt noch immer die terroristische Gewalt in neue Höhen, wie momentan bei Palästinensergruppen gut zu sehen ist. Die Zeloten begriffen auch, wie wichtig die öffentliche Aufmerksamkeit ist, die Premierministerin Margaret Thatcher als »Sauerstoff« des Terrorismus bezeichnete.[9] Sie waren sich der Wirkung ihrer Gewalt auf die Bevölkerung im Ganzen deutlich bewusst. Ihre politische Zielsetzung und ihr internationaler Charakter ähnelten ebenfalls jenen vieler moderner Bewegungen. Ihre bewussten Versuche, eine Gewaltspirale zu provozieren, indem sie auf Vergeltungsakte mit neuen Vergeltungsakten antworteten, und ihre Gnadenlosigkeit gegenüber den von ihnen geopferten Unschuldigen ist ein weiteres Kennzeichen modernen Terrorismus.

Die Assassinen agierten vom 11. bis zum 13. Jahrhundert. Das Mittelalter hält man häufig für von so schierer Brutalität geprägt, dass Terrorismus sich nur schwer von allen anderen Formen der damals um sich greifenden Gewalt unterscheiden lässt, aber das stimmt nicht ganz. Im späteren Mittelalter begannen sich Regeln der Kriegführung auszubilden, was teils auf den Einfluss der Kirche und teils auf die erdrückenden Kosten für den Unterhalt einer Armee zurückzuführen war. Menschenrechte kannte man noch nicht, Folter war gang und gäbe, auch waren die Armeen im Allgemeinen relativ klein. Ein mittelalterliches Heer umfasste beispielsweise selten mehr als 100 000 Soldaten, während es in römischer Zeit 350 000 waren oder Frankreich im Jahr 1710 dann 300 000 unter Waffen hatte. Es gab auch deutliche Unterschiede, wie man mit Bauern und wie mit Aristokraten umging. In der Schlacht von Lincoln in England im Jahr 1217 brachten Gefangene so viel Lösegeld ein, dass aufseiten der Sieger nur ein einziger Ritter starb und zwei aufseiten der Verlierer, während rund 400 gefangen genommen wurden. Wie viele Bauern beim anschließenden Massaker an der Zivilbevölkerung starben, wurde nicht verzeichnet.

Die Assassinen waren eine fanatische und mörderische Sekte ismailitischer Muslime, die im Nahen Osten rund 200 Jahre lang wütete.[10] Sie wollten den Islam säubern, was sich sowohl politisch als auch religiös auswirkte. Mit dem Dschihad, dem Heiligen Krieg, wollten sie den Islam als eine einheitliche religiöse Entität wiedererschaffen. Wie die Zeloten griffen sie am liebsten zum Dolch und erstachen ihre Opfer. Ihre Strategie bestand darin, ausgewählte Einzelpersonen zu ermorden, und bei diesen handelte es sich um orthodoxe religiöse Führer, die nicht auf die Warnungen der Assassinen hören wollten. Wie die Zeloten sorgten sie mangels Massenmedien für Aufmerksamkeit, indem sie prominente Opfer wählten, die sie an Feiertagen und vorzugsweise unter den Augen vieler Zeugen umbrachten.

Im Gegensatz zu anderen Terrorgruppen schufen sie sich ihren eigenen Staat – eine Anzahl uneinnehmbarer Bergfestungen, in denen Flüchtlinge willkommen waren. Dort bildeten sie ihre Rekruten aus, bauten ihre Organisation auf und sandten ihre Mitglieder zu Attentaten aus. Ihre Organisation hatte so etwas wie internationalen Charakter, sie orchestrierten ein komplexes Netzwerk von Sympathisantenzellen in verschiedenen urbanen Zentren jenseits der Staatsgrenzen. Dass sie über eine eigene territoriale Basis verfügten, erwies sich sowohl als Stärke als auch als Schwäche. Ohne Angst vor Strafverfolgung konnten sie trainieren und Pläne schmieden, selbst wenn ihre Unterstützung in den städtischen Zentren schwand. Als aber 1275 Mongolen und arabische Truppen die Festungen schleiften, war die Bewegung zerschlagen.

Auch die Assassinen versuchten eine breitere Öffentlichkeit anzusprechen und Sympathien für ihre Sache einzuwerben. Sie zeigten die Geduld und die langfristige Planung, die auch für radikale Muslimgruppen in jüngerer Zeit typisch sind. Im Vorgriff auf die späteren »Schläfer« pflegten sie einen jungen Rekruten in das Haus eines ins Auge gefassten Opfers zu entsenden, wo dieser eine Beziehung zum Opfer aufbaute, ehe er es dann vor den Augen anderer erstach. Das Attentat selbst geriet oft zu einem öffentlichen Schauspiel.

Ähnlich wie heutige Terroristen pflegten die Assassinen die Kultur des Märtyrers, des Schahid. Zu fliehen galt als Schande. Nachdem ein Assassine sein Opfer erstochen hatte, verschwand er nicht wie ein Zelot in der Menge, sondern wartete darauf, dass ihn die Menge zu Tode prügelte oder dass er festgenommen und hingerichtet wurde. Dass er sein Leben opferte, machte das Ereignis nur noch spektakulärer: Er demonstrierte damit seine Hingabe an die Sache und sicherte sich einen Platz im Paradies. Dieses bizarre Verhalten entsetzte die Zeitgenossen, faszinierte sie aber zugleich auch, sodass man weit und breit glaubte, die Mörder seien bei ihren Attentaten mit Haschisch vollgepumpt. (Die Bezeichnung »Assassinen« geht auf das arabische Wort für »Haschisch« zurück. Es gibt jedoch keine Beweise, dass sie halluzinogene Drogen nahmen.)

Die Dritten aus der historischen Terrortrilogie sind die indischen Thug.[11] Bei ihnen handelte es sich um eine große Gruppe von Hindus, die rund 600 Jahre lang in Indien operierten, bis schließlich die Briten sie im 19. Jahrhundert auslöschten. Ihre Motive waren religiös, nicht politisch, und aus diesem Grund genügen sie nicht meiner Definition von Terroristen, aber ich erwähne sie hier, weil viele sie als solche betrachten und weil es interessante Parallelen zu ihnen gibt. Die Thug waren die langlebigste und zerstörerischste Terrororganisation der Geschichte; der Politikwissenschaftler David Rapoport macht sie für bis zu einer halben Million Toten verantwortlich. (Zeitnähere, aber weniger zuverlässige Berichte sprechen von einer Million Ermordeten.[12])

Wie Rapoport schreibt, basierte die Ideologie der Thug auf einer eigenwilligen Interpretation eines zentralen Hindumythos. In uralter Zeit tötete die Göttin Kali ein gigantisches Monster, das Menschen verschlang, sobald sie erschaffen wurden. Kali tötete das Ungeheuer mit ihrem Schwert, aber aus jedem Blutstropfen ging ein neues Monster hervor. Der gängigen Variante nach besiegte Kali die Monster schließlich, indem sie ihnen das Blut aus den Wunden leckte. Die Thug jedoch glaubten, Kali hätte aus ihrem Schweiß zwei Männer erschaffen und ihnen Teile ihrer Kleidung gegeben, mit denen sie die Monster erdrosseln konnten. Nachdem sie so die Ungeheuer ohne Blutvergießen getötet hatten, trug Kali den Männern auf, die Kleidung für ihre Nachkommen aufzubewahren. Diese Nachkommen wurden zu den Thug, bei denen im Gegensatz zu anderen Terrorgruppen die Mitgliedschaft erblich war. Da Kali die Energie des Universums repräsentierte, glaubten die Thug, es sei ihre Pflicht, sie mit dem Blut zu versorgen, das notwendig war, um das Universum im Gleichgewicht zu halten.

Dabei waren ihnen ganz spezielle Grenzen auferlegt, und so gut wie jeder Aspekt ihres Verhaltens war geregelt. Die Opfer wurden nicht zufällig ausgewählt. Stattdessen gab es sehr komplizierte Vorschriften, wer umgebracht werden durfte und wer nicht: Sie töteten nur Reisende und keine Europäer und nur Personen, zu denen sie eine freundschaftliche Beziehung aufgebaut hatten, die sie dann der Göttin als Gabe opferten. Sie ermordeten sie ohne Blutvergießen, indem sie sie mit einem Seidenschal erdrosselten, und zwar auf so schmerzhafte Weise wie möglich. Sie glaubten, Kali sei umso erfreuter, je mehr Angst und Schrecken sie sähe. Um dem Grauen die Krone aufzusetzen und die psychologische Wirkung noch zu verstärken, schlugen sie den Leichen Arme und Beine ab, damit sie nicht in schicklicher Weise verbrannt oder begraben werden konnten. Im Gegensatz zu anderen Gruppen scheuten sie die Öffentlichkeit. Das Verbot, Europäer zu töten, erwies sich als Schwachstelle der Bewegung, als schließlich die Briten gegen sie vorgingen. Einige Zeitgenossen nahmen irrtümlicherweise an, sie würden aus Eigennutz handeln, nämlich um die Besitztümer der Opfer an sich zu bringen, aber das war ganz und gar nicht der Fall. Es war ihnen verboten, etwas an sich zu nehmen, ehe sie nicht den Eigentümer getötet und begraben hatten, und gewöhnliche Räuber verachteten sie.[13] Mit der Beute, die sie machten, zahlten sie ihre Förderer aus, sich selbst bereicherten sie nicht.

In mehrerlei Hinsicht erinnern sie an heutige Terroristen. Erstens waren sie die frühesten Vorläufer des staatlich geförderten Terrorismus, was zum Teil ihre Langlebigkeit erklärt. Sie hatten zwar keinen eigenen politischen Ehrgeiz, aber sie dienten den politischen Ambitionen ihrer Sponsoren. Mit der Beute, die sie ihren Opfern abnahmen, bezahlten sie Prinzen, die ihnen bei ihren Expeditionen Unterschlupf gewährten. Frustriert über die mangelnde Kooperation der umliegenden Staaten beriefen sich die Briten schließlich auf die internationalen Gesetze über Piraterie, um die Thug gefangen zu nehmen und zu bestrafen, wo immer sie ihrer habhaft werden konnten. Doch an den erfolgreichen britischen Feldzügen gegen die Bewegung wurde kritisiert, dass dabei die Souveränität unabhängiger Staaten verletzt worden sei.

Zweitens zeigt sich an ihrem Beispiel, wie das Wissen um die Philosophie einer Gruppe gegen sie verwendet werden kann. Den Briten war bekannt, dass die Thug glaubten, Kali würde den Orden vernichten, wenn seine Mitglieder ihr nicht länger dienen würden. Die Briten merkten, dass einige Mitglieder der Bruderschaft ein ungebührliches Interesse am Beutemachen entwickelten, und wandten sich an traditioneller eingestellte Gruppenmitglieder, die sie davon überzeugten, dass es jetzt in ihrer Verantwortung läge, Kali zu unterstützen, indem sie zu Informanten wurden.

Drittens und letztens verblüffte die Behörden, mit welcher Hingabe die Gruppenmitglieder agierten, mit welcher Freude sie ihrem Tod entgegensahen und wie sehr sie darauf vertrauten, dass sie auf dem Weg ins Paradies wären.[14] Während eines Verhörs erklärte der berüchtigte Thug Buhram stolz, er habe im Verlauf seiner vierzigjährigen Karriere 931 Opfer umgebracht. Als der Richter sein ungläubiges Entsetzen zum Ausdruck brachte, soll Buhram lächelnd geantwortet haben: »Sahib, es waren noch viel mehr, aber es faszinierte mich so sehr, sie ins Verderben zu führen, dass ich mit dem Zählen aufhörte, als ich mir meiner tausend Opfer sicher war.«[15]

Terror von oben: Die Französische Revolution

Die Namen von Missetätern wie Thug und Assassinen sind in die Geschichtsbücher eingegangen. Den Begriff »Terror« selbst haben wir aber aus der Französischen Revolution übernommen, auch wenn er sich damals auf Terror von oben bezog, auf staatlichen Terror und nicht auf einen von unten, von Aufständischen ausgeübten. Die französische Schreckensherrschaft von 1793 bis 1794 verkörperte viele Phänomene, die nachfolgenden Generationen vertraut werden sollten. Im Grund war der Terror einfach die logische Umsetzung einer bestimmten Philosophie: Das Volk musste auf neuartige Weise wiedergeboren werden, und wenn ein paar Leute sich dem in den Weg stellten, waren sie Feinde der Revolution und mussten beseitigt werden. Saint-Just, einer der Vordenker, drückte es so aus: »Wir wollen eine Ordnung erschaffen, aus der sich eine universelle Tendenz zum Guten ergibt und die Abweichler sich plötzlich unter der Guillotine wiederfinden.«[16] Das Problem war natürlich das »Wir«. Anfangs war »wir« das Volk, umfassend definiert, aber nach und nach wurde der Begriff immer enger gefasst, bis er sich nur noch auf eine Untergruppe des Sicherheitsausschusses bezog. Der Verengung der Kategorie jener, die im Namen des Volkes zu handeln berechtigt waren, entsprach eine ständige Erweiterung des Opferspektrums. Zu Anfang richtete sich der Terror nur gegen Aristokraten. Am Ende waren nur noch 37 Prozent der während der Schreckensherrschaft Guillotinierten tatsächlich von Adel. Schließlich wandte die Maschinerie sich gegen sich selbst und ihren Chefkonstrukteur Robespierre, der schließlich ebenfalls enthauptet wurde. Sein Tod läutete eine Reaktion gegen den Staatsterror ein.

Ein entscheidendes, vom heutigen Terrorismus übernommenes Erbe der Französischen Revolution ist, dass die Mörder sich selbst zu Hütern des Volkswillens erklären. Eines muss jedoch hinzugefügt werden: Wenn man einen Staatsapparat zur Verfügung hat wie Robespierre und andere Alleinherrscher in jüngerer Zeit, kann man viel mehr Schaden anrichten, als irgendwelchen späteren Terrororganisationen je gelungen ist.

Das zweite wichtige Erbe ist, anstelle der Religion als motivierende Kraft des Terrorismus die politische Ideologie zu setzen. Bis zur Französischen Revolution hatten alle Terrorgruppen religiöse Beweggründe, auch wenn diese in den meisten Fällen zugleich politische Dimensionen hatten.

Seit der französischen Schreckensherrschaft waren bis zur Revolution im Iran 1979 Terrorbewegungen von politischen Zielen und Ideologien motiviert. Diese ziemlich unterschiedlichen Ideologien basierten auf einer Reihe von Grundannahmen, die im Verlauf der Französischen Revolution Verbreitung gefunden hatten. Die erste war die Überzeugung, dass ein radikaler Wandel möglich wäre und man die Gesellschaft neu aufbauen könne. Die zweite war die Rousseau zugeschriebene Vorstellung, dass der Mensch von Natur aus gut ist und das Böse nicht aus dem Menschen selbst, sondern aus den äußeren Strukturen der Gesellschaft herrührt. Vernichtet man diese Strukturen, schafft man das Böse aus der Welt. Damit bekam die Politik etwas Kreuzzughaftes, und das Dingfestmachen einer gegnerischen Gruppe ebenfalls. Für Robespierre waren es die Aristokraten, für Marx die Kapitalisten, für Hitler die Juden, für Fanon die Imperialisten, für Bin Laden die Israelis und die Amerikaner und so weiter. Dieser neue Stil der Kreuzzugspolitik ermöglichte Interpretationen, die Terrorismus zu ideologischen Zwecken als natürliche Weiterentwicklung des idealistischen Glaubens an den von Natur aus guten Menschen hinstellen.

Schließlich war es die Lehre von der Volkssouveränität, die als Basis der politischen Legitimierung diente. Wiederum ist leicht einzusehen, wie diese Doktrin, die eigentlich die Massen befreien und eine Ära der Harmonie einläuten sollte, stattdessen zum Gegenteil führte. Wie wir gesehen haben, kann der Begriff »das Volk« auf alle mögliche

Weise definiert werden. Auf Volkssouveränität kann sich jeder berufen, der etwas gegen eine Regierung unternehmen will. Er behauptet einfach, ein wahrhaftigerer Repräsentant des Volkswillens zu sein als die etablierten Machthaber. Dieses Konzept ist für alle möglichen heutigen Terroristen besonders nützlich, die allesamt ihren Gegner an Zahl unterlegen sind, aber behaupten, im Namen des Volkes zu handeln. Und die meisten glauben tatsächlich, dass sie das tun.

Nach der Französischen Revolution und Napoleons Niederlage beherrschten die Kräfte des Konservatismus und der Reaktion die europäische Politik, aber auf diesem Nährboden fanden auch Nationalismus, Liberalismus und Republikanismus zunehmend Anhänger. Geheimgesellschaften und Studentenverbindungen breiteten sich in europäischen Kaffeehäusern aus, der Höhepunkt war das Revolutionsjahr 1848. Diese Aufstände, zu denen es in zahlreichen europäischen Hauptstädten kam, scheiterten kläglich.

Marx und Bakunin

Dass sich 1848 die revolutionären Hoffnungen auf einen spontanen Volksaufstand zerschlugen, führte zu einer Verhärtung der Opposition gegen den Status quo und zu einem allmählichen Übergang von einer Art Gentleman-Guerilla zu praxiserfahrenen Terroristen. Intellektuelle des 19. Jahrhunderts versuchten zu erklären, warum es dem Volk an revolutionärer Leidenschaft mangelte. Auguste Blanqui folgerte, eine Revolution sei nur mit einem Staatsstreich zu erreichen, und meinte, die Öffentlichkeit müsste militärisch organisiert werden, um den Staat übernehmen zu können. Karl Heinzen argumentierte in einem Traktat mit dem lapidaren Titel *Mord*, das Jahr 1848 habe gezeigt, dass die Obrigkeit zu gnadenlos und zu mächtig sei, als dass ein Volksaufstand je Aussicht auf Erfolg haben könnte. Er kam zu dem Schluss, Mord sei das wichtigste Instrument des historischen Fortschritts, und meinte, da die Obrigkeit sich selbst durch Mord an der Macht hielt, sei es legitim, dass Revolutionäre es genauso machen. Seinen Glauben an Mord ergänzte sein Glauben an die Wissenschaft, die es seiner Überzeugung nach den Wenigen ermöglichen würde, die

Vielen umzubringen, was den Mangel an Anhängern der guten Sache kompensieren könnte. Diese Schlüsselphilosophie des Terrorismus wurde seither von vielen Gruppen übernommen, die ein ganzes Spektrum unterschiedlicher Ziele verfolgen.

Die beiden Denker des 19. Jahrhunderts, die am häufigsten mit Terrorismus in Verbindung gebracht werden (was bei dem einen eher gerechtfertigt ist als bei dem anderen) waren Karl Marx und Michail Bakunin. Marx wurde als Terrorist bezeichnet, weil er die Pariser Kommune von 1871 unterstützte, er selbst hielt sich aber ganz und gar nicht für einen Anhänger des Terrorismus. Bakunins Vorstellung von einer Bauernrevolution verwarf er als »Schuljungendummheit«. Marx betrachtete die Kommune als das erste Stadium eines Arbeiterstaates, einer radikal demokratischen Regierung und einer wahrhaftigen Repräsentanz des französischen Proletariats. Er befürchtete, der Terrorismus könnte dem Staat zu früh gefährlich werden, noch ehe die Arbeiter bereit waren, die Macht zu übernehmen. Marx widersetzte sich Versuchen, den Staat zu zerschlagen, und argumentierte vielmehr, Ziel des organisierten städtischen Proletariats müsse sein, den Staatsapparat zu beherrschen.

Marx' Töchter Jenny und Laura waren glühende Anhängerinnen der Fenier, die für den Clerkenwell-Anschlag verantwortlich waren, Marx selbst hingegen nicht. Wie die Fenier hielt zwar auch er die britische Herrschaft über Irland für ungerecht, aber er hatte seinen Blick fest auf das Ziel der proletarischen Revolution gerichtet. Am Tag nach der Explosion schrieb er an Friedrich Engels: »Dieser letzte Fenianexploit in Clerkenwell war eine große Dummheit. Die Londoner Massen, die viel Sympathie mit Irland gezeigt haben, werden dadurch wild gemacht und der Regierungpartei in die Arme geworfen. Man kann nicht erwarten, daß die Londoner Proletarier sich zu Ehren von Fenian emissaires in die Luft sprengen lassen.«[17] Engels antwortete darauf am 19. Dezember: »Die Clerkenwell Dummheit war offenbar das Werk einiger Spezialfanatiker ... Namentlich ist auch in diesem Spreng- und Brandfach in Amerika viel geblustert [gelärmt] worden, und dann kommen einzelne Esel und stiften solchen Blödsinn an. Diese Menschenfresser sind dabei meist die größten Feiglinge ... Dabei die Idee, Irland zu befreien, indem man einen Londoner Schneiderladen in Brand steckt!«[18]

Wie Marx' zeigte auch Engels' Familie mehr Mitgefühl. Lizzy Burns, mit der Engels in eheähnlicher Gemeinschaft lebte, war eine unerschütterliche Anhängerin der Fenier. Ihr Haus in England bot Feniern auf der Flucht Unterschlupf und war eine Brutstätte ihrer Aktivitäten. Es war sogar in den Fenier-Farben Grün und Schwarz eingerichtet. Später empörte sich Engels über die Anschläge der Fenier nach 1880, bei denen abermals Unbeteiligte ums Leben kamen. Er meinte, auch Revolutionäre müssten sich wie Soldaten verhalten und dürften ausschließlich die töten, die tatsächlich gegen sie kämpfen.

Marx' Widerpart Michail Bakunin war in vielerlei Hinsicht der Prototyp des modernen sozialrevolutionären Terroristen und der einflussreichste Vordenker des Terrorismus im 19. Jahrhundert. Debatten langweilten den Aristokraten, ihn verlangte es nach sofortigen Taten. Sein Ziel war, mit einer kleinen Anzahl von handverlesenen Mitverschwörern die Macht zu ergreifen und eine Massenrevolte gegen Armut und Unterdrückung zu entfesseln. Rastlos reiste er durch Europa überall dorthin, wo sich ziviler Ungehorsam regte, und versuchte eine Revolution in Gang zu setzen. Kritiker sagten, seine revolutionäre Leidenschaft sei nie erlahmt, niemals habe er aufgehört, Verschwörungen zu planen, und nie seien seine Aufstände erfolgreich verlaufen. Er glaubte, Gewalt könnte auf der Stelle zu Gerechtigkeit führen, indem sie die Unterdrückungsorgane des Staates hinwegfege. Der Übergang vom altmodischen Aufständischen, der auf die Macht der Masse setzte, zum Befürworter gewalttätigen Terrors durch kleine Gruppen, die die Massen zu repräsentieren behaupten, war mit Bakunin endgültig abgeschlossen.[19]

Irische Nationalisten

Zwei Terrororganisationen des späten 19. Jahrhunderts sind der Erwähnung als Vorläufer heutigen Terrorismus wert: Die irischen Nationalisten und die russischen Anarchisten. Die Irische Republikanische Bruderschaft (IRB), die Vorgängerin der heutigen IRA, war eine Geheimgesellschaft, die die Unabhängigkeit Irlands mit Gewalt herbeiführen wollte. Ihre Ziele fanden in Irland einige Unterstützung, die politisch bewussten Bevölkerungsteile aber favorisierten die friedfertige Strategie der Irish Home Rule Party, die dasselbe mit parlamentarischen Mitteln erreichen wollte. Wie schon die Jakobiner zuvor nahm die IRB das exklusive Recht für sich in Anspruch, entscheiden zu können, was das Beste für das irische Volk sei, auch wenn das allein sie noch nicht zu einer Terrorbewegung machte. Sie war so überzeugt, dass das Volk sich ihrem Beispiel anschließen würde, dass sie faktisch der altmodischen Taktik des offenen Aufstands den Vorzug gab. Doch ihr einziger Versuch in dieser Richtung, der Fenier-Aufstand von 1867, geriet zu einer beispiellosen Katastrophe – nicht zuletzt, weil sich ihm so gut wie niemand anschloss. In Großbritannien wurde das Ereignis kaum zur Kenntnis genommen.

Unter den Feniern von 1867 fanden sich auch irische Emigranten aus den USA, die nach der Beendigung des Amerikanischen Bürgerkrieges rekrutiert worden waren, um ihre militärische Erfahrung in den Dienst Irlands zu stellen. Ein paar der nicht nach Irland zurückgekehrten Irisch-Amerikaner starteten eine Reihe von närrischen Versuchen, von den Vereinigten Staaten aus Kanada zu überfallen. Ihr Plan war, das kanadische Transportwesen in ihre Hand zu bringen und Großbritannien zu zwingen, im Tausch gegen die Verfügungsgewalt über ihre Provinz Kanada Irland die Freiheit zu schenken.

In Großbritannien wurden die Mitglieder der Bruderschaft größtenteils als Terroristen abgetan, da man ihnen häufig die Aktionen verschiedener radikalerer Ableger zuschrieb, die nach 1880 in England Bombenattentate verübten. Eine dieser Gruppen war der Clan na Gael (»Irische Familie«), der von irischen Emigranten in den Vereinigten Staaten finanziert wurde. Das ist das erste bekannte Beispiel für ein Muster, das ein Jahrhundert später vertraut werden sollte: Mitglieder von Diaspora-Gemeinschaften, die sich in der neuen Heimat deplatziert fühlen, bilden eine extreme Bindung an die alte Heimat aus und finanzieren Bewegungen, die zuhause einen radikalen Wandel herbeiführen wollen. Mit der Entfernung vom Konfliktherd tendieren Interpretationen zu immer gröberer Vereinfachung. Die Kampagne der Fenier war erfolglos, und zwar nicht zuletzt, weil man zögerte, zivile Opfer in Kauf zu nehmen, und ohne Tote konnte man keine Aufmerksamkeit erregen.

Ein einziger Gewaltakt sorgte allerdings dann doch für jede Menge Aufregung: die sogenannten Phoenix-Park-Morde. In diesem Fall ermordete ein Ableger der IRB zwei führende Repräsentanten der britischen Regierung in Irland. Im Mai 1882 kam der neue britische Statthalter Lord Frederick Cavendish in Dublin an. Am Abend seiner Ankunft ging er mit seinem Stellvertreter T. H. Burke spazieren; plötzlich wurden sie von einer Gruppe, die sich selbst »The Invincibles« nannte, angegriffen und erstochen. Diese Aktion stand faktisch in der Tradition der Zeloten und Assassinen: ein gezielter Anschlag auf sorgfältig ausgesuchte Opfer.

Der Ruf der irischen Separatisten, sie seien Terroristen, trifft die Sache also nicht ganz, auch wenn man leicht erkennen kann, wo er herrührt. Die Taten dieser Gruppe waren eher unbedeutend, ihre Rhetorik aber extrem blutrünstig. Auf dem Papier verlangten sie marktschreierisch alle möglichen Gewalttaten, vor Ort aber gelang es ihnen nie so richtig, diese auch durchzuziehen. Jeremiah O'Donovan Rossa, ein großer Held der Fenier und bis auf den heutigen Tag eine prominente Gestalt der republikanischen Mythologie, entwickelte einmal einen Plan, im Londoner Unterhaus tödliches Gas zu versprühen, was vermutlich der erste Versuch von Terrorismus mit chemischen Waffen gewesen wäre. In Wirklichkeit war der Mann ausgesprochen zimperlich und schaffte es nie, auch nur einen kleinen Bombenanschlag in die Wege zu leiten.

Russische Anarchisten

Die russischen Anarchisten des späten 19. Jahrhunderts werden ebenfalls zu den Vorläufern des heutigen Terrorismus gezählt. Am bekanntesten wurde die Gruppe Narodnaja Wolja (»Volkswille«), die in Russland von 1878 bis 1881 aktiv war. Ihre Philosophie war eine Art idealistischer Anarchismus, der die Zerstörung der bestehenden Ordnung als Voraussetzung für eine neuere und bessere Gesellschaft erforderte. Wie andere Terroristen oder Revolutionäre seit Marx ließ Narodnaja Wolja ziemlich im Unklaren, wie diese Welt im Detail aussehen sollte. Die Gruppe wandte viel mehr Energie dafür auf, die Ungerechtigkeiten des gegenwärtigen Systems zu attackieren, als die Vorzüge dessen offenzulegen, das sie gern an der Stelle von jenem gesehen hätte. Dieses Merkmal ist auch den meisten heutigen Terrorgruppen zu eigen.

Wie Bakunin vertraute die Organisation auf spontanes Handeln und behauptete, ein einziger Zerstörungsakt könnte mehr erreichen als alle Debatten und Veröffentlichungen. Man meinte, die Ermordung einiger Regierungsvertreter würde überall im Land eine Revolution entfachen. Ihre präzisen Aktionen konzentrierten sich daher darauf, ein paar Schlüsselfiguren des Regimes zu töten, vor allem natürlich den Zaren. Und in der Tat gelang es ihren Anhängern, im Jahr 1881 Zar Alexander II. zu ermorden. Doch eine Revolution war damit ganz und gar nicht entfesselt: Die Bauern reagierten überhaupt nicht, in den Städten war die Öffentlichkeit entsetzt, und die Radikalen verloren an Unterstützung.

Den russischen Anarchisten schreibt man die »Propaganda durch die Tat« zu, in Wirklichkeit aber zeichneten sie sich mehr durch Propaganda als durch Taten aus. Das galt sogar für extremere Organisationen wie die Partei der russischen Sozialrevolutionäre, die sorgfältig den Tod von Unschuldigen zu vermeiden suchte und sich klar definierte Grenzen auferlegte. Ihre Mitglieder glaubten beispielsweise, Terrorismus sei nur dann gerechtfertigt, wenn der Täter bereit sei, sein eigenes Leben zu opfern, um seine Taten wiedergutzumachen. Die Regierung erlegte sich bei ihren Reaktionen weit weniger Zurückhaltung auf und ging mit brutaler Unterdrückung gegen diese Gruppen vor. Dass diese Organisationen für viele Rechte kämpften, die wir heute als gegeben hinnehmen, macht sie noch nicht zu frühen Demokraten. Sie teilten mit vielen Nachfolgern im 20. Jahrhundert eine fatale Schwachstelle – nämlich ihre Neigung, sich selbst das Recht anzumaßen, zu entscheiden, was gut für das Volk sei. Ihr Versagen ist zum Teil genau darauf zurückzuführen, dass das elitäre Selbstvertrauen, das aus dieser Perspektive resultierte, sie blind dafür machte, wie sehr sie vom Volk isoliert und wie stark ihre Gegner waren. Dennoch lassen ihre Methoden deutlich ein moralisches Verantwortungsbewusstsein erkennen, das den von ihnen bekämpften Regierungen nicht immer im gleichen Maß zu eigen war.

Kurioserweise war Wladimir I. Lenin, der den sozialrevolutionären Terrorbewegungen des späten 20. Jahrhunderts eine so große Inspiration sein sollte, den russischen Anarchisten gegenüber sehr kritisch eingestellt: Er hielt sie für irregeleitete Zeloten. (Als Lenin 17 Jahre alt war, wurde sein älterer Bruder Alexander wegen eines Mordanschlags auf den Zaren verurteilt und in St. Petersburg gehängt.) Lenin glaubte, er wüsste einen wirkungsvolleren Weg, das System zu stürzen. Statt Bomben auf Minister zu werfen, riet Lenin zur Schaffung einer revolutionären Elite, die ein einziges, schlichtes Ziel verfolgt: die Übernahme der Macht. Lenins revolutionärer Kader war von der Umgebung keineswegs isoliert, sondern bediente sich der Unzufriedenheit im Volk, um sich Unterstützung zu sichern. Lenin kam es nicht darauf an, ob die Klagen von Nationalisten kamen, von Leuten, die Land haben wollten, oder von anderen, die mit seiner Sache nicht sympathisierten. Wichtig war für den ultimativen Pragmatiker nur, dass ihre Animosität gegenüber der Obrigkeit sie zu potenziellen Sympathisanten der Subversiven machte, deren politische Machtlosigkeit ihnen die Freiheit gab, leere Versprechungen abzugeben. Lenins entscheidender Beitrag zur Terrorismusstrategie bestand also darin, jede noch so kleine lokale Entfremdung für eigene Zwecke auszunutzen. Liest man Bin Ladens öffentliche Verlautbarungen, wird sehr deutlich, dass er sich diese Lektion zu Herzen genommen hat. Er kritisiert die USA für alles, von der Unterstützung für Israel über die Stationierung von Truppen in Saudi-Arabien und die Weigerung, den Internationalen Gerichtshof anzuerkennen, bis hin zu den Profiten der Halliburton Company.[20]

Zur selben Zeit war in Europa und in den Vereinigten Staaten eine Reihe anderer Anarchistengruppen aktiv. Ihnen gelangen einige spektakuläre Attentate; zu den Opfern zählten unter anderem 1892 der spanische Ministerpräsident, 1898 Kaiserin Elisabeth von Österreich, 1900 König Umberto I. von Italien und 1901 US-Präsident William McKinley.[21] Diese Taten boten einen ersten Ansporn zur internationalen Zusammenarbeit gegen den Terrorismus. Damals wie heute lösten Gräueltaten Antiterrorinitiativen aus. Als im Zuge internationaler Anstrengungen zur Verbrechensbekämpfung im frühen 19. Jahrhundert Auslieferungen vertraglich geregelt wurden, wahrte man das Prinzip der Nichtintervention durch Aufnahme einer Vertragsklausel, die die Auslieferung politischer Straftäter verbot. Ein Attentatsversuch auf Napoleon III. im Jahr 1855 führte jedoch zu einer Abänderung der politischen Ausnahmeklausel, sodass Mörder eines Staatschefs oder seiner Familie wieder ausgeliefert werden konnten. Im letzten Jahrzehnt des 19. Jahrhunderts beschloss Großbritannien dann, einen französischen Anarchisten auszuliefern, der wegen eines Attentats auf ein französisches Café gesucht wurde, bei dem zwei Zivilisten getötet worden waren. Das Gericht befand, da Anarchisten nicht an die Regierung glaubten, könnten sie sich auch nicht auf die politische Ausnahmeregel in den Auslieferungsverträgen berufen.

Verglichen mit dem Gewaltniveau der Terroristen im 20. Jahrhundert kommen einem diese Vorgänger des 19. wirklich etwas anämisch vor. Die beiden Weltkriege trugen ein gut Teil dazu bei, den Unterschied zwischen Kämpfenden und Nichtkämpfenden zu verwischen und das gezielte Massaker an Zivilisten – sogar durch »die Guten« – zu legitimieren. Die Missachtung dieses Unterschieds ist, wie ich weiter oben schon gesagt habe, ein den Terrorismus definierendes Merkmal. Im 20. Jahrhundert mobilisierten Nationalstaaten ihre Streitkräfte, um Bürger anderer Länder aus politischen Gründen zu töten. Zu den Beispielen aus dem Zweiten Weltkrieg zählen der Luftangriff auf London, die Belagerung Leningrads und die Bombardierung Dresdens, von den Atombomben auf Hiroshima und Nagasaki ganz zu schweigen. In all diesen Fällen hatten die Täter politische Motive, die zufälligen Opfer waren Zivilisten und die Botschaft richtete sich an ein größeres Publikum, gleich ob es sich um die Öffentlichkeit im Allgemeinen, die Streitkräfte oder die Regierung beziehungsweise die Machthaber des betreffenden Landes handelte. Ja, in der ersten Hälfte des 20. Jahrhunderts mobilisierten einige Staatslenker die Ressourcen ihrer Regierungen, um sogar ihre eigenen Leute umzubringen, nicht nur Fremde; die maßlosesten von ihnen waren Stalin und Hitler. Der Punkt dabei ist, dass sich in der Brutalisierung des Terrors eine Brutalisierung des politischen Lebens insgesamt widerspiegelt. Die Terroristen des 19. Jahrhunderts waren zurückhaltender und selektiver als ihre Nachfolger im 20. Aber sie differenzierten erst dann nicht mehr zwischen

Kämpfenden und Nichtkämpfenden, nachdem Staaten während der Weltkriege diesen Unterschied gründlich infrage gestellt hatten.

Auch wenn das planvolle Vorgehen gegen Zivilisten viele Vorgänger hatte, bleibt es schwierig zu begreifen. Absichtlich eine Schule in die Luft zu sprengen oder ein Regierungs- oder Geschäftsgebäude oder gar die Mitinsassen in einem Bus oder einer U-Bahn zu töten ist ein persönlicherer Akt als im Krieg aus einem Flugzeug in 10 000 Metern Höhe eine Bombe abzuwerfen. Letzteres können wir viel leichter nachvollziehen. Wir betrachten es als eine Frage der Disziplin, der Ausbildung und der Verpflichtung auf eine gerechte Sache, die von einer repräsentativen Regierung definiert wurde. Ein Terrorakt ist viel schwieriger auszuloten. Zweifellos ließen die Fenier eine außerordentliche Geringschätzung menschlichen Lebens erkennen, als sie fast 500 Pfund Schießpulver nur wenige Meter von einem dichtbevölkerten Viertel entfernt hochgehen ließen. (Gerechterweise muss man meiner Ansicht nach sagen, dass sie sich wohl zu einer anderen Art von Befreiungsversuch entschlossen hätten, wenn sie geahnt hätten, dass bei ihrer Explosion sechs Frauen und Kinder umkommen und Hunderte Häuser zerstört werden würden.) Hätten viele moderne Terroristen vorhergesehen, dass ihre Vorgehensweise nur sechs Opfer fordern würde, hätten sie ebenfalls einen anderen Plan verfolgt, der darauf abzielte, *mehr* Schaden anzurichten. Was bringt Menschen dazu, so immun gegen das von ihnen verursachte Leid zu sein, und was hoffen sie damit zu erreichen? Diesen Fragen wollen wir uns jetzt zuwenden.

Kapitel 3
Was verursacht Terrorismus?

> Wenn ein Unglück passiert, machen kluge Menschen es zu ihrer dringlichsten Aufgabe, nach den Ursachen zu suchen, um zu verhindern, dass so etwas wieder geschieht.
>
> *Osama Bin Laden, Oktober 2004*[1]

> Ich kann mich noch gut an diese qualvollen Bilder erinnern: Blut, zerrissene Gliedmaßen, massakrierte Frauen und Kinder. Überall wurden Häuser zerstört, und Hochhäuser stürzten ein und begruben ihre Bewohner unter sich, während Bomben gnadenlos auf unsere Heime herabregneten.
>
> *Osama Bin Laden, Oktober 2004*[2]

Omar Saeed Sheikh scheint nicht gerade der Prototyp eines Terroristen zu sein. Der in London geborene Sohn eines pakistanischen Geschäftsmannes wuchs in einer wohlhabenden Umgebung auf. Sein Vater schickte ihn auf eine teure Privatschule, Forest School, wo der englische Kricketkapitän, Nasser Hussain, zu seinen Mitschülern zählte. Sein Ökonomietutor an der Schule sagte über Sheikh: »Der Bursche, den wir kannten, war ein in allen Fächern guter, verlässlicher und hilfsbereiter Schüler ... er zählte zu den Besten ... Er war ein netter Typ, sehr höflich.«[3] Ein anderer berichtete: »Er war ein angenehmer Zeitgenosse, Hatte gute Manieren und Bildung.«[4] Sheikh schaffte vier A-Level mit guten Noten und wurde von der angesehenen London School of Economics aufgenommen, wo er angewandte Mathematik, Statistik, Wirtschaftswissenschaften und Sozialpsychologie belegte.

Abgesehen von Intelligenz und Charme zeichnete sich Sheikh auch durch Mitgefühl aus. 1992 wartete ein Mann im Ostlondoner U-Bahnhof Leytonstone auf den Zug, verlor das Gleichgewicht und fiel auf die Gleise. Der damals achtzehnjährige Sheikh sah das, ignorierte die

Gefahr durch den Zug, der gerade einfuhr, sprang auf die Gleise und rettete den Mann. Die Londoner Verkehrsbetriebe ehrten ihn später für sein beherztes, selbstloses Eingreifen.[5]

Als sich Sheikh vom charmanten Schuljungen zum leidenschaftlichen Terroristen entwickelte, verlor er nicht sein Mitgefühl. Eine indische Zeitung kaufte eine Kopie des Tagebuchs, das Sheikh im Gefängnis geschrieben hat. Während der Vorbereitung eines Anschlags, bei dem 40 ausländische Besucher in Indien überfallen und gekidnappt werden sollten, zog einer seiner Mitstreiter aus dem gemeinsamen Appartement aus. Sheikh schrieb: »Er war fort. Ich hatte das Zimmer für mich allein. Seit ich nach Indien kam, stellte mich der Anblick ausgemergelter Bettler überall, vor allem um das Markaz herum, vor ein schwieriges Dilemma. Nie zuvor in meinem Leben hatte ich so viel Armut mit eigenen Augen gesehen. Doch mir wurde bald klar, dass oberflächliche Hilfe das Problem nur verlängern würde – das Geld, das sie bekamen, gaben sie größtenteils für Zigaretten oder *charas* [Haschisch] aus. Aber sie litten echte Not. Wie auch immer, in jener Nacht fand ich, da ich das Zimmer für mich allein hatte, könnte ich es mit einem alten einbeinigen Mann teilen, der vor dem Markaz saß. Ich ging und holte den alten Mann zu mir ins Zimmer. Wir aßen zusammen.«[6] Im selben Tagebuch schildert Sheikh detailliert, wie er sich mit Reisenden aus dem Westen anfreundete, sie entführte, mit vorgehaltener Waffe an Möbel kettete und als Geiseln hielt.

Im Juli 2002 wurde Omar Saeed Sheikh wegen Entführung und Ermordung des Reporters Daniel Pearl vom *Wall Street Journal* verurteilt. Im Fall Pearl beteuerte Sheikh seine Unschuld, aber bei einem seiner Auftritte vor Gericht rief er Reportern zu, er sei für andere berühmte terroristische Taten verantwortlich, unter anderem für die Bombenattentate auf das Parlament von Kaschmir im Oktober 2001 und auf das indische Parlament zwei Monate später sowie für den Anschlag auf das amerikanische Kulturzentrum in Kalkutta im Januar 2001.

Es ist einfach verblüffend, dass jemand mit einem Lebenslauf wie viele andere und mit erheblich mehr Privilegien als die meisten davon beschloss, Terrorist zu werden. Wenn man die Ursachen für den Terrorismus begreifen will, muss man nach Erklärungen auf der individuellen Ebene suchen, etwa im Fall von Omar Saeed Sheikh, aber das reicht nicht. Auch auf nationaler und transnationaler Ebene lassen sich Erklärungen finden. Das Aufkommen von Terrorismus erfordert einen tödlichen Cocktail mit drei Zutaten: Ein entfremdetes Individuum, eine gutheißende Gemeinschaft und eine legitimierende Ideologie.

Nach dem 11. September 2001 strömten die Amerikaner in Scharen in die Buchhandlungen und kauften sich Koranausgaben; Bücher über den Islam erfreuten sich einer zuvor ungekannten Nachfrage. Bis zu Bin Laden persönlich drang die Kunde. Zu einigen Freunden sagte er: »Ich habe im islamischen Radio jemanden gehört, der in Amerika eine Schule besitzt und sagte: ›Wir haben gar nicht die Zeit, all die Anfragen derer zu beantworten, die islamische Bücher wollen, um etwas über den Islam zu erfahren.‹«[7] Die Amerikaner wollten die Ursachen dessen verstehen, was passiert war. Karl Rove, Berater des amerikanischen Präsidenten, hat diese Bemühungen völlig zu Unrecht kritisiert. In New York sagte er vor Vertretern der Konservativen Partei: »Konservative haben gesehen, was am 11. September mit uns geschah und gesagt: Wir werden unsere Feinde besiegen. Liberale sahen, was mit uns passierte und sagten: Wir müssen unsere Feinde verstehen.«[8] Die Öffentlichkeit will begreifen – was nicht gleichbedeutend mit Sympathie oder Empathie ist –, was hinter der schrecklichen Gewalt steht, die über uns kam, und dieser Wunsch ist eine der stärksten Waffen im antiterroristischen Arsenal der Amerikaner.

Selbstverständlich hat der Terrorismus nicht nur eine Ursache, genau wie es nicht nur einen Grund gibt, jemanden zu ermorden. Menschen bringen aus vielerlei Gründen andere um. Ein Soldat tötet, weil das seine Aufgabe ist. Ein betrunkener Autofahrer tötet, weil er sich nicht mehr ganz unter Kontrolle hat, ein Psychopath, weil er verrückt ist, eine geschlagene Frau, weil sie Angst hat, ein Teenager bei einer Schlägerei, weil er Wut hat, und so weiter.

Es gibt mindestens zwei Gründe, warum eine überzeugende Erklärung des Terrorismus ausgesprochen schwierig ist. Der erste lautet: Es gibt zu viele Terroristen. Der zweite: Es gibt so wenige. Terrorismus ist eine Strategie, die von vielen unterschiedlichen Gruppen in vielen verschiedenen Teilen der Welt zur Durchsetzung vieler unterschiedlicher Ziele eingesetzt wird. Es gibt ihn in Demokratien, Autokratien und am häufigsten in Staaten, die sich in einem Übergang befinden. Andererseits gibt es eigentlich nur sehr wenige Terroristen. Wenn der Islam eine Ursache des Terrorismus wäre, warum gibt es dann bei 1,2 Milliarden Muslimen auf der Welt allerhöchstens ein paar Tausend islamistische Terroristen und nicht mehr? Wenn die sozialrevolutionären Bewegungen Europas in den siebziger Jahren von der Entfremdung enttäuschter Jugendlicher herrührten, warum gab es dann nicht mehr Terroristen? Das Phänomen der Entfremdung war bei jungen Europäern und Amerikanern weit verbreitet, aber faktisch hatten die RAF, die Action directe, die CCC und die Roten Brigaden in Deutschland, Frankreich, Belgien beziehungsweise Italien nur sehr wenige Mitglieder.

Die Ursachen des Terrorismus müssen wir auf unterschiedlichen Ebenen suchen. Die Ebene des individuellen Terroristen, die der terroristischen Organisation und die des sie finanzierenden Staates können alle möglichen Gründe liefern. Auf gesellschaftlicher Ebene sind sozioökonomische Faktoren wie etwa Armut und Ungleichheit mögliche Ursachen, auf transnationaler Ebene können Religion und Globalisierung welche sein. Viele dieser Ursachen hängen miteinander zusammen.

Erklärungen auf individueller Ebene

Warum entscheidet sich eine Person, einer Terrororganisation beizutreten, in ihr zu bleiben, eine anzuführen oder eine zu verlassen? Warum entscheidet sich ein Mensch dazu, andere, ihm unbekannte Menschen zu töten, um einem Ziel näher zu kommen, das höchstwahrscheinlich zu seinen Lebzeiten nicht erreicht werden wird, und sich dabei außerhalb des Gesetzes zu stellen und drastisch die Wahrscheinlichkeit zu erhöhen, dass er getötet oder eingekerkert oder seine Familie Risiken ausgesetzt sein wird? Und im extremsten Fall: Warum bringt sich jemand um, um andere zu töten? Die übliche und am ehesten einleuchtende Erklärung lautet, dass er verrückt ist. Terroristen sind aber, wie gesagt, im Großen und Ganzen überhaupt nicht verrückt. Interviews mit heutigen und früheren Terroristen und auch mit solchen, die im Gefängnis sitzen, bestätigen, dass ihre Normalität das eine Merkmal von Terroristen ist, das ihnen gemeinsam ist – jedenfalls soweit wir den Begriff verstehen. Versuche, ein Täterprofil *des* Terroristen zu erstellen, sind immer wieder gescheitert. Einige Terroristen sind introvertiert, andere extrovertiert, einige frech, andere schüchtern, einige haben Selbstvertrauen, andere sind nervös.

Einfachheit, Identifikation und Rache

In der umfangreichen psychologischen Literatur stechen vor allem drei Punkte ins Auge.[9] Terroristen sehen die Dinge in manichäischer Schwarz-Weiß-Manier; sie identifizieren sich mit anderen; und sie suchen Rache. Sie haben eine grob vereinfachte Weltsicht, in der das Gute gegen das Böse kämpft, und ihre Feinde, die an all ihrem Elend schuld sind. Sie agieren in der Regel nicht aus dem Wunsch nach persönlicher Genugtuung heraus, sondern im Namen einer Gruppe, mit der sie sich identifizieren (obwohl es diese beiden Motive auch nebeneinander geben kann). Islamistische Terroristen beispielsweise berufen sich immer wieder auf das Leiden der Palästinenser und anderer Muslime.

Sowohl bei Gesprächen mit Anführern als auch bei solchen mit Terroristen aus der zweiten Reihe tauchen immer wieder die Identifikation mit anderen und der Wunsch nach Rache auf. Der deutsche Militante Michael »Bommi« Baumann schreibt in seinem Buch *Wie alles anfing*, dass ein deutscher Polizist, ohne provoziert worden zu sein, bei einer Demonstration gegen den Schah den Studenten Benno Ohnesorg erschossen hat, hätte ihn zum Terroristen werden lassen. Ähnliches berichteten italienische und deutsche Aktivisten der italienischen Soziologin Donatella Della Porta. Mitglieder der Familie Finucane beschrieben dem britischen Reporter Kevin Toolis, wie sie durch die Erfahrung radikalisiert wurden, von protestantischen Mobs aus ihrem Haus vertrieben worden zu sein, und protestantische Paramilitärs erzählten Peter Taylor von der BBC, wie der Anblick der von IRA-Bomben verletzten Nachbarn sie radikalisiert hätte.[10]

Omar Saeed Sheikh schrieb in seinem Bekenntnis, als Student an der London School of Economics habe er 1992 die »Bosnische Woche« verfolgt, wo man eine Reihe von Dokumentarfilmen zeigte. Er schrieb, einer davon, *The Death of a Nation*, habe dargestellt, wie bosnische Muslime von Serben ermordet wurden; das habe ihm »das Herz erschüttert« und sein politisches Erwachen sowie die nachfolgende Radikalisierung ausgelöst. Er half, eine studentische Veranstaltung über Bosnien zu organisieren, dann begann er, Spenden für einen Konvoi mit Hilfsgütern für Bosnien zu sammeln. Bald kam er mit militanten Islamisten in Kontakt.[11]

Anführer von Terrorgruppen haben ähnliche Geschichten erzählt, wie sie sich radikalisierten und mit dem Leiden identifizierten. Renato Curcio, Vordenker der italienischen linksextremen sozialrevolutionären Roten Brigaden, sagt, er sei zur Gewalt bekehrt worden, als bei einem Zwischenfall die Polizei auf Landarbeiter schoss und unter vielen anderen Opfern zwei Kinder tötete und mehrere verletzte. Velupillai Prabhakaran, der wenig gebildete Anführer der Befreiungstiger von Tamil Eelam auf Sri Lanka, sagte: »Die Not des tamilischen Volkes ist es, die mich zu den Waffen trieb. Ich war wütend über die unmenschlichen Gräueltaten, die an einem unschuldigen Volk begangen wurden. Über die Rücksichtslosigkeit, mit der unser Volk ermordet, massakriert, verstümmelt wurde ...«[12] Abimael Guzmán, der Vordenker des maoistischen Leuchtenden Pfads in Peru, äußerte sich ähnlich: »Ich würde sagen, am meisten haben mich die Kämpfe des Volkes zur Politik gebracht. Ich sah seinen Kampfgeist während des Aufstands in Arequipa 1950 – wie die Massen in nicht zu bremsendem Zorn auf das barbarische Abschlachten der Jugend kämpften.«[13] All diese Männer führten sehr unterschiedliche Terrorbewegungen an, die ganz verschiedene politische Ziele in sehr unterschiedlichen Teilen der Welt verfolgten, doch alle sprachen ähnlich darüber, dass sie radikalisiert wurden, indem sie sich emotional mit anderen identifizierten.

Wie mächtig der Rachedurst sein kann, wird ausführlicher im folgenden Kapitel behandelt. Immer und immer wieder kleiden Terroristen ihre Taten in das Vokabular der Vergeltung. Osama Bin Ladens Reden beispielsweise sind mit der Sprache der Rache durchtränkt. Nur wenige Wochen nach dem 11. September sagte er im Fernsehsender al-Dschasira: »Hier liegt Amerika hingestreckt von Gott dem Allmächtigen, in eines seiner vitalsten Organe getroffen, sodass seine höchsten Gebäude zerstört sind. Lob und Dank sei Gott. Amerika ist von Nord bis Süd und von Ost bis West mit Entsetzen erfüllt, und Dank sei Gott, dass das, was Amerika nun zu spüren bekommt, nur ein Abklatsch dessen ist, was wir zu spüren bekamen. Unsere islamische Nation hat dasselbe mehr als 80 Jahre lang erlitten, Demütigung und Ungnade, ihre Söhne wurden getötet, ihr Blut verschüttet, ihre heiligen Stätten entheiligt.«[14]

Die beiden größten Widersprüche dabei, wie Terroristen sich selbst sehen und wie sie von anderen gesehen werden, sind genau diese beiden Punkte: altruistisch kontra eigennützig, Verteidiger kontra Aggressoren. Terroristen betrachten es so, dass sie heldenhaft zum Wohl anderer tätig werden, nicht für sich selbst. Und hier sehen sie auch den moralischen Unterschied zu Kriminellen, die zum eigenen, selbstsüchtigen Nutzen agieren. Bin Laden beschrieb einmal, wie ihm die Idee kam, die Zwillingstürme in die Luft zu jagen:

Gott weiß, dass wir nicht den Plan hatten, die Türme anzugreifen, aber die Idee überkam mich, als die Unterdrückung unseres Volks in Palästina und im Libanon und die an ihm begangenen Gräueltaten durch die amerikanisch-israelische Allianz einfach zu weit gingen. Am unmittelbarsten beeindruckten mich Ereignisse während und nach 1982, als Amerika den Israelis erlaubte, mithilfe seiner dritten [Sechsten] Flotte den Libanon zu besetzen. Sie fingen mit Bombardements an, töteten und verwundeten viele, andere flohen in Angst und Schrecken ... Es war, als würde ein Krokodil ein Kind verschlingen, das nichts weiter als schreien kann. Versteht ein Krokodil irgendetwas anderes als Waffen? Die ganze Welt hörte und sah, was geschah, tat aber nichts. In diesen entscheidenden Momenten tobten in meinem Inneren viele Ideen, schwer zu beschreibende Ideen, aber sie setzten das unwiderstehliche Verlangen frei, etwas gegen das Unrecht zu tun, und machten mich fest entschlossen, die Unterdrücker zu bestrafen.

Als ich jene zerstörten Hochhäuser im Libanon sah, fiel mir ein, den Unterdrücker in gleicher Weise zu bestrafen und Hochhäuser in Amerika zu zerstören, damit es seine eigene Medizin zu schmecken bekäme und aufhören würde, unsere Frauen und Kinder zu töten.[15]

Bei einer gemeinsamen Sitzung des US-Kongresses am 20. September 2001 entwarf Präsident Bush eine ziemlich andere Version der Motive von al-Qaida: »Sie sind gegen uns, weil wir ihnen den Weg versperren.

Wir lassen uns von ihrer vorgeschobenen Frömmigkeit nicht täuschen. Leute ihrer Art haben wir schon früher gekannt. Sie sind die Erben all der mörderischen Ideologien des 20. Jahrhunderts. Indem sie zugunsten ihrer radikalen Visionen Leben opfern und jeden Wert negieren außer dem Willen zur Macht, folgen sie dem Weg des Faschismus, Nazismus und Totalitarismus.«[16]

Wir meinen, dass sie um der Macht und der Dominanz willen gegen alle moralischen Wertvorstellungen verstoßen. Sie meinen, dass sie die Schwachen gegen die Starken verteidigen und die Starken für deren moralische Verfehlungen bestrafen. In antiterroristischer Hinsicht ist dieser Unterschied wichtig. Wenn man versuchen will, jene Anreizstrukturen zu beeinflussen, die Menschen dazu bringen, sich einer Bewegung anzuschließen oder sie zu verlassen, ist das Wissen, warum sie sich überhaupt angeschlossen haben, von entscheidender Bedeutung. Bin Laden beispielsweise verhöhnte die amerikanischen Bemühungen, einen Preis für seinen Kopf auszusetzen. Al-Dschasira erzählte er, seine Anhänger hätten »die Welt verlassen, und sie sind in diese Berge und in dieses Land gekommen, sie ließen ihre Familien, Väter und Mütter zurück. Sie verließen ihre Universitäten und kamen unter Beschuss von amerikanischen Raketen und anderen Attacken hierher. Einige starben ... Diese Männer haben der Welt den Rücken gekehrt und sich dem Dschihad angeschlossen. Amerika aber, das das Geld anbetet, glaubt, die Menschen hier seien von diesem [selben] Kaliber. Ich schwöre, dass wir selbst nach diesen Berichten [dass die Vereinigten Staaten 5 Millionen Dollar für Informationen, die zu seiner Verhaftung führen, ausgelobt haben] keinen einzigen Mann von seinem Posten abziehen müssen.«[17] Wenn Terroristen aus Eigennutz handeln, dann geht es eher um den Wunsch nach Anerkennung, nach Ruhm, nicht um materiellen Gewinn.

Verteidiger kontra Aggressoren

Der Soziologe Mark Juergensmeyer fragte Dr. Abd el-Asis al-Rantissi, einen Begründer der Hamas (der im April 2004 von Israelis getötet wurde), in welcher Hinsicht seiner Meinung nach die Hamas missverstanden würde. Er antwortete: »Sie denken, wir seien die Angreifer.

Das ist das größte Missverständnis. Wir sind nicht die Angreifer, wir sind die Opfer.«[18] Bin Laden drückte es, wie es für ihn typisch ist, drastischer aus: »In Wahrheit ist die gesamte muslimische Welt das Opfer internationalen Terrors, den Amerika und die Vereinten Nationen verbreiten.«[19] Ein IRA-Mitglied erklärte Kevin Toolis, warum er sich der Terrorbewegung angeschlossen hatte: »Ich wusste, dass die IRA uns verteidigt, dass sie unsere Interessen verfolgt, dass sie für unsere Rechte kämpft. Alle hatten große Wut im Bauch.«[20] Ein anderes Mal gebrauchte Bin Laden eine ganz schlichte Analogie, um das Verhalten seiner Anhänger zu erklären: »Schauen wir uns zum Beispiel ein Hühnchen an. Wenn eine bewaffnete Person in das Heim des Hühnchens eindringt und droht, ihm Schaden zuzufügen, wird sich das Hühnchen automatisch wehren.«[21] Sich als Opfer zu betrachten, das defensiv kämpft, macht es insgesamt natürlich leichter, das eigene Verhalten zu rechtfertigen.

Führer und Anhänger

Eine Person, die Rache sucht und sich mit anderen identifiziert, wird nicht in einem Vakuum zum Terroristen. Wen Unrecht wurmt, wer sich mit den Benachteiligten identifiziert und ihnen helfen will, für den wäre Sozialarbeiter die typischere Karriere. Es braucht einen charismatischen Führer oder eine funktionierende Organisation, die solche Empfindungen mit der Lust auf Rache vermengt und sie in Aktionen umsetzt.

Wie in den meisten Organisationen tendieren auch in terroristischen die Anführer dazu, sich von den Anhängern zu unterscheiden. Oft haben sie beispielsweise eine bessere Ausbildung oder einen höheren sozioökonomischen Status. Versucht man, Terrorbewegungen zu begreifen, ist es daher wichtig, zu erkennen, dass die Motive der Anführer sich meist von denen der Anhänger unterscheiden. Die Führung ist es, die beflissene Freiwillige zu einer organisierten Truppe ummodelt. Der Führer sorgt nicht nur für die Ausbildung, sondern liefert auch die Ideologie, identifiziert den Feind und erläutert die Strategie. In manchen Fällen ist die Gruppe oder Ideologie in ihm personifiziert.

Einige Anführer genießen bei ihren Leuten fast gottgleiches Ansehen, beispielsweise Osama Bin Laden von al-Qaida, Velupillai Prabhakaran von den tamilischen Befreiungstigern und Shoko Asahara von Aum Shinrikyo. Bei einigen Organisationen hat sich um ihren Führer ein Persönlichkeitskult ausgebildet, beispielsweise um Abimael Guzmán vom Leuchtenden Pfad oder Abdullah Öcalan von der PKK.

Das kann die Bewegung sehr verwundbar machen, denn der Ausfall des Führers kann der Organisation irreparablen Schaden zufügen. Als kühl kalkulierender Organisator ist Osama Bin Laden sich dieser Verwundbarkeit durchaus bewusst, und er hat großen Wert auf die Klarstellung gelegt, dass sein Ableben die Bewegung nicht schwächen würde. Er behauptet, die Vereinigten Staaten und Saudi-Arabien versuchten seit 1990 ihn zu ermorden, hätten damit aber keinen Erfolg, weil nur Allah entscheiden könne, wann er zu sterben hätte, also fürchte er den Tod nicht. »Für die Sache Allahs getötet zu werden, ist eine große Ehre, die nur denen zuteil wird, die zur Elite des Landes zählen. So für Allah zu sterben, lieben wir genauso, wie Sie es lieben, zu leben. Wir haben nichts zu fürchten, denn dieser Tod ist etwas, das wir uns wünschen.«[22] Andere Terrorgruppen haben eine Kollektivführung, wie beispielsweise den Armeerat der IRA, oder spielen auf andere Weise die Bedeutung individueller Anführer herunter. Die Motive solcher Personen unterscheiden sich oft von denen der Fußtruppen der Bewegung. Einige palästinensische Familien beispielsweise haben herausgestrichen, dass es nicht die Söhne der Anführer sind, die sich freiwillig für Selbstmordmissionen melden.

Die Führer von Terrorbewegungen sind in der Regel älter und gebildeter als ihre Anhänger, egal aus welcher Weltgegend sie stammen. In Lateinamerika ist das ausnahmslos so. Der Nestor des dortigen Terrors, Pedro Antonio Marín, besser bekannt als Manuel Marulanda Vélez, Führer der kolumbianischen FARC, wurde 1928 geboren. Der Brasilianer Carlos Marighella, Verfasser vom *Minihandbuch des Stadtguerilleros*, des berühmtesten Terroristenleitfadens vor jenem von al-Qaida, war 58 Jahre alt, als er eines gewaltsamen Todes starb. Abimael Guzmán, Führer des Leuchtenden Pfads, war ebenfalls 58, als er 1992 verhaftet wurde. Raúl Sendic, Führer der Tupamaros in Uruguay, war 42, als er seine Organisation gründete. Mario Roberto

Santucho, Führer der argentinischen ERP (Ejército Revolucionario del Pueblo, Revolutionäre Volksarmee) starb mit 40 eines gewaltsamen Todes. Guzmán als Akademiker, Sendic als Rechtsanwalt und Santucho als Ökonom waren auch erheblich gebildeter als die meisten ihrer Anhänger.

In Europa waren die Terroristenführer meist jünger als in Lateinamerika, aber immer noch älter als ihre Mitstreiter, und sie entstammten ausnahmslos der Mittel- und oberen Mittelschicht. Bei den Roten Brigaden Italiens hatten größtenteils Lehrer und Professoren von Mitte dreißig das Sagen. Zu den führenden Köpfen der deutschen Baader-Meinhof-Gruppe zählten Baader, Sohn eines Historikers, Meinhof als Journalistin und Tochter eines Kunstwissenschaftlers, Horst Mahler als Rechtsanwalt und Zahnarztsohn. Susanne Albrecht war die Tochter eines wohlhabenden Rechtsanwalts und Holger Meins Sohn eines Firmengeschäftsführers. Die meisten waren Studienabbrecher. Dieses Muster von Anführern im mittleren Alter und jüngeren Anhängern findet man bei unterschiedlichen Terrorbewegungen auf der ganzen Welt. Der Japaner Shoko Asahara, Führer von Aum Shinrikyo, wurde 1955 geboren. Velupillai Prabhakaran, Führer der tamilischen Befreiungstiger, erblickte 1954 das Licht der Welt. Abdullah Öcalan, Gründer und Führer der Kurdischen Arbeiterpartei, PKK, in der Türkei, wurde 1949 geboren.

Auf islamistische Gruppen trifft dieses Verteilungsmuster weniger zu, sie scheinen ihre Anhänger erfolgreich aus allen gesellschaftlichen Schichten zu rekrutieren. Osama Bin Laden hat das bekannteste und ungewöhnlichste Profil: Der 1957 geborene Multimillionär studierte in Dschidda Wirtschaftswissenschaften. Sein 1951 geborener Stellvertreter, Aiman al-Sawahiri ist Arzt. Mohammed Atta, Anführer der Attentate vom 11. September, war der Sohn eines ägyptischen Rechtsanwalts und hatte ein Diplom in Stadtplanung. Georges Habasch, Führer der Volksfront für die Befreiung Palästinas, PFLP, ist gleichfalls Arzt und wurde 1926 geboren. Abd el-Asis al-Rantissi, einer der Gründer der Hamas und ein weiterer Mediziner, war 56 Jahre alt, als ihn die Israelis töteten. Scheich Ahmed Jassin, Vordenker der Hamas, war ausgebildeter Lehrer. Er war 68, als ihn israelische Raketen töteten. Jassir Arafat von der PLO war Diplomingenieur, er starb im Alter von 75 Jahren. Im Gegensatz zu diesen wurde Hassan Nasrallah, Führer der Hisbollah, 1960 in bescheidenen Verhältnissen geboren. Er war das älteste von neun Kindern, sein Vater war Lebensmittelhändler.

Marc Sageman hat die Lebensläufe von 172 al-Qaida-Mitgliedern untersucht und festgestellt, dass zwei Drittel der Mittel- oder Oberschicht angehörten, 60 Prozent eine höhere Bildung genossen und mehrere von ihnen Doktortitel hatten.[23] Ihr Durchschnittsalter betrug 26 Jahre. Gilles Keppel untersuchte 300 militante Islamisten in Ägypten und stellte Ähnliches fest: Auch sie waren gebildeter und erfreuten sich eines höheren sozioökonomischen Status als die meisten Terroristen.[24] Peter Bergen erforschte den Hintergrund von 75 Terroristen, die für einige der schlimmsten Anschläge verantwortlich waren, und fand heraus, dass 53 Prozent einen höheren Bildungsweg genossen hatten, zwei einen Doktortitel von westlichen Universitäten innehatten und zwei weitere an ihrer Dissertation arbeiteten.[25] Zwar braucht jede Terroristenarmee Fußsoldaten und Kanonenfutter, islamistische Gruppen aber haben mit Erfolg einen Kader besser gebildeter Anhänger rekrutiert. Für internationale Operationen, die weite Reisen nötig machen und es erfordern, dass man sich in unterschiedlichen Gesellschaften bewegen kann, braucht man Männer wie Omar Saeed Sheikh oder Mohammed Atta. Hinzukommt, dass das Internet immer wichtiger für die sichere transnationale Kommunikation wird, und dafür braucht man Leute, die ein paar technische Fähigkeiten haben.

Terroristische Organisationen

Die im vorangegangenen Kapitel erwähnten zwei Hauptunterschiede zwischen Terrorgruppen – das Wesen ihrer Ziele und ihre Beziehung zur größeren Gemeinschaft – haben auch große psychologische Bedeutung. Jerrold Post hat herausgearbeitet, dass es ganz reale psychologische Unterschiede zwischen denen gibt, die das Werk ihrer Eltern fortsetzen, also den ethnonationalistischen Gruppen wie der ETA, der IRA, der LTTE und der PKK, und jenen, die die Welt ihrer Eltern zu zerstören versuchen, beispielsweise sozialrevolutionäre Gruppen wie die RAF oder die Roten Brigaden.[26] Nationalistische Gruppen sehen sich als Teil des historischen Kampfes ihrer Bewegung. Sozialrevolutionäre Organisationen lehnen die Vergangenheit vollständig ab. In ihrem bahnbrechenden Buch *Hitlers Kinder?* beschreibt Jillian Becker die Mitglieder der Baader-Meinhof-Gruppe, der Keimzelle der RAF, als »Kinder ohne Väter«[27].

Wenn sie auf ihr Leben als Terroristen zurückblicken, erzählen viele Aktivisten von den intensiven Kameradschaftsgefühlen innerhalb der Gruppe. Jerrold Post befragte 35 inhaftierte Terroristen aus dem Nahen Osten und beschrieb anschließend den Prozess, bei dem »ein alles umfassendes Gefühl des Kollektivs das Individuum verschlingt«[28]. Militante Italiener und Deutsche schilderten einen ähnlichen Prozess, durch den die Bindungen an ein kleines Kollektiv immer stärker werden, während die an alles andere sich abschwächen. Ehemalige Terroristen bezeugen allesamt, mit welcher Macht sie sich emotional zu ihren Waffenbrüdern hingezogen gefühlt hatten.[29] Ein italienischer Aktivist drückte es so aus: »Gemeinsam war uns die Vorstellung, dass der bewaffnete Kampf, abgesehen von der historischen Notwendigkeit, auch eine Gelegenheit war, menschliche Beziehungen aufzubauen, die, ich weiß nicht, wie ich es sagen soll, absolut sein mussten, auf der Bereitschaft basierten, zu sterben, das Gegenteil des Alltagslebens mit seiner Vereinzelung in einer kapitalistischen Gesellschaft.«[30]

Es kann nicht überraschen, dass ethnonationalistische Terrorgruppen diejenigen sind, die tendenziell am längsten Bestand haben, nicht zuletzt weil sie enge Bindungen an ihre Gemeinschaften haben. Psychologisch heißt das, dass die Mitgliedschaft in der Gruppe einen nicht von der größeren Bevölkerung abschneidet, die dann ein Gegengewicht zum Moralkodex in der Bewegung darstellen kann. Umgekehrt haben von der Gemeinschaft isolierte Gruppen – wie die meisten sozialrevolutionären Organisationen und Weltuntergangssekten – eher keine Verbindungen nach außen, die ihre Informations- und Sicherheitsbedürfnisse befriedigen würden, und auch keine Perspektive, mit der man die Doktrin der Bewegung hinterfragen könnte. Mitglieder solch isolierter Gruppen erschaffen sich eine subjektive Realität, in der sie leben, und ihre Isolation verhindert, dass diese rational überprüft werden kann. Heutige islamistische Gruppen scheinen in der Lage zu sein, die grundsätzlichen Zielsetzungen der Sozialrevolutionäre mit den engen Gemeinschaftsbindungen der Ethnonationalisten in Einklang zu bringen. Das ist eine sehr wirkungsmächtige Kombination.

Die meisten Psychologen bestätigen, dass Gruppen-, Organisations- und Sozialpsychologie terroristisches Verhalten besser erklären helfen als Individualpsychologie. Anne Marie Oliver und Paul Steinberg mit ihren Beschreibungen des Westjordanlands und des Gazastreifens sowie Kevin Toolis mit seiner Schilderung der Straßen von Belfast lieferten fesselnde Berichte über die Kulturen, in denen es für einen jungen Mann die normalste Sache der Welt werden kann, sich einer terroristischen Bewegung anzuschließen.[31] Sie beschreiben, wie ganze Gesellschaften kollektiv Widerstand leisten und diejenigen ermutigen und unterstützen, die zu den Waffen greifen. Sie schildern junge Männer, die sich mit ihren Freunden treffen und beschließen, für die Sache zu kämpfen. Solch ein soziales Umfeld kann noch den introvertiertesten und unabhängigsten Einzelgänger motivieren. Eamon Collins war ein ungewöhnlich gnadenloser und kaltblütiger Killer, der die Ermordung von Männern plante, mit denen er zusammengearbeitet hatte. Selbst er beschreibt, wie die Massendemonstrationen für die Gefangenen des H-Blocks ihn vereinnahmten und schließlich in die Arme der IRA trieben.[32]

Beispiele für das, was ich ein »Komplizenumfeld« nenne, das zum Terrorismus verführt, sind Kulturen, in denen Gewalt stillschweigend geduldet oder sogar verherrlicht wird. Dazu kommt es häufiger in Gesellschaften, deren Geschichte von Gewalt durchsetzt ist. Ein weiterer entscheidender Faktor ist eine Religion oder Ideologie, die der Gewaltanwendung Sinn gibt und sie legitimiert, sei es der Maoismus des Leuchtenden Pfads oder der Kommunistischen Partei Nepals, der Nationalismus der Basken, der Kurden oder der Tschetschenen, der Marxismus-Leninismus der RAF und der Roten Brigaden oder der islamistische Fundamentalismus von al-Qaida, der Groupe Islamique Armé in Algerien oder der ägyptischen Gamaa al-Islamija. Anwendungsmöglichkeiten in der Praxis können zur Verfügung stehende Feinde liefern, gegen die man sich organisieren kann, seien es amerikanische Soldaten in Bagdad, britische in Belfast oder jüdische Siedler im Gazastreifen – sie alle bieten sich als Opfer an. Das Gefühl von erlittenem

Unrecht kann ein persönliches Motiv zum Handeln sein. Eine Person wird eher aktiv, wenn sie empirische Beweise für Ungerechtigkeit sieht sowie Beweise, dass der ausgemachte Feind daran die Schuld trägt.

Erklärungen auf staatlicher Ebene

Staaten sind daran gewöhnt, mit anderen Staaten umzugehen, also liegt es für sie nahe, Terrorismus als eine Bedrohung durch einen anderen Staat zu betrachten. Diese Perspektive hat ziemlich klar umrissene politische Konsequenzen. Wenn man Terrorismus als von einem feindlichen Staat ausgehend versteht, drängen sich die traditionellen Methoden auf, Beziehungen zu Feinden zu regeln. Seit undenklichen Zeiten sind bewaffnete Truppen hierfür das Druckmittel der Wahl. Eine genauere Überprüfung bekannter Terrorbewegungen führt aber ziemlich eindeutig zu dem Schluss, dass weder das Wesen des Staates noch die Unterstützung durch einen Staat eine Ursache für Terrorismus ist.

Die Vorstellung, dass die Demokratie das beste Gegenmittel gegen den Terrorismus ist, erfreut sich heute weit verbreiteter Akzeptanz. Aber das ist zu stark vereinfacht. Auch in Demokratien ist es überall auf der Welt zu Terrorismus gekommen. Terrorismus wird von Minderheiten ausgeübt. (Wenn sie keine Minderheiten wären, müssten sie nicht auf Terrorismus zurückgreifen.) In einer Demokratie ständig in der Minderheit zu sein, kann zu einer frustrierenden Erfahrung werden, und solange Demokratien nicht zeigen können, dass es in ihnen nicht nur gewaltfreie Mittel gibt, abweichende Meinungen auszudrücken, sondern auch gewaltfreie Mittel, mit der Not von Minderheiten umzugehen, werden sie höchstwahrscheinlich nicht als Alternative akzeptiert. Der Anführer der tamilischen Befreiungstiger hätte für sehr viele ethnische Minoritäten sprechen können, als er es so formulierte: »Das tamilische Volk bringt seit mehr als drei Jahrzehnten seine Klagen im Parlament vor. Doch sie verhallen ungehört wie Rufe in der Wildnis. Auf Sri Lanka gibt es keine parlamentarische Demokratie, in der unser Volk seine Interessen wirksam vertreten könnte. Was auf Sri Lanka als Parlament durchgeht, ist ein autoritäres Regime, das sich auf die Tyrannei der Mehrheit gründet.«[33]

In Demokratien sind terroristische Bewegungen oft dann entstanden, wenn die, die das momentane System ändern wollten, erkannten, dass sie nicht zahlreich genug sind, um in der Demokratie die Oberhand zu gewinnen. Hinzu kommt, dass viele demokratische Errungenschaften wie beispielsweise die Bewegungs- und Versammlungsfreiheit, aber auch der Schutz der Privatsphäre und die Menschenrechte, es Terroristen erleichtern, in demokratischen Staaten zu operieren.

Staatliche Unterstützung

Ich habe argumentiert, dass per Definition Terrorismus das Verhalten von substaatlichen Gruppen ist. Diese Ansicht teilen nicht alle. Die Vorstellung, Terrorismus sei fundamental eine Frage staatlichen Verhaltens, bestimmt seit langem die amerikanischen Diskussionen über das Thema. Als in den achtziger Jahren des vergangenen Jahrhunderts der Terrorismus in der Öffentlichkeit zu den dringlichsten Problemen gezählt wurde, betrachtete man ihn als eine weitere Front im Kalten Krieg. Der Prototyp des Terroristen war ein von Moskau gesteuerter Kommunist, und Oberst Gaddafi war die *bête noire* des Nahen Ostens. Im April 1986, zehn Tage nach dem Anschlag auf eine Berliner Diskothek, bei dem zwei amerikanische Soldaten starben, bombardierten die USA als Vergeltung Tripolis, wobei mindestens 100 Menschen ums Leben kamen. Wie so häufig, reagierten die meisten der amerikanischen Verbündeten empört; einige verweigerten amerikanischen Bombern sogar das Überflugrecht; doch unter Premierministerin Margaret Thatcher erlaubte Großbritannien den Amerikanern die Nutzung von Militärflughäfen im Vereinigten Königreich.

Spricht man von staatlicher Unterstützung des Terrorismus, fällt es schwer, sich vorzustellen, dass irgendein Staat mit Selbstachtung sich an so einem Verbrechen beteiligen könnte. Betrachtet man jedoch den Einsatz von Terrorismus als Instrument der Außenpolitik, können sich dieselben Aktionen als sehr vorteilhaft für viele Staaten erweisen, nicht nur für international geächtete. Wenn eine auf Selbsterhaltung bedachte Regierung sich mit einem viel stärkeren Staat konfrontiert sieht, wird sie kreativ reagieren und eine direkte Auseinandersetzung vermeiden, die sie unvermeidlicherweise verlieren würde. Staatliche Unterstützung von Terrorismus weist ein relativ geringes Risiko auf, weil sie schwierig zu beweisen ist, aber dazu dienen kann, die außenpolitischen Ziele eines Staates zu erreichen. Gelingt das nicht, kann man leicht jede Beteiligung bestreiten. Darüber hinaus macht das Recht auf Leben, das in allen westlichen Demokratien als höchstes Gut gilt, diese für Angriffe auf ihre individuellen Bürger sehr verwundbar, weil es an so vielen Orten so viele davon gibt. Staatsterrorismus ist also oft billig, leicht zu leugnen, aber schwierig zu beweisen, und er hat das Potenzial, sich in hohem Maß auszuzahlen. Es darf daher nicht überraschen, dass relativ schwache Staaten auf die Unterstützung von Terroristen zurückgreifen, um ihren stärkeren Feinden zu schaden.

Oft hängt es natürlich von einer politischen Einschätzung ab, welcher Staat nun Terrorismus unterstützt oder nicht und welcher Terrorismus als Instrument der Außenpolitik benutzt oder nicht. In den siebziger Jahren standen die UdSSR und Kuba an erster Stelle auf der amerikanischen Liste staatlicher Terrorismussponsoren. In den achtziger Jahren waren es der Iran und Libyen, in den Neunzigern Irak und Syrien. Aber wenn man Menschen in anderen Ländern fragt, selbst in verbündeten, stellt man fest, dass die Vereinigten Staaten selbst ziemlich weit oben auf den entsprechenden Listen rangieren, und würde man Menschen in Ländern befragen, die uns feindlich gesinnt sind, würde man die USA auf dem Spitzenplatz von deren Listen finden. Zu den Beispielen, dass die Vereinigten Staaten Terrorismus finanzieren, würden die Contras in Nicaragua zählen, die Mudschaheddin in Afghanistan und die lokalen Gruppen, die Castro in Kuba zu stürzen versuchten und Allende in Chile stürzten. Eine Untersuchung dieser Fälle erbringt, dass die Vereinigten Staaten gute Gründe hatten, gegen die Regierungen von Chile, Kuba und Nicaragua vorzugehen. Deren ideologische Ausrichtung war mit der amerikanischen unvereinbar, also unterstützten die USA lokale Organisationen, die alle möglichen ihnen zur Verfügung stehenden Mittel einsetzten, um diese Regierungen abzulösen. Einen offenen Krieg gegen diese Länder zu beginnen, die mit dem Hauptfeind Sowjetunion verbündet waren, hätte eine internationale Krise ausgelöst.

Ziemlich genau dieselben Rechtfertigungen würden staatliche Terrorsponsoren im Nahen Osten anführen. Sie betrachten die Existenz des Staates Israel als mit ihren Interessen unvereinbar, können Israel nicht direkt und offen bekämpfen, also tun sie es heimlich. Der einzige echte Unterschied zwischen ihrer Position und der amerikanischen ist, dass wir Amerikaner, wenn wir uns zum offenen Kampf entschlossen hätten, auf einen Sieg hätten vertrauen können, aber nicht bereit waren, den Preis zu zahlen. Die Länder des Nahen Ostens hingegen glauben, dass sie Israel nicht militärisch besiegen können (das haben sie vergeblich schon mehrere Male versucht), also bekämpfen sie Israel auf andere Weise. Darüber hinaus besitzen wir aufgrund unserer Wirtschaftskraft und politischen Macht viel mehr Optionen, wie man feindlich gesinnte Regierungen isoliert, als die meisten Staaten, die Terror unterstützen, je hatten. Also haben sie in gewisser Hinsicht bessere Argumente als wir für Terrorismus als Instrument der Außenpolitik. Es sind nicht nur die Bösen, die Terrorismus für außenpolitische Zwecke einsetzen. Manchmal machen das auch die Guten. In beiden Fällen aber nutzen die unterstützenden Staaten aus, dass bereits existierende Terrorbewegungen zur Verfügung stehen, sie erschaffen sie nicht.

Staaten unterstützen Terrorismus nicht nur als Mittel der Außenpolitik, sondern auch zu innenpolitischen Zwecken. Die beiden beständigsten und großzügigsten staatlichen Terroristensponsoren sind beziehungsweise waren der Iran und Südafrika (auch wenn letzteres es nie auf die Sponsorenliste des US-Außenministeriums schaffte). Der Iran unterstützte Terrorismus, um eine Revolution zu exportieren, und Südafrika unterstützte Terrorismus, um den Import der Revolution aus dem Ausland zu verhindern.

Der beständigste und aktivste staatliche Terrorunterstützer ist der Iran. Grund dafür ist der Wunsch, die eigene Revolution in andere Länder zu tragen, feindliche Regime zu unterminieren und zu entfernen, was der »Führer der Nation« als das »Krebsgeschwür« bezeichnet hatte – Israel. Kaum war Ajatollah Chomeini 1979 an die Macht gekommen, ging er daran, seine Art von fundamentalistischer islamischer Revolution zu exportieren, indem er überall im Nahen Osten radikalen Gruppen den Rücken stärkte, vor allem in Kuwait, Saudi-

Arabien und Bahrain, und daneben auch schiitischen Gruppen im Irak und terroristischen in Ägypten. Nach dem Tod von 260 Iranern in Mekka im Verlauf von Unruhen während des Haddsch verlangte der Iran sogar öffentlich den Sturz des saudischen Herrscherhauses. Der Iran unterstützt noch immer die Hisbollah im Libanon und palästinensische, gegen Israel kämpfende Gruppen wie etwa die Hamas, den Palästinensischen Islamischen Dschihad und die Volksfront für die Befreiung Palästinas/Generalkommando mit Spenden, Rückzugsmöglichkeiten, Ausbildung und Waffen. Die US-Regierung beschuldigt den Iran auch, libanesische und palästinensische Gruppen zu ermutigen, ihre antiisraelischen Aktivitäten zu koordinieren.[34] Verdachtsmomente häufen sich, dass der Iran al-Qaida den Aufenthalt im Land oder wenigstens den Transit hindurch gestattet hat und teilweise die antiamerikanischen Aufstände im Irak gefördert hat.

Südafrika ist nie auf einer Liste staatlicher Terrorsponsoren aufgetaucht, hat aber eine Zeit lang mit ziemlichem Erfolg bewusst und geschickt eine dementsprechende Politik betrieben. Nach der Unabhängigkeitswelle im südlichen Afrika in den sechziger und siebziger Jahren war das Land von ihm nicht freundlich gesinnten Staaten umzingelt, und die Regierung in Pretoria begann mit der Politik, terroristische Bewegungen in diesen Nachbarländern zu unterstützen. Diese Organisationen opponierten gegen die neuen, nach der Unabhängigkeit ins Amt gekommenen Regierungen. Pretoria unterstützte sie, um die Abhängigkeit dieser Staaten vom wirtschaftlich stärkeren Südafrika zu zementieren, feindliche Regime zu destabilisieren und, was am wichtigsten war, eine Unterstützung des Afrikanischen Nationalkongresses (ANC) zu verhindern. Diese Politik war eindeutig von innenpolitischen Interessen bestimmt. Die südafrikanische Unterstützung der RENAMO, einer brutalen Terrororganisation in Mosambik, ist ein Beispiel dafür, dass eine Regierung eine Terrorbewegung im Ausland fördert, um so einer Organisation im eigenen Land zu schaden, die sie für terroristisch hält, in diesem Fall dem ANC. Das war eine kreative Vorgehensweise, und schließlich bot Ministerpräsident Samora Machel der südafrikanischen Regierung einen Handel an: Ihr hört auf, die RENAMO zu unterstützen, und wir hören auf, den ANC zu unterstützen. 1984 unterzeichneten sie einen Nichtangriffspakt, das

Nkomati-Abkommen. (Die Witwe von Ministerpräsident Machel wurde ironischerweise später Nelson Mandelas Frau.)

In einer weiteren ehemaligen portugiesischen Kolonie verfolgte Südafrika eine ähnliche Strategie: in Angola. Hier unterstützte man Jonas Savimbi und die UNITA gegen die Regierung. Im Rahmen der von den USA geförderten Friedensverhandlungen in Namibia beendete Südafrika dann schließlich die Unterstützung der UNITA, und im Gegenzug schloss Angola die ANC-Ausbildungslager und wies dessen Mitglieder aus.

Die Unterstützung von Terrorbewegungen war nur ein Teil der südafrikanischen Strategie. Die Regierung bediente sich auch konventionellerer militärischer Angriffe auf ANC-Ziele in den Nachbarstaaten – Angola, Sambia, Simbabwe, Mosambik und Tansania –, und einmal marschierte sie sogar in Angola ein. Die Truppen drangen bis zum ANC-Hauptquartier im sambischen Lusaka vor. Doch trotz der Überlegenheit des südafrikanischen Militärs und trotz der Entschlossenheit der Regierung, es gegen den ANC und die Nachbarstaaten einzusetzen, die ihn unterstützten, ging der Regierung schließlich auf, dass der Konflikt ein politischer, kein militärischer war und er mit militärischen Mitteln daher nicht zu gewinnen war. Schlussendlich überließ die regierende weiße Minderheit die Macht dem »terroristischen« ANC.

Es kann keinen Zweifel daran geben, dass staatliche Unterstützung eine Terroristenbewegung stärkt. Die Hisbollah hätte sich wohl kaum ohne die großzügige Förderung durch den Iran zu einer so schlagkräftigen und geschickt agierenden Organisation entwickeln können. Die von Syrien protegierten, sicheren Ausbildungslager im libanesischen Bekaa-Tal kamen den militärischen Fähigkeiten einer Reihe von Terrorbewegungen sehr zugute und halfen ihnen, Beziehungen untereinander zu knüpfen. Osama Bin Laden erkannte, wie wertvoll es ist, einen Freiraum zu haben, wo man trainieren und organisieren kann, zunächst im Sudan und später, nachdem er auf Druck der Vereinigten Staaten dort ausgewiesen worden war, in Afghanistan. Wie die weitere Geschichte Afghanistans gezeigt hat, reicht es jedoch nicht, staatliche Unterstützung zu haben. Ein großzügiger Spender kann einer Terrorbewegung tödlichere Wirkung verleihen, indem er die Ausbildung verbessert und Waffen liefert, letztlich aber ist am Terrorismus vor allem attraktiv, dass er so billig ist. Terroristen können ohne staatliche Unterstützung überleben. Der amerikanische Angriff auf Afghanistan hat die Operationsbasis von al-Qaida dort zerstört, nicht aber al-Qaida selbst. Großzügige staatliche Sponsoren stärken bereits existierende Terrorgruppen, aber sie sind nicht die Ursache des Terrorismus.

Präsident Bush machte nach dem 11. September seine Position in dieser Frage sehr deutlich. Er erklärte: »Jede Nation in jeder Region muss sich jetzt entscheiden. Entweder Sie sind auf unserer Seite, oder Sie sind auf der der Terroristen. Von diesem Tag an wird jede Nation, die weiterhin Terroristen beherbergt oder unterstützt, von den Vereinigten Staaten als feindliches Regime betrachtet werden.«[35] Wie sich jedoch in den letzten Jahren herausgestellt hat, haben viele Länder, einschließlich der mit uns verbündeten, Terroristen unfreiwillig Unterschlupf geboten. Darüber hinaus legt die Geschichte des staatlich unterstützten Terrorismus den Schluss nahe, dass die Beziehungen zwischen Terrororganisationen und ihren staatlichen Sponsoren alles andere als einheitlich sind. In einigen Fällen geben Staaten die Richtung vor; in anderen gewähren sie Unterstützung; in wieder anderen verschließen sie einfach die Augen vor den Aktivitäten bei ihnen untergeschlüpfter Gruppen; und in noch einmal anderen sind sich Staaten der Aktivitäten von Terroristen in ihrer Mitte nicht bewusst.[36]

Wenn eine Regierung davon ausgeht, dass staatliche Unterstützung eine Hauptursache des Terrorismus ist, dann lässt sich diese Regierung wahrscheinlich in Kriege gegen andere Staaten hineinziehen, wie das den USA in Afghanistan und im Irak passiert ist. Die Geschichte zeigt, dass Krieg gegen andere Staaten den Terrorismus nicht aus der Welt schafft.

Erklärungen auf gesellschaftlicher Ebene

Terrorismus gibt es zwar sowohl in reichen als auch in armen Staaten, aber häufiger ist er in Entwicklungsländern, vor allem in solchen, die eine rasche Modernisierung erleben. Sich wandelnde wirtschaftliche Bedingungen fördern Instabilität, und traditionelle Formen, die Welt zu verstehen, wie etwa Religion oder lokale Machtstrukturen, werden mit der Größenordnung des Wandels oft nicht fertig. Angesichts sich überschlagender sozioökonomischer Veränderungen trifft die Verkündung einer speziellen Ideologie, die die Vorgänge erklärt, eine Konstante zum Festhalten bietet und die infrage gestellte Identität hochhält, wahrscheinlich auf offene Ohren. In der Praxis sind die beiden häufigsten gemeinsamen Merkmale von Terroristen – ihr Geschlecht und ihre Jugend – in Übergangs- oder in sich rasch modernisierenden Gesellschaften im Übermaß vorhanden. Dank einer besseren Gesundheitsvorsorge gibt es in Gesellschaften auf dem Weg in die Moderne schon bald ein überproportionales Wachstum der jungen Bevölkerung. Wenn dann die Strukturen fehlen, um solche jungen Männer in die arbeitende Bevölkerung zu integrieren, haben sie mehr Zeit, über die Nachteile ihrer Position nachzudenken und lassen sich leichter für eine Sache mobilisieren, die Abhilfe verspricht.

Das Verhältnis zwischen Armut und Terrorismus wird seit langem diskutiert; die eine Seite verweist auf die verarmten Flüchtlingslager im Nahen Osten, die zur Brutstätte für Terroristen werden, die andere Seite verweist auf den relativen Wohlstand zahlreicher einzelner Terroristen wie beispielsweise Mohammed Atta, Anführer der Anschläge vom 11. September, und vor allem auf den persönlichen Reichtum Osama Bin Ladens. Beide haben Recht, und keiner erzählt die ganze Geschichte.[37] Gäbe es einen unmittelbaren Zusammenhang zwischen Armut, Ungleichheit und Terrorismus, müssten die Gegenden mit den meisten Armen und Benachteiligten das höchste Maß von Terrorismus aufweisen, aber dem ist nicht so. Gäbe es ein direktes Bindeglied zwischen Armut und Terrorismus, dann müsste Afrika, der ärmste Kontinent der Erde, im Terror versinken. Das tut es aber nicht. Würde Terrorismus von Ungleichheit verursacht, müssten die afrikanischen und lateinamerikanischen Länder mit dem stärksten sozialen Gefälle die höchsten Terrorismusraten haben, doch das haben sie nicht.[38] Konservative Gegner dieser liberalen Sichtweise führen den Reichtum einzelner Terroristen als klaren Beweis an, dass es keinen Zusammenhang zwischen Armut, Ungleichheit und Terrorismus gibt. In der Tat sind viele nationalistische Terrorbewegungen in ethnischen Gruppierungen entstanden, denen es relativ gutgeht, etwa den Tamilen auf Sri Lanka, den Sikhs in Indien, den Basken in Spanien und den Katholiken in Irland. Abermals sind die Zusammenhänge komplizierter, als jede dieser beiden Positionen nahelegt.

Was anscheinend einige Menschen zur Gewaltanwendung treibt, ist nicht ihr absolutes Maß an Armut, sondern vielmehr ihre Position im Vergleich zu anderen.[39] (Den Begriff »relative Benachteiligung« verstehen alle Eltern gut, die versuchen, zuhause den Frieden zu bewahren, indem sie alle Kinder gleich zu behandeln trachten.[40]) Die nordirischen Katholiken verglichen sich nicht mit den Katholiken im Süden der Insel, die in einem viel weniger großzügigen Wohlfahrtssystem lebten, als die Bürgerrechtsbewegung aufkam; sie verglichen sich vielmehr mit den nordirischen Protestanten. Verarmte Palästinenser vergleichen sich nicht mit verarmten Arabern in Ägypten, Jordanien und anderswo, sondern mit den viel reicheren israelischen Siedlern. Angesichts globaler Massenkommunikationsmittel und amerikanischer Fernsehshows, die die Kunde vom Überfluss des Landes über die ganze Welt verbreiten, ist es nicht schwierig, Ressentiments gegen die reichen Amerikaner zu schüren. Einst verglich man sich nur mit den Nachbarn, aber der Gegensatz zwischen amerikanischem Reichtum und arabischer Armut wird heutzutage Tag für Tag in die kleinen Häuser der Leute ausgestrahlt. Die allerärmsten Menschen der Welt, die vor allem ums Überleben kämpfen, kennen das Ausmaß ihrer relativen Benachteiligung überhaupt nicht.

Risikofaktoren

Statt Terrorismus zu verursachen, stellen Armut und Ungleichheit Risikofaktoren dar, die die Wahrscheinlichkeit für Terrorismus erhöhen. Genauer: Wenn erst einmal Terrorbewegungen entstanden sind, steigern Armut und Ungleichheit die Wahrscheinlichkeit, dass sie Anhänger finden. Der Einzelne wird vielleicht nicht von Armut und Ungleichheit dem Terrorismus in die Arme getrieben, aber die Entfremdung, die solche Verhältnisse mit sich bringen, veranlassen andere, ihn zu unterstützen. Dank der Globalisierung und vor allem der globalen Medien und Kommunikationsmittel werden die relativen wirtschaftlichen Ungleichheiten der Welt immer bekannter. Die Kunde von ihnen verbreitet sich sowohl unter denen, die sie am eigenen Leib erleben, als auch bei anderen, die Mitgefühl für erstere empfinden. Ein junger britischer Kricketspieler muss also nicht selbst Armut erlebt haben, um über die Armut von Palästinensern in Flüchtlingslagern empört zu sein. Die Lagerbewohner kann man dazu bringen, den nur wenige Kilometer entfernten israelischen Siedlern mit ihrem Satellitenfernsehen die Schuld für ihre eigene relative Armut zu geben. Jedoch sind Armut und relative Benachteiligung viel weiter verbreitet als Terrorismus, also kann dies noch nicht alles sein.

Viele islamistische Gruppen, vor allem gut etablierte wie die Hamas und die Hisbollah, haben deswegen so viel Erfolg, weil sie begreifen, welches Rekrutierungspotenzial im sozialen Engagement steckt. Penibel haben sie sich ihre Anhängerschaft aufgebaut, indem sie sich wirkungsvoller als die Regierung um die sozialen Bedürfnisse ihrer potenziellen Rekruten kümmerten. Sie errichteten Kranken- und Waisenhäuser sowie Schulen. Die Islamische Gruppe (Gamaa al-Islamija) in Ägypten hat mit ähnlichem Erfolg eine vergleichbare Strategie verfolgt. Hohe Arbeitslosigkeit – von 11 Prozent in Ägypten über 18 Prozent im Libanon bis hin zu 50 Prozent im Gazastreifen und im Westjordanland – sorgt für ständige wirtschaftliche Not.[41] Diese Quoten schaffen auch einen weiteren Risikofaktor für Terrorismus: die Existenz einer großen Zahl junger Männer ohne Arbeit.

Die demografische Entwicklung vieler sich modernisierender Gesellschaften führt zu einer Verschiebung der Bevölkerungsstruktur, nämlich zu unverhältnismäßig vielen jungen Menschen, die die Wirtschaft nicht aufnehmen kann. Der Bevölkerungsanteil unter 15 Jahren beträgt in den Palästinensergebieten 46 Prozent, im Irak 42 Prozent, in Saudi-Arabien und Jordanien 37 Prozent und in Ägypten 36 Prozent; im Vergleich dazu sind es in den USA nur 21 und im Vereinigten Königreich 18 Prozent.[42] Solche Entwicklungen sind nicht auf den Nahen Osten beschränkt. Die Reihen des Leuchtenden Pfads in Peru beispielsweise schwollen durch junge Männer der angestammten Bevölkerung an. Sie waren in ihren Familien die ersten gewesen, die eine höhere Schule besucht haben. Sie hatten eine Ausbildung bekommen und hegten dementsprechend höhere Erwartungen, konnten aber keine Arbeit finden. Auf diese Weise gingen wohlgemeinte Reformen seitens der Regierung nach hinten los und führten zu unbeabsichtigten Konsequenzen. Die Regierung von Peru baute in abgelegenen Landesteilen, etwa in Ayacucho, Universitäten, um der einheimischen Bevölkerung Bildungsmöglichkeiten zu geben. Mittels dieser Universitäten rekrutierte Abimael Guzmán Anhänger seiner maoistischen Interpretation, wo die Gründe für ihre Probleme lägen. Dieses Beispiel zeigt, wie wichtig es ist, die Implikationen einer sozialen Reformpolitik bis zu Ende zu durchdenken. Es reicht nicht, Ausbildungsmöglichkeiten zu schaffen, wenn man anschließend den Ausgebildeten keine Arbeit bieten kann. Es gibt viele Anzeichen, dass im Nahen Osten und in Nordafrika derselbe Risikofaktor zum Tragen kommt. In Ländern wie Ägypten oder Algerien können nur rund die Hälfte der Universitätsabgänger Arbeit finden, und noch weniger ergattern einen Job, der ihren Erwartungen entspricht. Ähnlich war es in der Zeit vor der ersten Intifada: Die Anzahl junger Männer mit zwölf oder mehr Jahren Schulbildung verdoppelte sich, während die Reallöhne um 30 Prozent sanken und die Arbeitslosenquoten in die Höhe schossen.[43]

Die verschiedenen Terrorgruppen ziehen offenbar Menschen aus unterschiedlichen sozioökonomischen Zusammenhängen an. Zwischen 50 und 70 Prozent der Mitglieder lateinamerikanischer urbaner Terrororganisationen waren Studenten. Die sozialrevolutionären Bewegungen Japans und Europas in den siebziger Jahren rekrutierten sich überwiegend aus Mittelschichtaussteigern. Im Gegensatz dazu tendieren große ethnonationalistische Bewegungen wie die IRA, die FARC, die LTTE und die PKK im Allgemeinen mehr zur Arbeiterklasse. Im Nahen Osten waren zumindest in der Vergangenheit die Fußtruppen mehrheitlich arm, während die Führung – wie bei den meisten politischen Organisationen – eher aus der Mittelschicht stammte. In jüngerer Zeit scheint die Ideologie Trumpf zu sein, denn neue Anhänger werden überall auf der Welt gewonnen. Viele dieser Rekruten, seien sie nun Einheimische wie im Fall der britischen Selbstmordattentäter oder Mitglieder der Diaspora wie im Fall der spanischen Bombenleger, sind keineswegs mittellos. Im Gegenteil, sie sind oft hochgebildet, wenn auch unter ihrem Niveau beschäftigt.

Auf die Frage nach dem offenkundigen Widerspruch, dass ein

Mann von seinem Reichtum und seiner gesellschaftlichen Herkunft an vorderster Front kämpft, antwortete Bin Laden:

> Wir glauben, dass unser Lebensunterhalt vorherbestimmt ist. Wie sehr auch Amerika das Regime in Riad unter Druck setzen mag, damit es unsere Vermögen einfriert, und wie sehr es auch den Menschen verbieten mag, diese große Sache zu unterstützen – wir haben noch immer Allah, der sich um uns kümmert. Unser Lebensunterhalt wird uns von Allah geschickt, uns wird es an nichts mangeln.

Er wies auch die Überlegung zurück, dass man die Welle des islamistischen Radikalismus irgendwie wirtschaftlich erklären könnte:

> Sie behaupten, dieses segensreiche Erwachen und die Rückbesinnung der Menschen auf den Islam sei auf ökonomische Faktoren zurückzuführen. Dem ist nicht so. Es ist vielmehr ein Geschenk Allahs, ein Verlangen, die Religion Allahs anzunehmen. Und das ist keine Überraschung. Als der Heilige Krieg rief, antworteten Tausende von jungen Männern von der Arabischen Halbinsel und aus anderen Ländern, und sie stammten aus wohlhabenden Kreisen.[44]

Die Aussageprotokolle der wegen der Anschläge auf die US-Botschaften in Nairobi und Daressalam Angeklagten zeigen, dass nicht alle al-Qaida-Mitglieder so unirdisch denken wie ihr oberster Anführer. Dschamal al-Fadl machte äußerst detaillierte Angaben zu den Gehältern, die verschiedenen Mitgliedern bezahlt wurden, und zu dem Unmut, der durch ungleiche Bezahlung ausgelöst wurde.[45] Ein weiterer Beschuldigter, L'Houssaine Kherchtou, berichtete, er habe es al-Qaida übel genommen, dass die Organisation ihm 500 Dollar für eine medizinische Behandlung seiner Frau verweigerte. Er fand dies besonders ungerecht, weil die Organisation gleichzeitig bereit war, eine Gruppe Ägypter monatelang in den Jemen zu schicken und alle Kosten zu übernehmen, nur um ihre Pässe zu erneuern.[46]

Untersucht man die wirtschaftlichen Gründe für Terrorismus, kommt man immer wieder auf denselben Schluss: Die Dinge liegen kompliziert. Terrorismus entsteht sowohl in reichen als auch in armen Ländern, am häufigsten aber in Entwicklungsländern und in Gesellschaften, die von einer rapiden Modernisierung gekennzeichnet sind.

Rascher sozioökonomischer Wandel führt zu Instabilität und erodiert häufig die traditionellen Formen sozialer Kontrolle. Diese Situation wird dann oft von Militanten ausgenutzt, die diese Veränderungen erklären, anderen die Schuld für die damit verbundenen Beeinträchtigungen und Erniedrigungen geben und Möglichkeiten der Wiedergutmachung anbieten. Es genügt, einen kleinen Prozentsatz der Bevölkerung zu überzeugen. Ob diese Gruppe klein und isoliert bleibt oder sich zu einer Bewegung auf breiter Basis auswächst, hängt von einer Reihe von Faktoren ab, die von der Reaktion der Behörden bis zum Ausmaß der erlittenen sozialen Beeinträchtigungen reichen; mit dazu zählt auch, ob es den militanten Führern gelingt, ihre Botschaft in die historischen, kulturellen oder religiösen Traditionen zu integrieren.

Erklärungen auf transnationaler Ebene

Globalisierung

Die Globalisierung wird abwechselnd sowohl als Mittel gegen als auch als Ursache für Terrorismus angeboten. Einmal mehr trifft das zu und wiederum auch nicht. Die Länder, die am meisten von der Globalisierung profitieren, und jene, denen das am wenigsten gelingt, haben keine nennenswerten terroristischen Bewegungen hervorgebracht.[47] Oft wird argumentiert, die am meisten globalisierten oder »offensten« Länder seien für Terrorismus am verwundbarsten, weil sie durchlässige Grenzen und hoch entwickelte Technologien haben, die Terroristen leicht nutzen können. Doch die Staaten, die in den letzten Jahren auf den Spitzenplätzen des Globalisierungsindex standen – die Republik Irland, Singapur und die Schweiz –, haben keinen Terrorismus erlebt. Andererseits kam es in Indien, Indonesien und Ägypten, die gemeinsam mit dem Iran die Nachhut beim Globalisierungsindex bilden, durchaus zu Terrorismus.[48] Viele schwache Länder konnten aus der Globalisierung keinen Nutzen ziehen, die Folge war oft eine Zunahme struktureller Ungleichheiten sowie das Gefühl der Erniedrigung, wenn sich traditionelle Kulturen unter ausländischen Einflüssen auflösen. Ismail Abu Schanab, einer der Anführer der Hamas, brachte eine weit verbreitete Ansicht zum Ausdruck, als er in einem Interview Jessica Stern sagte:

> Die Globalisierung ist nur ein neues Kolonialsystem. Sie ist Amerikas Versuch, den Rest der Welt mit wirtschaftlichen statt mit militärischen Mitteln zu beherrschen. Sie wird die Kluft zwischen den Reichen und den Armen vertiefen. Amerika versucht, seine Konsumkultur zu verbreiten. Deren Werte sind für die Menschen nicht gut ... Sie bringt Unheil über Gemeinschaften.[49]

Die Ideologie militanter islamistischer Bewegungen wendet sich natürlich radikal gegen die Globalisierung. Sie wollen alle äußeren Einflüsse zurückdrängen und zur traditionellen Rolle des islamischen Rechts, der Scharia, zurückkehren. Doch es sind genau dieselben Gruppen, die sich der Globalisierung am kreativsten zu ihrem eigenen Vorteil bedienen. Sie verbreiten zwar ihre Vision einer vormodernen Zukunft, aber sie wollen sie mit ultramodernen Mitteln erschaffen. Beispielsweise nutzen sie das Internet, um zu kommunizieren, zu rekrutieren, zu mobilisieren, zu organisieren und sogar Spenden einzutreiben. Dieser Widerspruch scheint sie überhaupt nicht zu irritieren.

Religion

In den letzten Jahren sind Religionen und vor allem der Islam vielfach als Ursache für Terrorismus betrachtet worden. Wie alle monokausalen Erklärungen ist auch diese zu stark vereinfacht. Die meisten religiösen Traditionen haben Terrorgruppen hervorgebracht, aber viele Terroristen waren auch Atheisten, also ist die Vorstellung, dass Islam und Terrorismus untrennbar zusammenhängen, schlicht und einfach falsch. Der Islam ist eine große, vielfältige Religion. Muslime machen rund ein Fünftel der Weltbevölkerung aus, sie stellen in 45 Ländern von Afrika bis nach Südostasien die Mehrheit, und sie leben in beachtlichen und zunehmenden Zahlen in den Vereinigten Staaten, in Europa und in der ehemaligen Sowjetunion.

Nichtsdestotrotz hat im Verlauf der letzten 30 Jahre die Anzahl terroristischer Organisationen mit religiösen Motiven in außergewöhnlichem Maß zugenommen. 1968 hatte von elf damals bekannten

Terrorgruppen keine irgendeine Art von religiöser Bindung. Mitte der neunziger Jahre wies dann rund ein Dutzend von 50 bekannten Gruppen eine solche Prägung auf.[50] Im Jahr 2004 hatten von 77 Terrorgruppen, die das US-Innenministerium als solche bezeichnete oder aufgelistet hatte, 40 anscheinend eine Mischung aus religiösen und politischen Motiven. Davon waren 37 islamistische Gruppen.[51] In der Vergangenheit waren Terrororganisationen mit einer Mischung von religiösen und politischen Beweggründen zwei Charakteristika gemeinsam: Sie waren transnationaler als Gruppen mit rein säkularen Motiven, und sie legten sich weniger Zurückhaltung auf. Religiöse Grenzen haben noch nie mit politischen Grenzen übereingestimmt, also gelingt es religiösen Gruppen immer, über Grenzen hinweg zu operieren. Das macht ihre Eindämmung schwieriger.

Noch mehr Schaden richtet ihre mangelnde Zurückhaltung an. Viele Terrororganisationen steuern ihre Aktionen und die Zahl der möglichen Opfer, weil sie nicht jene vor den Kopf stoßen wollen, in deren Namen sie zu handeln vorgeben. Im Dezember 1983 legte beispielsweise die IRA Bomben vor dem Kaufhaus Harrods, die sechs Menschen töteten. Sie hätte diese problemlos auch am ersten Tag des Winterschlussverkaufs in der Lebensmittelabteilung von Harrods deponieren und so viele Hundert Menschen töten können. Doch sie fürchtete, sich damit ihrer Stammklientel zu entfremden, der katholischen Bevölkerung Nordirlands. In der Tat zeigt eine Analyse des Verteilungsmusters der IRA-Gewalt, dass man ständig darauf achtet, die Opferstrategien in dieser Hinsicht maßzuschneidern. Religiöse Gruppen verhalten sich anders. Wenn Gott das Publikum ist, dann muss man sich keine Gedanken darum machen, es möglicherweise vor den Kopf zu stoßen. Diese Gruppen tendieren daher dazu, massenhaft Menschen zu opfern, denn allein ihre eigenen Möglichkeiten legen ihnen Grenzen auf.

Doch es sind nicht alle religiösen Terroristen gleich, im Gegenteil. In den verschiedenen Gruppen kann die Religion eine unterschiedliche Rolle spielen. Für viele ist die Religion einfach nur ein Merkmal ihrer ethnischen Identität. Sie hilft, Bündnisse und Zerwürfnisse zu verfestigen, Feinde und Freunde zu unterscheiden. In dieser Hinsicht hat Religion diverse Konflikte verhärtet, aber die zugrunde liegenden Ursachen haben wenig mit Religion zu tun. Im Fall des Nordirlandkonflikts beispielsweise versuchten aufseiten der Loyalisten Einzelgänger wie Reverend Ian Paisley, die Auseinandersetzungen in eine doktrinäre Begrifflichkeit zu fassen, und aufseiten der Republikaner verstärkten katholische Kuraten oft die republikanischen Instinkte jener Gemeinschaften, die solche erkennen ließen. Die Führer beider Kirchen jedoch haben immer wieder Gewaltlosigkeit gepredigt, und über Doktrinen wird nicht diskutiert. Beide Seiten verfolgen rein politische Ziele, die Religion verschärft nur die Differenzen.

In anderen Fällen liefert die Religion den Terrorgruppen anscheinend das Ziel, aber in der Regel ist es sehr schwer, religiöse von politischen Motiven zu trennen, für gewöhnlich hängen beide unauflöslich zusammen. Jigal Amir, der im November 1995 den israelischen Ministerpräsidenten Jitzhak Rabin ermordete, lieferte diese Erklärung: »Ich bedauere nichts. Ich handelte allein und im Auftrag Gottes.«[52] Beim Wort genommen, scheint er ausschließlich religiös motiviert gewesen zu sein. Doch seine Tat verfolgte kalkuliert ein politisches Ziel, die Zerstörung des arabisch-israelischen Friedensprozesses, auch wenn sie zugleich von dem Wunsch beseelt war, das zu erfüllen, was er als göttlichen Auftrag sah. Jüdische Gruppen begründen mit der Thora, warum sie Judäa und Samaria nicht aufgeben dürfen. Islamistische Gruppen rechtfertigen mit dem Koran ihren Anspruch auf dieselben Territorien. Ob man aber in diesen Fällen die Politik und die Religion auseinanderhalten kann, ist nicht klar.

Selbst im Fall von Aum Shinrikyo, der japanischen Sekte, die im März 1995 das Gas Sarin in der Tokioter U-Bahn freisetzte – angeblich um die Apokalypse herbeizuführen –, ist nicht eindeutig klar, ob dieser Terrorakt religiös motiviert war. Die Sekte verfolgte auch politische Ziele und wandte sich erst dann dem Terrorismus zu, als ihren politischen Bestrebungen ein Strich durch die Rechnung gemacht worden war. Bei den Parlamentswahlen von 1989 hatte die Organisation 24 Mitglieder aufgestellt, aber keines wurde gewählt. Der eigentliche Anschlag wurde darüber hinaus nicht von irgendwelchen religiösen Lehren ausgelöst, sondern vielmehr von der paranoiden Angst, dass die Polizei die Schlinge um die Sekte immer enger ziehen würde.[53]

Bis auf den heutigen Tag wissen wir nicht genau, wie Osama Bin

Laden einerseits seine Religion, andererseits seine politischen Ziele gewichtet. Die Art, wie er die Aufzählung seiner Bestrebungen in seinen verschiedenen Verlautbarungen abgeändert hat, lässt darauf schließen, dass es ihm primär um Politik geht und die Religion nur ein Mittel ist. Aber das wissen wir nicht mit Sicherheit, und er würde das bestimmt leugnen. Als schlimmste Kränkung hat Bin Laden oft die amerikanische Präsenz in Saudi-Arabien genannt. Als Peter Arnett ihn fragte, ob ein Abzug der Amerikaner aus Saudi-Arabien seinen Dschihad gegen die Vereinigten Staaten beenden könne, antwortete Bin Laden: »Der Grund für die Reaktion muss gesucht werden, und der Umstand, der diese Reaktion auslöste, muss eliminiert werden. Die Tat erfolgte als Ergebnis der aggressiven US-Politik gegenüber der gesamten muslimischen Welt und nicht nur gegenüber der Arabischen Halbinsel. Wenn also die Ursache, die nach dieser Aktion verlangte, abgestellt wird, wird im Gegenzug auch diese Aktion beendet. Also hört der defensive Dschihad gegen die USA nicht mit deren Rückzug von der Arabischen Halbinsel auf, sie müssen vielmehr von aggressiven Interventionen gegen Muslime in der ganzen Welt Abstand nehmen.«[54]

Offensichtlich ist er nicht an Versuchen interessiert, Amerikaner oder andere zu bekehren; er will, dass der Westen sich aus der – weiträumig definierten – muslimischen Welt zurückzieht, damit diese zu den Tagen des Kalifats und der Scharia zurückkehren kann. Wir werden vielleicht nie wissen, ob es Bin Laden genügen würde, die Kontrolle über ein Land zu bekommen – höchstwahrscheinlich Saudi-Arabien – und zu versuchen, dort einen islamistischen Staat aufzubauen. Als man ihm diese Hypothese vorlegte und ihn fragte, was mit dem Ölpreis passieren würde, wenn in Saudi-Arabien ein islamistischer Staat errichtet würde, antwortete er interessanterweise ganz wie der Student der Wirtschaftswissenschaften, der er einst war: »Das Öl ist eine Ware, deren Preis vom Markt durch Angebot und Nachfrage geregelt wird. Wir glauben, die momentanen Preise sind nicht realistisch, weil das Saudi-Regime die Rolle eines US-Agenten spielt und die USA auf das Saudi-Regime Druck ausüben, um die Produktion zu steigern und den Markt zu überschwemmen, was zu einem starken Rückgang der Ölpreise führt.«[55]

Bei vielen Gruppen fungiert die Religion ähnlich wie eine politische Ideologie, etwa der Maoismus beim Leuchtenden Pfad oder der Marxismus-Leninismus bei den sozialrevolutionären Bewegungen. Sie bietet ein einendes, alles umfassendes philosophisches oder Glaubenssystem, das die Terrortaten legitimiert und aufwertet. Die Zahl der maoistischen und marxistisch-leninistischen Gruppen ist jedoch im Lauf der letzten 30 bis 40 Jahre zurückgegangen, während die religiös motivierten dramatisch zugenommen haben.

Die Entwicklung einer philosophischen Rechtfertigung für radikalen Islamismus begann mit der Gründung der Muslimbruderschaft in den zwanziger Jahren. Deren einflussreichste Vordenker waren der Ägypter Sayyid Qutb und der Pakistani Sayyid Abul Ala Maududi. Dass deren fundamentalistische Ansichten auch jenseits einer marginalen, isolierten Gruppe intellektueller Extremisten Verbreitung fanden, ist vor allem drei politischen Ereignissen zuzuschreiben: der Iranischen Revolution und den Kriegen im Libanon und in Afghanistan.

Bei der Revolution im Iran in den Jahren 1978 und 1979 wurde der Schah gestürzt, der sich entschieden westlich orientiert hatte und allgemein verachtet wurde; unter dem radikalen Geistlichen Ajatollah Chomeini wurde ein muslimischer Schiitenstaat errichtet. Der Erfolg der Revolution stachelte andere Gruppen an und löste eine Welle schiitischer Militanz überall im Nahen Osten aus. Die neuen iranischen Führer waren hocherfreut, ihre Revolution zu exportieren und jenen materielle wie moralische Unterstützung zukommen zu lassen, die in anderen Ländern die Erfolgsgeschichte nachahmen wollten. Darüber hinaus wurde die Revolution in der gesamten muslimischen Welt bewundert, weil das neue Regime es schaffte, Amerika durch die Besetzung der US-Botschaft und die Geiselnahme der Botschaftsmitarbeiter für über ein Jahr zu erniedrigen und die USA zu Verhandlungen zu zwingen.

Das zweite Ereignis war der libanesische Bürgerkrieg in den achtziger Jahren, bei dem vom iranischen Vorbild inspirierte schiitische Terroristen, größtenteils von der Hisbollah, sich erheblicher Erfolge gegenüber den amerikanischen und israelischen Truppen erfreuten. Eine enorme Hilfe waren dabei die 60 bis 80 Millionen Dollar, die der Iran jährlich der Hisbollah zur Verfügung stellte. In den achtziger Jahren machte sich die Hisbollah mit drei terroristischen Strategien einen Namen. Die erste war das Kapern von Flugzeugen; berühmt wurde die Entführung von TWA-Flug 847, die allergrößte Medienaufmerksamkeit genoss. Dabei wurde ein US-Soldat brutal getötet, und es entstand der Eindruck, dass sich die Vereinigten Staaten den Terroristen beugen, weil sie Druck auf Israel ausübten, im Gegenzug für die Freilassung der Geiseln Hunderte von Gefangenen freizulassen. Die zweite Taktik war das Kidnapping namhafter westlicher Opfer, was erhebliche Auswirkungen auf die amerikanische Innenpolitik hatte, als herauskam, dass US-Diplomaten mit dem Iran einen Tausch Waffen gegen Geiseln ausgehandelt hatten. Die dritte und beständigste Taktik waren die Selbstmordattentate. Den meisten Erfolg hatten die Terroristen damit am 23. Oktober 1983: Ein Selbstmörder ließ vor dem US-Hauptquartier nahe dem Beiruter Flughafen seine Autobombe hochgehen und tötete 241 amerikanische Soldaten, die zu den Friedenstruppen im Libanon zählten. Noch am selben Abend fuhr ein anderer Attentäter zum französischen Hauptquartier und brachte 58 französische Soldaten um. Die amerikanischen und französischen Truppen wurden daraufhin umgehend aus dem Land abgezogen.

Die Iranische Revolution hatte sich während Präsident Carters Amtszeit ereignet, der vielen als schwach und gegenüber dem Terrorismus zu weich galt. Im Gegensatz dazu wurde Ronald Reagan vor allem gewählt, weil er die Vision von einem starken, mächtigen Amerika verbreitet hatte. Aber auch er machte angesichts der Terrorattacken einen Rückzieher. Damit brach für viele im Nahen Osten der Mythos zusammen, dass es zwischen den Demokraten und den Republikanern in den Vereinigten Staaten grundsätzliche Unterschiede gäbe. Beide waren Papiertiger. Bis auf den heutigen Tag hat Osama Bin Laden wiederholt den amerikanischen Rückzug aus dem Libanon nach dem Angriff auf die Soldaten als Beweis dafür angeführt, dass die Amerikaner Feiglinge und nicht zum Kämpfen bereit seien. In seiner Kriegserklärung von 1996 machte sich Bin Laden über den »Kreuzfahrer« William Perry lustig, den amerikanischen Verteidigungsminister, der, in Bin Ladens Worten, gesagt hatte: »Die Bomben von Riad und al-Khobar haben [Perry] eines gelehrt: Dass man sich nicht zurückzieht, wenn man von feigen Terroristen angegriffen wird.« Darauf entgegnete Bin Laden: »Wir sagen dem Verteidigungsminister, dass seine Worte eine trauernde Mutter zum Lachen bringen können … wo war dieser Ihr falscher Mut, als 1983 in Beirut die Bombe explodierte? … Wo war dieser Ihr Mut, als Sie nach zwei Bombenexplosionen in weniger als 24 Stunden Aden verließen?«[56] Der Rückzug aus dem Libanon war das zweite Beispiel, dass eine Supermacht von einem entschlossenen, viel schwächeren Feind gedemütigt werden kann, wenn dieser bereit ist, Gewalt einzusetzen.

Das dritte und wichtigste politische Ereignis, das zur Eskalation des islamistischen fundamentalistischen Terrorismus führte, war der Krieg gegen die Sowjetunion in Afghanistan. Dieser Krieg lehrte die Islamisten, dass eine Supermacht nicht nur gezwungen werden konnte, ihre Friedenstruppen abzuziehen wie im Libanon, sondern dass sie motivierte, bewaffnete Mudschaheddin auch tatsächlich besiegen können. Die Sowjetunion hatte Afghanistan 1979 besetzt, weil sie befürchtete, dass sich die dort von der Iranischen Revolution ausgelöste Welle des islamistischen Fundamentalismus auf die benachbarten Sowjetrepubliken Usbekistan, Tadschikistan und Turkmenistan ausbreiten könnte. Zehn Jahre später, nachdem eine bis 1,5 Millionen Afghanen und 15 000 Sowjetsoldaten gefallen und fünf Millionen Afghanen auf der Flucht waren, zog sich die Sowjetunion zurück. Afghanistan erwies sich als Ausbildungslager für militante Islamisten, die überall im Nahen Osten rekrutiert wurden, um nach Afghanistan zu kommen, dort ausgebildet zu werden und zu kämpfen. Im Verlauf des zehnjährigen Kampfes gegen die Sowjets gewannen sie ideologische Einheit und Kriegserfahrung, knüpften internationale Verbindungen und lernten, technisch anspruchsvolle Waffen zu bedienen (die oft von den Vereinigten Staaten geliefert worden waren, die sich eine Niederlage der Sowjetunion erhofften). Nach dem Ende des Krieges gingen die gestählten und durch die Erfahrungen radikalisierten Mudschaheddin in ihre Heimatländer zurück, schlossen sich dort bereits existierenden terroristischen Bewegungen an und radikalisierten diese. Was sie in Afghanistan erlebt hatten, bewies, dass sie eine Supermacht in die Knie zwingen konnten. Die einzige verbliebene Supermacht waren die Vereinigten Staaten. Als sie nachhause zurückkehrten, fanden sie dort alles unter amerikanischem Einfluss und wurden oft mit harter Hand von säkularen muslimischen Regierungen unterdrückt, die um die Stabilität ihrer Länder besorgt waren. Sie klagten die Vereinigten Staaten an, vielen dieser Regierungen zur Macht verholfen zu haben, und sie hassten ebendiese Regierungen, weil sie ihrer Meinung nach den Ausverkauf islamischer Interessen betrieben.

Bei beiden Hauptrichtungen des Islam, den Sunniten und den Schiiten, kam es im 20. Jahrhundert unter Intellektuellen zu einer Wiederbelebung des Fundamentalismus. Die drei politischen Ereignisse sorgten dafür, dass die Schriften intellektueller und extremistischer Vordenker wie etwa des Sunniten Sayyid Qutb mit seinem Traktat *Zeichen auf dem Weg* oder der schiitischen Mitglieder der Dawa-Partei keine Randerscheinungen blieben und weite Verbreitung fanden, als militante Anführer sich ihrer annahmen. Die Kombination von einer philosophischen Rechtfertigung des Terrorismus und dem empirischen Beweis seines Erfolgs erwies sich als tödlich.

Das Zusammenspiel von Religion und Politik ist ein wesentlicher Teil des Islam, der keine Unterteilung der Gesellschaft in öffentliche und private Bereiche kennt. Es hat niemals ein islamisches Äquivalent der Reformation gegeben, das zu einer legalen oder konstitutionellen Trennung zwischen Religion und Staat hätte führen können. Vielmehr sind Muslime aufgerufen, auch das weltliche Verhalten in Übereinstimmung mit den religiösen Lehren und moralischen Vorschriften des Korans zu bringen (das Wort Gottes, wie es Mohammed offenbart wurde) und der Hadithe (den überlieferten, göttlich inspirierten Aussprüchen Mohammeds).

Fundamentalisten haben eine ziemlich einfache und zugkräftige Botschaft: Die Probleme der Muslime sind auf die sich überall ausbreitenden fremden Ideologien zurückzuführen, seien sie kapitalistisch oder kommunistisch, die die viel nobleren kulturellen Werte und die Philosophie des Islam verdrängt hätten. Muslime werden nur in der Lage sein, ihre eigene moderne Zivilisation zu entwickeln und ihre sozialen, wirtschaftlichen, politischen und moralischen Probleme zu bewältigen, wenn sie diese fremden Einflüsse zurückweisen und sich der Scharia unterwerfen. Die Fundamentalisten rufen daher dazu auf, die sozialen und wirtschaftlichen Probleme den korrupten säkularen Führern der jeweiligen Region und den frevlerischen externen Kräften, die sie unterstützen, anzulasten. Das politische Symbol für das Versagen dieser Führung ist die Existenz des Staates Israel in ihrer Mitte; das soziale Symbol des Versagens ist die Ausbreitung der westlichen Kultur, die jedoch nicht von einem westlichen Lebensstandard begleitet wird. Auf diese Weise haben fundamentalistische Führer mit Erfolg die wirtschaftliche Not mit dem religiösen Niedergang verknüpft.

Islamistische Fundamentalisten unterscheiden sich von muslimischen Traditionalisten, indem sie den Staat als Werkzeug für die religiösen Reformen betrachten. Ihr unmittelbares Ziel besteht daher darin, sich den Staat anzueignen. Indem sie sich auf die ruhmreiche Vergangenheit des Islam berufen, dramatisieren sie die Erniedrigung in der Gegenwart und zeichnen zugleich die Vision einer stolzen Zukunft. Zudem versprechen die Lehren von Fundamentalisten wie beispielsweise Qutb letztlich den sicheren Sieg.

Wir im Westen haben seit langem erkannt, dass Demokratie Terrorismus erleichtern kann. Wir halten jedoch nicht die Demokratie für eine Ursache des Terrorismus. Auch die Religion erleichtert Terrorismus. Und zwar nicht nur bei denen, die gemeinsam in den Slums und Flüchtlingslagern des Nahen Ostens leben, sondern auch, was gefährlicher ist, über Grenzen hinweg. Weiter oben habe ich bereits die Fähigkeit zur Identifikation mit anderen behandelt, die vielen Terroristen gemeinsam ist. Seit langem ist bekannt, dass Identifikation und Empathie ein genereller menschlicher Charakterzug sind, der sich aber den verschiedenen Gruppen gegenüber in unterschiedlichem Maß äußert. Wir identifizieren uns am stärksten mit unseren Familien, dann mit unseren Nachbarn und Arbeitskollegen, schließlich mit unserer Stadt, unserem Staat und unserem Land in immer größer und immer schwächer werdenden Kreisen. Stellt irgendjemand in Abrede, dass die zögerlichen Reaktionen des Westens auf die Gräueltaten in Ruanda größtenteils darauf zurückzuführen waren, dass es zu keiner Identifikation mit den Opfern kam? Hätten sie uns nähergestanden, wären sie weißer gewesen, uns ähnlicher, hätten wir dann so lange zugesehen? Das bezweifle ich. Oder warum fanden die Terrorakte der IRA, die in 30 Jahren 3 500 Leben kosteten, in den amerikanischen Medien so viel Beachtung, während dies bei den terroristischen Feldzügen des Leuchtenden Pfads, die 69 000 Leben in 23 Jahren forderten, oder der PKK, wo es 35 000 Tote im Verlauf von 20 Jahren waren, in so viel geringerem Ausmaß geschah? Ich vermute, weil Amerikaner sich besser mit den weißen, Englisch sprechenden Bewohnern Nordirlands identifizieren können als mit Peruanern, Kurden und Türken.

Der islamistische Fundamentalismus kann einen jungen, gebildeten Briten dazu bringen, sich nicht mit seinen Nachbarn, Sportskameraden oder Schulfreunden zu identifizieren, sondern mit Palästinensern in einem Land, das er nie zuvor gesehen hat. Das ist Teil seiner Macht. In einem Video, das die beiden britischen Dschihad-Kämpfer Omar Khan Sharif und Assaf Mohammed Hanif am Vorabend ihrer Märtyrermission im Gazastreifen aufnahmen, sagen sie: »Muslime werden doch jeden Tag getötet.« In ähnlicher Weise scheint es eine religiös geförderte Identifikation gewesen zu sein, die einen zweiundzwanzigjährigen Briten, der das College besucht hat, Kricket spielte und einen Mercedes fuhr, nämlich den aus einem Vorort von Leeds stammenden Shehzad Tanweer, dazu brachte, in einer Londoner U-Bahn eine Bombe zu legen. Religion kann als Bindeglied zwischen dem Privaten und dem Politischen dienen. Interviews mit Terroristen lassen oft ihre aus Versagen herrührende Frustration erkennen. Religion gibt ihnen ein Mittel an die Hand, mit diesen Problemen fertig zu werden und ihre persönlichen Unzulänglichkeiten zu überwinden, indem sie Teil einer mächtigeren Bewegung werden, von der ihnen letztlich der Sieg versprochen wird.

Man kann also nicht sagen, dass Religion Terrorismus verursacht, aber der islamistische Fundamentalismus hat eine Rechtfertigung für den Gebrauch von Gewalt im Interesse eines höheren Gutes geliefert. Das wirtschaftliche und soziale Versagen vieler muslimischer Länder hat Anhänger hervorgebracht, die Terrorismus als Methode willkommen heißen, um sich für Erniedrigung zu rächen, die wirtschaftlichen und sozialen Verhältnisse zu verbessern und einen Wandel herbeizuführen. Auf diese Weise interagiert die Religion mit sozialen, wirtschaftlichen und politischen Faktoren und trägt zu einer Kultur der Gewalt bei. Sie erleichtert den Anführern die Rekrutierung, Mobilisierung und Aufrechterhaltung ihrer Gruppen. Religiöse Organisationen können mehr Beharrungsvermögen haben, weil ihre Ideologie ihre Handlungen legitimiert und jedem Individuum eine Rolle zuweist.

Religion ist niemals der einzige Grund für Terrorismus; vielmehr sind religiöse Motivationen eng mit wirtschaftlichen und politischen Faktoren verwoben. Und doch kann man die Religion nicht auf diese sozialen und wirtschaftlichen Faktoren reduzieren. Sie ist aus sich selbst heraus eine mächtige Kraft. Religion dient dazu, zu Terrorakten anzustacheln, Leute dafür zu mobilisieren und die Attentate zu legitimieren. Da Religionen sich hauptsächlich mit der Frage beschäftigen, was gut und was böse ist, sind Bewegungen mit religiösen Motiven meist viel weniger kompromissbereit. Islamistische Fundamentalisten betrachten die Welt als einen anhaltenden, kosmischen Kampf zwischen Gut und Böse. Religiös motivierte Terrororganisationen sind daher in der Regel fanatischer und eher bereit, unzählige Menschenleben zu opfern, sowie besser in der Lage, ihre Anhänger auf bedingungslose Gefolgschaft einzuschwören. Und als solche sind sie für konventionelle Gegenreaktionen wie Abschreckung oder Verhandlungen viel weniger empfänglich. Während Religion also nur in Kombination mit anderen sozialen und politischen Faktoren Terrorismus hervorrufen kann, macht sie Terrorgruppen aber absoluter, transnationaler und gefährlicher.

Die häufigsten Erklärungen für Terrorismus lauten, er sei entweder das Werk von verrückten Einzelgängern oder von kriegslüsternen Staaten, aber die besten Erklärungen liegen nicht auf diesen Ebenen, sondern auf der der Gesellschaften, die Terrorismus hervorbringen. Terrorismus setzt eine Entfremdung vom Status quo und den Wunsch, diesen zu ändern, voraus. Terrorismus braucht Verhältnisse, in denen sich Menschen ungerecht behandelt fühlen, und Anführer, die diese Verhältnisse erklären, eine Gruppe organisieren und für deren Effizienz sorgen. Terrorismus braucht eine allumfassende Philosophie – eine Religion oder eine säkulare Ideologie –, um gewaltsames Handeln zu legitimieren, Rekruten zu gewinnen und sie für Taten zu mobilisieren. Terrorismus braucht, wenn er überleben und gedeihen will, eine Komplizengesellschaft, ein soziales Umfeld, das mit seinen Zielen sympathisiert.

Bedenkt man diese Voraussetzungen, wird klar, warum Diaspora-Gemeinschaften ein so fruchtbarer Nährboden für den islamistischen Fundamentalismus sind. Den Gewissheiten ihrer eigenen Kultur beraubt, enttäuscht, weil an den Rand gedrängt und in ihrer neuen Umgebung unterbewertet, sind Emigranten anfällig für die Appelle radikaler Kleriker, die die Ungerechtigkeit der Gesellschaft attackieren, von der sie enttäuscht sind, und die ihnen Alternativen aufzeigen. Rekruten finden sich aber nicht nur unter den physisch Ausgegrenzten. Militante Führer und ihre Organisationen finden auch leicht in Situationen Anhänger, in denen wirtschaftliche Entwicklungen und rapide Veränderungen Ungleichheit verstärken und traditionelle Strukturen zerreißen, in denen Erwartungen geweckt, ihnen aber nicht entsprochen wird, in denen Gefühle der Frustration und Demütigung unter jungen Arbeitslosen weit verbreitet sind. Diese Anführer finden leichter neue Rekruten, wenn sie eine Ideologie konstruieren können, die in religiösen oder historischen Traditionen wurzelt und daher ihre Taten legitimiert und sogar glorifiziert sowie einen Weg in eine bessere Zukunft weist.

Soziale, wirtschaftliche und kulturelle Bedingungen sind die Risikofaktoren, die mehr oder weniger empfänglich für den Lockruf des Terrorismus machen. Sie sind aber nicht die Ursache. Diese sind in den Wechselwirkungen dieser umfassenderen Faktoren mit den Taten, Überzeugungen und politischen Zielen einer kleinen Gruppe von Menschen zu finden: den Gründern, Anführern und Mitgliedern von Terrorgruppen und der Komplizengemeinschaft, aus der sie kommen. Terrorismus rührt aus dem tödlichen Cocktail her, der aus drei Zutaten zusammengemixt ist: persönliche Enttäuschung, eine gutheißende Gesellschaft und eine legitimierende Ideologie. Aber wofür kämpfen Terroristen? Was motiviert sie? Was wollen sie?

Kapitel 4

Die drei Rs: Rache, Ruhm, Reaktion

Zum Tode ausersehn, sind wir genug
zu unsres Lands Verlust...
Ich habe keine Gier nach Gold,
Noch frag' ich, wer auf meine Kosten lebt,
Mich kränkt's nicht, wenn sie meine Kleider tragen;
Mein Sinn steht nicht auf solche äußre Dinge:
Doch wenn es Sünde ist, nach Ehre geizen,
Bin ich das schuldigste Gemüt, das lebt...
Wir wollen nicht in des Gesellschaft sterben,
Der die Gemeinschaft scheut mit unserm Tod...
Dann werden unsre Namen,
Geläufig seinem Mund wie Alltagsworte,
Heinrich, der König, Bedford, Exeter,
Warrick und Talbot, Salisbury und Gloster,
Bei ihren vollen Schalen frisch bedacht!
Der wackre Mann lehrt seinem Sohn die Märe,
Und nie von heute bis zum Schluß der Welt
Wird Crispin Crispian vorübergehn,
Daß man nicht uns dabei erwähnen sollte,
Uns wen'ge, uns beglücktes Häuflein Brüder:
Denn welcher heut sein Blut mit mir vergießt,
Der wird mein Bruder...

*William Shakespeare, Heinrich V.**

Der neunjährige Dermot Finucane saß mit seinen Brüdern, elf und zwölf Jahre alt, auf den Treppenstufen. Er erinnert sich noch gut an die Angst, die sich in den Gesichtern seiner Eltern eingegraben hatte und in ihren gedämpften Stimmen zu hören war, während sie aus dem Schlafzimmerfenster sahen. »Man saß einfach erschrocken da und machte kein Geräusch. Man war wie ein Mäuschen, man hörte nur zu.« Die Kinder hielten Hämmer, Beile und den Schürhaken aus dem

Kamin zur Selbstverteidigung in den Händen, als der Mob draußen die Tür aufbrach, um sie mit Feuer aus ihrem Haus zu verjagen. Sie waren eine katholische Familie und lebten in einem schönen Sechs-Zimmer-Haus in einer gemischten Straße. Ihre protestantischen Nachbarn wollten sie vertreiben. Zwei ältere Brüder, John und Pat, damals 16 und 18, konnten sich nicht zum Haus durchschlagen, um ihnen zu helfen. Die Polizisten draußen sahen zu, wie der Mob die »katholischen« Häuser niederbrannte und plünderte, sie machten keine Anstalten, ihnen zu helfen. Dermot erinnert sich: »Am deutlichsten ist mir im Gedächtnis geblieben, dass die Erwachsenen sich so sehr fürchteten. So etwas bekommt man als Kind mit. Ich weiß, dass ich dachte, wir würden gleich umgebracht, und unsere Gegend würde von feindlichen Indianern überrannt.« Getötet wurden sie nicht, aber sie verloren das Haus, und ihr Vater und der älteste Bruder verloren ihre Jobs, man hatte ihnen mit dem Tod gedroht, wenn sie zur Arbeit erscheinen würden. Mit der Familie ging es bergab. Die Eltern und acht Kinder drängten sich nun in einer Drei-Zimmer-Wohnung im katholischen Teil der Stadt.

Dermot war zehn, als sein Bruder John zur IRA ging. Sein jüngerer Bruder Seamus erklärt: »Wir waren alle stolz auf John. Es hatte so etwas Abenteuerliches, wenn die Leute damals zum Gewehr und zur Bombe griffen. Ja, das war manchmal aufregend. Und es war befriedigend.« Die restliche Familie geriet auf der Stelle unter Verdacht. Regelmäßig durchsuchten Soldaten ihre Wohnung. Dermot schätzt, dass es mehr als 100 Razzien waren. Sein Vater kochte den Soldaten dann immer Tee, um ihnen zu zeigen, dass man eine ehrbare Familie war, und weil er vergebens hoffte, dass sie dann seine Kinder nicht schlagen würden. Die Kinder selbst reagierten unterschiedlich. Martin, der zwei Jahre älter als Dermot war, erinnert sich an die Razzien: »Ich weiß noch genau, wie sie meinem Vater sagten, was er tun solle. Das war das Heim meines Vaters, das Heim meiner Mutter. Die aber sagten ihnen, was sie zu tun und zu lassen hätten, und gingen in unserer Wohnung herum, als gehörte sie ihnen, durchsuchten sie, schauten sich persönliche und private Sachen an. Ich begann sie zu hassen.« Martin schloss sich nicht der IRA an. Stattdessen ging er außer Landes, weil er die ständigen Schikanen wegen seines Bruders nicht mehr ertragen konnte. Auch seine Schwester Rosie floh. Bei ihrem Bruder Seamus dauerte es hingegen nicht lange, bis er sich von der Begeisterung mitreißen ließ. Mit 15 Jahren wurde er von der britischen Armee aufgegriffen und ohne Prozess über ein Jahr lang gefangen gehalten. Im Internierungslager war es das regelmäßige Auftauchen von Soldaten mit Hunden, was ihm am meisten Angst machte. »Es war schrecklich, sie hatten die Hunde dabei und große Schlagstöcke, und wenn man sich im falschen Augenblick bewegte, haben sie einfach auf einen eingedroschen.« Als er freikam, war er entschlossener denn je, zur IRA zu gehen.

Dermot war elf, als sein Bruder John starb. Am deutlichsten erinnert sich Dermot an das Begräbnis: »Da waren Unmengen Menschen ... Meine älteren Brüder erzählten mir, dass sei das bislang größte Begräbnis, das Andersonstown je gesehen hatte. Ich weiß noch, dass ich sehr stolz war, dass John ein militärisches Begräbnis bekam.« Die Brüder beschreiben, wie die gesamte Gemeinde gegen den Feind vereint war. Dermot drückt es so aus: »Die ganze Gegend war gegen sie, also war auch ich gegen sie, das war eine Frage der Gemeinschaft.« Martin stimmte zu: »Man wird einfach hineingezogen, weil man da mit drinhängt.«

Als Dermot 17 Jahre alt war, durchsuchte die Armee wieder einmal die Wohnung. Er nahm an, die Soldaten wären wegen seines älteren Bruders gekommen, und sagte zu Martin: »Sie suchen wieder nach dir.« Diesmal aber waren sie wegen Dermot gekommen. »Ich wurde ziemlich verprügelt ... und danach bin ich einfach zusammengebrochen. Ich hätte ihnen alles erzählt, alles unterschrieben. Glücklicherweise wusste ich aber überhaupt nichts.« Am Tag nach seiner Freilassung starb sein Vater an einem Herzanfall. Die Familie schrieb seinen vorzeitigen Tod dem Stress wegen der »Troubles« zu. Dermot fand, es sei an der Zeit, sich der IRA anzuschließen. Zunächst war das gar nicht so einfach, denn er wusste nicht, wen er ansprechen oder wie er beitreten könnte. Als ihn die IRA dann aufgenommen hatte, musste er sich einer Ausbildung unterziehen. Mit einer Ausrede erklärte er seiner Mutter die viertägige Abwesenheit, aber als er zurückkam, war er stolz wie Bolle. »Die militärische Ausbildung hat uns viel gebracht. Mit stolzgeschwellter Brust kam ich zurück – ein ganzer Kerl. Genauso gut hätte ich mir ein Etikett auf die Stirn kleben können: ›Frischgebackener Spitzenmann‹. Das zog einen hoch, man hatte das Gefühl, man hätte etwas erreicht.« Als er dann Teil der Bewegung war, dachte er: »In drei Jahren bin ich tot, also werde ich verdammt noch mal mein Möglichstes tun, um die leiden zu lassen, unter denen meine Familie, meine Gemeinde gelitten haben.«

Mit 20 Jahren wurde Dermot wegen Mordes angeklagt, musste aber aus Mangel an Beweisen freigesprochen werden. Mit 21 wurde er wegen terroristischer Akte zu 18 Jahren Gefängnis verurteilt. Mit 23 konnte er entkommen. Er floh in die Republik Irland, wo er vier Jahre versteckt lebte, ehe man ihn festnahm. Mit Erfolg wehrte er sich gegen die Auslieferungsanträge und kam 1991 in Dublin wieder frei. Da war sein ältester Bruder Pat, ein bekannter Rechtsanwalt, schon in seinem Haus vor den Augen seiner Frau und seiner drei Kinder ermordet worden. Bei dem Fall hatten offensichtlich protestantische Paramilitärs und die Sicherheitskräfte gemeinsame Sache gemacht – er wird bis zum heutigen Tag weiter untersucht.

In der Geschichte von Dermot Finucanes Radikalisierung klingen viele Themen an, die sich auch in den Berichten anderer Terroristen in anderen Weltgegenden wiederfinden. Vor allem das Gefühl, Teil einer größeren Gemeinschaft zu sein, und der Wunsch nach Rache kommen ständig zur Sprache, wenn Terroristen ihre Motive erklären. Ein großes Begräbnis zu bekommen, war für Dermot genauso ruhmreich, wie mit einem Fahndungsplakat gesucht zu werden. Als er solch ein Plakat mit den drei meistgesuchten Männern in Ulster betrachtete, dachte er: »Das ist es, was du willst, du willst dem Feind so sehr schaden, dass du dringend gesucht wirst. In Micky-Maus-Manier etwas zu machen, hat keinen Zweck; ich habe mich selbst immer an die vorderste Front gestellt ... Es ging mir um die Ehre.« Von Andersonstown bis nach Afghanistan sind Ruhm und Ehre des Kampfes ein weiteres, in den Gesprächen mit Terroristen immer wieder angeschlagenes Thema.

Das Vertrauen auf den Sieg ist ein weiteres wiederkehrendes Thema, der Glaube der Terroristen, dass der Feind infolge ihrer Gewalt reagieren wird. Angesichts der Situation in Nordirland Mitte der neunziger Jahre beharrte Dermot Finucane: »In Irland sind die Briten fertig. Es ist vorbei. Es ist alles nur noch eine Frage der Zeit, dass sie sich zum Rückzug entschließen.« Im Rückblick auf seine Terroristenkarriere sagt Dermot: »Militärisch und politisch habe ich ihnen geschadet, und ich bin froh darüber. Ich bin froh, dass ich ein Stachel in ihrem Fleisch war. Ich hatte beschlossen, gegen sie zu kämpfen, und das habe ich auch getan.« Auf die Frage, wie viel Schaden er genau angerichtet habe, bleibt er vage: »Sagen wir einfach, das geht in den zweistelligen Bereich.«[1]

Immer wieder wird über die Frage gestritten, ob Terrorismus funktioniert oder nicht. Ich muss bekennen, ich finde diese ganze Diskussion ziemlich gegenstandslos. Man kann nicht wissen, ob er Erfolg hat oder nicht, solange man nicht weiß, was die Terroristen erreichen wollen. Diejenigen beispielsweise, die argumentieren, die Etablierung einer gemeinsamen Exekutive in Nordirland sei die Belohnung für den Terrorismus der IRA, haben ganz und gar Unrecht.[2] Die IRA führte keinen Terrorfeldzug, um sich in Nordirland die Macht mit Protestanten zu teilen. Ganz im Gegenteil. Die IRA und die Republikaner, die ihr Nährboden sind, haben es immer abgelehnt, sich an der Regierung der Provinz zu beteiligen, weil das deren Existenz legitimieren würde. Die IRA kämpfte für ein vereintes Irland, und dieses Ziel hat sie nicht erreicht.

Alan Dershowitz' provokante Argumentation in seinem Buch *Why Terrorism Works* basiert fast vollständig auf seiner Interpretation des Kampfes der Palästinenser.[3] Er meint, die Terrorstrategien der Palästinenser hätten ihrer Sache mehr Aufmerksamkeit und Sympathie eingebracht als anderen mit einem fundierteren Anspruch auf einen eigenen Staat, die aber nicht zu Terrorismus gegriffen hätten, beispielsweise die Tibeter und Armenier. Wenn das Ziel des Terrorismus Aufmerksamkeit und Sympathie ist, dann hat im Fall der Palästinenser Dershowitz möglicherweise Recht, in vielen anderen aber nicht. Wenn das Ziel ein eigener, den nationalistischen Ansprüchen genügender Staat ist, dann haben die Palästinenser wie die Tibeter und die Armenier noch einen weiten Weg vor sich.

Alle Terrorbewegungen haben zwei Arten von Zielen: Kurzfristige organisatorische und langfristige politische, wobei Letztere einen erheblichen politischen Wandel voraussetzen. Dies zu unterscheiden ist überaus wichtig, wenn man ihr Verhalten verstehen will, und die momentanen Diskussionen, ob Terrorismus Erfolg hat oder nicht, erscheinen dann in ganz anderem Licht.

Hannah Arendt schrieb einmal: »Instrumentalisierte Gewalt ist von Natur aus in dem Maße rational, wie es ihr gelingt, das Ziel zu erreichen, das sie rechtfertigt.«[4] Denkt man an die letztendlichen Ziele von Terroristen, mag die Gewalt in der Tat als irrational erscheinen, aber man darf dabei nicht vergessen, dass oft auch sekundäre oder unmittelbarere Ziele verfolgt werden. Und hinsichtlich dieser zweitrangigen Ziele weisen Terroristen eine bessere Erfolgsbilanz auf als hinsichtlich des fundamentalen politischen Wandels, den sie im Allgemeinen herbeiführen wollen.

Die langfristigen Ziele unterscheiden sich jeweils. Ethnonationalistische Gruppen wollen traditionelle territoriale Vorteile wie beispielsweise Unabhängigkeit und/oder Abspaltung von einer größeren staatlichen Entität. (Beispiele sind die PLO in Palästina, die PKK in der Türkei, die LTTE in Sri Lanka oder die IRA und die ETA in Europa.) Sozialrevolutionäre Gruppen wollen den Kapitalismus abschaffen. (Beispiele sind etwa die Roten Brigaden in Italien, die RAF in Deutschland, die Action directe in Frankreich oder die CCC in Belgien.) Maoistische Gruppen – wie der Leuchtende Pfad in Peru oder die Kommunistische Partei Nepals – wollen die Gesellschaft ummodeln. Ein paar religiöse Sekten, etwa Aum Shinrikyo in Japan, wollen den Weltuntergang herbeiführen; fundamentalistische Gruppen wollen das weltliche Gesetz durch das religiöse ersetzen. Manche Bewegungen – etwa die Hamas und die Hisbollah – sind anscheinend Hybriden, andere Gruppen entwickeln sich von einer Art in eine andere, etwa wie sich die isolierte »Alte« IRA in die pragmatischere, auf breiterer Basis aufgebaute Provisional IRA verwandelte. Doch in jedem einzelnen Fall sind Ideale die Triebkräfte.

Sekundäre Motive

Wer argumentiert, Terrorismus funktioniere, verwechselt oft die primären mit den sekundären Motiven. Im Gegensatz zu den primären sind die unmittelbaren oder sekundären Ziele oft allen möglichen Terrorbewegungen gemeinsam. Zu den sekundären Motiven zählen:

Rache üben

Das Verlangen einzelner Terroristen nach Rache ist ein sehr mächtiges Motiv. Eine Passagierin des gekidnappten TWA-Flugs 847 beispielsweise konnte nicht begreifen, warum einer der Kidnapper ständig mit einer Granate den Gang auf und ab lief und dabei den Namen ihres Heimatstaates rief: »New Jersey, New Jersey.« Er dachte daran – was ihr sicher nicht präsent war –, dass die USS *New Jersey* schiitische Standorte im Libanon beschossen hatte. Der Wunsch nach Rache erklärt, warum so viele Angriffe an Jahrestagen früherer Ereignisse stattfinden. Das Bombenattentat von Oklahoma City ereignete sich beispielsweise am Jahrestag der Erstürmung des Davidianer-Anwesens in Waco, Texas. Nachdem die Amerikaner 1986 Tripolis bombardiert hatten, pflegte der libysche Staatsführer Oberst Gaddafi diesen Jahrestag mit einer Spendenverteilung an Terrorgruppen zu begehen.

Öffentlichkeit herstellen

Seit den Tagen der Zeloten wissen Terroristen um den Wert von Publizität, und die in Demokratien operierenden Gruppen haben dieses Ziel mit einzigartigem Erfolg erreicht. Lange vor den jüngsten Terrorspektakeln erlebten geschätzte 500 Millionen Menschen die Entführung und Ermordung der israelischen Olympiamannschaft in München 1972 am Fernseher mit. In jüngerer Zeit wurde die bis dahin außerhalb Perus, wo sie im Schatten des Leuchtenden Pfads stand, weitgehend unbekannte Revolutionsbewegung Túpac Amaru in den Industriestaaten praktisch zu einem Allerweltsbegriff, nachdem sie die japanische Botschaft in Lima besetzt und Angehörige der politischen, militärischen und diplomatischen Elite als Geiseln genommen hatte. Nichts war jedoch so spektakulär wie die Bilder von Flugzeugen, die in die Zwillingstürme krachten, und dem anschließenden Einsturz jener Bastionen des amerikanischen Kapitalismus. Bin Laden feierte diesen Fall von Propaganda durch die Tat, indem er zu einem Genossen sagte:

> Diese jungen Männer [nicht zu verstehen] hielten mit Taten in New York und Washington Reden, die alle anderen überall sonst auf der Welt gehaltenen Reden in den Schatten stellten. Diese Reden verstanden sowohl die Araber als auch die Nichtaraber, sogar die Chinesen. Sie beherrschten die Medien vollständig.[5]

Bestimmte Zugeständnisse erreichen

Manchmal wird mit Terroranschlägen versucht, spezifische Zugeständnisse zu erlangen. Am häufigsten geht es dabei um die Freilassung von Mitstreitern, die entweder in dem Land des Anschlags oder bei einem Alliierten dieses Landes einsitzen. In einem der dramatischsten Fälle dieser Art ließen libanesische Entführer 145 Passagiere an Bord des gekidnappten TWA-Flugs 847 frei, weil Israel unter starkem Druck der Vereinigten Staaten eingewilligt hatte, im Gegenzug 766 gefangene Libanesen freizulassen. Und im Dezember 1999 erklärten sich die indischen Behörden bereit, mit der al-Qaida-nahen Gruppe Harakat ul-Mujahidin (HUM) über die Freilassung von 154 Passagieren an Bord von Indian Airlines Flug IC-814 zu verhandeln. Indien entließ drei inhaftierte islamistische Fundamentalisten, unter anderem den in Großbritannien aufgewachsenen Omar Saeed Sheikh. Die Japanische Rote Armee besetzte 1974 die französische Botschaft in Den Haag und nahm neun Geiseln, darunter den französischen Botschafter, die dann gegen Yoshiaki Yamada, einen inhaftierten Anführer der Gruppe, ausgetauscht wurden.

Diese Taktik geht nicht immer auf. Dass die US-Regierung sich weigerte, 1973 in Khartum mit Terroristen des Schwarzen Septembers zu verhandeln, führte zur Ermordung der Botschaftsmitarbeiter Cleo Noel und George Curtis Moore sowie eines belgischen Diplomaten namens Guy Eid.[6] Ähnlich führte die Weigerung Pakistans, bei einem früheren Versuch der Freipressung von Omar Saeed Sheikh und Maulana Masud Azhar mit der HUM zu verhandeln, zum Tod von fünf gekidnappten Touristen aus dem Westen. Zwar verfolgen die US-amerikanische und viele weitere Regierungen offiziell die Politik, Terroristen keinerlei Zugeständnisse zu machen, in Wirklichkeit aber haben Terrorgruppen unter solchen Umständen sehr oft ihre begrenzten Ziele erreicht.

In jüngerer Zeit wurden viele Geiseln genommen, um von den Regierungen der Opfer die Zusage zu bekommen, Truppen aus dem Irak abzuziehen. Japaner, Rumänen und Bulgaren wurden gekidnappt, um die jeweiligen Regierungen zum Rückzug zu zwingen. Von der philippinischen Regierung wurden im Juli 2004 beispielsweise 51 Mediziner, Ingenieure und Soldaten als Reaktion auf die Entführung eines Lastwagenfahrers zurückgezogen.

Unruhe stiften

Sehr oft wollen Terroristen mit ihren Taten die Legitimation des Staates unterminieren, indem sie demonstrieren, dass er seine Bürger nicht schützen kann. In der Regel versuchen sie dabei, sich als größeres Problem darzustellen, als sie eigentlich sind, weil sie hoffen, dass man dann vor ihren größeren Zielen kapituliert. Die IRA in Nordirland erklärte immer wieder, ihr Nahziel sei, Nordirland unregierbar zu machen. Terence »Cheeky« Clarke, der später Gerry Adams' Sicherheitschef wurde und wegen terroristischer Vergehen 21 Jahre im Gefängnis saß, sagte dem Journalisten Peter Taylor: »Je mehr man ihnen wehtut, dachte ich, desto mehr haben sie all das satt und wollen nur noch weg. Damals fragten sich britische Politiker: ›Warum sind wir da? Warum sterben unsere Jungs da?‹«[7] Dasselbe Muster wiederholt sich heute im Irak.

Repression provozieren

Hinter bestimmten Aktionen steht oft die Absicht, die Regierung zu einer Gewaltreaktion zu provozieren. Man hofft, dass sie sich dadurch der Öffentlichkeit entfremdet und der Bewegung Rekruten in die Arme treibt. Die Zeloten verfolgten diese Strategie mit verheerender Wirkung. Der eifrigste Fürsprecher dieser Taktik war im 19. Jahrhundert der russische Populist Sergei Netschajew, der zu Gewalt riet, um die Regierung zu Repressalien zu zwingen, ihr die Legitimität abzusprechen und die Massen zu radikalisieren, wie er in seinem berühmten »Katechismus eines Revolutionärs« verkündete. Die spanische ETA diskutierte die Theorie hinter dieser Strategie 1965 bei ihrer Vierten Versammlung und nahm sie formell auf ihrer Fünften Versammlung an. In den achtziger Jahren beklagte sich der prominente ETA-Führer mit dem Decknamen »Antxon«, die spanischen Behörden würden mittlerweile zu professionell und zu differenziert auf die ETA-Anschläge reagieren.[8] Diese Strategie führt selbstverständlich zu einer Gewaltspirale, die einen dem eigentlichen Ziel natürlich kaum näher bringt.

Die Organisation stärken

Gelegentlich haben Terrorakte kaum etwas mit externen Akteuren zu tun, sondern zielen auf die interne Dynamik der Gruppe ab, die sie begeht. Man kann bestimmte Aktionen beschließen, um die Loyalität zu testen, die Unterwerfung unter einen Verhaltenskodex durchzusetzen, Neueinsteiger zu initiieren oder die Leistungsfähigkeit eines bestimmten Anführers oder einer bestimmten Fraktion zu demonstrieren. Gelegentlich ist die interne Dynamik so intensiv, dass die Aktionen die Gruppe unterminieren. Ein ziemlich extremes Beispiel ereignete sich 1972 in den Bergen Zentraljapans, als im Rahmen eines Umerziehungsprozesses 14 Mitglieder der Japanischen Roten Armee von den eigenen Leuten brutal umgebracht wurden.

Stärke zeigen

Nach der Gefangennahme eines Anführers oder einem besonders verheerenden Schlag seitens der Regierung begeht eine terroristische Gruppe oft weitere Anschläge, um der Öffentlichkeit, der Regierung und vor allem ihren eigenen Anhängern zu zeigen, dass sie noch immer eine Kraft darstellt, mit der zu rechnen ist.

So etwa brachte sich die junge Mara Cagol nach der Inhaftierung ihres Ehemanns Renato Curcio, einem der Mitbegründer der Roten

Brigaden, selbst ins Spiel. Die begabte Musikerin und gläubige Katholikin war wohlbehütet in einer konservativen, der soliden Mittelschicht angehörenden Familie aufgewachsen. Wenn sie nicht gerade Konzerte gab oder mit ihrem Lieblingsinstrument, der klassischen Gitarre, an landesweiten Wettbewerben teilnahm, machten ihr Freizeitaktivitäten wie Tennis und Skifahren viel Freude. Die junge Frau zeigte auch viel Mitgefühl; im Alter von 20 Jahren pflegte sie als Freiwillige viele Stunden am Tag Kranke in den Hospitälern nahe gelegener Städte. Bei den älteren Patienten war sie enorm beliebt, sie nannten sie »La Margherita«. Cagol ging auf die Universität und promovierte in Soziologie.

Als Curcio und mehrere andere Führer der Roten Brigaden 1974 verhaftet wurden, übernahm Cagol die Leitung; sie war entschlossen, zu zeigen, dass die Organisation nicht führungslos war. Sie reorganisierte die Bewegung nicht nur und steuerte sie durch ihre erste Krise, sondern es gelang ihr auch, im Februar 1975 ihren Ehemann aus dem Gefängnis zu befreien. Im Juni desselben Jahres starb sie bei einer Schießerei mit den Carabinieri.

Rache, Ruhm, Reaktion

Alle diese sekundären und unmittelbaren Motive kann man unter drei Begriffen zusammenfassen: Rache, Ruhm, Reaktion. Wenn wir uns fragen, ob Sidique Khan, Shehzad Tanweer, Hasib Hussain und Germaine Lindsay – die vier jungen Männer, die sich und 52 weitere Menschen am 7. Juli 2005 in London in die Luft sprengten – tatsächlich glaubten, dass sie mit Bomben in der Londoner U-Bahn wirklich die Rückkehr des Kalifats beschleunigen würden, muss die Antwort nein lauten. Wenn wir aber fragen, ob sie vielleicht auf Rache, Ruhm und Reaktionen aus waren, dann lautet sie wahrscheinlich ja. Und wenn das so ist, hatten sie damit Recht. Indem sie ihr Leid zufügten, dachten sie vermutlich, zwangen sie die britische Öffentlichkeit, das zu ernten, was sie in der muslimischen Welt gesät hatte. Sie wurden berühmt. Das Attentat verdrängte sogar den mit hohen Erwartungen verbundenen G8-Gipfel in die Randspalten. Die Namen und Bilder der vier

Täter kennt heute die ganze Welt. Welche Reaktion sie hervorriefen, hätte sie allerdings wohl enttäuscht. Keine kriegerischen Worte oder Taten, kein Kreuzzug – stattdessen sprach der britische Premierminister von Polizeiarbeit, von Verbrechensschauplätzen und kriminalistischen Untersuchungen. Niemand beschuldigte offiziell die Muslime, auch wenn ausländerfeindliche Übergriffe und Diskriminierungen britischer Muslime anscheinend zunahmen. Infolge des Attentats nahm auch der Druck auf das Vereinigte Königreich zu, sich aus dem höchst unpopulären Irakkrieg zurückzuziehen, doch andererseits zögerte man hier auch, weil man befürchtete, dies könne so aussehen, als würde man Terroristen nachgeben.

Diese beiden Motivbündel, die lang- und die kurzfristigen, treiben Terrorbewegungen simultan an. Genauer: Die Führungsspitze ist eher an philosophischen oder politischen Erfolgen interessiert, während die Anhänger eher den kurzfristiger erreichbaren Reizen von Rache, Ruhm und Reaktion erliegen. Was den von ihnen gewollten politischen Wandel angeht, haben Terrorgruppen in einzigartiger Weise versagt, aber bei ihren kurzfristigen Motiven konnten sie erstaunliche Erfolge verzeichnen. Das macht sie für enttäuschte Jugendliche so attraktiv, die nach Möglichkeiten einer schnellen Wiedergutmachung suchen.

Dieser Interessenunterschied zwischen Anführern und Gefolgsleuten ist bei allen Arten von Terrorgruppen festzustellen. 1971 hielt Sinn Féin, der politische Arm der IRA, einen Parteitag (Ard Fheis) ab, auf dem sie politische Pläne für ein neues Irland (Eire Nua) verabschiedete. Sobald die Einheit Irlands erreicht wäre, sollten vier Regionalparlamente etabliert werden. Doch bei den Männern auf der Straße fand das keinen Anklang. »Cheeky« Clarke meinte dazu: »Ich war politisch naiv. Ich dachte, ich würde das Richtige tun, weil es für mein Volk war ... Politik interessierte mich nicht, nur der Gedanke, dass wir das Richtige taten, weil es darum ging, die Briten aus Irland zu vertreiben.[9] Raymond Gilmore, ein anderes IRA-Mitglied und später ein berüchtigter Informant, sagte neun Jahre später, 1980, unter Eid aus. Er berichtete, der IRA-Ausbildungsoffizier hätte von ihm verlangt, abends in einer Schule das *Green Book* der IRA zu studieren, ehe er sich anschließen dürfe.[10]

Ein al-Qaida-Mitglied erzählte eine ganz ähnliche Geschichte. Bei seinem Prozess wegen terroristischer Verschwörung vor dem Bundesdistriktgerichtshof in Manhattan, sagte Ali Muhammad dem Richter: »Der Gedanke [war] ... jedes denkbare westliche Ziel im Nahen Osten anzugreifen, um die Regierungen der westlichen Länder zu zwingen, aus dem Nahen Osten abzurücken.«[11] Junge europäische Sozialrevolutionäre empfanden oft genauso. Ein deutscher Militanter erklärte: »Die meisten Genossen meiner Gruppe nannten sich ›Anarcho-Gewerkschafter‹, und so machte ich das auch, obwohl ich eigentlich nicht wusste, was das bedeutete.«[12]

Primäre Motive

Im Allgemeinen können ethnonationalistische Terrorbewegungen – also jene, deren politisches Anliegen ohne Umsturz des gegenwärtigen Systems möglich wäre – ihre Ziele viel klarer benennen, obwohl sie sich zu den Details, wie die Gesellschaft anschließend aussehen könnte, nur vage äußern. Sie unterstellen, in der neuen Ordnung würden die momentanen Ungerechtigkeiten wiedergutgemacht, aber nur wenige sagen im Einzelnen, wie das erreicht werden könnte. Einige bedienen sich der Sprache des Sozialismus oder Marxismus, aber alle sind primär von nationalistischen Bestrebungen getrieben. Euskadi ta Askatasuna (»das Baskenland und seine Freiheit«, die ETA) wurde 1959 mit dem Ziel gegründet, in den nordspanischen Provinzen Vizcaya, Guipúzcoa, Álava und Navarra sowie in den südwestfranzösischen Gebieten Labourd, Basse-Navarre und Soule einen unabhängigen Baskenstaat zu gründen.

Die 1974 gegründete Kurdische Arbeiterpartei (PKK) besteht hauptsächlich aus türkischen Kurden, die das Ziel verfolgen, einen unabhängigen, demokratischen Kurdenstaat zu errichten. Die Irisch-Republikanische Armee (IRA) will eine vereinte Insel Irland mit 32 Countys. Die Organisation Befreiungstiger von Tamil Eelam (LTTE), oft auch einfach Tamil-Tiger genannt, wurde 1976 mit dem Ziel gegründet, einen unabhängigen Tamilenstaat zu schaffen.

Maoistische Gruppen wie der Leuchtende Pfad in Peru, die Kommunistische Partei Nepals und die philippinische New People's Army (NPA) wollen das gegenwärtige Regime stürzen und es durch eine Diktatur des Proletariats ersetzen. Jede dieser Gruppen hatte ihre Basis ursprünglich auf dem Land, wie es den Lehren Maos entsprach. Für Kolumbien sagte ein Terroristensprecher: »Das Ziel der FARC ist, an die Regierung zu kommen. Die FARC will zu einer neuen Regierung werden, um dem kolumbianischen Volk die Möglichkeit zu bieten, ein menschenwürdiges Leben zu führen. Die FARC will in Kolumbien mit dem Aufbau des Sozialismus beginnen.«[13] Die FARC scheint eine Kombination von ländlichen Aufständischen und einer sozialrevolutionären Führung zu sein.

Es gibt aber auch eine große Zahl kleinerer, eher urbaner marxistisch-leninistischer Gruppen – beispielsweise die MRTA in Peru, die GRAPO in Spanien, den 17. November in Griechenland oder Dev Sol in der Türkei. Diese zeitgenössischen Gruppen ähneln den sozialrevolutionären Bewegungen, die sich in den siebziger Jahren breitmachten, etwa die Japanische Rote Armee, die RAF in Deutschland, die Roten Brigaden in Italien und so weiter. Sie wollen die staatlichen Institutionen stürzen und sie durch eine schlecht definierte, aber perfekt klassenlose Gesellschaft ersetzen.

Terrorgruppen sind keine statischen Gebilde. Oft spalten sie sich als Reaktion auf Friedensangebote, wenn extremere Elemente die Kompromisse der Führung ablehnen. Zu den entsprechenden Beispielen zählen die Continuity IRA und die »Wahre IRA«, die sich von der Provisional IRA wegen des Friedensprozesses in Nordirland abspalteten. Die Palästinenserbewegung hat sich über die Jahre hinweg immer wieder aufs Neue gespalten, wobei es jeweils um Personen, Taktiken und Strategien ging. Das hat zu einem ganzen Spektrum von Bewegungen mit vergleichbaren, aber nicht identischen Zielen geführt.

In Tschetschenien wurden ein paar ursprünglich nationalistische Gruppen, die die Unabhängigkeit von Russland wollten, von Islamisten infiltriert, die einen zuvor enger begrenzten nationalistischen Terrorkampf in einen umfassenderen Konflikt zwischen Islamisten und dem Westen umwandelten. Heute gibt es im Wesentlichen drei tschetschenische Gruppen. Die Märtyrerbrigade »Rijad al-Salihin« stand unter dem Kommando von Schamil Bassajew. Das Islamische Regiment zur besonderen Verwendung führte Mowsar Barajew, bis er im Oktober 2002 bei der Erstürmung des Dubrowka-Theaters in Moskau getötet wurde. Die Islamische Internationale Friedensbrigade (IIPB) wurde gemeinsam von dem Tschetschenen Bassajew und dem arabischen Mudschaheddin-Führer Abu al-Walid, geleitet. Die Harakat ul-Mujahidin (HUM) in Pakistan ist eine weitere Gruppe mit primär territorialen Zielen – die Loslösung Kaschmirs von Indien –, die mit radikalislamistischen Gruppen gemeinsame Sache macht. Die HUM unterzeichnete Bin Ladens Fatwa gegen den Westen von 1998, und ihre Mitglieder stellen heute einen entscheidenden Teil der al-Qaida-Front.

Wenige Terrorbewegungen haben ihre Ziele so konsistent und kohärent formuliert wie die Hisbollah. Ihr Programm fordert:

> Seien wir aufrichtig: Die Söhne der Hisbollah wissen, wer ihre Hauptfeinde im Nahen Osten sind – die Falange, Israel, Frankreich und die Vereinigten Staaten. Die Söhne unserer Umma [Gemeinschaft der Muslime] sind jetzt in der Lage, zunehmend die Konfrontation mit ihnen zu suchen, und das wird so bleiben, bis die folgenden drei Ziele verwirklicht sind:
>
> a) Die Amerikaner, die Franzosen und ihre Alliierten definitiv aus dem Libanon zu vertreiben und damit jeder kolonialistischen Entität auf unserem Land ein Ende zu bereiten.
>
> b) Die Falangisten einer gerechten Macht zu unterwerfen und sie alle für die Verbrechen, die sie gegen Muslime und Christen begangen haben, der Gerechtigkeit zuzuführen.
>
> c) Allen Söhnen unseres Volkes zu ermöglichen, ihre Zukunft zu bestimmen und in aller Freiheit die Form von Regierung zu wählen, die sie haben wollen. Wir rufen sie alle auf, die Option der islamischen Regierung zu wählen, die allein Gerechtigkeit und Freiheit für alle garantieren kann. Nur ein islamisches Regime kann jegliche weiteren Versuche einer imperialistischen Infiltration stoppen.
>
> Dies sind die Ziele des Libanon; dies sind unsere Feinde. Und was unsere Freunde angeht: Alle unterdrückten Völker der Erde sind es.

Im Weiteren lässt das Dokument erkennen, dass es mit der Mäßigung, die die Ziele implizieren, nicht so weit her ist. Über Israel sagt das Programm der Hisbollah:

> Wir sehen in Israel die Vorhut der Vereinigten Staaten in unserer islamischen Welt ... Der primäre Ausgangspunkt bei unserem Kampf gegen Israel ist, dass die zionistische Entität von Anfang an aggressiv war und auf Land baute, das seinen Besitzern entrissen wurde, auf Kosten der Rechte des muslimischen Volks. Daher wird unser Kampf erst dann enden, wenn diese Entität ausgelöscht ist. Wir erkennen keinen Vertrag mit ihr an, keinen Waffenstillstand und keine Friedensvereinbarungen, ob separat oder gemeinsam.[14]

Osama Bin Laden ist bei seiner Formulierung der verfolgten Ziele weniger konsistent und kohärent. In seinem Fatwa von 1998 gegen Juden und Kreuzritter listete Bin Laden drei »Tatsachen« auf – die amerikanische Besetzung Saudi-Arabiens, die amerikanischen Sanktionen gegen den Irak und die amerikanische Unterstützung Israels –, die er als eindeutige Kriegserklärung an Allah betrachtete. Als man ihn jedoch fragte, ob er seinen Dschihad gegen die Vereinigten Staaten beenden würde, wenn diese sich aus Arabien zurückzögen, antwortete Bin Laden, er würde nicht aufhören, bis die Vereinigten Staaten jegliche aggressiven Aktionen gegen Muslime überall auf der Welt eingestellt hätten.[15] Im selben Interview äußerte er später, es ginge nicht nur darum, die Besatzung zu beenden, sondern »allen westlichen und amerikanischen Einfluss auf unsere Länder«. Bei anderen Gelegenheiten hat Bin Laden eine noch ehrgeizigere Agenda formuliert, nämlich die Wiederherstellung des Kalifats. Dies würde die Eliminierung aller heutigen politischen Grenzen im gesamten Nahen Osten und darüber hinaus erfordern und im Kern eine Rückkehr zum Mittelalter bedeuten. Bei all seinen sorgfältig choreografierten Verlautbarungen und all seinen farbenfrohen Beschreibungen der Übeltaten des Westens ist es ihm ganz und gar nicht gelungen, eine positive politische Alternative zu formulieren. Wie andere Revolutionäre zuvor ist er folglich anscheinend mehr von der Revolution selbst angetan als von der neuen Weltordnung, die ihr folgen würde.

Ein verblüffender und ziemlich überraschender Aspekt der meisten Terrorbewegungen ist, wie wenig Aufmerksamkeit sie darauf verwenden, die neue Welt zu beschreiben, die sie erschaffen wollen. Sie geben sich mit groben Umrissen ihrer Zukunft zufrieden, beispielsweise der Rechtsprechung aufgrund der Scharia oder der nationalen Unabhängigkeit, aber auf Details gehen sie kaum ein. Damit stehen sie nicht allein. Auch Marx' Leser wurden immer wieder enttäuscht, weil ein zusammenhängendes Bild der neuen Weltordnung fehlt. Von all seinen umfangreichen Publikationen widmet Marx nur einen Absatz in *Die deutsche Ideologie* einer Schilderung der Zukunft, einer Welt, in der die Arbeiter Zeit haben, ihren Lieblingsbeschäftigungen nachzugehen: »... während in der kommunistischen Gesellschaft, wo Jeder nicht einen ausschließlichen Kreis der Tätigkeit hat, sondern sich in jedem beliebigen Zweige ausbilden kann, die Gesellschaft die allgemeine Produktion regelt und mir eben dadurch möglich macht, heute dies, morgen jenes zu tun, morgens zu jagen, nachmittags zu fischen, abends Viehzucht zu treiben, nach dem Essen zu kritisieren, wie ich gerade Lust habe, ohne je Jäger, Fischer, Hirt oder Kritiker zu werden.«[16] Auch heutige Terroristenführer scheinen sich alles in allem mehr für den Prozess zu interessieren, durch den das gegenwärtige System zerstört werden soll, als für das Funktionieren des neuen Systems. Im Gegensatz dazu beschrieb Martin Luther King eloquent seine Vision des neuen Amerikas, das er herbeiführen wollte. Eine Zukunftsvision zu haben kann gut dazu dienen, das eigene Verhalten in der Gegenwart zu mäßigen. Mit Sicherheit war King klar, dass einen Rassenkrieg zu entfachen aller Wahrscheinlichkeit nicht zu einer friedlichen, gleichberechtigten, multirassischen Demokratie geführt hätte. Aber wenn man keine kohärente Vorstellung von der Zukunft hat, dann werden die eingesetzten Mittel wohl weniger von den Bedürfnissen der Gesellschaft bestimmt, die man zu erschaffen versucht, sondern viel mehr von den Ungerechtigkeiten der Gesellschaft, die man zu zerstören versucht.

Diese Vernachlässigung der Details der angestrebten zukünftigen Weltordnung trifft auf die Führungen sehr unterschiedlicher Terrorbewegungen zu. Als Peter Arnett von CNN im März 1997 Osama Bin Laden fragte, was für eine Gesellschaft entstehen würde, wenn die islamische Bewegung Arabien übernähme, äußerte dieser sich extrem vage. Er antwortete:

»Wir sind zuversichtlich, dass mit der Erlaubnis Gottes, er sei gelobt und gepriesen, die Muslime auf der Arabischen Halbinsel siegreich sein werden und die Religion Gottes, er sei gelobt und gepriesen, auf dieser Halbinsel Bestand haben wird. Es ist ein großer Stolz und eine große Hoffnung, dass zur Herrschaft auf das Mohammed, der Friede sei mit ihm, Offenbarte zurückgegriffen werden wird. Als wir Mohammeds Offenbarung folgten, der Friede sei mit ihm, lebten wir in großem Glück und großer Würde, und wir danken und preisen Gott dafür.«[17]

Abimael Guzmán, Führer des maoistischen Leuchtenden Pfads, beschrieb genauso vage, wie seine perfekte Gesellschaft aussehen würde. Auf eine – ihm durchaus geneigte – Frage, wie das Leben nach dem Triumph der Revolution aussehen würde, antwortete er:

Wir haben diese Frage noch nicht hinreichend untersucht, weil sie Probleme betrifft, die sich in der Zukunft stellen werden. Wir haben allgemeine Richtlinien, aber wir stimmen dem zu, was Lenin sagte: Du willst wissen, wie Krieg ist? Führe ihn. Und wir haben unerschütterliches Vertrauen in das internationale Proletariat, in die unterdrückten Nationen, in die Völker der Welt; und vor allem in die Kommunisten, in die Parteien und Organisationen, wie immer ihr Entwicklungsstand sein mag. Indem wir an unserer Ideologie festhalten, dem Marxismus-Leninismus-Maoismus, werden wir Fortschritte machen, auch wenn wir uns zunächst unseren Weg im Dunkeln ertasten müssen, vorübergehende Lösungen für bestimmte Situationen und für kurze Zeiträume finden müssen, bis wir auf die definitive kommen. Wie Lenin lehrte, kann keine Revolution vollständig im Voraus geplant werden.[18]

Paul Reyes, Sekretariatsmitglied der kolumbianischen FARC und Sprecher der Organisation, äußerte sich gleichfalls bemerkenswert undeutlich, als er von einem sympathisierenden kubanischen Reporter gefragt wurde, wie das Regierungsprogramm der FARC aussehen würde. Er sagte:

Ich gebe zu, diesen Aspekt müssen wir noch definieren. Wir haben jedoch schon in gewissem Umfang darüber nachgedacht. Grundsätzlich gehen wir von der Überlegung aus, dass die Art von Regierung, die in Kolumbien eingesetzt werden sollte, in Übereinstimmung mit der Lage des Landes und mit der technischen und wissenschaftlichen Entwicklung der Welt stehen muss.

Wir sind uns bewusst, dass Kolumbien ein ungeheuer reiches Land ist, ein Land, das sich selbst ernähren und finanzieren kann, und ein Land, das man nicht vollständig abblocken kann. Wir sind uns auch bewusst, dass Imperialismus und ausländisches Finanzkapital Druck ausüben werden, denn sie werden immer Druck ausüben, und wir wissen das. Genauso glauben wir, dass das sozialistische Modell, das wir in Kolumbien verwirklichen sollten, ein Sozialismus für Kolumbianer sein muss.[19]

Der charismatische Anführer der Befreiungstiger von Tamil Eelam, Velupillei Prabhakaran, wurde nur ein wenig konkreter, als er einer indischen Reporterin antwortete. Sie fragte: »Wenn Eelam erreicht ist, was für einen Staat stellen Sie sich dann vor?« Er erwiderte:

Tamil Eelam wird ein sozialistischer Staat sein. Mit Sozialismus meine ich eine egalitäre Gesellschaft, in der menschliche Freiheit und individuelle Freiheiten garantiert sein werden, in der alle Formen von Unterdrückung und Ausbeutung abgeschafft sein werden. Es wird eine freie Gesellschaft sein, in der unsere Leute ein Maximum an Möglichkeiten haben, ihre Wirtschaft zu entwickeln und ihre Kultur zu verbreiten. Tamil Eelam wird ein neutraler Staat sein, ein blockfreier und Indien freundlich gesinnt, es wird dessen Regionalpolitik respektieren, vor allem die Politik, den Indischen Ozean zu einer Zone des Friedens zu machen.[20]

Dem Tschetschenenführer Schamil Bassajew wurde eine ähnliche Frage von einem russischen Journalisten gestellt, der wissen wollte, wer Tschetschenien regieren würde, wenn die Russen abzögen. Er antwortete: »Als erstes fallen mir die Worte ›Alle Macht dem Volk‹ ein. Ich habe niemals nach Macht gestrebt, und ich habe niemals für die Macht gekämpft. Ich habe immer für Gerechtigkeit gekämpft, und Gerechtigkeit ist mein einziges Ziel gewesen.«[21]

Hier haben wir die Führer von fünf der blutigsten Terrorbewegungen der Welt, deren Kämpfe im Lauf vieler Jahre und auf verschiedenen Kontinenten Zehntausende von Menschenleben gekostet haben, um religiöse, säkulare, maoistische oder nationalistische Ziele durchzusetzen, und keiner von ihnen ist in der Lage, die Gesellschaft zu beschreiben, die sie erschaffen wollen.

Diese extrem unscharfen Vorstellungen von der Zukunft würden kaum ausreichen, Anhänger dazu zu motivieren, ihr Leben für die Sache zu geben. Im Gegensatz dazu sind alle ihre Aussagen und Interviews voller Schmähungen hinsichtlich der Übeltaten ihrer Feinde. Was sogar die Führer solcher Gruppen umtreibt, ist also nicht so sehr die Vision einer neuen Weltordnung, sondern ihre Wut wegen der Ungerechtigkeiten der heutigen. Die meisten Terroristen motiviert somit nicht der Wunsch oder die Erwartung, die von ihren Führern formulierten primären politischen Ziele zu erreichen, sondern vielmehr das Verlangen und die begründete Hoffnung auf Rache, Ruhm und Reaktion.

Die drei Rs: Rache, Ruhm, Reaktion

Rache

Bei jedem Gespräch mit Terroristen, seien es einstige oder momentane, Führer oder Anhänger, religiöse oder säkulare, linke oder rechte, junge oder alte, Männer oder Frauen, ist das alles andere überragende Thema die Rache. Das objektive Ausmaß der Missstände treibt Terroristen nicht mehr an als das objektive Ausmaß des Elends, das Verlangen nach Rache hingegen ist unter ihnen allgegenwärtig.

Suhail al-Hindi, der ältere Bruder des Selbstmordattentäters Abu-Surur, erfasste die Macht des Rachegelüstes mit seinem Eintrag in das Märtyrerbuch, das er nach dem Tod seines Bruders zusammenstellte:

> An jenem Tag wurde er zur Rache geboren … Rache für mich und mein Land und mein Volk und die Ehre der Umma. Rache für Majdal, aus dem meine Eltern fliehen mussten, trotz ihrer leidenschaftlichen Liebe für ihren Grund und Boden, trotz ihres Schweißes und Blutes, trotz ihrer riesigen Liebe für ihr Land. Ja, er wird Rache nehmen, er wird Rache nehmen, er wird Rache nehmen, so Allah will. Und als er seinen ersten Schrei tat, brachen Zions Soldaten in die Häuser ein, suchten nach Zellen der Fedajin von der Befreiungsarmee oder anderen Gruppen, wie sie es in der langen Geschichte Palästinas schon immer getan haben. Und in dem Moment, da sie eintrafen, als sie die Stimme von Mohammad von al-Qassam hörten, sahen sie in das Gesicht des Neugeborenen und fragten seine Mutter: »Wie ist sein Name?« Und sie antwortete mit der Stimme der Rache: »Mohammad.«[22]

Abu-Surur selbst ging vor seiner Selbstmordmission zur Mutter eines Freundes, der sich auch in die Luft gesprengt hatte und versicherte ihr: »Ich werde jeden töten, der deinen Sohn getötet hat.«[23] In einem am Abend vor seinem Tod aufgenommenen Video stellt er klar, dass er und seine Mitattentäter sich als Rächer derjenigen verstanden, die vor ihnen in den Tod gegangen waren.

Die Plakate, Lieder und die gesamte Populärkultur der Intifada wie auch die offiziellen Kommuniqués sind vom Rachedurst durchdrungen. Auf Plakaten erklären Märtyrer: »Das Recht auf Rache ist unser.« In beliebten Liedern wird gefragt: »Die Schurken haben uns Palästina genommen – wer wird Rache üben?« Bekannte Gedichte und die allgegenwärtigen Graffiti rufen nach Vergeltung. In einer Verlautbarung vom 4. Juni 1994 verkündeten die al-Qassam-Brigaden, die Gruppe sei für einen Racheakt kurz nach dem Massaker von Hebron verantwortlich: »An die Führung Israels: Ihr habt Eid al-Fitr zu einem schwarzen Tag gemacht, also haben wir geschworen, euren Unabhängigkeitstag in die Hölle zu verwandeln. Das ist unsere erste Antwort auf das Schlachten von Hebron.«[24]

Auch die ideologisch motivierten sozialrevolutionären Bewegungen wurden zu großen Teilen von Rachedurst getrieben. Ihre Opfer galten in der Regel als Symbole des korrupten kapitalistischen Systems, das die Terroristen stürzen wollten, aber die langatmigen und oft geschwollenen Verlautbarungen, die sie nach ihren Schandtaten meist den Medien zukommen ließen, boten in der Regel banalere Erklärungen für die Wahl bestimmter Opfer. Nach einem gescheiterten Anschlag im Juli 1990 auf Hans Neusel, Staatssekretär im Bundesinnenministerium, gab die RAF ein Kommuniqué heraus, in dem stand, sie habe ihn für seine Verbrechen bestrafen wollen – das heißt, für seine Koordinierung der europäischen Antiterroranstrengungen.[25] Ähnlich äußerste sich die spanische Gruppe GRAPO 1990 am Tag nach der Ermordung von Dr. José Ramón Muñoz. Sein Tod sollte seine Mitwirkung bei der Zwangsernährung von Gefangenen rächen. In der Verlautbarung stand: »Die soziofaschistischen Regierungsschweine sind nicht davor zurückgeschreckt, alle Mittel anzuwenden, einschließlich der Zwangsernährung, um den Widerstandswillen der Gefangenen zu brechen, damit sie den Kampf für ihre gerechten Forderungen aufgeben.«[26]

Der Ruf nach Rache erschallt bei ethnonationalistischen Bewegungen wie der IRA gleichermaßen stark. Nach Ereignissen wie dem »Bloody Sunday« im Januar 1972, bei dem britische paramilitärische Truppen dreizehn katholische Bürgerrechtsdemonstranten erschossen, verzeichnete die IRA regen Zulauf. Sie nahm aber bei weitem nicht alle Bewerber, sondern versuchte sicherzustellen, dass die Rekruten sich nicht nur aus einer Laune heraus gemeldet hatten. Raymond McCartney, der später 53 Tage in den Hungerstreik trat, während er wegen Mordes lebenslänglich einsaß, erinnert sich, dass seine Familie am Boden zerstört war, als einer seiner Cousins an jenem »Blutsonntag« starb. Sein älterer Bruder riet ihm jedoch, nicht vorschnell zu handeln, sondern sich alles gut zu überlegen: »Ich sollte mir Zeit nehmen und meinen Entschluss reifen lassen, damit niemand mir vorwerfen könne, dass meine Gefühle mein Urteilsvermögen getrübt hätten, damit niemand sagen könne: ›Du gehst bloß wegen des Bloody Sunday in die IRA.‹« Er wartete ein paar Monate, dann wandte er sich an einen älteren IRA-Kämpfer und sagte, er denke daran, einzutreten. Wieder wurde er fortgeschickt, man gab ihm ein paar Bücher und sagte ihm, er solle seine Entscheidung gut durchdenken. Erst dann wurde ihm gestattet, mit der Aufnahmeprozedur zu beginnen.[27]

Der Rachedurst ist mit dem Beitritt zu einer Terrorbewegung nicht gestillt. Im Gegenteil, greift ein Mensch erst einmal zur Gewalt, multipliziert sich das zu rächende Leid, während die Gelegenheiten und die Mittel dafür drastisch zunehmen. In Nordirland suchten die IRA-Mitglieder Rache an der britischen Armee für Ereignisse wie den »Bloody Sunday« und die Einführung der Internierungslager. Sie rächten die schlechte Behandlung von Gefangenen, indem sie Gefängniswärter ermordeten, und sie übten Vergeltung an den Protestanten, weil diese sie aus ihren Häusern gebrandschatzt hatten.

Die Übergriffe auf die Protestanten hatten zur Folge, dass weitere Terrororganisationen entstanden, die dafür Rache nehmen wollten. Einen Monat nach Beginn der Internierungen ohne Prozess weitete die IRA ihre Angriffe auf Bereiche jenseits »wirtschaftlicher« Ziele aus. Sie jagte ein Pub in der protestantischen Shankill Road in die Luft, wobei zwei Menschen starben. Die protestantische Terrorgruppe Ulster Volunteer Force (UVF) übte Vergeltung, indem sie in einem »katholischen« Pub eine Bombe legten. Fünfzehn Personen wurden getötet, darunter Frau und Kind des Pubbesitzers, die über dem Lokal wohnten. Ein Woche später nahm die IRA Rache, indem sie ein »protestantisches« Möbelgeschäft sprengte. Zwei Erwachsene und zwei Kleinkinder starben. Mehrere Zeugen des Attentats schlossen sich bald darauf loyalistischen Terrorgruppen an. Einer davon, Eddie Kinner, erklärte:

Hätte mir jemand eine Bombe gegeben, um diese nach Belieben in den Falls (einer katholischen Gegend) zu legen, ich hätte es getan ... ich war wütend und wollte den Leuten, die für diese Taten verantwortlich waren, genauso viel schaden. Meine Geisteshaltung war damals: Wann immer sie etwas in der Shankill in die Luft jagten und dabei ein oder zwei Menschen umbrachten, würde ich irgendwo in den Falls doppelt so viele töten. Zweimal so viel Schaden anrichten, wie sie meinen Leuten angetan hatten.

Als man ihn darauf hinwies, dass nicht die Gemeinschaft der Katholiken, sondern die IRA die Bomben legte, antwortete er: »Ich denke, Sie haben damit Recht, aber so habe ich das damals nicht gesehen. Ich hätte es mit anderen Ereignissen in Verbindung gebracht, die passierten, und hätte nicht unbedingt erwartet, dass die katholische Gemeinschaft die Taten verübte, aber angenommen, dass sie in ihrem Namen geschahen. Also war sie Teil davon.«[28]

Jene von der Konfession bestimmten Morde zählten zu den grässlichen Aspekten des Nordirlandkonflikts, als jede Seite sich an der anderen zu rächen versuchte. Diese Vergeltung »Auge um Auge, Zahn um Zahn« war durch die politische Ideologie der Organisationen, die sie verübten, nicht gerechtfertigt. Verlustreiche Ereignisse wie der Blutsonntag ließen die Reihen der IRA anschwellen, und genauso füllten verlustreiche Anschläge wie der Blutige Freitag, an dem die IRA im Zentrum von Belfast 22 Bomben legte, die Reihen der protestantischen paramilitärischen Organisationen.

In Italien gründete sich die Dynamik der Gewalt ebenfalls nicht nur auf den Konflikt zwischen der Linken und dem Staat, sondern auch auf die Gewalt zwischen links- und rechtsextremen militanten Gruppen. Genau wie Katholiken und Protestanten in Nordirland zu abstrakten, entpersonalisierten Feinden wurden, entwickelten sich in

Italien Linke und Rechte zu abstrakten, entpersonalisierten Gegnern. Ein militanter Rechtsradikaler erklärte seine politische Gewaltanwendung als Teil einer Rachespirale: »Es war zu Gewalt gegen meinen Bruder gekommen, und das Gefühl der Ungerechtigkeit trieb mich, wie ihn, in die Politik. Zunächst war meine Einstellung die der Revanche: Meiner Mutter war das Auto abgefackelt worden, also steckte ich andere Autos in Brand. Ich gab anderen die Schläge zurück, die meinen Bruder getroffen hatten. Jahr für Jahr steigerte sich das. Gewalt produzierte Gewalt.«[29] Aufseiten der Linken war die Geschichte ganz ähnlich: »Wenn du Schwarz siehst [die Farbe der Faschisten], schieß sofort, lautete der Slogan ... Das war eine Menschenjagd, gnadenlos, es war eine Jagd auf Faschisten, die dann gegen uns vorgingen, weil es eine Spirale der Rache gab.«[30]

Im beengten Nordirland ist die gegnerische Gemeinschaft klein; die Namen der Opfer und manchmal auch die Opfer selbst sind den Mördern bekannt. In Italien war die Bühne größer und die Streitpunkte waren andere, aber die Dynamik war vergleichbar. Auf Rache kann man aber mit der gleichen Inbrunst auch zugunsten einer viel größeren Gruppe aus sein, beispielsweise der muslimischen Welt. Nirgendwo kommt die Bedeutung der Rache lebhafter zum Ausdruck als in den Äußerungen von Osama Bin Laden, die mit der Sprache der Vergeltung durchtränkt sind. In seiner Botschaft an das amerikanische Volk vom Oktober 2004 erklärte Bin Laden: »Genau wie ihr unsere Nation verwüstet, so werden wir die eure verwüsten.«[31] In einigen Fällen sucht er für einen ganz bestimmten Vorfall Vergeltung, beispielsweise für die Ermordung des Hamas-Führers Scheich Ahmed Jassin durch Israelis: »Die Tat, die die Welt entsetzte; das ist die Ermordung des alten, behinderten Scheich Ahmed Jassin, möge Gott seiner gnädig sein ... Wir bitten Gott, dass er Amerika dafür bestrafen wird, so Gott will.«[32] Öfter geht es jedoch um Rache für eine lange Liste von Missetaten der Vereinigten Staaten und ihrer Alliierten:

> Die Jugend macht euch verantwortlich für all die Tötungen und Vertreibungen der Muslime und die Schändung der heiligen Stätten durch eure zionistischen Brüder im Libanon; offen habt ihr sie mit Waffen und Geld unterstützt. Über 600 000 irakische Kinder starben, weil es infolge der nicht zu rechtfertigenden

Aggression [den Sanktionen] gegenüber dem Irak und seiner Bevölkerung an Essen und Medizin mangelte. Die Kinder des Irak sind unsere Kinder ... Unsere Jugend weiß, dass der von Muslimen erlittenen Erniedrigung infolge der Besetzung unserer heiligen Stätten [Mekka und Medina in Saudi-Arabien] nur mit Explosionen und dem Dschihad begegnet werden kann.[33]

Das berüchtigte »Dinner Party Tape« zeigt Bin Laden, der mit einer Schar Anhänger die Angriffe vom 11. September diskutiert. Einer beschreibt, wie er von den Attacken erfuhr: »Ich saß mit dem Scheich [Bin Laden] in einem Raum, dann ging ich in einen anderen, wo es ein Fernsehgerät gab. Das Fernsehen sendete das Großereignis. Auf dem Schirm sah man eine ägyptische Familie in ihrem Wohnzimmer, wie sie in einen Freudentaumel ausbricht. Wissen Sie, wenn Fußball gespielt wird, und die eigene Mannschaft gewinnt, dann kommt dieselbe Art Freude zum Ausdruck. Ein Untertitel verkündete: Als Rache für die Kinder von al-Aksa führt Osama Bin Laden eine Operation gegen Amerika durch.«[34]

Nachdem die Vereinigten Staaten in Afghanistan einmarschiert waren, gab es natürlich noch viel, viel mehr Aktionen, die gerächt werden mussten. Im November 2001 wetterte Bin Laden gegen den ungerechten Überfall auf Afghanistan:

Der gesamte Westen, mit Ausnahme ganz weniger Länder, unterstützt diesen unfairen barbarischen Feldzug, obwohl es keinerlei Beweise dafür gibt, dass das afghanische Volk irgendetwas mit dem zu tun hatte, was in Amerika passierte. Das afghanische Volk hatte mit dieser Sache nichts zu tun. Der Feldzug jedoch vernichtet weiterhin ungerechtfertigt Dorfbewohner und Zivilisten, Kinder, Frauen und unschuldige Menschen.[35]

Im folgenden Monat wurde er in einem von al-Dschasira verbreiteten Interview noch ausfälliger:

Amerika hegt einen unbeschreiblichen Kreuzzugshass gegen den Islam. Wer die letzten Monate unter dem ständigen Bombardement aller möglichen US-Flugzeuge lebte, ist sich dessen sehr bewusst. Viele Dörfer wurden ausgelöscht, obwohl sie keine Schuld hatten. Millionen von Menschen wurden bei dieser eiskalten Witterung heimatlos. Diese unterdrückten Männer, Frauen und Kinder leben jetzt in Zelten in Pakistan. Sie haben keine [Verbrechen] begangen.[36]

Der Irakkrieg hat noch einmal sehr viel mehr Anlässe zur Rache geliefert. Hesmat Abdul Rahman, eine jordanische Mutter, beschrieb, wie ihr fünfundzwanzigjähriger Sohn Zaid Horani immer wütender wurde, als er im Fernsehen die Bilder von der amerikanischen Invasion des Iraks sah. Er und seine Freunde gerieten so in Rage, dass sie beschlossen, »los, schließen wir uns dem Dschihad an«, und in die örtliche Moschee gingen. Horani steht jetzt vor Gericht, er ist angeklagt, ein Rekrutierungsnetzwerk für jordanische Dschihadkämpfer aufgebaut zu haben.[37]

Der nicht endende Konflikt zwischen Israel und den Palästinensern sorgt für einen endlosen, erneuerbaren Strom von Rekruten, die von dem Verlangen mobilisiert werden, sich für endlose neue israelische Schandtaten zu rächen. In den Köpfen der Racheübenden vermischen sich diese neuen Gräueltaten allesamt mit dem, was sie über frühere israelische Aktionen gelernt haben. Ein inhaftierter Islamist erklärte:

Ihr Israelis seid in eurem Herzen und in eurem Verhalten Nazis. Bei eurer Besatzung unterscheidet ihr niemals zwischen Männern und Frauen oder zwischen alten Menschen und Kindern. Ihr habt Methoden der kollektiven Bestrafung entwickelt, ihr habt Menschen von ihrem Grund und Boden entwurzelt und aus ihren Häusern vertrieben und sie ins Exil gejagt. Ihr habt mit tödlicher Munition auf Frauen und Kinder geschossen. Ihr habt die Schädel hilfloser Zivilisten zerschmettert. Ihr habt Internierungslager für Tausende von Menschen unter unmenschlichen Bedingungen gebaut. Ihr habt Häuser zerstört und Kinder zu Waisen gemacht. Ihr habt verhindert, dass Menschen sich ihren Lebensunterhalt verdienen, ihr habt ihnen ihr Eigentum geraubt, ihr habt auf ihrer Ehre herumgetrampelt. Angesichts eines solchen Verhaltens gibt es keine Wahl, als euch gnadenlos auf jede mögliche Weise zu treffen.[38]

Auch in Europa berichteten Mitglieder sozialrevolutionärer Gruppen, sie seien durch Konfrontation mit einem »ungerechten« Staat radikalisiert worden. Ein junger Militanter erklärte rückblickend: »Wir reagierten mit Steinen auf die, die Pistolen hatten ... und Schlagstöcke. Dieser Unterschied war für mich eine Rechtfertigung: Er legitimierte den defensiven Gebrauch von Gewalt.«[39] Sowohl in Italien als auch in

Deutschland hatte der Tod von Aktivisten durch die Hände entweder der Polizei oder rechtsextremer Gegner eine dramatische Radikalisierung zur Folge. Ein ehemaliger italienischer Aktivist erinnerte sich: »Die Toten ... waren der Moment, als Rache und der Wunsch zu rebellieren von uns allen Besitz ergriffen ... Diese Toten riefen in uns ein merkwürdiges Gefühl hervor, fast als gäbe es keinen Weg zurück mehr.«[40] Der Rachedurst kann also Menschen zunächst einmal dazu bringen, sich einer Terrorbewegung anzuschließen, aber wenn sie erst einmal ein Teil davon sind, hält er sie auch da, weil der Konflikt so viele weitere Anlässe zur Rache und so viele Möglichkeiten, Vergeltung zu suchen, liefert.

Aus antiterroristischer Sicht sind die Möglichkeiten, wie man den Terroristen die ersehnte Rache verweigern kann, begrenzt. Es gibt nur wenige Korrelationen zwischen der Art des Anlasses und der Vehemenz der Rache. Doch wenn ein Staat erst einmal mit einer Antiterrorkampagne begonnen hat, kann er darauf aufpassen, nicht jenen Entschuldigungen zu liefern, die zur Gewalt greifen wollen. Im Gegensatz zur Vergeltung jedoch, die Terroristen selbst verüben, muss der Ruhm ihnen von anderen gegeben werden – von einer Komplizengemeinschaft oder vom Gegner.

Ruhm

Aufmerksamkeit zu erregen war schon immer ein zentrales Ziel von Terrorismus. Das macht das eigene Anliegen publik und verbreitet die Angst vor dem Terrorismus. Ruhm jedoch bedeutet mehr als schlichtes Ansehen. Dazu gehört auch Größe. Diesen Nimbus von Ruhm, Größe und Prestige wollen Terroristen für sich und für ihre Sache, um die Erniedrigung wettzumachen, die sie ihrer Ansicht nach erlitten haben. Die Führer wollen auf nationaler und zunehmend globaler Ebene berühmt werden. Den Anhängern genügt es, von ihrer Gemeinschaft verehrt zu werden.

Dass Terroristen mit großem Erfolg die Aufmerksamkeit der Öffentlichkeit erregt haben, hat einige Kommentatoren – ziemlich simplifizierend – zu dem Schluss geführt, dass Terrorismus funktioniert. Wenn das Ziel des Terrorismus einfach nur Publizität wäre, könnte man tatsächlich sagen, dass er dieses erreicht, man könnte aber auch ein schlichtes Gegenrezept entwickeln: ihm diese Publizität zu verweigern. Wie wichtig sie der al-Qaida ist, wurde in einem Beitrag im Online-Magazin der Bewegung deutlich. Abu 'Ubeid al-Qurashi, ein führendes Mitglied der Gruppe, schrieb, das Münchner Massaker 1972

> war der größte Mediensieg und die erste wirklich globale Proklamation der ersten palästinensischen Widerstandsbewegung …
>
> In Wahrheit war die Münchner Operation ein großer Propagandaschlag. 4000 Journalisten und Radioleute und 2000 Kommentatoren und Fernsehtechniker waren da, um von den Olympischen Spielen zu berichten; plötzlich berichteten sie vom Leid des palästinensischen Volks. So wurden 900 Millionen Menschen in 100 Ländern vor ihren Fernsehschirmen Zeugen der Operation. Das bedeutete, zumindest ein Viertel der Welt wusste, was in München passierte; danach konnten sie die palästinensische Tragödie nicht länger ignorieren.
>
> Der 11. September war ein noch größerer Propagandacoup. Man kann sagen, damit wurde der Rekord in Propagandaverbreitung gebrochen.[41]

Er hatte natürlich Recht; die Bilder der einstürzenden Türme machten Osama Bin Laden und al-Qaida in aller Welt bekannt.

Es gibt jede Menge weniger Aufsehen erregender Beispiele, wie Terroristen mit Gräueltaten Aufmerksamkeit, wenn auch kaum Sympathie, für ihre Sache erlangten. Die IRA-Bombenanschläge sowohl in Großbritannien als auch in Nordirland machten die Ziele der Organisation weit und breit bekannt. Die Entführung und spätere Ermordung des ehemaligen Premierministers und angesehenen Politikers Aldo Moro durch die italienischen Roten Brigaden fand in den Medien breite Beachtung. Die Freisetzung von Sarin-Gas in der U-Bahn von Tokio durch die japanische Sekte Aum Shinrikyo verhalf international einer Gruppe zu trauriger Berühmtheit, die vorher sogar in Japan größtenteils unbekannt war. Die Besetzung einer Schule in Beslan durch tschetschenische Rebellen brachte die Tschetschenien-Frage auf die Bildschirme der Welt. Je größer die Zahl der Opfer, je innovativer die Taktik, je größer der Symbolwert des Angriffszieles, je schändlicher das Verbrechen, desto mehr Publizität wird den Tätern zuteil.

Das Timing von Bin Ladens »Botschaft an Amerika« vom Oktober 2004 war eindeutig auf maximale Publizität ausgerichtet, denn sie wurde unmittelbar vor den amerikanischen Wahlen veröffentlicht. Das Video verrät auch den Wunsch nach mehr als nur Publizität. Verschwunden waren die Kalaschnikow und die zerklüftete Berglandschaft; stattdessen saß Bin Laden hinter einem Schreibtisch und spielte den Staatsmann, er sprach zum amerikanischen Volk über die Köpfe von dessen politischen Führern hinweg.

Abimael Guzmán war bei den Anhängern des Leuchtenden Pfads als »Vorsitzender Gonzalo« bekannt. Mit seinem Programm namens »Gonzalo-Denken« platzierte er sich im Pantheon der kommunistischen Revolutionäre. Er schrieb über sein Programm:

> Es ist die Anwendung des Marxismus-Leninismus-Maoismus auf die peruanische Revolution, die das Gonzalo-Denken hervorgebracht hat. Das Gonzalo-Denken wurde im Klassenkampf für unser Volk geschmiedet, hauptsächlich für das Proletariat, im unablässigen Kampf der Bauernschaft und im größeren Rahmen der Weltrevolution, inmitten dieser erderschütternden Schlachten, und es wendet so getreu wie möglich die universellen Wahrheiten auf die konkreten Verhältnisse in unserem Land an.[42]

Als peruanischer Bauernführer der Region Ayacucho sah sich Guzmán offensichtlich als Persönlichkeit der Weltgeschichte, und er wollte so betrachtet werden.

Auch andere Terroristen sonnten sich in der Aufmerksamkeit, die ihre globalen Heldentaten ihnen einbrachten. Als man Ramzi Yousef, der später für seine Beteiligung am Anschlag auf das World Trade Center im Jahr 1993 verurteilt wurde, in Pakistan verhaftete, hatte er eine große Sammlung von Zeitungsausschnitten über seine Ruhmestaten dabei. Der berüchtigte Carlos, »der Schakal«, zu dessen bekannteren Großtaten die Geiselnahme der OPEC-Ölminister in Wien 1973 zählte, hatte ebenfalls sorgfältig ausgeschnittene Zeitungsberichte über sich. Er erklärte einmal einem Genossen: »Je mehr man über mich spricht, desto gefährlicher wirke ich. Das kommt mir nur zugute.«[43]

Die bloße Zugehörigkeit zu einer Terrorgruppe bringt auch dem Fußvolk schon ein gewisses Maß an Ruhm. Das trifft auf alle möglichen Arten von Bewegungen zu. Ein nationalistisches Mitglied der Fatah berichtete: »Nach der Rekrutierung stieg mein soziales Ansehen erheblich. Meine Verwandten brachten mir eine Menge Respekt entgegen, auch die jungen Leute im Dorf.«[44] Shane Paul O'Doherty von der IRA, der für seine Bombenattentate in England dreißigmal Lebenslänglich bekam, beschrieb später, was er empfand, als er seinen Krieg gegen Großbritannien führte: »Ich war kein unbedeutender Teenager mehr. Über Nacht wurde ich zum Helden. Ich fühlte mich fast besoffen von der Macht.«[45]

Organisationen begreifen das und behandeln ihre »toten Patrioten«, wie die IRA sie nennt, oder ihre »Märtyrer«, wie sie bei islamistischen Fundamentalisten heißen, mit großem Respekt. Die Bilder und Namen derjenigen, die für die Sache starben, kann man in den Straßen von Gaza, des Westjordanlands, von Derry und Belfast finden. Darüber hinaus verbessert sich auch der Status der Familien, deren Angehörige für die Sache gestorben sind, sei es in Gaza, Belfast oder Sri Lanka. Ein islamistischer Gefangener erklärte:

> Familien von Terroristen, die verwundet, getötet oder gefangen wurden, erfreuten sich großer Aufmerksamkeit und finanzieller Hilfe. Und das stärkte die öffentliche Unterstützung für die Anschläge. Wer einen bewaffneten Anschlag verübte, wurde als Held gesehen, seine Familie bekam jede Menge materielle Hilfe, unter anderem auch den Bau eines neuen Hauses anstelle dessen, das die israelischen Behörden als Bestrafung für Terrortaten zerstörten.[46]

Shane O'Doherty erzählte, wie er mit 16 Jahren Nagelbomben auf britische Soldaten warf und fast hoffte, er würde erschossen, weil er sich »ausmalte, seine Opfertat würde in einem Wandbild verewigt oder besser noch in einem Lied«, was ihm Unsterblichkeit gesichert hätte.[47]

Viele Terrorgruppen pflegen komplexe Rituale, um ihren Mitgliedern das Gefühl des Ruhms zu vermitteln. Und die Anhänger nehmen nur allzu gern daran teil. Frankie Ryan wollte 1991 sterben, als er im englischen St. Albans eine IRA-Bombe legte. Die Bombe sollte explodieren, während eine Militärkapelle im Bürgerzentrum der Stadt vor Zivilisten spielte. Ehe er zu seiner Operation aufbrach, kaufte Frankie die Fahne, in die sein Sarg gehüllt werden sollte. Die Begräbnisse gefallener Soldaten sind ein weiteres Vorbild, wie den Mitgliedern von Terrorgruppen Bedeutung und Ruhm von ihren Organisationen vermittelt werden. Militärisches Geleit, flaggengeschmückte Särge, Gewehrsalven und patriotische Reden am Grab sind immer gut, um jemandem Ruhm und Ehre angedeihen zu lassen, den man genauso gut als schändlichen Mörder betrachten könnte. Bin Laden drückte es so aus: »Für die Sache Allahs getötet zu werden ist eine große Ehre, die nur jenen zuteil wird, die zur Elite des Landes zählen. So für Allah zu sterben, lieben wir genauso, wie Sie es lieben zu leben.«[48]

Viele Terroristenführer genießen den Status, zu den Meistgesuchten zu zählen. Auch das bringt ihnen Ruhm ein. Als eine indische Journalistin Velupillai Prabhakaran fragte, wie es sei, der meistgesuchte Mann Sri Lankas zu sein, antwortete dieser, indem er sich auf einen Terroristenführer vom anderen Ende der Welt berief: »Ein irischer Führer sagte einmal, wenn die Briten eine Person als Terroristen schmähen, impliziere das, dass er ein wahrer irischer Patriot sei. Wenn die Regierung Sri Lankas mich als den meistgesuchten Mann bezeichnet, bedeutet das gleichermaßen, dass ich ein wahrer tamilischer Patriot bin. Also bin ich stolz darauf, gesucht zu werden.«[49] Ein russischer Journalist leitete eine Frage an Schamil Bassajew einmal damit ein, dass er ihn als den »zweitmeistgesuchten Terroristen der Welt« bezeichnete. Bassajew antwortete: »Erstens bin ich nicht der Zweite. Und zweitens werde ich nicht gesucht. Ich versuche selbst, diese Terroristen zu finden. Ich suche sie in ganz Russland, und ich werde weitersuchen und ich werde sie weiter finden, und ich werde sie weiter bestrafen. Also sagen Sie nicht, dass die versuchen, mich zu finden. Ich versuche, die zu finden.«[50] Abimael Guzmán bekam eine entsprechende Frage gestellt: Wie es sei, der Mann zu sein, den die repressiven Kräfte der Regierung am dringlichsten haben wollten? Er antwortete mit ähnlichen Worten wie seine Pendants in anderen Ländern: »Das fühlt sich so an, als würde man seinen Job machen und schwer dafür schuften.«[51] Persönlich schwelgte Bin Laden in der Öffentlichkeitswirkung der Anschläge vom 11. September. In einer Verlautbarung zwei Monate später bezog er sich auf Meinungsumfragen und sagte: »Umfragen zeigen, dass die große Mehrheit der Söhne der islamischen Welt über diese Anschläge glücklich war.«[52] In einem seiner eher merkwürdigen Kommentare wirkte Bin Laden fast beleidigt, als er sich über die amerikanische Scheinheiligkeit beklagte, militante Muslime Terroristen zu nennen, und gleichzeitig den Führer der Irischen Republikaner, Gerry Adams im Weißen Haus zu empfangen.[53]

Reaktion

Unabhängig von ihren letztendlichen Zielen sind Terroristen allesamt handlungsorientierte Menschen, die in handlungsorientierten Gruppen operieren. Mittels ihrer Aktionen kommunizieren sie mit der Welt. Dieses Phänomen wird als »Propaganda durch die Tat« bezeichnet. Ihr Handeln demonstriert ihre Existenz und ihre Stärke. Durch die Aktion wollen sie eine Reaktion hervorrufen.

Terroristen hegen oft überaus optimistische Erwartungen, welche Reaktionen ihr Handeln provozieren wird: den Rückzug der Amerikaner und Israelis aus dem Nahen Osten, den Rückzug der Briten aus Nordirland, den Zusammenbruch des Kapitalismus. Bezeichnend sind die Berichte über das erste Treffen zwischen britischen Politikern und IRA-Führern im Juli 1972, an denen auch Martin McGuinness und ein sehr junger Gerry Adams teilnahmen, der aus diesem Anlass aus dem Internierungslager Long Kesh freigelassen worden war.[54] Die Vertreter Großbritanniens waren von den Erwartungen ihrer Gesprächspartner überrascht, die sie bestenfalls für junge Hooligans hielten. Die IRA-Repräsentanten bestanden auf einer sofortigen britischen Absichtserklärung, mit dem Abzug aus Nordirland zu beginnen und ihn bis zum 1. Januar 1975 abgeschlossen zu haben.[55] Ehemalige Mitglieder europäischer sozialrevolutionärer Bewegungen erinnern sich, in den siebziger Jahren in ähnlicher Weise den bevorstehenden Zusammenbruch ihrer kapitalistischen Staaten gefeiert und darauf getrunken zu haben.[56] Den Optimismus radikaler Islamisten erklärt am besten ihr Glaube, dass Allah auf ihrer Seite ist. Der Taliban-Führer Muhammed Mullah Omar drückte es so aus: »Amerika ist sehr stark. Doch selbst wenn es doppelt so stark wäre oder noch einmal doppelt so stark, wäre es nicht stark genug, uns zu besiegen. Wir sind zuversichtlich, dass uns keiner etwas tun kann, wenn Gott mit uns ist.«[57] Diesen Optimismus verstärken die Gruppenmitglieder, indem sie sich ihre eigene Realität zurechtzimmern. Je mehr sie sich von ihrer Gesellschaft isolieren, desto weniger hinterfragen sie ihre optimistischen Fantasien.

Anscheinend haben Terroristen selten eine sonderlich kohärente Vorstellung, welche Reaktionen sie hervorrufen werden. Oft erwarten sie eine vollständige Kapitulation. Bin Laden und andere Terroristenführer berufen sich ständig auf den amerikanischen Rückzug aus dem Libanon und Somalia nach dem Tod von US-Soldaten als Beweis dafür, dass die Amerikaner Feiglinge und korrupt seien. Sie scheinen daraus zu schlussfolgern, dass sich die Vereinigten Staaten nach der Ermordung einiger weiterer US-Bürger einfach zurückziehen werden. Bei anderen Gelegenheiten hoffen Terroristen eindeutig, aufseiten ihrer Widersacher eine gewalttätige Reaktion zu provozieren. Indem sie demokratische Regierungen zu drakonischen Repressalien verleiten, können sie der Welt beweisen, dass diese Regierungen wirklich die Faschisten sind, für die sie sie schon immer gehalten haben. Darüber hinaus wird das Erlebnis staatlicher Repression der eigenen Gruppe neue Rekruten zuführen. Zu dieser Strategie rieten Theoretiker von Netschajew bis Marighella, und selbstbewusst wurde sie von Gruppen verfolgt, die so unterschiedlich waren wie die nationalistische Eta und die sozialrevolutionären Roten Brigaden.

Man hört oft, Bin Laden habe absichtlich versucht, mit den Anschlägen vom 11. September einen Krieg zwischen dem Islam und dem Westen zu provozieren. Er hoffte, die Vereinigten Staaten würden militärisch reagieren und die islamische Welt würde sich gegen sie vereinen. Es ist aber auch durchaus möglich, dass Bin Laden einfach versuchte, irgendeine Reaktion hervorzurufen und entweder Rückzug oder Repression, Kapitulation oder Kreuzzug diesen Zweck erfüllt hätte. In einem berühmten Aufsatz erklärte Bin Ladens Stellvertreter Aiman al-Sawahiri, warum er es für notwendig hielt, die Vereinigten Staaten zu attackieren:

> Die Herrn in Washington und Tel Aviv nutzen die Regime [wie Saudi-Arabien, Ägypten und Jordanien], um ihre Interessen zu schützen und ihre Schlacht gegen die Muslime zu schlagen. Wenn das Schrapnell der Schlacht dann in ihre Häuser und Körper dringt, werden sie sich mit ihren Agenten streiten, wer

dafür verantwortlich ist. In diesem Fall stehen sie vor einer bitteren Wahl: Entweder müssen sie persönlich in den Kampf gegen die Muslime ziehen, was bedeutet, dass er sich zu einem eindeutigen Dschihad gegen Ungläubige wandelt, oder sie überdenken ihre Pläne, nachdem sie sich das Versagen des brutalen und gewaltsamen Vorgehens gegen Muslime eingestanden haben. Daher müssen wir den Kampf ins Land des Feindes tragen, um die Hände jener zu verbrennen, die in unseren Ländern Feuer legten.[58]

Solange es irgendeine Reaktion gibt, ist den Terroristen also damit gedient.

Nicht zu reagieren stellt für ein demokratisches Land mit einer freien Presse kaum eine Alternative dar. Die Verhaltensweisen der Terroristen und das Spektakuläre an ihren Anschlägen zielen darauf ab, viel Sendezeit im Fernsehen zu bekommen. Die Medien dienen den Terroristen als Werkzeuge, um Angst zu verbreiten. Man muss zwar einräumen, dass die Medien kaum Sympathie oder Verständnis für Terroristen verbreiten, aber sie veröffentlichen deren Aktionen und dienen damit ihren Zwecken. Die Öffentlichkeit reagiert verschreckt und insistiert, dass etwas für die Sicherheit getan werden muss. Ein Teil der Macht des Terrorismus besteht darin, dass – wegen der Beliebigkeit der Opfer – die von ihm verbreitete Furcht in keinerlei Verhältnis zu der tatsächlichen Gefahr steht. Um zu zeigen, dass die Sicherheit ihrer Bürger gewährleistet ist, und um ihre Kompetenz zu demonstrieren, reagieren Regierungen ausnahmslos mit Härte und oft mit Gewalt. Reagierten Regierungen nicht, würden sie nicht nur ihr eigenes politisches Überleben riskieren, sondern auch Gefahr laufen, das die Terroristen versuchen, noch größeres Unheil anzurichten, um eine Reaktion zu provozieren.

Al-Qurashi von al-Qaida erklärte triumphierend: »Die Größe der westlichen Propagandamaschine schützte sie nicht davor, von Scheich Osama quasi mit einem Judowurf besiegt zu werden. Der aggressive Westen hat sich daran gewöhnt, bei den Tragödien anderer zuzuschauen – aber am 11. September geschah das Gegenteil.«[59] Al-Qaida besteht auf der Konfrontation mit dem Westen und lässt es nicht zu, dass man die Organisation ignoriert. Die von ihr verbreiteten Audio- und Videoaufnahmen, mit denen sie den Gegner und dessen Sicherheit bedrohen, sowie die Bombenanschläge in den unterschiedlichsten Weltgegenden dienen alle dazu, die Gefahr zu überhöhen, die al-Qaida darstellt. Da der höchste Daseinszweck jeder Regierung ist, ihre Bürger zu verteidigen, sind Regierungen zur Reaktion gezwungen. Der Konkurrenzcharakter westlicher Demokratien und das kurzfristige Denken, das auf die Wahlzyklen zurückgeht, sind dafür verantwortlich, dass Regierungen rasch und mit Härte reagieren. Schnelligkeit und Schlagkraft sind entscheidende Elemente, wenn ein militärischer Feldzug Erfolg haben soll; viel weniger eindeutig ist, ob sie notwendige Ingredienzien einer erfolgreichen Antiterrorpolitik sind.

Terroristen haben selten ein Territorium, das sie kontrollieren. Sie haben keine Bauwerke vorzuweisen. Das Leben im Untergrund bringt mit sich, dass sie nur durch die Tat ihre Existenz beweisen können. Auf diese Weise kommunizieren sie nicht nur mit ihren Widersachern, sondern auch mit ihren Anhängern und Unterstützern überall auf der Welt. Aus ihrer Sicht kommunizieren auch Regierungen durch ihre Reaktionen. Indem sie ihre Trainingslager bombardieren oder sie zum Staatsfeind Nummer eins erklären, demonstrieren auch Regierungen die Existenz und Stärke ihrer terroristischen Gegner. Jede Regierung, die sich weigern würde zu reagieren, würde bald als schwach davongejagt. Präsident Jimmy Carter wurde 1980 vor allem deswegen nicht wiedergewählt, weil er angesichts terroristischer Aggression als schwach wahrgenommen wurde. Er versuchte, die tieferliegenden Probleme anzugehen, die seiner Ansicht nach den Terrorismus anfachten, und er versagte bei der Rettung der amerikanischen Geiseln in Teheran. In Südamerika wurden mehrfach zivile Regierungen vom Militär abgesetzt, wenn sie als schwach gegenüber dem Terrorismus galten. In Uruguay wurde der Terrorismus der Tupamaros benutzt, um 1973 einen Staatsstreich gegen die demokratische Regierung durch das Militär zu rechtfertigen. In Brasilien diente der Terrorismus der Aktion zur Nationalen Befreiung (ALN) als Begründung für den Wechsel von einem moderaten Militärregime zu einer repressiven Militärdiktatur. In beiden Ländern konnte das brutal vorgehende Militärregime die jeweilige Terrorbewegung zerschlagen, aber der Preis war höher, als jede Demokratie zu zahlen bereit gewesen wäre. Das, wenn man so will, Geniale am Terrorismus ist also auch, dass er Reaktionen hervorruft, die öfter im Interesse der Terroristen sind als in dem der Opfer.

Erniedrigung

Der Rachedurst und das Verlangen nach einer Reaktion haben eindeutig mit der Tatsache zu tun, dass Terroristen eine empfundene Erniedrigung wieder wettmachen wollen. Manchmal steckt eine persönliche Erfahrung dahinter. Eamon Collins war ein kaltblütiges IRA-Mitglied, ehe er die Organisation verriet und ermordet wurde; er schrieb über einen der Wendepunkte, die in ihm den Entschluss reifen ließen, sich der IRA anzuschließen. Er besuchte Raymond McCreesh im Gefängnis, einen Freund aus der Nachbarschaft, der sich im Hungerstreik befand, und gab dabei einem anderen Gefangenen ein paar Zigaretten. »Er [der Wächter] schrie mich an, wenn ich noch einmal bei so etwas erwischt würde, dürfte ich nie wieder hinein. Ich musste diese Standpauke über mich ergehen lassen, fühlte mich aber vor Raymond erniedrigt. In diesem Augenblick dachte ich, dass ich diesen Bastard erschießen würde, wenn ich eine Waffe hätte. Und ich verließ das Gefängnis zornerfüllt.«[60] Zweifellos würden andere Menschen in derselben Situation dies nicht durchweg für eine Erniedrigung halten. Doch die Erfahrung der Demütigung ist unter den Mitgliedern von Terrororganisationen eine immer wiederkehrende Konstante.

Das Gefühl der Erniedrigung kann sich auf mehreren Ebenen einstellen. In vielen Fällen fühlen sich Einzelne persönlich gedemütigt. Gemeinschaften können aber auch eine kollektive Erniedrigung empfinden, wie etwa viele Palästinenser, wenn sie bei der Ein- und Ausreise die israelischen Kontrollstellen passieren müssen. Wenn in Nordirland die Protestanten vom Oranierorden in voller Montur durch katholische Wohngebiete zogen, war den Katholiken selbstverständlich klar, dass damit der Aufstieg der Protestanten demonstriert und sie selbst daran erinnert werden sollten, dass ihre Vorfahren Schlachten wie die am Boyne anno 1691 verloren hatten. Bernard Lewis hat das weit verbreitete Gefühl der Demütigung unter den Muslimen geschildert, die Zeugen des relativen politischen, wirtschaftlichen und kulturellen Niedergangs des Islam im Vergleich zu den Fortschritten im Westen wurden.[61]

Die Sehnsucht nach Ruhm und auch Publizität kann man vor diesem Hintergrund eines tief verwurzelten Gefühls der Demütigung verstehen. Dass so viele Menschen sich offensichtlich über die Ereignisse vom 11. September freuten, muss in diesem Licht gesehen werden. Sie freuten sich nicht darüber, dass bestimmte Menschen getötet wurden, sie freuten sich darüber, dass die mächtigen und arroganten Vereinigten Staaten von einem der Ihren in die Knie gezwungen worden waren – eine Geschichte von David und Goliath.

Bin Ladens Verlautbarungen und Interviews bestätigen ständig sein Verlangen, die Demütigung von Muslimen wieder wettzumachen. Er erklärt seinen Anhängern, »Der Tod ist besser als das Leben in Schande«, und ruft seine muslimischen Brüder auf, »den Feind, gedemütigt und geschlagen, aus den Heiligtümern des Islam zu verjagen«.[62] Durchweg wird dabei Bin Ladens Glaube an die befreiende Kraft der Gewalt offenbar. Und seine Anhänger greifen dieses Thema immer wieder auf. In einem vor den Anschlägen vom 11. September aufgenommenen Video erklärte der Flugzeugentführer Ahmed al-Hasnawi: »Die Zeit der Demütigung ist vorüber. Es ist an der Zeit, die Amerikaner in ihrem eigenen Vorgarten zu töten, inmitten ihrer Söhne, vor ihren eigenen Streitkräften und Geheimdiensten.«[63]

Wenn Bin Laden auf der Aufrechnung muslimischer und westlicher Leben und auf seinem Recht, Kernwaffen zu besitzen, besteht, wenn er sich bemüht, sich selbst als Gesprächspartner auf gleicher Augenhöhe mit den Führern des Westens zu etablieren, indem er einen Waffenstillstand anbietet oder sich an bestimmte führende Politiker wendet, dann steckt hinter all dem seine Weigerung, eine irgendjemandem untergeordnete Position zu akzeptieren.[64] Der Sieg über die Sowjets in Afghanistan bot den Islamisten Anlass zu enormem Stolz, aber dem folgte die Demütigung, dass auf saudischem Boden amerikanische Truppen stationiert wurden.[65] Indem er die einzige verbliebene Supermacht herausfordert, wahrt Bin Laden die Ehre des Islam, »keines anderen Knecht zu sein als Allahs«.[66]

Um ihren Rachedurst zu befriedigen, brauchen Terroristen nur sich selbst. Sie üben Rache, sie wird ihnen nicht gegeben. Terroristen wollen auch Ruhm, den können sie sich aber nicht selbst beschaffen. Dafür müssen ihre Gemeinschaften und ihre Widersacher sorgen. Das Verlangen nach Ruhm, der mehr und größer ist als einfaches Ansehen, entspricht dem Wunsch, das Gefühl der Erniedrigung durch die Hand des Feindes wettzumachen und hat mit der Überzeugung der meisten Terroristen zu tun, dass sie moralisch und zugunsten anderer handeln. Schließlich wollen Terroristen eine Reaktion auf ihre Taten hervorrufen, die ihre Stärke bestätigt und ihre Botschaft weiterträgt. Terroristen scheinen sich mehr für die Größenordnung der Reaktionen zu interessieren als für die Details. So entgegengesetzte Reaktionen wie Kapitulation oder umfassende Repression sind ihnen nahezu gleichermaßen willkommen. Wenn wir uns auf diese unmittelbaren Ziele konzentrieren und nicht auf den tiefergehenden politischen Wandel, den Terroristen herbeiführen wollen, können wir uns ein wesentlich besseres Bild von der Situation machen, mit der wir heute konfrontiert sind.

Kapitel 5

Warum töten Terroristen sich selbst?

Dulce et decorum est pro patria mori.

Horaz, 65 – 8 v. Chr.[1]

Ganze Regimenter verschwanden binnen weniger Minuten vom Erdboden. Andere traten an ihre Stelle und wurden genauso ausgelöscht. »Hier kämpfen Verrückte inmitten eines Vulkanausbruchs«, beschrieb ein Hauptmann das Geschehen … sie kämpften in Tunneln und versuchten mit ihren Schreien, das Krachen der Einschläge zu übertönen, während sie im Rauch der Explosionen fast erstickten.

The New York Times, 1916[2]

Am 7. Juli 2005 fuhr der dreißigjährige Mohammad Sidique Khan von seiner Heimatstadt Leeds mit drei Freunden nach London. Mr. Khan war Vater einer vierzehn Monate alten Tochter, Maryam, und arbeitete als Mentor für Grundschulkinder mit Lernstörungen. Er war ein angesehener Lehrer, der sich entschieden für die von ihm unterrichteten Kinder einsetzte. Einer seiner Schüler sagte: »Er schien ein wirklich netter Mann zu sein, er unterrichtete die wirklich schlimmen Kinder, und alle schienen ihn zu mögen.«[3] Mr. Khan wurde in Leeds geboren, seine Eltern stammten aus Pakistan. Er wuchs in Beeston auf und besuchte die Universität von Leeds, wo er seine Frau Hasina Patel kennen lernte, eine Inderin. Seine Schwiegermutter war ebenfalls eine engagierte Lehrerin, die auf zweisprachigen Unterricht spezialisiert war und während einer königlichen Zeremonie für ihre Arbeit ausgezeichnet worden war.

Gemeinsam mit Mr. Khan reiste der zweiundzwanzigjährige Shehzad Tanweer. Der jüngere Mann war gesellig und sportlich. Er liebte Kricket und Kampfsport und fuhr liebend gern den Mercedes seines Vaters. An der Leeds Metropolitan University studierte er Sportwissenschaften, und in seinem Schlafzimmer zuhause standen Pokale, die er als Schüler in Leichtathletik gewonnen hatte. Geboren in Bradford, war er mit zwei Jahren gemeinsam mit seinen Eltern und drei Geschwistern nach Leeds umgezogen. Sein in Pakistan geborener Vater war ein erfolgreicher mittelständischer Geschäftsmann. Die Familie hatte keine finanziellen Sorgen, die Eltern liebten und unterstützten ihn. Ein Freund beschrieb ihn als »an Politik nicht interessiert« und fügte hinzu: »Der ist durch und durch solide.«[4]

Einen Tag bevor Mr. Khan und Mr. Tanweer mit zwei weiteren Freunden nach London fuhren, war die Stadt vom Internationalen Olympischen Komitee als Gastgeber der Spiele 2012 gekürt worden. Die Aufmerksamkeit der Nachrichtenmedien richtete sich jedoch nach Schottland, wo der G8-Gipfel stattfand. Die vier Freunde kamen gemeinsam am Bahnhof King's Cross an, dann trennten sie sich und fuhren mit vier verschiedenen U-Bahn-Linien weiter. Mr. Khan bestieg den dritten Wagen eines Zugs in Richtung Liverpool Street. Mr. Tanweer nahm den zweiten Wagen eines Zugs der Circle Line. Um 8.50 Uhr sprengten sie sich und alles um sich herum in die Luft. Gemeinsam mit ihren beiden Kameraden töteten sie, sich selbst eingeschlossen, 56 Menschen und verletzten 700 beim ersten Selbstmordanschlag in Europa. Die Verantwortung dafür übernahm eine Gruppe, die sich al-Qaida Europa nannte.

Selbstmordterrorismus

Nur wenige terroristische Strategien haben ein so großes Entsetzen hervorgerufen wie Selbstmordattentate. Sie machen so viel Angst, weil sie so effizient sind. Sie werden nicht nur immer häufiger, auch ihre geografische Reichweite nimmt zu. Von 1981 bis 1999 gab es in sieben Ländern Selbstmordanschläge, seit 2000 hat es in rund 20 Ländern welche gegeben. Das Jahr 2005 brachte eine Reihe weiterer Eskalationen: In London gingen die in Großbritannien geborenen Selbstmordterroristen ans Werk, im Irak trat eine in Belgien geborene Selbstmordattentäterin auf den Plan, und in Jordanien war es ein Ehepaar, das als Team im Namen von al-Qaida im Irak operierte.

Selbstmordterrorismus ist zutiefst beunruhigend, weil er ein Maß an Fanatismus für eine Sache erkennen lässt, das uns ziemlich fremd ist. Des Weiteren macht Angst, dass es offensichtlich so wenige mögliche Gegenmaßnahmen gibt. Keine Strafandrohung kann wohl eine Person beeinflussen, die bereit ist, sich selbst umzubringen. Die amerikanische Öffentlichkeit ist an das Konzept der Abschreckung gewöhnt. Auf dieser Grundlage beruhte unsere nationale Sicherheit seit 1945. Indem wir unseren Feinden massive Vergeltungsschläge androhten, schreckten wir sie von Angriffen auf uns ab. Diese Politik schützte uns vor der Militärmacht der Sowjetunion, aber angesichts kleiner Gruppen von Fanatikern, die bereit sind, sich selbst zu töten, ist sie ein zahnloser Tiger. Selbstmordterrorismus macht uns Angst, weil er nicht so recht in das beliebte Bild von Terroristen als eigennützigen Übeltätern passt. Mit der Bereitschaft, das eigene Leben zu geben, maßen sich Terroristen eine moralische Überlegenheit an, die mit unserer Vorstellung von ihrer moralischen Verderbtheit nicht in Einklang zu bringen ist.

Wenn man jedoch die Perspektive akzeptiert, in der ich den Terrorismus hier präsentiere, erkennt man, dass Selbstmordterrorismus nichts fundamental anderes ist. Er ist heute bei vielen Terrorgruppen einfach die Strategie der Wahl, genauso wie es in den siebziger Jahren die Entführung war. Ich habe argumentiert, dass Terroristen sowohl durch langfristige politische Ziele als auch durch kurzfristige, unmittelbare Ziele motiviert sind und dass von Letzteren am wichtigsten die drei Rs der Rache, des Ruhms und der Reaktion sind. Selbstmordterrorismus ist genau deshalb immer beliebter geworden, weil er ein effizientes Mittel darstellt, Rache zu üben, Ruhm zu erlangen und Reaktionen zu provozieren. Wie bei Terroristen im Allgemeinen sind die notwendigen Komponenten für Selbstmordoperationen ein enttäuschtes Individuum, eine Gemeinschaft von Unterstützern und eine legitimierende Ideologie.

Wenn Terroristen sich selbst töten, um andere umzubringen, ist das ein Verhalten, das vollkommen mit jenem von Soldaten durch alle Epochen hinweg übereinstimmt. Militärhistoriker haben uns schon vor geraumer Zeit dargelegt, dass es leidenschaftliche Loyalität gegenüber dem kleinen Haufen der Mitstreiter ist, die junge Männer aus den Schützenlöchern und über die Gräben treibt. Das mag überraschend erscheinen, denn wir denken bei Selbstmordattentaten an individuelle Handlungen, tatsächlich aber ist kein Fall bekannt, wo ein Terrorist einfach für sich beschloss, Märtyrer zu werden, sich Sprengstoff zu besorgen und einen Plan zu entwerfen. Vielmehr spielte bei jeder bekannten Märtyreroperation eine Gruppe eine wesentliche Rolle: bei der Planung des Anschlags wie bei der Ausbildung, Unterstützung und Überwachung des Freiwilligen. Eine Märtyreroperation erfordert im Durchschnitt die Unterstützung durch rund zehn Mitstreiter. Überall auf der Welt reservieren Gesellschaften ihre höchsten Ehren für diejenigen, die für ihr Land ihr Leben gaben. Überall finden sich auf öffentlichen Plätzen Standbilder derjenigen, die in der Schlacht siegreich waren. Nach solchen Ehrungen streben Selbstmordterroristen, und ihre Betreuer stellen sicher, dass sie sie bekommen.

Historische Vorbilder

Die am häufigsten zitierten Vorläufer der heutigen Selbstmordterroristen sind die jüdischen Zeloten des ersten Jahrhunderts nach Christus und die islamischen Assassinen des Mittelalters. Beiden Gruppen galt das eigene Leben nichts, und vor allem die Assassinen hatten eine Märtyrerkultur, die der ähnelt, welcher man heute im Gazastreifen begegnet. Der Unterschied zu heute ist, dass es für die damaligen Attentäter, die ihre Opfer erstachen, nicht nötig war, sich selbst zu töten, um ihr Opfer umzubringen. Psychologen wie Ariel Merari halten diesen Unterschied für entscheidend. Merari sagt, die Bereitschaft, eine Operation mit einer sehr geringen Erfolgschance zu wagen, sei psychologisch etwas ganz anderes als eine Operation, die den eigenen Tod erfordert, denn diesem kann man dann unmöglich entkommen.[5] So gesehen, hatten die historischen Vorbilder mehr mit heutigen Terroroperationen wie dem Anschlag auf den Flughafen Lod durch die japanische Terroristengruppe JRA 1972 zu tun oder eben mit der Bereitschaft, aus den Schützengräben an der Somme herauszuklettern, weil es hier zwar nur wenig Aussicht, aber doch immer noch die theoretische Möglichkeit des Überlebens gab. Psychologen treffen diese

Unterscheidung zweifellos zu Recht, aber für unsere Zwecke ist sie nicht relevant, weil die motivierenden Faktoren meiner Ansicht nach dieselben waren beziehungsweise sind. (Im Fall des Anschlags auf den Flughafen Lod bei Tel Aviv, bei dem drei Terroristen mit Granaten und Gewehren 25 Menschen töteten und 76 verletzten, erwarteten die Terroristen nicht, davonzukommen. Zwei wurden getötet, einer aber, Kozo Okamoto, überlebte und wurde zu lebenslanger Haft verurteilt.)

Weniger bekannt sind die historischen Beispiele antikolonialer Kampagnen von Muslimen in Indien, Indonesien und auf den Philippinen, bei denen die Strategie gegen die militärisch überlegenen europäischen und amerikanischen Kolonialmächte angewendet wurde.[6] Es gab auffällige Ähnlichkeiten zwischen diesen Operationen in Malabar, Atjeh und auf den Philippinen. In allen Fällen bereitete sich der Schahid (Märtyrer) oder Juramentado (»der den Eid schwor«), wie die Spanier ihn nannten, mit bestimmten religiösen Riten und Gebeten vor, dann kleidete er sich in ein weißes, ungeschnittenes Tuch (wie zum Haddsch, der Pilgerfahrt nach Mekka) und das Begräbnisleinen, eher er sich auf den Feind stürzte. In allen Fällen folgte eine Heldenverehrung mit Liedern und Gedichten, die das Märtyrertum glorifizierten. Lebhaft erinnerte man sich an persönliche Opfer, und die göttliche Belohnung für das Märtyrertum wurde überall verkündet. Die Freiwilligen waren im Allgemeinen sehr jung, gelegentlich aber auch sehr alt, und alle waren verarmt. Damals kamen sowohl niederländische Psychiater als auch britische Beamte unabhängig voneinander zu dem Schluss, dass die Selbstmordattentäter nicht an irgendeiner bestimmten psychologischen Störung litten. Es dauerte Jahre, bis heutige Beobachter dasselbe herausfanden. Die Fälle sind auch insofern lehrreich, weil es weder den britischen noch den französischen oder spanischen Behörden gelang, die Strategie mit verbesserter Polizeiarbeit oder mit militärischer Vergeltung zu durchkreuzen. Die Kampagnen endeten damals erst, als sich das politische Klima insgesamt wandelte.

Den damaligen Gruppen lieferte zwar die Religion die legitimierende Ideologie, aber das war nicht immer der Fall. Für die türkische PKK war der Marxismus-Leninismus die ideologische Grundlage, für die Tamilischen Befreiungstiger und mehrere Palästinensergruppen war es der Nationalismus. In den drei Jahren von 1996 bis 1999 führte die PKK 15 Selbstmordanschläge durch. Die meisten richteten sich gegen polizeiliche und militärische Ziele und wurden von Frauen verübt. Diese Taktik stellte den bewussten Versuch dar, nach der Gefangennahme des PKK-Führers Abdullah Öcalan den Druck auf die Regierung zu erhöhen. Öcalan hatte seine Anhänger aufgefordert, mittels Selbstmordattentaten seine Entlassung aus dem Gefängnis zu erzwingen. Als der Erfolg ausblieb, brach Öcalan die Kampagne ab. In diesem Fall gab es keine breite Unterstützung für die Märtyrer, und um sie herum entwickelte sich auch kein Heroenkult. Vielmehr griffen einige wenige altgediente Mitglieder der Organisation nach der für sie verheerenden Gefangennahme ihres Führers kurzfristig auf diese Strategie zurück. Aber zum einen erreichte man damit nicht das Ziel – Öcalans Freilassung –, das von Anfang an ziemlich blauäugig war, und zum anderen war die Vorgehensweise auch nicht sonderlich effizient. Bei jedem Anschlag gab es im Durchschnitt weniger als zwei Opfer, was nach den Maßstäben des Selbstmordterrorismus ziemlich unblutig ist.

Die Tamilischen Befreiungstiger haben insgesamt stringenter und effizienter mit Selbstmordanschlägen gearbeitet. Als einziger Terroristengruppe gelang es den LTTE, zwei führende Staatsmänner zu ermorden: 1991 den indischen Ministerpräsidenten Rajiv Gandhi und 1993 Ranasinghe Premadasa, den Präsidenten von Sri Lanka. Die frühere Präsidentin von Sri Lanka, Chandrika Kumaratunga, wurde bei einem weiteren LTTE-Anschlag schwer verletzt und hat mindestens vier Mordversuche der LTTE überlebt. Die Befreiungstiger haben Regierungsminister, Lokalpolitiker und gemäßigte Tamilenführer getötet, Kriegsschiffe, Öltanker, den Flughafen der Hauptstadt Colombo und die heiligste buddhistische Stätte Sri Lankas – einen Tempel mit einem Zahn Buddhas – angegriffen und auch das World Trade Center von Colombo attackiert sowie die Zentralbank und das Joint Operations Command, das Nervenzentrum der Sicherheitskräfte von Sri Lanka. Im Gegensatz zu anderen Selbstmordterroristen zielen die LTTE-Mitglieder nicht bewusst auf Zivilisten, aber sie bringen sie dennoch in großer Zahl um. Bei dem Angriff auf die Zentralbank 1996 beispielsweise wurden 90 Menschen getötet.

Bis zur Eskalation der Selbstmordtaktik bei den Aufständischen im Irak hatten die LTTE mehr Selbstmordanschläge durchgeführt als jede andere Terrororganisation. Verschiedene Wissenschaftler zählen die Anschläge unterschiedlich, sodass über die genauen Zahlen keine Einigkeit besteht, wohl aber bei der Größenordnung. Robert Pape beispielsweise hat berechnet, dass zwischen 1987 und 2001 143 Befreiungstiger 76 Selbstmordanschläge durchführten und dabei 901 Menschen töteten.[7] Die meisten anderen verlässlichen Quellen nennen weit höhere Zahlen. *Jane's Intelligence Review* berichtet von 168 LTTE-Selbstmordattentaten in diesem Zeitraum, Luca Ricolfi kommt auf 191.[8] Die LTTE selbst behaupten, zwischen 1987 und 1999 147 Selbstmordoperationen durchgeführt zu haben, aber sie erklären sich offiziell nur für Angriffe auf militärische Einrichtungen verantwortlich, nicht für solche auf Zivilisten, Politiker oder wirtschaftliche Ziele.[9] Wichtiger als die genaue Zahl der Anschläge ist in unserem Zusammenhang die Tatsache, dass bis vor kurzem die aktivsten und todbringendsten Selbstmordattentäter nicht einer religiösen, sondern einer nationalistischen Gruppe angehörten.[10] Ihre Ideologie ist die der nationalen Befreiung und völlig säkular. Ihre Hingabe an die Sache nährt sich aus dem Hass auf den Feind und dem Wunsch, sich für dessen Übergriffe zu rächen, nicht aus dem Glauben an Gott.

Die Tamilischen Befreiungstiger verfügen über eine Eliteeinheit, genannt die Schwarzen Tiger, die auf Selbstmordmissionen spezialisiert ist. Die »Freiheitsvögel«, eine Spezialeinheit von Terroristinnen, trägt in Form der »Schwarzen Tigerinnen« dazu bei. Die LTTE setzen die Schwarzen Tiger strategisch ein, um zum einen ihre militärische Schwäche – im Verhältnis zu den Regierungstruppen – auszugleichen und zum anderen schwierige Operationen wie die Ermordung höherer Politiker durchzuführen, ohne einen Fluchtplan ausarbeiten zu müssen. Die Hingabe der LTTE-Anhänger an die Sache der nationalen Befreiung wird daran deutlich, dass jedes Gruppenmitglied eine Zyanidkapsel mit sich führt, die es im Fall seiner Verhaftung schlucken wird. Diese Demonstration der Hingabe hat jedoch auch eine praktische Seite: Die Mitglieder wissen, dass die Einnahme der Kapsel ihnen die brutale Behandlung durch die Sicherheitskräfte ersparen wird. Mehr als 600 Befreiungstiger seien auf diese Weise gestorben, wird berichtet.[11] Sich das Leben zu nehmen, um Folter und einem wahrscheinlich qualvollen Tod zu entgehen, ist eine besonnene, defensive Verhaltensweise, auch wenn es Bände über die Leidenschaft der Hingabe an die Sache spricht. Sich bewusst für offensive Märtyrermissionen zu entscheiden, ist aber etwas ganz anderes.

Genau wie Islamisten lehnen die Tamilen den Begriff des Selbstmords ab und sprechen lieber von Märtyrertum. Das tamilische Wort für Selbstmord ist *thatkolai*; die Befreiungstiger benutzen lieber *thatkodai*, was »sich hergeben« bedeutet.[12] Wie bei anderen Terrorbewegungen gibt es bei den LTTE mehr Freiwillige für Märtyrermissionen, als sie brauchen können. Wer ein Schwarzer Tiger oder eine Schwarze Tigerin werden will, schreibt einen Bewerbungsbrief an den Führer der Organisation, Velupillai Prabhakaran. Dieser geht dann die Bewerbungen durch und wählt nur jene aus, die nach seiner Einschätzung aufgrund ihrer emotionalen Stabilität, Motivation, Erfahrung und familiären Umstände am geeignetsten sind. Er bevorzugt junge Menschen, in der Regel zwischen vierzehn und sechzehn Jahre alt, und vor allem Mädchen, die rund zwei Drittel der Selbstmordkommandos stellen.[13] Diese Präferenz scheint eher taktischer als philosophischer Natur zu sein. Wie Palästinensergruppen feststellten, können Frauen im Allgemeinen leichter Sprengstoff unter ihrer Kleidung verbergen und werden oft nicht so gründlich untersucht, wenn sie kontrolliert werden.

Wie andere Gruppen haben die LTTE einen Kult der Heldenverehrung um jene herum aufgebaut, die bewusst für die Sache sterben. Offenbar sagt Prabhakaran: »Der Tod eines Befreiungshelden ist kein normaler Todesfall. Dieser Tod ist ein historisches Ereignis, ein hehres Ideal, ein Wunder, das dem Leben zuteil wird. In Wahrheit stirbt ein Befreiungstiger nicht ... So ist es, denn das, was man ›die Flamme seines Ziels‹ nennt, die in seinem Leben leuchtete, wird nicht ausgehen. Das Ziel ist wie ein Feuer, wie eine historische Kraft, und es ergreift von anderen Besitz. Die nationale Seele des Volkes wurde berührt und erweckt.«[14] Die zum Selbstmord Auserkorenen bekommen eine Spezialausbildung und gelten als die Elite. Bevor sie auf ihre Mission gehen, haben sie angeblich ein letztes Essen mit Prabhakaran persönlich, dem sie ihr Bild bringen.[15]

Die Befreiungstiger sorgen dafür, dass ihre Märtyrer unter den Tamilen berühmt werden. Die Namen der gestorbenen Schwarzen Tiger werden nebst ihrem Rang in tamilischen Zeitschriften und auf Websites veröffentlicht, damit sie geehrt werden können. Ihre umkränzten Fotos schmücken die Wände der LTTE-Ausbildungslager. Wenn sie zu ihrer Mission aufbrechen, haben viele ihre Ausweise dabei, um sicherzustellen, dass ihre Identität bekannt wird. Manchmal filmen sie ihre Anschläge. CDs mit Liedern zum Lob der Märtyrer und Videos ihres Anschlags auf den Flughafen kann man in den Läden tamilisch kontrollierter Gebiete kaufen. Sie haben ihren eigenen »Heldentag«, den 5. Juli, der der Jahrestag des ersten LTTE-Selbstmordanschlags 1987 ist. Dieser Gedenktag ist ein anderer als der generelle »Heldentag« der Bewegung am 27. November jeden Jahres. Dieses Muster entspricht genau der Praxis im Libanon, wo man jedes Jahr am 11. November den »Märtyrertag« feiert; er erinnert an den ersten Selbstmordattentäter der Hisbollah, der sich an jenem Tag des Jahres 1982 an einem israelischen Militärposten in die Luft sprengte.

Tamilische Bezirke errichten Gedenkstätten für Schwarze Tiger, die aus ihrem Gebiet stammen: Eine Opferflamme brennt vor einem Foto, das am »Tag des Schwarzen Tigers« mit Blumen geschmückt wird. Wer für die Sache starb, bekommt den Titel *mahaveera* verliehen, was »der/die Tapfere« bedeutet, und die Mutter nennt man *veeravati*, »tapfere Mutter«. Im Kantharuban-Arivuchcholai-Waisenhaus im Tamilengebiet steht ein Schrein. In ihm hängt ein Bild von Kantharuban, der sich 1991 in die Luft sprengte, und ein Bild des ersten und berühmtesten Selbstmordattentäters der Befreiungstiger, Captain Miller, der einen mit Sprengstoff beladenen Lastwagen in ein Armeelager fuhr und 40 Soldaten tötete. Die Kinder im Waisenhaus erfahren, dass Kantharuban, der selbst ein Waise war, bei seinem Essen mit Prabhakaran am Abend vor seiner Mission darum bat, dass ein Heim für Kinder wie ihn gebaut würde.[16]

Neben dem Streben nach Ruhm ist das Verlangen nach Rache allgegenwärtig. Der zweiundzwanzigjährige Mahendran, dessen drei Brüder im Kampf für die Befreiungstiger getötet wurden, erklärte, warum auch er überlege, sich ihnen anzuschließen: »Die ständigen Schikanen der Armee, unter denen meine Eltern und ich leiden, weckten in mir das Verlangen nach Rache. Es ist eine Frage des tamilischen Stolzes, vor allem nach so vielen Opfern.«[17] Ein anderer junger Mann, zum Selbstmordterroristen bestimmt, erklärte, er halte die Aktion für notwendig, um eine Reaktion hervorzurufen, um eine Heimat zu bekommen: »Das ist das größte Opfer, das ich bringen kann. Die einzige Möglichkeit, wie wir unser *eelam* [Heimat] bekommen können, ist durch Waffen. Nur so erreichen wir, dass uns jemand zuhört.«[18]

Diejenigen, die sich auf Sri Lanka freiwillig für Selbstmordoperationen melden, haben keine Visionen von Jungfrauen im Paradies im Kopf und auch keine Garantien, dass Allah sich um die kümmern wird, die sie zurücklassen. Sie melden sich, um die Schandtaten zu rächen, die an ihren Leuten begangen wurden, um die Sache der nationalen Befreiung voranzubringen und für sich selbst Ruhm zu ernten. Sie tun das, weil der Konflikt, in dessen Mitte sie leben, sie persönlich betrifft, weil ihre Gemeinschaft ihre Vorgehensweise unterstützt und weil die Ideologie ihrer Bewegung sie legitimiert. Religion spielt dabei keine Rolle. Ein Mann, dessen drei Söhne alle im Kampf für die Befreiungstiger starben – einer von ihnen war ein Schwarzer Tiger, der sich in die Luft sprengte –, sagte, als er vom Tod seines dritten Sohnes erfuhr, habe es ihm »das Herz gebrochen, aber ich wusste auch, dass sie es für die Sache getan haben, für das Land, für das Volk. Ich ertrage die Trauer, indem ich daran denke, dass sie etwas sehr Erstrebenswertes gemacht haben.«[19]

Auch im Nahen Osten wurden viele der Märtyreroperationen von säkularen und nicht von religiösen Gruppen durchgeführt. Die gegenwärtige Welle von Selbstmordanschlägen begann im Dezember 1981, und das erste Ziel war – welche Ironie, wenn man bedenkt, wohin sich die Strategie mittlerweile entwickelt hat – die irakische Regierung von Saddam Hussein. Der Anschlag erfolgte im Rahmen des Krieges zwischen Iran und Irak. In diesem Krieg kam es auch zu dem Phänomen, dass Tausende von sehr jungen Iranern, meist völlig unbewaffnet, als »menschliche Angriffswellen« gegen irakische Positionen anrannten oder sich in einem Akt des Massenselbstmords opferten, um weite Landstriche von Minen zu säubern.[20] Über diese iranische Kriegstaktik ist nicht viel bekannt, aber dass sie die Patin des modernen Selbstmordterrorismus, die Hisbollah im Libanon, beeinflusste, ist nicht zu leugnen.

Beim ersten bekannt gewordenen Selbstmordanschlag fuhr ein Mann ein Auto voll Sprengstoff in die irakische Botschaft in Beirut und riss dabei 61 Menschen mit in den Tod. Viele weitere wurden verletzt. Die irakische Regierung machte den iranischen und den syrischen Geheimdienst dafür verantwortlich. Zu dieser Zeit befanden sich Schätzungen zufolge über tausend Angehörige der Iranischen Revolutionsgarde im Libanon.[21] Sie versuchten auf den Ausgang des dort tobenden Bürgerkrieges Einfluss zu nehmen, indem sie die Gruppen finanzierten und ausbildeten, aus denen die Hisbollah hervorgehen sollte. Die systematische Umsetzung der Selbstmordattentatstaktik begann ein gutes Jahr später.

1983 war dann das Jahr, in dem sich der moderne Selbstmordterrorismus in vollem Umfang ausbildete. Am 18. April 1983 fuhr ein Lastwagen mit einer enormen Menge Sprengstoff in die amerikanische Botschaft in Beirut; 80 Menschen starben. Am 23. Oktober gingen sowohl im Hauptquartier der US-Marines als auch in dem der französischen Fallschirmjäger von Selbstmordattentätern gesteuerte Autobomben hoch; bei der einen Explosion starben 241 Menschen – 220 Marines und 21 andere US-Soldaten –, bei der anderen 58 französische Fallschirmjäger und zwei Zivilisten. Keine zwei Wochen später, am 4. November, fuhr ein Selbstmörder ein mit Sprengstoff beladenes Auto in ein israelisches Verwaltungsgebäude im südlibanesischen Tyros (heute Sur) und tötete 88 Menschen. Fast genau ein Jahr zuvor hatte ein ähnlicher Anschlag an derselben Stelle 90 Opfer gefordert, darunter 15 Zivilisten. Im folgenden Monat, dem Dezember 1983, kam es in der amerikanischen Botschaft in Kuwait zu einem weiteren Selbstmordattentat.

Diese frühen Attentate wurden von militanten Islamisten verübt, aber wie jede erfolgreiche militärische Strategie wurden sie bald von anderen übernommen. Bis 1986 hatten mehrere säkulare libanesische Gruppen, etwa die Sozialistische Nationalpartei, die Kommunistische Partei und die libanesische wie die syrische Baath-Partei allesamt zu diesem Mittel gegriffen. Diese säkularen Gruppen wurden von der syrischen Regierung unterstützt, deren Agenten die Akteure rekrutierten, ausbildeten und ausrüsteten.[22] Wie die Tamilischen Befreiungstiger und die PKK wählten sie primär politische und militärische Ziele, aber auch zivile Opfer kümmerten sie herzlich wenig.

Sich spezifisch auf Zivilisten zu konzentrieren ist jedoch nicht die alleinige Domäne religiöser Gruppen. Auch säkulare Palästinensergruppen begingen Selbstmordanschläge, bei denen sie sich gezielt israelische Zivilisten aussuchten, und zwar aus dem ziemlich fadenscheinigen Grund, dass es in Israel keine Zivilisten gäbe. Von den säkularen Palästinensergruppen haben die Aksa-Märtyrerbrigaden und die Volksfront für die Befreiung Palästinas (PFLP) Selbstmordattentate durchgeführt, allerdings gehen bedeutend mehr auf das Konto der beiden islamistischen Gruppen Hamas und Palästinensischer Islamischer Dschihad.

Die Idee des Selbstmordterrorismus kam aus dem Iran in den Libanon, aber von dort verbreitete sie sich in alle Welt. Eine Reihe tamilischer Rebellen wurde Anfang bis Mitte der achtziger Jahre im Libanon ausgebildet und brachte die Strategie mit nach Sri Lanka. Dass die Israelis 1992 beschlossen, 415 militante Palästinenser in den Libanon zu deportieren, erwies sich als katastrophal: In der Folge lernten die Palästinenser den Wert dieser Strategie von der Hisbollah kennen. So gelangte sie von schiitischen Gruppen (Iran und Hisbollah) zu sunnitischen (Hamas und später al-Qaida) und auch zu säkularen palästinensischen und tamilischen Gruppen. Das moderne Phänomen des Selbstmordterrorismus lässt sich also auf den Bürgerkrieg im Libanon, der von 1973 bis 1986 tobte, zurückführen.[23] Eine vorhandene Märtyrertradition hilft, die Hingabe der Rekruten sicherzustellen, wie das bei den schiitischen Muslimen der Hisbollah und ihren iranischen Unterstützern der Fall war, nötig ist sie aber keineswegs, wie die sunnitischen und säkularen Beispiele belegen.

Varianten des Selbstmordterrorismus

Zum Thema Selbstmordterrorismus gibt es eine Reihe von Variationen. Die iranischen Angriffe von »menschlichen Wellen« im Krieg zwischen Iran und Irak sind ein Beispiel. Besser bekannt sind die japanischen Kamikazeflieger in der letzten Phase des Zweiten Weltkrieges. Peter Hill hat nachgewiesen, dass diese Angriffe nicht so effizient waren, wie die Japaner behaupteten, aber mehr Wirkung als konventionelle Attacken zeigten sie schon. Am verheerendsten wirkten sie sich auf die Moral ihrer potenziellen Opfer aus. Sie verbreiteten so viel Furcht, dass die amerikanischen Befehlshaber ihre Leute nicht mehr warnten, wenn sich eine große Angriffswelle näherte.[24]

Der Enthusiasmus der Kamikazeflieger nahm deutlich ab, als der Krieg sich immer länger hinzog und jüngere und gebildetere Freiwillige angeworben werden mussten. Der wichtigste Motivationsfaktor scheint nicht die Pflichterfüllung gegenüber einem fast mythischen Kaiser gewesen zu sein, sondern eher die Hingabe an die Familie, an das Land und an die Kameraden. Einer schrieb: »Ich betrachtete es nicht so, dass ich mein Leben für ihn [den Kaiser] hingab, und auch nicht für die Regierung oder für die Nation. Ich sah mich eher sterben, um meine Eltern, Brüder und Schwestern zu verteidigen.« Danach erklärte er die Verpflichtung gegenüber seinen Kameraden: »Ich konnte die Vorstellung nicht ertragen, einen anderen zu opfern, weil ich mich nicht bereiterklärte. Ich wusste, wenn ich dies täte, würde ich das mein ganzes Leben lang bereuen, selbst wenn ich niemals seinen Namen erfahren hätte. Ich hasste den Gedanken, dass die anderen, wenn ich versagte, sagen würden: ›Diese Reservisten taugen zu nichts.‹ Das konnte ich den anderen nicht antun.«[25]

Jüngere Forschungen über die Kamikazeflieger decken eine Reihe weiterer Ähnlichkeiten mit heutigen Selbstmordattentätern auf, die noch nicht allgemein bekannt sind. Den Piloten wurde ein Begleiter an die Seite gestellt, genau wie palästinensische Ausbilder oft heutige Schahid auf deren Missionen nach Israel begleiten. Die Begleiter beschützten und umsorgten den Kamikazeflieger, und später erstatteten sie über die Mission Bericht, zweifellos hatten sie aber auch eine Art Kontrollfunktion, damit es dem Piloten schwerfiel, sich anders zu besinnen. Darüber hinaus legen die Aufzeichnungen der Beteiligten den Schluss nahe, dass es sich nicht um eine uniforme Gruppe von gleichgesinnten Individuen handelte, auch wenn jeder sich freiwillig für diese höchst ungewöhnliche Selbstmordmission gemeldet hatte. Vielmehr gab es wie bei jeder Gruppe von hinreichender Größe eine Vielfalt von Motiven.

Die andere auffällige Ähnlichkeit zwischen den Kamikazefliegern und modernen Selbstmordterroristen ist das Ausmaß des Ruhms, der ihnen zuteil wurde. Wie bei heutigen Gruppen bestand die Belohnung in Ansehen und Ehre für sie selbst und für ihre Familien. Die Familien der Kamikazeflieger bekamen den Titel *homare no ie*, was »Haushalt der Ehre« bedeutet. Und sie genossen auch handfestere Vorteile: höhere Pensionen, bessere Rationen und Ehrenplätze bei offiziellen Zeremonien. Auf die Piloten wurden in der Presse und in öffentlichen Verlautbarungen Loblieder gesungen, man bezeichnete sie als Götterhelden. Dadurch stiegen sie im Rang noch höher als andere Soldaten, die in der Schlacht fielen und bereits zu Nationalgöttern geworden waren.[26]

Wie die heutigen Schahid wurden die Kamikazeflieger von der schwächeren Seite in der Auseinandersetzung eingesetzt. Wie ihre modernen Pendants richteten sie beim Gegner mehr Schaden an als konventionelle Angriffe es getan hätten, und abermals wie heutige Selbstmordterroristen wog die von ihnen verbreitete Angst viel schwerer als der von ihnen angerichtete Schaden, auch wenn Letzterer erheblich war. Sie scheinen sowohl vom Pflichtgefühl gegenüber ihrer Gemeinschaft und ihren Kameraden als auch vom Wunsch nach Ruhm motiviert gewesen zu sein. Die beiden wesentlichen Unterschiede sind jedoch, dass sie rein militärische Ziele angriffen und ihre Vorgehensweise von der Militärhierarchie befohlen war, die im Auftrag der Regierung inmitten eines Weltkrieges handelte. Beide Unterschiede machen es leichter, ihr Verhalten auf der persönlichen Ebene zu verstehen und auf der moralischen zu entschuldigen. Ruhm und Reaktion motivierten sie, nicht aber Rache, durchhalten ließ sie ihr Pflichtgefühl gegenüber ihren Kameraden, die Unterstützung ihrer Gemeinschaft und die Ideologie des japanischen Nationalismus.

Eine andere Variation zum Thema Selbstmordterrorismus ist das Verhalten inhaftierter IRA-Mitglieder, die sich selbst zu Tode hungerten, weil sie ihren Status als politische Gefangene durchsetzen wollten.[27] Angesichts ihres sich lang hinziehenden und qualvollen Sterbens fällt es vielleicht schwerer, ihr Verhalten auf persönlicher Ebene zu begreifen, moralisch hingegen ist es wesentlich leichter zu verstehen. Die Tradition, sich selbst zu bestrafen, um dem Feind Schande zu bereiten, geht bis auf die alten Kelten zurück. Unter dem als »Brehon« bekannten gälischen Rechtssystem kam es nicht selten vor, dass sich ein Mann, dem sein Nachbar etwas schuldig war, vor dessen Haus setzte und die Nahrung verweigerte, bis der in Verlegenheit gebrachte Nachbar das Unrecht wettmachte. Diese Tradition war zwar Teil des kulturellen Hintergrunds, kam aber wahrscheinlich nicht als Erstes denen in den Sinn, die sich im Maze-Gefängnis in Belfast 1981 zum Hungerstreik entschlossen. Sie dachten wohl vor allem an das historische Vorbild von Terence Mac Sweeney, dem Bürgermeister von Cork, der 1920 während des irischen Unabhängigkeitskrieges gegen Großbritannien im Brixton-Gefängnis nach einem Hungerstreik starb.

Mit seinem Tod schloss sich Mac Sweeney im Pantheon der irischen Märtyrer den fünfzehn Männern an, die für ihre Beteiligung am Osteraufstand 1916 hingerichtet wurden, und auch Thomas Ashe, der 1917 starb, nachdem er während seines Hungerstreiks zur Durchsetzung seines Status als politischer Gefangener zwangsernährt worden war. Mac Sweeneys berühmte Worte, die er anlässlich seiner Amtseinführung als Bürgermeister sprach, wurden zum Mantra der Bewegung. »Nicht die, die am meisten schaden, sondern die, die am meisten leiden, werden den Sieg davontragen«, hatte er erklärt.

Der entscheidende Unterschied zwischen diesen Terroristen, die Selbstmord begingen, und Selbstmordattentätern besteht darin, dass Erstere keine anderen mit in den Tod rissen. Sie beanspruchten überzeugend die moralische Überlegenheit über ihren Feind. Kurzfristig hatten sie allerdings keinen Erfolg. Die Regierung von Premierministerin Margaret Thatcher ließ die ersten zehn Hungerstreikenden sterben, und die Familien der restlichen Gefangenen gestatteten den Behörden die Zwangsernährung. Auf lange Sicht jedoch war der Hungerstreik ein großer Triumph.

Angesichts des großen Leids, das die republikanischen Gefangenen um des Prinzips willen auf sich nahmen, um als politische Gefangene behandelt zu werden, konnte die Regierung nicht länger überzeugend behaupten, dies seien ruchlose Kriminelle. Die Sympathie für die Hungerstreikenden und die Empörung angesichts der Unnachgiebigkeit seitens der Regierung erwiesen sich als Goldgrube für die Rekrutierung der IRA zuhause, für das Eintreiben von Spenden im Ausland und für die Öffentlichkeitswirkung überall auf der Welt. Der Hungerstreik der Inhaftierten war von der IRA nicht offiziell abgesegnet worden, aber die Bewegung schlug bald Kapital daraus. Ihre Führer nutzten die weit verbreitete Sympathie für Bobby Sands, der als Erster mit dem Hungerstreik begann. (Die Gefangenen hatten beschlossen, zeitlich versetzt mit dem Streik zu beginnen, damit sich ihr Sterben hinziehen würde und sie so länger Druck auf die Regierung ausüben konnten.) Der politische Flügel der IRA, die Sinn Féin, stellte Bobby Sands bei einer Nachwahl als Kandidaten für Westminster auf, und er gewann mit großem Vorsprung. Als er einen Monat später starb, handelte es sich um ein demokratisch gewähltes Mitglied des britischen Parlaments. Dieser politische Erfolg hatte langfristig auch die ziemlich unerwartete Folge, dass den Mitgliedern der IRA damit klargemacht wurde, welche Vorteile eine politische gegenüber einer militärischen Vorgehensweise hat, und das spornte die Pragmatiker in der Bewegung an, die eine politische Strategie entwickeln wollten.

Das Verhalten der Hungerstreikenden kann religiös nicht erklärt werden. Die katholische Kirche verbietet eindeutig den Selbstmord, und die Kirchenhierarchie zeigte auch wenig Verständnis, obwohl die Kuraten in den Gemeinden den Gefangenen und ihren Familien mehr Sympathie entgegenbrachten. Die Streikenden wollten auch keine Rache üben. Im Gegenteil, ihr moralischer Anspruch gründete sich auf ihre Bereitschaft zu leiden. Eine Reaktion zu provozieren, erwarteten sie allerdings. Die Reaktionen, die sie in den Straßen Nordirlands hervorriefen, waren ihnen ein großer Trost, und sie halfen auch den späteren Hungerstreikenden, die sich zugleich an die Loyalität gegenüber ihren Freunden klammerten. Nachdem Sands gestorben war, fühlten sich andere verpflichtet, bis zum Ende durchzuhalten, denn zu versagen hätte bedeutet, ihre Kameraden zu verraten. Bis auf den heutigen Tag gelten Bobby Sands und seine neun Mitstreikenden, die nach ihm starben, als heldenhafte republikanische Märtyrer. Ihre Porträts sieht man auf Giebelwände gemalt, Lieder erzählen ihre Geschichte, und alljährlich wird ihres Todes gedacht.

Die beliebte These, dass Selbstmordterroristen verzweifelt oder verrückt seien, wird durch sämtliche Forschungen zu diesem Thema widerlegt. Selbstmordattentäter handeln nicht allein; sie werden von einer Gruppe ausgewählt, ausgebildet, überwacht und unterstützt. Zudem sagen jene, die aus den vielen, um die Ehre konkurrierenden Freiwilligen die Attentäter auswählen, sie würden vorrangig darauf achten, dass die Auserkorenen psychisch gesund sind. Die Hamas machte den Palästinensern im Gazastreifen – der mehr Freiwillige hervorbrachte als die Organisation einsetzen konnte –, eindeutig klar, sie würde nur »normale« Leute nehmen. An Depressiven, Selbstmordgefährdeten oder Irren sei sie nicht interessiert.[28] Ein Sprecher des Palästinensischen Islamischen Dschihad unterstrich dasselbe: »Depressive nehmen wir nicht. Auch wenn die Wahrscheinlichkeit, dass eine Person selbstmordgefährdet ist, nur eins zu tausend ist, würden wir dieser nicht erlauben, sich zum Märtyrer zu machen. Um ein Märtyrer zu werden, musst du leben wollen.«[29] Fayez Jaber von den Aksa-Märtyrerbrigaden insistiert gleichfalls, seine Organisation akzeptiere nur ganz und gar reife, psychisch gesunde Freiwillige und nicht solche, die persönlichen oder familiären Problemen zu entkommen suchen.[30] Es lässt sich also nicht bestreiten, dass Selbstmordterroristen im landläufigen Sinn des Wortes nicht verrückt sind.

Die Vorstellung, Armut treibe die Menschen zum Selbstmordterrorismus, wird ebenfalls von den Lebensläufen der Freiwilligen widerlegt – vom Ägypter Mohammed Atta mit seinem Diplom in Stadtplanung bis hin zum Briten Shehzad Tanweer, dem Sohn eines erfolgreichen mittelständischen Geschäftsmanns. Dennoch trifft es zu, dass beruflich erfolgreiche Menschen sich nicht freiwillig für Selbstmordmissionen melden, und viele von denen, die es tun, aus wirtschaftlich desolaten Gebieten wie dem Gazastreifen kommen. Der Märtyrereinsatz ist jedoch kein Akt der Verzweiflung, wie man am Überschwang der jungen Leute erkennen kann, die sich im Gazastreifen scharenweise im Hauptquartier der Hamas als Freiwillige melden.

Mittlerweile kann die Kapazität der Sozialwissenschaftler mit der zunehmenden Verbreitung des Selbstmordterrorismus nicht mehr Schritt halten. All die sorgfältig zusammengetragenen Datensätze zur Berechnung der Tödlichkeit von Anschlägen oder dem prozentualen Anteil der unterschiedlichen Gruppen wurden durch die außergewöhnliche Eskalation der Selbstmordanschläge im Irak seit der US-Invasion des

Landes zunichtegemacht. Seit dem Sturz von Saddam Hussein im April 2003 hat es im Irak mehr Selbstmordattentate gegeben als im Rest der Welt seit der erstmaligen Anwendung dieser Strategie im Jahr 1981. Allein im Mai und Juni 2005 erlebte der Irak mehr Selbstmordanschläge, als von den Israelis verzeichnet worden sind, seit dort im Jahr 1993 zum ersten Mal zu diesem Mittel gegriffen wurde.[31]

Wir wissen sehr wenig über jene, die im Irak solche Anschläge verüben.[32] Viele sind Einheimische, andere Ausländer, vor allem Saudis, Syrer und algerische Mudschaheddin. Viele Attentate wurden von der irakischen Qaida verübt, die Abu Mussab al-Sarkawi führte und Teil des al-Qaida-Konsortiums ist. Für andere waren Ansar-e Islam und Ansar al-Sunna verantwortlich. Viele dieser Gruppen setzen sich aus Irakern zusammen, einige bestehen jedoch überwiegend aus ausländischen Kämpfern, die rekrutiert wurden, um gegen die Vereinigten Staaten zu kämpfen. Es kann kaum bezweifelt werden, dass das Ziel dieser Anschläge ist, die USA aus dem Irak zu vertreiben. Die jungen Freiwilligen wollen sich für die Besetzung des Iraks und den amerikanischen Krieg gegen den Terror rächen, den sie als Krieg gegen den Islam verstehen. Sie wollen auch Reaktionen produzieren. Zweifellos hoffen sie, dass sie die Kosten der Besatzung so weit in die Höhe treiben können, dass die amerikanische Regierung den Rückzug beschließt. Offen bleibt, wie sie Ruhm erwarten können. Es gibt einfach so viele Rekruten und so viele Anschläge, dass sie eigentlich kaum betreut werden können.

Ein bisschen Licht in die Angelegenheit brachte ein Interview des Reporters Aparisim Ghosh mit »Marwan«, einem jungen Märtyrer in Wartestellung. Wie seine Kollegen im Gazastreifen beschrieb er den Moment, als er erfuhr, dass er es auf die Liste der Selbstmordkandidaten geschafft hatte, als den »glücklichsten Tag in meinem Leben«. Er hoffte, angesichts der Zahl von Anschlägen nicht lange warten zu müssen: »Ich kann nicht warten. Ich bin bereit, jetzt zu sterben«, sagte er. Marwan, der aus einer gut situierten Mittelschicht-Familie stammt, erklärte, er hätte erwartet, dass die Vereinigten Staaten Saddam Hussein stürzen und dann wieder gehen würden, aber die US-Soldaten seien als Besatzer geblieben. Seiner Schilderung nach radikalisierte ihn ein Zwischenfall im April 2003, bei dem US-Soldaten in eine Menge schossen, die vor einer Schule demonstrierte. Zwölf Personen starben, und viele weitere wurden verletzt. Marwan war Zeuge des Vorfalls und beschloss, entschieden den Kampf gegen die Vereinigten Staaten aufzunehmen.[33]

Marwan erklärte, in erster Linie würde er für den Islam kämpfen, in zweiter, um ein Märtyrer zu werden und in den Himmel zu kommen, und in dritter für sein Land. Er räumte ein, dass er wenig darüber nachgedacht habe, wie der islamische Staat aussehen sollte, den er gerne hätte. Er sagte: »Der erste Schritt ist, die Amerikaner aus dem Irak hinauszubekommen. Wenn wir das geschafft haben, können wir die weiteren Einzelheiten ausarbeiten.«[34]

Wie in anderen Ländern auch nehmen viele dieser Freiwilligen vor ihrem Einsatz ihr Bekenntnis auf Video auf, und ihre Namen werden in leuchtenden Farben auf Dschihad-Websites veröffentlicht, um erstens andere zu ermutigen und zweitens die Freiwilligen berühmt zu machen. Allerdings kann den irakischen Rebellen nicht dasselbe Maß von Ruhm garantiert werden wie ihren palästinensischen und tamilischen Pendants. Das liegt vor allem an der Art der Besatzung und des Aufstands. Beispielsweise gibt es nach dem Tod eines Märtyrers keine familiären Feierlichkeiten, weil man Vergeltungsakte an den Angehörigen befürchtet. Marwan behauptet aber, das mache ihm nichts aus. Er sagt: »Es kommt nicht darauf an, ob die Menschen wissen, was ich tat. Die einzige Person, auf die es ankommt, ist Allah – und die einzige Frage, die er mir stellen wird, lautet: ›Wie viele Ungläubige hast du getötet?‹«[35]

Den Paten des Selbstmordterrorismus im Irak gelingt es in der Tat, für ihre Freiwilligen Gruppenunterstützung zu bekommen, ihnen einen Mentor an die Seite zu geben, der sie durch die letzten Wochen geleitet, und vor dem Einsatz ein Vorbereitungsritual abzuhalten. Anscheinend ist es ihnen aber auch gelungen, ihre Freiwilligen zu überreden, auf den großen Ruhm zu verzichten, der anderen Märtyrern gewiss ist, oder vielmehr sich mit dem Ruhm im Jenseits zu begnügen. Aber auch hier spielt der Reiz irdischen Ansehens eine gewisse Rolle. Marwan sagte, er hoffe, dass er für einen sehr wichtigen, großen Anschlag gewählt würde, einen von der Art, der überall Schlagzeilen macht und den al-Sarkawi höchstpersönlich leitet.

Eine andere, erst jüngst in den Brennpunkt gerückte Besonderheit beim Selbstmordterrorismus ist die erhebliche Anzahl von Märtyrerinnen. Die kurdischen und tamilischen Terrorgruppen setzen seit vielen Jahren Frauen als Selbstmordattentäterinnen ein, aber der Westen hat davon kaum Notiz genommen. Im Allgemeinen sind Frauen in Terrorbewegungen unterrepräsentiert, unter den Selbstmordattentätern der PKK und der LTTE sind sie aber überrepräsentiert. Frauen haben sich in den letzten Jahren auch sehr unter den tschetschenischen Selbstmordterroristen hervorgetan, und ihre Angriffe richteten sich bewusst gegen Zivilisten, beispielsweise als sich zwei junge Tschetscheninnen sich Sprengstoff umgürteten und bei einem gut besuchten Open-Air-Rockkonzert im Juli 2003 in Moskau in die Luft sprengten. Doch erst als palästinensische Gruppen Frauen einzusetzen begannen, horchte der Westen auf.

Islamistische Fundamentalisten betrachten Frauen als Besitz, den es zu schützen gilt, und das dürfte unvereinbar damit sein, dass sie Soldatinnen werden, ganz zu schweigen von Märtyrerinnen. Al-Qaida beispielsweise hat noch keine Frauen auf Selbstmordmissionen geschickt, auch wenn Ende 2005 al-Qaida nahestehende Organisationen anscheinend dazu bereit waren. Die Erfahrungen anderer islamistischer Gruppen lassen jedoch darauf schließen, dass in diesem Punkt die Zweckmäßigkeit über das Dogma triumphieren kann. Wenn also al-Qaida es für angebracht hält, Frauen für Selbstmordanschläge einzusetzen, wird die Organisation wahrscheinlich ihre religiösen Vorschriften dementsprechend anpassen. Der Einsatz von Frauen gegen Israel scheint eine Folge der Rivalität zwischen religiösen und säkularen Gruppen zu sein, die um den Rang der legitimen Repräsentanz des palästinensischen Volkes streiten. Die ersten Märtyrerinnen handelten im Auftrag der säkularen Aksa-Märtyrerbrigaden, dem selbstmordterroristischen Ableger von Jassir Arafats Fatah.

Am 27. Januar 2002 beging Wafa Idris, eine sechsundzwanzigjährige Helferin des Roten Halbmonds, den siebenundvierzigsten palästinensischen Selbstmordanschlag und war damit die erste Märtyrerin, die im Namen der Palästinenser handelte. Ähnlich wie 1985 der syrische Präsident Hafis al-Assad versuchte, die Selbstmordattentate im Libanon zu säkularisieren und dadurch Unterstützung von den religiösen Extremisten abzuziehen, fand auch Jassir Arafat beim Ausbruch der zweiten Intifada im September 2000, er könne die Märtyreroperation nicht allein den islamistischen Anhängern der Hamas und des Palästinensischen Islamischen Dschihad überlassen. Ein gutes Jahr später setzte der stets trickreiche Präsident der Palästinensischen Autonomiebehörde noch eins drauf, indem er beschloss, sich einen der Vorteile der säkularen Gruppen zunutze zu machen, nämlich die Unterstützung durch Frauen. Im Januar 2002 sprach Arafat vor einer Menge von über 1000 Palästinenserinnen. Er sagte ihnen, sie seien Männern gleichgestellt, und erklärte: »Ihr seid meine Armee der Rosen, die die israelischen Panzer vernichten wird.« In seiner Rede bildete er vom Wort Schahid eine weibliche Form und rief: »Schahida, Schahida bis Jerusalem.«[36]

Am selben Nachmittag ließ Wafa Idris in einer Jerusalemer Einkaufstraße ihren Sprengsatz hochgehen und riss einen einundachtzigjährigen Israeli mit in den Tod. Über 130 Menschen wurden verletzt. Anfangs zögerte die Fatah, die Attentäterin öffentlich als eine der ihren anzuerkennen, aber als feststand, dass die Leute auf der Straße überwältigend positiv reagierten, bekannte die Fatah sich zu ihr und forderte ihre Familie auf, sich über ihren Tod zu freuen. Ein paar Wochen später gründeten die Aksa-Märtyrerbrigaden offiziell zu Idris' Ehren eine Fraueneinheit, die Schawak al-Aksa.

Die säkularen Gruppen reagierten nicht als einzige auf die Stimmung in der Öffentlichkeit. Ursprünglich erklärte Scheich Ahmed Jassin, der geistige Führer der Hamas, dass jeder Mann, der eine Frau als Märtyrerin rekrutiert, islamisches Recht breche: »Er nimmt ein Mädchen oder eine Frau ohne die Erlaubnis ihres Vaters, Bruders oder Mannes, und deshalb steht die Familie des Mädchens vor einem noch größeren Problem, denn der Mann hat die größte Macht über sie und bestimmt den Tag, an dem sie ihr Leben an Allah zurückgibt.«[37] Aber auch die Hamas änderte bald ihre Haltung. Etwas später sagte Jassin, es gebe viele Männer, die »fordern, teilzunehmen«, man bräuchte also keine Frauen. Dann schrieb er in *Asharq al-Awsat*, einer in London erscheinenden Zeitung, Frauen würden männliche Begleiter benötigen, und daher sei es besser, nur mit Männern zu arbeiten.[38] Noch später revidierte er seine ursprüngliche Position völlig und behauptete: »Der Prophet hat sich immer ausdrücklich für das Recht der Frau ausgesprochen, sich am Dschihad zu beteiligen.«[39]

Ehe der Hamas-Sprecher Dr. Abd al-Asis al-Rantissi von den Israelis ermordet wurde, erklärte er der Autorin Barbara Victor, das Fatwa sei angepasst worden, und Frauen seien als Schahida willkommen, doch erst müssten sie einen Sohn und eine Tochter gebären. »Erst wenn sie ihre demografische Aufgabe erfüllt hat, kann sie am bewaffneten Kampf teilnehmen.«[40] Es dauerte nicht lange, bis die Bewegung eine Kandidatin hatte. Am 14. Januar 2004 verkündete *Fox News*: »Mord-Bomben-Mutter bringt an der Gaza-Grenze vier Menschen um.« Eine zweiundzwanzigjährige Mutter eines dreijährigen Sohnes und einer einjährigen Tochter hatte sich am Hauptgrenzübergang in die Luft gesprengt. Die Hamas und die Aksa-Märtyrerbrigaden erklärten sich gemeinsam dafür verantwortlich. Hamas räumte ein, dass es ein erster Versuch gewesen sei, erklärte den Schachzug aber mit rein taktischen Gründen: Die israelischen Sicherheitsmaßnahmen machten den männlichen Attentätern das Leben schwer. Vor ihrem Tod nahm Reem Riaschi das mittlerweile vertraute Video auf. In die Kamera lächelnd erklärte sie, seit sie dreizehn gewesen sei, hätte sie davon geträumt, eine Märtyrerin zu werden und für ihr Volk zu sterben. Merkwürdigerweise fügte sie noch hinzu: »Gott gab mir zwei Kinder, und ich habe sie so geliebt. Nur Gott weiß, wie sehr ich sie geliebt habe.«[41]

Reem war nicht die erste Mutter, die sich für eine Selbstmordmission gemeldet hatte. Genau ein Jahr zuvor wurde die vierzigjährige Suhad Gadallah nur durch das rasche Eingreifen eines jungen israelischen Passanten daran gehindert, sich in die Luft zu sprengen. Sie hatte zuhause einen behinderten Ehemann und vier Kinder zwischen fünf und fünfzehn Jahren zurückgelassen. Ihre Tat erklärte sie in der vertrauten Sprache der Rache: »Mein ältester Sohn Abdullah war zwanzig, als er von Soldaten erschossen wurde. Mein Kind ist tot. Ich hatte keinen Grund mehr zu leben. Ich wollte nur seinen Tod rächen. Ich wusste, dass Allah für meine anderen Kinder und meinen Mann sorgen würde.«[42]

Viel Aufhebens wurde im Westen von der Motivation durch das Versprechen gemacht, dass den Märtyrer im Paradies 72 Jungfrauen erwarten. Diese Aussicht ist zweifellos für Frauen von geringerem Interesse. Mehrere in Israel wegen des Versuchs, Märtyrerinnen zu werden, inhaftierte Frauen erzählten der Autorin Manuela Dviri, eine Märtyrerin »wird die Chefin der 72 Jungfrauen sein, die Schönste der Schönen«.[43] Nachdem Scheich Jassin beschlossen hatte, Selbstmordattentäterinnen zuzulassen, interpretierte er den Koran dahingehend, dass Märtyrerinnen »sogar noch schöner werden als die 72 Jungfrauen …«. Ihre eigenen 72 Jungfrauen sind ihnen jedoch nicht zugesichert, sondern: »Wenn sie nicht verheiratet sind, bekommen sie im Paradies einen reinen Ehegatten.« An dieser Front war er nicht so weit, Frauen Gleichheit zuzugestehen, aber an einer anderen. Wie ihre männlichen Pendants »dürfen sie 70 Verwandte mitbringen [ins Paradies], denen ebenfalls die Qual des Grabes erspart bleibt«.[44]

Interviews mit der Familie und Freundinnen der ersten palästinensischen Selbstmordattentäterin lassen darauf schließen, dass sich die Motive dieser Frauen schon von denen ihrer männlichen Pendants unterscheiden. Hinter den üblichen Floskeln wird ersichtlich, dass diese ersten Wegbereiterinnen auch gegen mächtige persönliche Dämonen kämpften. Wafa Idris war von ihrem Mann geschieden worden, weil sie ihm keine Kinder geboren hatte, und sie war gezwungen gewesen, zu ihrer vaterlosen Familie zurückzugehen, die es sich kaum leisten konnte, sie zu versorgen. Ihr einziges Kind war tot geboren worden, was Schande über sie und ihre Familie gebracht hatte. Einen Monat später trat Darine Abu Aischa in ihre Fußstapfen. Die zwanzigjährige Studentin war zutiefst deprimiert und stand unter dem enormen Druck ihrer Familie, zu heiraten. Von israelischen Wachen war sie gezwungen worden, in aller Öffentlichkeit an einem Grenzübergang ihren Cousin zu küssen, was sie zutiefst beschämt hatte. Der Cousin hatte angeboten, sie zu heiraten. Aber sie wollte beruflich Karriere machen, nicht heiraten.

Ajat al-Akhras scheint von der Sehnsucht getrieben gewesen zu sein, zum einen Rache für die israelische Besatzung zu nehmen und zum anderen ihre Familie von der Schande und der Gefahr zu befreien, dass ihr Vater den Lebensunterhalt bei einer israelischen Baugesellschaft verdiente. Hiba Daraghmeh war als Vierzehnjährige vergewaltigt worden. Und diese Liste ließe sich fortsetzen. Über die, die sich in die Luft zu sprengen versuchten, aber scheiterten, hört man immer wieder Geschichten von Vergewaltigung und unehelichen Kindern.[45] Eine israelische Wärterin aus einem Gefängnis, in dem Möchtegern-Märtyrerinnen einsitzen, beschrieb die Frauen und ihre Motive:

> Es sind insgesamt 30, sie sind zwischen 17 und 30 Jahren alt, manche von ihnen sind verheiratet, andere nicht, manche haben Kinder. Ihre Geschichten kommen aus *Tausendundeine Nacht*. Einige von ihnen wollten wiedergutmachen, dass ein Verwandter sich als Kollaborateur erwiesen hatte, andere wollten dem Schicksal entgehen, Opfer eines Ehrenmords zu werden, und für die psychisch Labilen oder Depressiven war es eine gute Möglichkeit, Selbstmord zu begehen und gleichzeitig zur Heldin zu werden.[46]

Wenn das zutrifft, lässt es darauf schließen, dass die Behauptung, man nehme nur psychisch gesunde Freiwillige, Frauen anscheinend nicht einschließt.

Mit den steigenden Zahlen von Märtyrerinnen scheint sich das Profil aber normalisiert zu haben. Seit den ersten paar Versuchen bieten die Selbstmordattentäterinnen einen Querschnitt durch die palästinensische Gesellschaft von der Anwältin bis zu Hausfrau. Mit Andalib Suleiman scheint die Normalisierung abgeschlossen. Ihr Motiv war offensichtlich nicht, irgendwelche persönlichen Dämonen auszutreiben, sie wollte vielmehr ein Superstar werden. Die Verehrung, die man den Märtyrern entgegenbringt, faszinierte sie, und in ihrem Schlafzimmer hingen deren Bilder statt Popstar-Postern an die Wand. Ihr Ausbilder erklärte, sie habe eine Schahida werden wollen, um die Morde an Frauen und Kindern durch die Israelis zu rächen, um zu beweisen, dass Frauen so tapfer wie Männer sind und ihre Familie entschlossene Kämpfer stellt – und: »Sie wollte auch zugesichert haben, dass sie nach ihrem Tod in der ganzen arabischen Welt berühmt sein würde.«[47] Die Selbstmordattentäterinnen in den Palästinensergebieten teilen mit ihren männlichen Pendants eindeutig den Wunsch nach Rache und Ruhm. Es scheint ihnen allerdings mehr um Nationalismus als um Religion zu gehen. Dieser Unterschied ist wahrscheinlich auf die Tatsache zurückzuführen, dass Nationalismus eher mit der Gleichheit der Geschlechter zu vereinbaren ist als die Religion, und viele der Frauen wollen etwas für ihre Gemeinschaft und zugleich etwas für ihr Geschlecht erreichen. Doch selbst im Tod erlangen sie die Gleichstellung nicht ganz. Die Familien von männlichen Attentätern bekommen eine lebenslange Rente von 400 Dollar pro Monat von der sponsernden Organisation, die Familie einer Schahida erhält 200 Dollar monatlich.[48]

Organisationen und Individuen

Für die schwächere Seite einer Auseinandersetzung ist der Selbstmordterrorismus eine sehr wirkungsvolle Strategie. Prabhakaran von den Tamilischen Befreiungstigern erklärte: »Mit Ausdauer und Opferbereitschaft kann Tamil Eelam in 100 Jahren erreicht werden. Wenn wir aber die Schwarzen Tiger einsetzen, können wir das Leiden des Volkes verkürzen und Tamil Eelam in kürzerer Zeit erreichen.«[49] Und Scheich Jassin von der Hamas meinte: »Wenn wir erst einmal Jagdflugzeuge und Raketen haben, dann können wir überlegen, zu unserer legitimen Selbstverteidigung andere Mittel einzusetzen.«[50] Für die jeweilige Organisation ist entscheidend, einen stetigen Nachschub an Freiwilligen zu haben. In zumindest einem Fall wollte eine Terrorgruppe einen Selbstmordanschlag verüben, konnte aber keine Freiwilligen finden. Angespornt vom Erfolg des 11. Septembers versuchte die Führung der Fuerzas Armadas Revolucionarias de Colombia (FARC) einen Freiwilligen zu rekrutieren, der während der Amtseinführung des designierten Präsidenten Álvaro Uribe Vélez ein Flugzeug in den Präsidentenpalast fliegen sollte. Trotz eines Angebots von 2 Millionen Dollar für die Familie des Piloten ließ sich keiner finden. Die Organisation musste sich damit zufriedengeben, außerhalb des Palastes mehrere Bomben zu legen.[51]

Terroristenführer sprechen abgebrüht und strategisch von Selbstmordanschlägen, Freiwillige aber emotional und erregt. Dr. Aiman al-Sawahiri, Bin Ladens rechte Hand, macht eine Art Kosten-Nutzen-Rechnung auf, wenn er von den Vorteilen spricht, eine maximale Menge von Opfern mit einer minimalen Menge an Verlusten unter den Mudschaheddin zu erreichen.[52] Hassan Nasrallah, Generalsekretär der Hisbollah, wurde noch deutlicher:

> Wenn man im Libanon eine Operation mit dem Ziel durchführen will, acht oder neun Soldaten zu töten, braucht es Ausbildung, Ausrüstung, Beobachtung, Spähtrupps, Raketen, Sprengstoff ... Und nach all diesen Vorbereitungen erzielt man schließlich wegen der starken Befestigungen des Feindes nur drei oder vier Tote. Andererseits konnte ein einziger [Märtyrer] ohne Ausbildung oder Erfahrung und ohne irgendwelche militärische Unterstützung einen Bus fahren und acht oder neun töten, 21 verletzen und die gesamte »israelische« Entität in Angst und Schrecken versetzen.[53]

Ein palästinensischer Sicherheitsoffizier erklärte Nasra Hassan, dass man, abgesehen von einem Freiwilligen, nur gebräuchliche Dinge benötigt, etwa Nägel, Schießpulver, eine Batterie, einen Lichtschalter und ein kurzes Kabel, Quecksilber, Aceton und einen Gürtel, der lang genug ist, damit man sich den Sprengstoff umschnallen kann. »Das teuerste ist der Transport in eine weit entfernte israelische Stadt. Die Gesamtkosten einer typischen Operation liegen bei 150 Dollar.«[54] Die teuerste Selbstmordmission der Geschichte waren die Anschläge vom 11. September; sie kosteten geschätzte 500 000 Dollar, richteten aber Schäden in Höhe von zig Milliarden Dollar an – von den enormen Opferzahlen ganz abgesehen. Die Freiwilligen aber sprechen überhaupt nicht über Kosten, sondern darüber, wie glorreich ihr Tod für die Sache sein wird. Ein gescheiterter palästinensischer Märtyrer, der seine Mission überlebte, beschrieb die Vorbereitungszeit als »die glücklichsten Tage meines Lebens ... Wir sagten zueinander, wenn die Israelis wüssten, wie fröhlich wir sind, würden sie uns zu Tode peitschen.«[55]

Den Familien einiger Märtyrer ist es nicht entgangen, dass die Führer der Organisationen keine eigenen Kinder als Schahid zur Verfügung stellten. Als man ihm diesen Vorschlag unterbreitete, antwortete Scheich Jassin klug, aber unglaubwürdig: »Nicht wir wählen die Märtyrer aus. Allah wählt sie.«[56] Das soll nicht heißen, dass Anführer solcher Bewegungen nicht ihre eigenen Worte glauben; ich denke, das tun sie. Man kann aber daraus schließen, dass sie insgesamt pragmatischer über Märtyrereinsätze nachdenken als die vielen jungen Menschen, die sich freiwillig dafür melden. Ein Hamas-Führer erklärte: »Unser größtes Problem sind die Horden junger Männer, die an unsere Türen klopfen und lautstark ihren Einsatz fordern. Es ist schwierig, nur einige wenige auszuwählen. Jene, die wir wegschicken, kommen immer wieder zurück und bedrängen uns mit ihrem inständigen Flehen, genommen zu werden.«[57] Ein älterer Führer der Qassam-Brigaden bestätigte das: »Der Auswahlprozess wird durch den Umstand erschwert, dass so viele diese Ehrenreise antreten wollen. Erwählt man den einen, sind zahllose andere enttäuscht.«[58]

Die Organisationen, die Selbstmordattentäter rekrutieren, kennen die Motive ihrer Anhänger. Haben sie einen Freiwilligen ausgewählt, durchläuft dieser einen gut eingespielten Ausbildungsprozess. Die Freiwilligen, die ja bereits zur Sache bekehrt sind, gehen durch eine Zeit der Indoktrinierung; dabei sind sie einem ständigen Sperrfeuer von Information und Ideologie ausgesetzt, das ihre Hingabe stärken soll. Die Organisation appelliert an ihren Rachedurst, indem sie Geschichten erzählt und Filme zeigt, welche Verbrechen an Muslimen begangen wurden oder welche Gräueltaten von Israelis an Palästinensern. Die Mission wird in Übereinstimmung mit der Gruppenideologie erklärt: Mit religiösem Fundamentalismus im Fall von Islamisten oder mit Nationalismus im Fall von säkularen Gruppen. (In den meisten Palästinensergruppen findet sich beides, wobei je nach Art der Organisation mal das eine, mal das andere stärker betont ist.) Die Aktion wird mit der Ideologie der Bewegung und der Geschichte der Gemeinschaft, aus der der Freiwillige stammt, legitimiert und glorifiziert. An die Sehnsucht nach Ruhm wird appelliert, indem die Aktionen früherer Märtyrer verherrlicht und als heldenhaft hingestellt werden. An diesem Punkt setzen auch die Bemühungen an, die Bereitschaft des Freiwilligen noch mehr zu stärken, indem man ihm die Belohnungen darlegt, die ihm und seiner Familie zuteil werden.

Die Ausbilder kennen auch die Macht der Gruppensolidarität und nutzen das zu ihrem Vorteil. Bei der Hamas und beim Palästinensischen Islamischen Dschihad erfolgt die Vorbereitung auf Selbstmordanschläge oft in Kleingruppen von drei bis fünf Freiwilligen. Diese bezeichnet man als »Märtyrerzellen«, um sie von den regulären, militärisch operierenden Zellen zu unterscheiden.[59] In ihrem Buch *The Road to Martyrs' Square* berichten Oliver und Steinberg fesselnd von engen sozialen Netzwerken und intensiver Kleingruppenloyalität. An einer Stelle schreiben sie: »Wofür das Fußvolk [der Hamas] anscheinend lebte und starb, waren letzten Endes keine Krankenhäuser, keine Politik, keine Ideologie, keine Religion und auch keine Apokalypse, sondern vielmehr eine kameradschaftliche Ekstase angesichts des Todes auf dem Weg zu Allah.«[60] Welche Macht die Gruppensolidarität ausübt, zeigt ferner die geografische Verteilung der Orte, aus denen viele der Selbstmordattentäter kamen. Ricolfi fand heraus, dass eine deutliche Mehrheit davon aus einer kleinen Anzahl von Flüchtlingslagern rund um die Städte Hebron, Nablus und Jenin im Westjordanland stammte. Er verweist darauf, dass am 17. und 18. Mai 2003 drei Studenten der Polytechnischen Universität von Hebron je einen Märtyreranschlag verübten. Noch verblüffender ist der Fall von »Dschihad-Moschee«, einer Fußballmannschaft aus Hebron, von deren Elf sich acht Mitglieder als Freiwillige meldeten. Sechs dieser acht wohnten Tür an Tür und gehörten derselben Großfamilie an.[61]

Einige Freiwillige nehmen am Abend vor ihrem Einsatz Gruppenvideos auf, und diese Mitschnitte zeigen eindeutig, wie tief die Kameradschaft bei ihnen reicht. Diese Vorabendvideos gehören zu den Ritualen der Selbstmordanschläge. Junge Menschen posieren vor schwarzem Hintergrund vor der Kamera und erklären, warum und wofür sie sterben werden. In vielen Fällen folgen diese Videos einem sorgfältig ausgearbeiteten Drehbuch, und die Freiwilligen verlesen Verlautbarungen, die ihre Terrorgruppe geschrieben hat. Andere sind hingegen eher informell. In einem Video mit dem Titel »Die Giganten« wechseln sich drei künftige Märtyrer in der Bildmitte ab, ehe sie dann zusammen auftreten und gemeinsam schwören, ihre Operation zu Ende zu führen. Man hatte ihnen gesagt: »Im Islam ist Weglaufen etwas Entsetzliches«, und im Koran gebe es eine Sure, die besagt, dass jeder, der inmitten einer Schlacht wegliefe, geradewegs in die Hölle komme.[62] Mit diesen Videos geloben die Freiwilligen explizit – öfter auch nur implizit – in aller Öffentlichkeit, dass sie ihre Mission durchführen werden. Der Hauptzweck dieser Aufnahmen besteht darin, so hat Ariel Merari überzeugend dargelegt, sicherzustellen, dass der Freiwillige seinen Auftrag auch bis zum Ende durchhält. Bei der Hamas und beim Palästinensischen Islamischen Dschihad wird der Kandidat von diesem Zeitpunkt an formell als »der lebende Märtyrer« bezeichnet – *al-schahid al-hai*.[63] Ist man so weit gegangen, wäre es für einen selbst und für die Familie zutiefst beschämend, sich die Sache anders zu überlegen. Doch die Videos dienen auch noch anderen Zwecken: Sie sind nützliche Propagandawerkzeuge und helfen bei der Glorifizierung des Märtyrers, die wiederum dazu beiträgt, neue Freiwillige zu gewinnen.

Was ein überaus individueller Akt zu sein scheint – sich in die Luft zu sprengen, um andere zu töten –, ist in Wahrheit ein sehr sozialer. Viele melden sich mit ihren Freunden gemeinsam als Freiwillige, und selbst wenn sie das nicht tun, entstammen sie einer Gemeinschaft, die ihr Verhalten unterstützt. Ihre Entschlossenheit wird von der Hingabe an ihre Gruppe befördert, und ihnen winkt der Lohn, in ihrer Gemeinschaft berühmt zu werden. Öffentlichen Meinungsumfragen zufolge schwankt die Befürwortung von Selbstmordanschlägen in der palästinensischen Bevölkerung; das Spektrum reicht von niedrigen 20 Prozent Befürwortern Anfang der neunziger Jahre bis zu einem Höhepunkt von rund 75 Prozent ein Jahrzehnt später. Eine Umfrage vom März 2005 zeigt, dass die palästinensische Unterstützung für Bombenanschläge in Israel von 77 Prozent im September 2004 auf 29 Prozent im März 2005 gefallen war, auch wenn nur 40 Prozent der Meinung waren, dass die Täter bestraft werden sollten.[64] Andere Umfragen im Mai 2005 ergaben, dass die palästinensische Bevölkerung bei diesem Thema ziemlich genau gespalten ist.[65] Der Selbstmordanschlag auf das Restaurant Maxim's in Haifa, bei dem 21 Israelis, darunter vier Kinder, starben und 60 weitere verletzt wurden, unterstützten 75 Prozent der Palästinenser.[66] In den engen sozialen und familiären Netzwerken, die die Freiwilligen hervorbringen, liegt der prozentuale Anteil wahrscheinlich noch höher.

Versucht man herauszufinden, was ein Individuum hauptsächlich dazu bringt, sich freiwillig als Märtyrer zur Verfügung zu stellen, stößt man auf sehr überzeugende Beweise, dass wie beim Terrorismus im Allgemeinen Rache, Ruhm und Reaktion die wichtigsten Motive sind. Von Tschetschenen über Tamilen und Palästinenser bis hin zu Saudis, bei Frauen und Männern, bei Jungen und Alten, ist die Rede der Freiwilligen mit der Sprache der Rache durchtränkt. Ein älteres Mitglied der Qassam-Brigaden sagte zu Nasra Hassan: »Nach jedem Massaker, nach jeder massiven Verletzung unserer Rechte und nach jeder Schändung unserer heiligen Stätten fällt es uns leicht, Jungen von der Straße zu finden, die eine Märtyreroperation übernehmen wollen. Uns der Mengen zu erwehren, die Rache und Wiedergutmachung fordern und auf menschlichen Bomben bestehen – das wird zu unserem größten Problem.«[67] Während der Geiselnahme in einem Moskauer Theater im Oktober 2002 sendete al-Dschasira ein vorher aufgenommenes Band, das fünf der tschetschenischen Geiselnehmerinnen zeigte, die ihre Bereitschaft zu sterben zum Ausdruck brachten und erklärten, sie handelten so, um »ihre Verluste zu rächen«. Bei den tschetschenischen Terroristen gibt es eine Spezialeinheit namens »Schwarze Witwen«, die aus Frauen besteht, die nach dem Tod ihrer Männer zu Terroristinnen wurden. In den Abschiedsvideos der lebenden Märtyrer ist unablässig von dem Wunsch die Rede, sich für die Gräueltaten zu rächen, die an ihren Gemeinschaften begangen wurden. Gedenkplakate und -karten der Märtyrer erklären: »Das Recht auf Rache ist unser.« Mitte der neunziger Jahre kam im Gazastreifen eine populäre Musikrichtung auf, die man »Vergeltungslieder« nannte. Manchmal wollen die Attentäter sich für persönliches Unrecht rächen oder für den Tod oder die Verhaftung eines Verwandten, und manchmal geht es um Vergeltung für die schlechte Behandlung von Menschen, die sie nicht kennen, mit denen sie sich aber identifizieren. Oft soll das Gefühl der Demütigung gerächt werden. Je länger sich eine Auseinandersetzung hinzieht, desto mehr Gräueltaten müssen gerächt werden.

Es liegt in der menschlichen Natur, dass der Rachedurst ein machtvolles Motiv sein kann, in der Vergangenheit hat das aber nicht ausgereicht, in großer Zahl Menschen dazu zu bringen, Selbstmord zu begehen. Noch andere Motive sind mit im Spiel, und diese sind sozialer Natur, beispielsweise der Wunsch, gegenüber den eigenen Leuten loyal zu sein und in der Gemeinschaft verehrt zu werden. Wenn ich mir einige der Abschiedsvideos ansehe, vor allem die mit den weniger sorgfältigen Drehbüchern, kann ich mich des Eindrucks nicht erwehren, dass die Führer der Bewegung kurz dem Wunsch der Freiwilligen nachgeben, im Zentrum der Aufmerksamkeit zu stehen, ehe sie sie dann als Kanonenfutter in die Schlacht schicken.

Der PKK-Führer Abdullah Öcalan sagte über die ersten kurdischen Selbstmordterroristinnen: »Diese Frauen hatten das Bewusstsein und den Willen, freie Frauen zu sein, eine wichtige Botschaft zu übermitteln, ein Beispiel für Frauen in aller Welt zu sein.«[68] Die Führer der Organisationen wissen, wie verführerisch diese Perspektive ist, und haben um den Schahid eine Kultur der Heldenverehrung erschaffen. Lieder rühmen ihre Tugenden und ihren Mut. Ihresgleichen schmücken die Wände in ihren Straßen und die in ihren Heimen mit den Bildern jener, denen sie gern nacheifern würden. Ihre Geschichten kann die ganze Welt im Internet nachlesen. Kalender präsentieren den »Märtyrer des Monats«. Arbeitslose Jugendliche haben keine Möglichkeit, ihren Traum zu verwirklichen, ein Superstar wie Diego Maradona oder Britney Spears zu werden (vor allem wenn sie nicht gut Fußball spielen beziehungsweise singen können). Aber sie wissen, wie man eine zweite Wafa Idris oder ein zweiter Captain Miller wird, und sie brauchen dafür auch keine besonderen Gaben.

Neben dem weltlichen Ruhm, den zu bekommen die Freiwilligen überzeugt sind, wird ihnen auch ein direkter Zugang zum Paradies garantiert, wo ihnen alles geboten wird, was sie sich im irdischen Leben gewünscht haben. Freiwilligen verspricht man auch Plätze im Paradies für 70 ihrer engsten und teuersten Freunde und Verwandten. Viele finden, ein solches Angebot könne man nicht ausschlagen. Sie geben das Leben auf, dessen sie sich jetzt erfreuen, fügen dem verhassten Feind einen schweren Schlag zu und zwingen ihn damit, auf sie zu reagieren. Zur Belohnung können sie für ihre Familie in dieser Welt und in der nächsten sorgen, während sie sich selbst einen Ehrenplatz im Himmel sichern. Wenn man fest daran glaubt, diese Rendite zu bekommen, ist das wirklich kein schlechtes Geschäft. Aber dass auch säkulare Gruppen, die keinen Platz im Paradies anbieten, so viele Freiwillige haben, verweist darauf, dass dies nicht mehr als ein zusätzlicher Ansporn ist, aber keine Erklärung für die Entscheidung, ein Märtyrer zu werden.

Wenn ein Märtyrer stirbt, hält die Familie eine Feier ab, die einer Hochzeit nicht unähnlich ist. Hunderte Freunde und Nachbarn kommen, und die Eltern verteilen an die Kinder der Nachbarschaft Süßigkeiten. Eltern und Geschwister erzählen davon, wie stolz sie sind, und sie werden in ihren Gemeinschaften verehrt. Später durchgeführte Interviews lassen jedoch darauf schließen, dass zumindest in einigen

Fällen die Familien nur ihre Rolle spielen, das tun, was man von ihnen erwartet, während sie privat in allzu verständlicher Weise trauern. Mabruk Idris, die Mutter der ersten palästinensischen Selbstmordattentäterin, hatte zunächst erklärt: »Ich bin stolz darauf, dass meine Tochter für Palästina gestorben ist, dass sie ihr Leben für uns alle gegeben hat. Allah sei Dank. Allah sei Dank.« Als sich die Kunde von Wafas Tod verbreitete, besuchten sie al-Aksa-Führer zuhause in Ramallah und brachten ihr Süßigkeiten und Plakate mit Fotos von Wafa. Die Atmosphäre war fröhlich, eine Nachbarin beschrieb sie als »eine Hochzeit mit der Ewigkeit«. Nicht lange danach jedoch bekannte die Mutter: »Wenn ich gewusst hätte, was sie tun wollte, hätte ich sie zurückgehalten. Ich trauere um meine Tochter.«[69] Der Vater von Ajat al-Akhras gebrauchte fast dieselben Worte: »Hätte ich gewusst, dass sie so etwas vorhatte, ich hätte die Tür versperrt und den Schlüssel weggeworfen.«[70] Eine andere Mutter erzählte Nasra Hassan, wenn sie von den Plänen ihres Sohnes erfahren hätte, hätte »ich mir ein Hackmesser genommen, mein Herz aufgeschnitten und ihn tief in es hineingestopft. Dann hätte ich es fest zugenäht, um ihn in Sicherheit zu wissen.«[71]

Während die Familien öffentlich stolz sind und privat Trauer zum Ausdruck bringen, scheint die Euphorie der Märtyrer selbst echt zu sein. 1983 konnte ein junger Wachtposten vor dem amerikanischen Marines-Hauptquartier im Libanon einen kurzen Blick auf den Mann werfen, der den Lastwagen voller Sprengstoff in Richtung auf das Gebäude lenkte. Er erinnert sich an keine Gesichtszüge mehr, aber daran, dass der Mann ein ungeheures Lächeln im Gesicht hatte.[72] Israelische Überlebende von Selbstmordanschlägen in Bussen beschrieben die Attentäter gleichfalls als breit lächelnd. In der schiitischen Tradition ist dies als *bassamat al-farah* bekannt, das »Lächeln der Freude«, das vom bevorstehenden Märtyrertum ausgelöst wird. Über 20 Jahre nach dem Anschlag im Libanon erzählte Marwan, der irakische Märtyrer in Wartestellung, dass er gebeten wurde, einem Freund in den letzten Wochen vor dessen Selbstmordmission als Mentor zu dienen. »Mein Freund war glücklicher, als ich ihn je zuvor gesehen habe. Er spürte, dass er kurz vor dem Ende seiner Reise in den Himmel stand.«[73] In ihrem Abschiedsvideo können die drei »Giganten« Abu-Surur, Uthman und al-Hindi ihre Begeisterung nicht zügeln. Sie lächeln und lachen in die Kamera, sie genießen jeden Augenblick, den sie im Zentrum der Aufmerksamkeit stehen. Sie sind geradezu der Inbegriff der »glücklichen Toten«, die in den Slogans der Intifada ständig gefeiert werden. Die Slogans der Hamas erklären: »Ich werde lächelnd sterben, damit meine Religion lebt«, oder: »Oh Muslim, sage voll Freude Allahu akbar.« Nationalistische Gruppen ersetzen die Religion einfach durch die Heimat, wie beispielsweise in: »Wie süß ist der Tod für das Heimatland«, oder: »Mutter, ich bin glücklich, glücklich für die Freiheit zu sterben.«[74] Statt einsame Verzweiflungstaten zu verüben, gehen diese Märtyrer freudentrunken in ihr vorzeitiges Grab.

Individuen wählen zwar das Märtyrertum, um Rache zu nehmen und Ruhm zu erlangen, aber sie wollen auch ihre Sache voranbringen. Sie wollen dem Feind eine Reaktion entlocken, denn damit erkennt jener ihre Bedeutung an. Nur wenige Freiwillige glauben, dass allein aufgrund ihrer individuellen Taten sich Türken, Russen oder Amerikaner zurückziehen, Sri Lanka tamilisch oder Israel zerstört wird, aber mit Sicherheit hoffen sie, dass ihre Aktionen zusammen mit denen anderer auf lange Sicht den politischen Wandel herbeiführen werden und kurzfristig ihr Anliegen wenigsten vom Feind wahrgenommen wird. In einigen Fällen ist die Selbstmordoperation so geplant, dass sie ein Maximum an Opfern fordern kann – wie bei den Anschlägen vom 11. September –, doch in vielen anderen Bereichen, wo Selbstmordattentate fast zu etwas Alltäglichem geworden sind, bekommt man den Eindruck, dass die Freiwilligen mehr vom Sterben angetan sind als vom Töten. Auf den Videobändern sprechen sie freudig und ausführlich über ihren Tod und weit weniger über die, die sie töten werden. Darüber hinaus zünden sie ihre Bomben oft in Situationen, in denen sie nicht annähernd so viele Opfer fordern, wie sie könnten. Bei einem ziemlich extremen Vorfall im August 2001 ging der achtundzwanzigjährige Muhammad Mahmoud Nassr auf eine Kellnerin des Wall Street Cafe in Haifa zu. Er trug genug Sprengstoff im Gürtel, um das ganze Restaurant zu zerstören. Er hob sein T-Shirt, zeigte der Kellnerin den Gürtel und fragte, ob sie wisse, was das sei. Die entsetzten Gäste flohen in Panik aus dem Restaurant. Als er allein war, rief er »Gott ist groß« und sprengte sich in die Luft – und niemanden sonst.

Speziell für die Führer von Terrororganisationen sind Selbstmordanschläge vor allem deswegen so attraktiv, weil sie sich in der Vergangenheit als wirksames Mittel erwiesen haben, eine Reaktion hervorzurufen, ja sogar Resultate zu erzielen. Im Fall des Libanon führten die Selbstmordattentate auf die amerikanischen und französischen Sicherheitskräfte direkt zum Rückzug der multilateralen Truppen. »Wir konnten nicht dort bleiben und unsere Marines dem Risiko weiterer Kamikazeattacken aussetzen«, schrieb Präsident Ronald Reagan in seinen Memoiren zur Erklärung des amerikanischen Rückzugs.[75] Osama Bin Laden hat diesen Vorgang mehrfach als Beweis für die Feigheit der Amerikaner angeführt. Der Rückzug hatte für den Libanon schicksalhafte Folgen, denn so konnte der syrische Einfluss auf das Land ungehindert zunehmen. Möglicherweise beeinflussten diese Anschläge noch 1985 den Entschluss Israels, den größten Teil des bei der Invasion 1982 eroberten Gebiets aufzugeben und sich auf einen kleinen Streifen im Südlibanon zurückzuziehen, den es dann im Mai 2001 auch noch aufgab. Spätere Selbstmordanschläge der Hamas und des Palästinensischen Islamischen Dschihad in Israel sollten den 1993 in Oslo beschlossenen Friedensprozess zum Scheitern bringen. Größtenteils gelang das. Selbstmordattentate beeinflussten auch die israelischen Wahlergebnisse im Jahr 1996. Vor den Wahlen lag Schimon Peres, der allgemein als Taube galt, 20 Prozentpunkte vor seinem Konkurrenten, dem Falken Benjamin Netanjahu. Doch nach Selbstmordanschlägen in Jerusalem und Tel Aviv fand die Mehrheit der israelischen Wählerschaft, die Lage verlange nach einem Falken, und die Wahlen gingen anders aus. Es kann nicht bezweifelt werden, dass die massive und ziemlich beispiellose Eskalation der Selbstmordanschläge auf die US-Amerikaner und ihre Alliierten im Irak seit dem Beginn der amerikanischen Besatzung die USA zum Rückzug zwingen soll.

Allem Anschein nach passten weder Sidique Khan noch Shehzad Tanweer in das gerade beschriebene Schema. Beide waren in Großbritannien geboren und lebten in englischen Vorstädten, wo es um Rivalitäten zwischen Fußball- und Kricketmannschaften geht, nicht um nationale Befreiung oder religiösen Fundamentalismus. Sie scheinen nicht viel hinterlassen zu haben, das ihr Handeln erklären könnte, und wer sie am besten kannte, scheint im Nachhinein am meisten erstaunt. Knapp zwei Monate nach dem Anschlag jedoch strahlte al-Dschasira ein kurzes Videoband aus, das Sidique Khan mit einer rot-weißen Kufija zeigte; er sprach mit einem kräftigen nordenglischen Akzent. Khan bezeichnete sich als Soldaten und sagte, er würde etwas unternehmen, um die Grausamkeiten gegen sein Volk (womit er andere Muslime meinte) zu rächen. Dann wurde Aiman al-Sawahiri gezeigt, der den Londoner Anschlag lobte und ihn als »ein Schlückchen aus dem Glas, aus dem die Muslime getrunken haben«, bezeichnete.[76]

Die Attentäter führten auf ihrer Mission Ausweispapiere mit sich, vermutlich wollten sie also identifiziert werden. Selbst ihre Familien hatten keine Ahnung, was sie planten. Die erste Spur in dem Fall ergab sich daraus, weil die Familie eines weiteren Terroristen, Hasib Hussain, besorgt die Polizei anrief, da er nicht nachhause gekommen war.

In der Verlautbarung, in der sich al-Qaida Europa zu dem Anschlag bekannte, hieß es, er sei dazu gedacht, »Rache an der zionistischen britischen Kreuzritterregierung zu nehmen und um die Massaker wettzumachen, die Großbritannien im Irak und Afghanistan begeht«. Dann wurde anderen Regierungen angedroht: »Sie werden auf dieselbe Weise bestraft werden, wenn sie ihre Truppen nicht aus dem Irak und aus Afghanistan abziehen.«[77] Nicht ganz sicher ist, ob die Verantwortung für die Anschläge, wie in der Verlautbarung geschehen, zu Recht übernommen wird, und auch nicht, ob sie die Motive aller Attentäter widerspiegelt. Doch es spricht vieles dafür, dass dies der Fall ist.

Aus dem, was wir über andere Selbstmordattentäter wissen, kann man davon ausgehen, dass diese vier ebenfalls von dem Wunsch motiviert waren, britische und amerikanische Aktionen im Irak und in Afghanistan zu rächen. Wir wissen nicht, ob sie nach Ruhm strebten, aber angesichts der Beweggründe anderer war das vermutlich der Fall. Geerntet haben sie ihn mit Sicherheit. Dass sie die erste Selbstmordoperation mitten in Europa durchführten, und auch noch zu einer Zeit, als sich die führenden Politiker der Welt im Land aufhielten, stellte sicher, dass ihre Namen rund um den Globus bekannt wurden. In seiner Botschaft sagte Khan: »Ich bin mir sicher, dass die Medien mittlerweile ein angemessenes Bild von mir gezeichnet haben.« Offensichtlich war er also davon ausgegangen, erkannt zu werden. Wir wissen nicht, ob ihnen ihre spanischen Pendants als Vorbild dienten. Am 11. März 2004 ließ eine Gruppe marokkanischer Einwanderer in Pendlerzügen in Madrid zehn Sprengsätze hochgehen, die 191 Menschen töteten. Allgemein geht man von einem Zusammenhang zwischen den Anschlägen und der unerwarteten Wahlniederlage der konservativen Partei von Ministerpräsident Aznar und dem überraschenden Sieg der Sozialisten aus, die angekündigt hatten, die spanischen Truppen aus dem Irak abzuziehen. Man kann sich gut vorstellen, dass die jungen Männer aus Leeds der Ansicht waren, es sei weit besser, glorreich zu sterben als von der Polizei gejagt und für den Rest des Lebens ins Gefängnis gesteckt zu werden. Vernünftigerweise kann man auch annehmen, dass sie glaubten, sie könnten eine Reaktion bewirken, nämlich den britischen Rückzug aus dem Irak. Der Krieg dort ist in Großbritannien höchst unpopulär, und man kann sich leicht vorstellen, dass sie meinten, sie könnten einen britischen Rückzug herbeiführen, wie die Attentäter von Madrid den spanischen.

Rache, Ruhm und Reaktion spielten zweifellos bei ihnen eine Rolle. Zudem hatten sie im radikalen Islam eine legitimierende Ideologie, und sie waren fast *per definitionem* entfremdete Individuen. Was ihnen allerdings zu fehlen scheint, ist die unterstützende Gemeinschaft. Diese Männer wurden in britischen Vororten geboren und wuchsen dort auf, nicht im Gazastreifen.[78] Nach allem, was wir über Selbstmordterroristen wissen, muss es auch eine kollektive Komponente gegeben haben. Ganz offenbar bestand die unterstützende Gemeinschaft nicht aus ihren Familien, Nachbarn und Freunden; wahrscheinlich fühlten sie sich gegenseitig zutiefst verpflichtet. Die plausibelste Erklärung für den Umstand, dass einer der vier Attentäter seinen Sprengsatz erst eine Stunde nach den anderen zündete und das auch noch in einem Bus, nicht in einer U-Bahn, lautet, dass der Täter, Hasib Hussain, daran gehindert wurde, den geplanten Zug zu nehmen und stattdessen in einen Bus stieg. Im Wissen, dass seine Kameraden ihre Bomben hatten hochgehen lassen, hätte er sich von der Gruppe lossagen können, doch stattdessen entschied er, im Rahmen des ursprünglichen Plans zu improvisieren. Sein Pflichtgefühl gegenüber seinen Freunden war vermutlich dergestalt, dass er aus Loyalität ihnen und ihrem Gruppenprojekt gegenüber genauso handelte wie sie.

Das aber wirft die Frage auf: Wo bekam diese kleine Gruppe die soziale Unterstützung her, die sie durchhalten ließ? Khan und Tanweer waren gemeinsam nach Pakistan gereist und hatten dort vermutlich Kontakt zu radikalen Fundamentalisten aufgenommen. Vielleicht hatten sie Unterstützung von einer kleinen Zahl lokaler Extremisten im Umkreis nahe gelegener Moscheen, aber dafür gibt es bislang keine Beweise. Es ist auch möglich, dass es ihnen gelang, die Unterstützung einer virtuellen Umma – Muslimgemeinschaft – über das Internet zu bekommen. Dank des Internets bekommt man Zugang zu islamistischen Websites, liest und sieht endlose Propaganda gegen den Westen oder kommuniziert mit radikalen Imamen in jedem beliebigen Teil der Welt, und das alles aus seinem Zimmer in Leeds heraus. Das Internet hat wahrhaftig die Mittel zur Globalisierung des Terrorismus zur Verfügung gestellt, auch zur Globalisierung der Selbstmordstrategie.

Das verblüffend Neuartige an den Bombenattentaten in London war, dass das übliche Muster terroristischer Gewalt dabei umgekehrt wurde. Terroristische Gewalt beginnt in der Regel lokal und entwickelt sich dann global. In diesem Fall begann sie global und entwickelte sich dann lokal. Ein günstiger Trend ist das nicht.

An Khan und Tanweer schockiert – abgesehen von dem unmenschlichen Entsetzen, das sie Hunderten von Menschen antaten –, dass sie nicht aus einer Gemeinschaft stammten, die ihre Verhaltensweisen offen unterstützte, und dass sie auch nicht selbst unter Diskriminierung und Entbehrungen litten, persönlich niemanden kannten, dessen Leid sie rächen wollten und auch nicht als Mitglieder einer radikalen Gruppe bekannt waren. Es war noch nicht einmal bekannt, dass sie sich überhaupt für Politik interessierten. Ein Freund sagt über Tanweer: »Das ist nicht seine Art, so etwas zu tun. Er ist der Typ, der so etwas verurteilen würde.«[79] Sie scheinen in kein bekanntes Profil von Selbstmordattentätern zu passen, und sie agierten in einem Land und in einer Region, in der es zuvor noch nie einen Selbstmordanschlag gegeben hatte. Die Londoner Bomben stellen daher eine ernst zu nehmende Eskalation der terroristischen Bedrohung dar.

Nachdem wir nun das Aufkommen des Terrorismus und seine Ursachen sowie die Motive der Terroristen untersucht haben, ist es an der Zeit, unsere Aufmerksamkeit der Situation zuzuwenden, mit der die westlichen Länder heutzutage konfrontiert sind, und zu sehen, ob dieses Wissen uns helfen kann, der Bedrohung entgegenzutreten. Oft wird gesagt, am 11. September 2001 hätte sich die Welt verändert. Aber stimmt das?

Zweiter Teil

Die Antiterroristen

Wir Amerikaner fragen: Warum hassen sie uns? Sie hassen, was wir hier in diesem Saal geradewegs vor uns sehen – eine demokratisch gewählte Regierung. Ihre Führer haben sich selbst ernannt. Sie hassen unsere Freiheiten – unsere Religionsfreiheit, unsere Redefreiheit, unsere Freiheit zu wählen und sich zu versammeln und anderer Meinung zu sein als andere.

*George W. Bush, September 2001**

Später [nach dem Anschlag auf die USS Cole] sahen die Mudschaheddin, dass die Bande schwarzherziger Krimineller im Weißen Haus das Ereignis falsch darstellte und ihr Führer – der ein Narr ist, welchem alle gehorchen – behauptet, wir seien auf ihre Lebensart neidisch, während die Wahrheit ist – die der Pharao unserer Generation unterschlägt –, dass wir sie angreifen, weil sie uns in der muslimischen Welt unterdrücken, vor allem in Palästina und im Irak, und weil sie das Land der zwei heiligen Stätten besetzt halten. Als die Mudschaheddin das sahen, beschlossen sie, im Verborgenen zu handeln und den Kampf geradewegs in sein [des US-Präsidenten] Land und auf sein eigenes Gebiet zu tragen.

*Osama Bin Laden, März 2003***

Kapitel 6

Was sich am 11. September 2001 geändert hat und was nicht

Als es Nacht wurde, war die Welt eine andere – eine Welt, in der die Freiheit selbst angegriffen wurde.

George W. Bush, 20. September 2001[1]

Mit der Clerkenwell-Explosion ergriff der Terror von der Gesellschaft Besitz.

Lord Campbell, 18. März 1868[2]

Bevor er an diesem sonnigen, klaren Septembermorgen an Bord der Maschine ging, telefonierte der junge Mann mit seiner Verlobten, um ihr – dreimal – zu sagen, dass er sie liebe.[3] Sie hatte ihn nicht begleiten können, weil sie in Deutschland Medizin studierte. Erst in der Nacht zuvor hatte er ihr einen Liebesbrief geschrieben. Er begann: »Hallo, meine liebe Aysel. Meine Liebe, mein Leben. Meine geliebte Frau, mein Herz. Du bist mein Leben … Ich liebe Dich und werde Dich immer lieben.« Und der Brief endete: »Ich bin Dein Prinz und ich werde Dich zu mir holen. Wir sehen uns wieder!! Für immer Dein Mann.«[4]

Das Paar war seit vierzehn Monaten getrennt, weil sie ihre Ausbildung in verschiedenen Ländern machten. Er hatte sie in dieser Zeit fünfmal in Deutschland besucht, sie ihn einmal in den Vereinigten Staaten. Sechs Monate zuvor war er nachhause gereist, um seinen Vater zu sehen, der am Herzen operiert wurde. Vor seiner Rückkehr an die Flugschule hatte er mit Aysel gesprochen, die gemerkt hatte, dass ihn die Erkrankung seines Vaters zutiefst aufgewühlt hatte. Er hatte ihr gesagt, er wolle bald Kinder haben, damit sein Vater sie noch sehen könne, ehe er sterben würde. Sein Vater hatte sein Studium großzügig finanziert, ihm monatlich 2 000 Dollar geschickt und auch dafür gesorgt, dass es seiner Verlobten gut ging. Die Familie hatte sich gefreut, dass der gut aussehende, sorglose Playboy heiraten wollte. Auf den privaten Eliteschulen, die er besucht hatte, hatte er sich anscheinend mehr für Mädchen als für Mathematik interessiert – meinte jedenfalls seine Familie. Besonders reich war die Familie nicht, aber es ging ihr sehr gut. Man besaß zwei Häuser, fuhr Mercedes und trank gern guten Whiskey. Der einzige Sohn – das mittlere von drei Kindern – gab das Geld gern aus. Als er seine Verlobte besuchte, machte das junge Paar einen Ausflug nach Paris zum Essen, Trinken und Sightseeing, und als sie ihn besuchte, machten sie einen Abstecher zu den Florida Keys. Er hielt sich nicht nur an Menschen, die er kannte, sondern fand an seiner neuen Schule rasch Freunde und unternahm mit diesen eine Vergnügungstour auf die Bahamas. Er übernachtete oft in deren Wohnung, kochte abends für sie und machte allen frühmorgens Tee. »Er war mit allen von uns befreundet«, sagte der Leiter der Schule.[5]

Im Gegensatz zu den anderen Passagieren, die sich an diesem Morgen von ihren Familienangehörigen verabschiedeten, wusste der sechsundzwanzigjährige libanesische Student Ziad Jarrah jedoch, dass er sie nie wiedersehen würde. Er ging am 11. September an Bord von United Airlines Flug 93 und hatte nicht die Absicht, jemals wieder aus dieser Maschine zu steigen.

Mit der folgenden Untersuchung, wie sich die Anschläge vom 11. September 2001 in den USA qualitativ von früheren Terrorakten unterscheiden, will ich zugleich hinterfragen, dass wir Amerikaner in einer völlig neuen Welt leben, in der die Erfahrungen anderer Länder keine Bedeutung haben, in der unsere nationale Sicherheitspolitik unzureichend ist und in der wir uns den Schutz der bürgerlichen Freiheitsrechte nicht mehr leisten können. Dass sich die Terroristen konventioneller Technologie bedienten, symbolische Ziele wählten und Selbstmordanschläge verübten, war alles andere als neu. Dass die Gewalt religiös motiviert war, schien etwas Neues zu sein, war es aber nicht. Dass sich politische Motive mit religiösen vermischten, wurde in seiner Bedeutung hingegen unterschätzt. Obwohl es schon früher Anschläge auf US-Bürger im Ausland gegeben hatte, resultierte aus diesen Angriffen auf amerikanischem Boden ein ganz neuartiges Gefühl der

Verletzlichkeit, und die Antiterrorpolitik des Landes wandelte sich entsprechend. Am meisten veränderten sich mit dem 11. September nicht die gegen uns gerichteten Kräfte, sondern Amerikas Reaktionen auf diese Kräfte. Ein bislang nicht gekanntes Gefühl der Verunsicherung kam auf. Damit einher gingen ein Verlust von Augenmaß und letztendlich die Bereitschaft zu einer Reaktion, die die Lage nur noch verschlimmern sollte.

Das Ausmaß der Gräueltaten vom 11. September war in der langen Geschichte des Terrorismus beispiellos. Knapp 3000 Opfer bedeutete, dass an diesem Tag fast zehnmal so viele Menschen ermordet wurden wie bei jedem anderen Terroranschlag zuvor. Bis dahin war es beim Terrorismus eher um die psychologische Wirkung als um die eigentliche Tat gegangen. Damit hatten die Terroristen ihre relative Schwäche aufgewogen. Aber in diesem Fall war die Zerstörungskraft des eigentlichen Akts in Friedenszeiten unbekannt gewesen. Aus Sicht der Terroristen befanden sich diese allerdings im Krieg. Bin Laden hatte uns 1996 den Krieg erklärt. Die Zerstörungen in New York, Washington und Pennsylvania machten diesen Krieg real. Und wir konterten mit unserer eigenen Kriegserklärung.

Mit die auffälligste Veränderung an diesem Tag war daher, dass es Terroristen erstmals gelungen war, so viele Menschen zu töten, wie das bislang nur in Bürgerkriegen oder in Kriegen zwischen verschiedenen Staaten vorgekommen war. Früher hatten Terroristen nicht die Möglichkeit wahrgenommen, im großen Stil zu morden. Das war nicht nötig gewesen. Sie konnten ihre Ziele ausdehnen und weite Bereiche mit Terror überziehen, ohne große Opferzahlen zu produzieren. Den am häufigsten zitierten Satz dazu sagte der RAND-Experte Brian Jenkins 1974: »Terroristen wollen ein großes Publikum und nicht einen großen Friedhof.«

Die meisten Terrorgruppen sind von der Unterstützung durch ihre ethnische Gruppe oder die Anhänger ihrer Ideologie abhängig, deshalb müssen die Akteure sorgfältig darauf achten, dass ihre Taten nicht dazu führen, dass sich diese Unterstützer abwenden. Wenn das Publikum aber Gott ist, muss man sich nicht so zurückhalten. Da nicht zu erwarten ist, dass Gott seine Meinung verlautbart, haben die

Terroristen freie Hand, seine Reaktion nach Belieben zu interpretieren. Wie die meisten anderen Terrorgruppen mit religiösen Motiven hat al-Qaida aber auch ein irdisches Publikum. Bei al-Qaida ist dieses riesig und geografisch weit verstreut: Es handelt sich um die gesamte muslimische Welt, rund 1,2 Milliarden Menschen, und um die Bevölkerung der Vereinigten Staaten, deren Politik man ändern will. Um eine derart große Menschenmasse zu beeindrucken, brauchte man eine ziemlich spektakuläre Aktion, wie es die vom 11. September in der Tat war.

Es war nicht das erste Mal, dass Terroristen versuchten, so viele Menschen wie möglich zu töten. Die Islamistengruppe aus New Jersey, die im Februar 1993 einen gemieteten gelben Ford-Econoline-Van mit 680 Kilogramm Harnstoffnitrat belud und damit in die Tiefgarage unter dem World Trade Center fuhr, hatte eindeutig vor, möglichst viele Leute umzubringen. Es gelang ihnen, sechs Menschen zu töten und mehr als 1000 zu verletzen. Auf einem 1995 beschlagnahmten Laptop entdeckten die philippinischen Behörden Pläne für einen Anschlag mit zahlreichen Opfern, die von Chalid Scheich Mohammed, dem Vordenker des 11. Septembers, ausgearbeitet worden waren. Die Pläne sahen unter anderem den zeitgleichen Absturz von elf Flugzeugen über dem Pazifik vor. Dafür sollte jeweils eine Bombe unter dem Sitz deponiert werden und der Bombenleger das Flugzeug bei einer Zwischenlandung verlassen. Der Rechner enthielt noch eine Reihe weiterer Pläne, die unter anderem vorsahen, Flugzeuge in wichtige amerikanische Gebäude wie das World Trade Center zu steuern. Gleichzeitig kamen bei der Vernehmung eines der Verhafteten, Abdul Hakim Murat, Pläne heraus, Flugzeuge in die CIA-Zentrale in Langley, Virginia, rasen zu lassen.[6]

Doch jetzt war es Terroristen zum ersten Mal tatsächlich gelungen, so viele Menschen zu töten. Im Jahr zuvor waren 19 Amerikaner bei Anschlägen internationaler Terrorgruppen gestorben, weltweit hatte es 405 Opfer gegeben.[7] Noch ein Jahr früher waren fünf Amerikaner und 233 Angehörige anderer Nationen dem internationalen Terrorismus zum Opfer gefallen.[8] Ein Anstieg von 200 auf 400 und dann auf 3000 ist in jedem Fall dramatisch. Um das Ausmaß der Eskalation zu begreifen, lohnt ein Blick nach Großbritannien. Mehrere Jahrzehnte lang hatten die Briten in Nordirland die IRA bekämpft, eine durch und durch professionelle und skrupellose Terrororganisation. Bei den Anschlägen am 11. September starben 67 britische Staatsbürger – mehr als je bei einem einzelnen IRA-Anschlag in über 30 Jahren.

Nicht nur die Größenordnung der Attentate war ohne Beispiel, auch die Form der Gewalt unterschied sich von allem, was man zuvor erlebt hatte. Dass sich neunzehn junge Männer, eine Gruppe von der Größe einer durchschnittlichen Sportmannschaft, freiwillig zur selben Zeit umbrachten, um amerikanische Büroangestellte zu töten, schien jenseits jeglicher Vorstellungskraft zu liegen.

Amerikaner sehen sich eher aufseiten jener, die das Joch des Kolonialismus abzuwerfen suchen. Sie haben sich nie als koloniale Unterdrücker betrachtet, und die politischen Traumata blieben ihnen erspart, die viele ihrer Verbündeten erlitten, als sie sich mit den Unabhängigkeitsbestrebungen arrangieren mussten, die nach dem Zweiten Weltkrieg die Kolonialreiche hinwegfegten. Wir sind nicht sehr vertraut mit den Schriften eines Frantz Fanon, der Gewalt als Befreiung bezeichnete, als notwendiges Mittel für den Täter, um sich von der Unterdrückung zu erlösen. Er meinte damit nicht die instrumentalisierte Gewalt des Räubers oder des Mafia-Angehörigen. Er meinte die expressive Gewalt, um die Seele zu reinigen.[9] Die Art der Gewalt, mit der die amerikanische Öffentlichkeit am 11. September konfrontiert wurde und auf die sie völlig unvorbereitet war.

Als erstes veränderten sich also Ausmaß und Form der Gewalt, die die Vereinigten Staaten heimsuchte. Das zweite grundsätzlich Neue am 11. September war, dass Amerika auf eigenem Grund und Boden getroffen und damit seine Verwundbarkeit deutlich wurde. Im Gegensatz zu den meisten Verbündeten waren die USA von Terrorismus im eigenen Land relativ verschont geblieben. Die Erinnerung an die Tage des Zorns der Weathermen – dem gewalttätigen Ableger der Students for a Democratic Society (SDS) in den sechziger Jahren – war verblasst. Abgesehen von jenem ersten Anschlag auf das World Trade Center stellte die Bombe im Alfred P. Murrah Federal Building in Oklahoma City am 19. April 1994 die einzige nennenswerte Ausnahme dar. Bei diesem Anschlag starben 168 Menschen, darunter 19

Kinder; verübt hatte ihn Timothy McVeigh, ein sechsundzwanzigjähriger amerikanischer Überlebenskünstler, der sich neunzig Minuten nach der Tat in Polizeigewahrsam befand.[10] So schockierend er auch war, McVeighs Anschlag – für den er am 11. Juni 2001 hingerichtet wurde – galt als Einzeltat eines geistesgestörten Extremisten.

Den Vereinigten Staaten blieb nicht nur Terrorismus im eigenen Land erspart, sie hatten auch das außergewöhnliche Glück, ihre Kriege im Wesentlichen jenseits der eigenen Küsten führen zu können. Sieht man von dem japanischen Angriff am 7. Dezember 1941 auf die Pazifikflotte in Pearl Harbor ab, bei dem 2403 amerikanische Soldaten und 68 Zivilisten starben, muss man schon bis zum Bürgerkrieg zurückgehen, um Todesopfer in der Größenordnung des 11. Septembers auf heimischem Boden zu finden. In diesem Fall jedoch waren die Opfer – außer einigen der 125, die im Pentagon starben – allesamt Zivilisten.

Dass al-Qaida einen ausgeklügelten Angriff innerhalb der USA verüben konnte, verursachte einen tiefsitzenden Schock. Es machte eindeutig klar, dass erstmals in der Geschichte Amerikas die Meere und seine geografische Lage nicht mehr ausreichten, um Feinde auf Distanz zu halten. Vizepräsident Dick Cheney drückte es so aus: »Der 11. September hat alles verändert. Er hat unser Denken über die Gefährdung der Vereinigten Staaten verändert. Er hat das Gefühl für unsere Verwundbarkeit verändert. Er hat unsere Vorstellungen verändert, welche sicherheitspolitischen Strategien wir verfolgen müssen, um die Sicherheit und Unversehrtheit des amerikanischen Volkes zu gewährleisten.«[11] Die amerikanische Öffentlichkeit war mit der Realität der Globalisierung konfrontiert. Die Welt war kleiner geworden, und die Amerikaner fühlten sich nicht mehr sicher. Bei einer Umfrage von CBS News einen Monat nach dem 11. September erklärten 88 Prozent, dass sie einen weiteren Terroranschlag in den Vereinigten Staaten in den kommenden Monaten für wahrscheinlich hielten.[12]

Die amerikanische Öffentlichkeit sah sich auch mit der Tatsache konfrontiert, dass die Vereinigten Staaten – ihre Regierung wie ihre Bevölkerung – zutiefst gedemütigt worden waren, und zwar von einer Gruppe radikaler Islamisten am anderen Ende der Welt, von der man noch nie gehört hatte. Manche reagierten darauf mit der Frage: »Wie machen wir sie dingfest?« (Die Anfragen an die CIA stiegen von 2001 bis 2002 um 50 Prozent.) Andere fragten: »Warum hassen sie uns?«, und wollten mehr wissen. (Die Anfragen an das Peace Corps stiegen in diesem Zeitraum um 40 Prozent.) Für die amerikanische Öffentlichkeit handelte es sich um einen skrupellosen, durch nichts provozierten Angriff auf unschuldige Zivilisten. Die Täter jedoch sahen darin einen grandiosen Schlag der Schwachen gegen die Starken, der es den Amerikanern mit gleicher Münze heimzahlte. Wahrlich die Geschichte von David und Goliath, oder, wie Bin Laden es ausdrückte:

> Sie führten einen Angriff, wie ihn die Welt noch nie gesehen hat, auf mutige und großartige Weise durch, indem sie sich feindlicher Flugzeuge bedienten. Sie zerschmetterten die amerikanischen Götzen und verletzten das Herz der USA, das Pentagon. Sie trafen das Herz der amerikanischen Wirtschaft, zwangen die amerikanische Nase in den Staub und zerrten seinen Stolz durch den Dreck. Die Türme von New York sind eingestürzt, und ihrem Einsturz folgte ein noch größeres Debakel: Der Mythos von der Macht Amerikas ist zusammengebrochen, der Mythos der Demokratie ist zusammengebrochen. Die Menschen begannen zu begreifen, dass die amerikanischen Werte nicht mehr tiefer fallen können. Der Mythos vom Land der Freiheit wurde zerstört, der Mythos von der amerikanischen Sicherheit wurde zerschmettert, der Mythos CIA ist zerbrochen, Lob und Preis sei Allah.[13]

Die Amerikaner erfuhren zu ihrem Erstaunen, dass al-Qaida der Überzeugung war, man hätte den Vereinigten Staaten immer wieder angeraten, ihre Politik im Nahen Osten zu ändern, aber die USA hätten alle Warnungen arrogant in den Wind geschlagen. Während die amerikanische Öffentlichkeit den Blick auf die tragischen Einzelschicksale von Vätern, Müttern und Kindern richtete, deren Leben durch den Anschlag zerstört worden war, sahen die Täter die Opfer als entpersonalisierte Vermittler ihrer Botschaft. Ihr Hass richtete sich gegen die Vereinigten Staaten, das mächtigste Land der Welt, nicht gegen die Einzelpersonen, die sie ermordet hatten. Sie machten die Amerikaner insgesamt für die Handlungen ihrer Regierung verantwortlich. Ihre Herzen blieben gegenüber den von ihnen ausgelösten persönlichen Tragödien verschlossen, weil sie der Meinung waren, ihre Seite hätte viel mehr davon erlitten. Die meisten Amerikaner hingegen hatten nie etwas von al-Qaida oder Osama Bin Laden gehört.

Für die USA hatte sich die Welt am 11. September offenbar verändert, aber es ist nicht so sicher, ob das wirklich der Fall ist. Zweifellos waren das Ausmaß und die Form der Gewalt ohne Beispiel, aber dieser Wandel hatte sich lange vorher abgezeichnet. Die peniblen Untersuchungen der Kommission zum 11. September und die Arbeiten vieler Wissenschaftler vor 2001 bescheinigten eine Zunahme der radikal-islamistischen Bewegungen, ihre Antipathie gegenüber den Vereinigten Staaten, die Auswirkungen, die der erfolgreiche Kampf der Mudschaheddin gegen die Sowjetunion zeitigte, und die Aktivitäten in den Ausbildungslagern der Terroristen in Afghanistan und andernorts. Die Untersuchungen früherer Anschläge außerhalb der Vereinigten Staaten hatten den Nachrichtendiensten auch das Ausmaß der transnationalen Netzwerke dahinter und ihrer finanziellen Unterstützung aufgezeigt. Es mangelte nicht an Beweisen, dass die Stabilität unserer mächtigsten Verbündeten im Nahen Osten oft mit der Unterdrückung der Opposition im Innern – wie in Ägypten – oder mit dem Export radikaler Vorstellungen – wie in Saudi-Arabien – erkauft wurde.

Nichts davon ist in den USA ins Bewusstsein der breiten Öffentlichkeit gedrungen, sodass dieser Anschlag aus heiterem Himmel zu kommen schien. Die Amerikaner sind seit langer Zeit ein relativ isoliertes Volk, verhältnismäßig wenige reisen ins Ausland, besitzen einen Reisepass oder sprechen fließend eine Fremdsprache. Diese Tendenz zur Nabelschau spiegelt sich in Washington wider, wo das nationale Interesse eng ausgelegt und Außenpolitik so betrieben wird, dass man die Innenpolitik und nicht die Folgen unseres Verhaltens in anderen Ländern im Blick behält.

Ein Beispiel dafür ist die Stationierung amerikanischer Truppen in Saudi-Arabien am Ende des ersten Golfkrieges. Wenigen Amerikanern war bewusst, auf was sich die USA mit dieser angeblichen Abschreckung von Angriffen auf das ihnen freundlich gesonnene Saudi-Regime einließen. Die Stationierung war in der Bevölkerung höchst unpopulär und wurde von islamischen Extremisten – vor allem Bin Laden – dazu benutzt, Anhänger um sich zu scharen. Wiederholt argumentierte er, diese Stationierung amerikanischer Truppen sei eine

Demütigung und beweise die schändlichen amerikanischen Pläne hinsichtlich der saudischen Ölreserven und der Unabhängigkeit des Landes.

Vor dem 11. September wurde in meinem Beisein Michael Sheehan, von 1998 bis 2001 Antiterrorismus-Koordinator im US-Außenministerium, von einem Studenten gefragt: »Warum hassen sie uns?« Entsprechend der Regierungsdoktrin erklärte er, sie würden uns hassen, weil wir die Freiheit lieben, weil wir die Demokratie lieben. Ich intervenierte mit einer anderen Frage: »Und wenn wir jetzt erfahren würden, dass sie in Wirklichkeit unsere Politik hassen? Wenn wir erfahren würden, dass die Stationierung unserer Truppen in Saudi-Arabien die Feindseligkeiten ausgelöst hat – würde das Sie oder die Regierung veranlassen, neu darüber nachzudenken, ob unsere Politik klug ist?« »Nein«, entgegnete er mit Nachdruck. »Wir werden es niemals zulassen, das Terroristen unsere Politik bestimmen.«

In der Diskussion ging der Punkt an ihn, aber ich war verblüfft – und bin es noch –, wie kurzsichtig diese Politik war. Zur Stationierung hätte es viele Alternativen gegeben, die ausreichend für die Sicherheit Saudi-Arabiens gesorgt hätten: beispielsweise ein zusätzlicher amerikanischer Flugzeugträger im Persischen Golf. Doch wir beharrten auf unserem Recht, eine äußerst unpopuläre Politik zu verfolgen, und waren offenbar völlig blind dafür, in welcher Weise sie gegen uns verwandt werden konnte. Das war die Hybris der Macht.

Die amerikanische Regierung begriff die Anschläge vom 11. September nicht als Angriff auf die amerikanische Politik. Präsident Bush sprach vielen aus dem Herzen, als er am Abend des 11. Septembers sagte: »Amerika wurde zum Angriffsziel, weil wir das hellste Leuchtfeuer der Freiheit und der Möglichkeiten auf der Welt sind. Und niemand wird dieses Licht daran hindern zu strahlen. Heute sah unser Land das Böse, die allerdunkelste Seite der menschlichen Natur.«[14] Vier Jahre später hatte sich seine Haltung nicht geändert: »Unsere Feinde morden, weil sie unsere Freiheit und unsere Lebensweise verachten.«[15] Die amerikanische Öffentlichkeit hatte jedoch anscheinend eine differenziertere Sichtweise. Bei einer Harris-Erhebung gut eine Woche nach den Anschlägen wurden die Amerikaner gefragt: »Welcher EINE der folgenden Gründe ist Ihrer Meinung nach der Hauptgrund, warum unsere Angreifer und ihre Anhänger die Vereinigten Staaten hassen?« 26 Prozent sagten: »Unsere Demokratie und Freiheit«, und 20 Prozent: »Unsere Werte und unsere Lebensweise«. Diese beiden Antworten entsprachen der Haltung der Regierung. Doch 22 Prozent erklärten: »Weil wir Israel unterstützen«, 17 Prozent meinten: »Unser Einfluss auf die Wirtschaft und das Leben in Nahost-Ländern«, und 11 Prozent waren der Ansicht, der Hass resultiere »aus unserer wirtschaftlichen und militärischen Macht«.[16]

Während also hinsichtlich der Gründe für die Anschläge ein gewisser Dissens bestand, war man sich ziemlich einig, dass »dies einen Wendepunkt darstellt, der die Dinge grundlegend und auf Dauer verändert«.[17] Terrorismus ist vor allem eine Form der psychologischen Kriegführung. Wie oben dargelegt, sind Terroristen ausnahmslos schwächer als ihre Gegner, und daher versuchen sie, dies durch dramatische Wirkung auszugleichen. Dass sie den Amerikanern an einem einzigen Tag fast 3 000 Todesopfer abverlangten, war ein außerordentlicher Schlag. Und noch erfolgreicher waren sie damit, eine Reaktion auszulösen, die noch schwerer wog als der Schaden, den sie verursacht hatten. Die Diskrepanz zwischen dem angerichteten Schaden und der von ihnen erzielten Wirkung war beachtlich. Sie konnten die Amerikaner davon überzeugen, dass sich die Welt verändert hatte und sie nicht mehr sicher waren. Die Vereinigten Staaten reagierten mit der stärksten aller möglichen Antworten, mit einer Kriegserklärung.

Mit der Überzeugung, dass sich die Welt verändert habe, ging aufseiten der Amerikaner die Bereitschaft einher, die Welt mit anderen Augen zu betrachten. Art und das Ausmaß der Gräueltaten waren darauf ausgerichtet, enorme Wirkung zu zeitigen, aber die Folgerung, die Welt habe sich verändert, war keineswegs unumgänglich. 3 000 Tote sind eine entsetzliche Zahl, aber von einem Land, das im selben Jahr 30 000 Selbstmorde, 16 000 Morde und 15 000 Tote durch Hausunfälle zählte, hätte man eine etwas gelassenere Reaktion erwarten dürfen. Das Geniale am Terrorismus ist, dass er uns dazu bringt, den von ihm angerichteten Schaden weit höher einzuschätzen als andere Tragödien. Bedenken Sie, dass Jahr für Jahr sechsmal so viele Amerikaner von betrunkenen Autofahrern getötet werden wie am 11. September von Terroristen getötet wurden.[18] Die unterschiedlichen Reaktionen beruhen zum Teil auf der Spektakularität terroristischer Anschläge, die durch die Medien und ihre mitreißenden Geschichten über Heldentaten, Tragödien und Rettung in letzter Sekunde noch aufgebauscht wird. Wie ich später darlegen werde, zählt zu den Grundelementen jeder erfolgreichen Antiterrorstrategie, dass die Gesellschaft eine gewisse Widerstandsfähigkeit ausbildet, damit Terroristen uns nicht mehr so leicht manipulieren können.

Die Amerikaner fühlten sich nach dem 11. September viel weniger sicher. Aber waren sie das auch? Allem Anschein nach waren die amerikanischen Staatsbürger im Herbst 2001 ein gutes Stück sicherer als zur Zeit des Kalten Krieges, als die USA und ihre Verbündeten Zielscheibe der sowjetischen Streitmacht mit ihren mehr als 10 000 strategischen und fast 30 000 nichtstrategischen Atomsprengköpfen waren. Während des Kalten Krieges war unser Gegner eine globale Supermacht, deren riesiges Arsenal unserem eigenen gleichkam und deren Armee um einiges größer war als unsere. Beherrscht wurde sie von einem autoritären Regime mit einer feindseligen und expansionistischen Ideologie, die dem amerikanischen Demokratieverständnis zutiefst zuwider lief. 2001 war der Feind ein staatenloser Haufen fanatischer Kämpfer, die von einem der ärmsten und am stärksten isolierten Länder der Erde unterstützt wurden.

Es lohnt vielleicht an die heftige öffentliche Reaktion zu erinnern, zu der es nach dem Zweiten Weltkrieg kam, als der Kommunismus erstmals als Gefahr empfunden wurde und man unter den Betten, in Hollywood, unter Intellektuellen und vor allem in der Regierung nach »Roten« suchte. Es wurden Bündnisse mit zweifelhaften Diktatoren geschlossen, die weder unser Eintreten für Bürger- und Menschenrechte noch das für demokratische Prinzipien teilten, sondern nur unsere Verdammung des Kommunismus. Auch damals haben wir uns auf kostspielige Kriege in fernen Ländern eingelassen, weil wir Nationalismus mit Kommunismus verwechselten und nicht in der Lage waren, den profunden Unterschied zwischen beiden zu begreifen. 2001, über ein Jahrzehnt nach dem Ende des Kalten Krieges, war die Gefahr des Kommunismus nur noch eine blasse Erinnerung. In der amerikanischen Seele wurde ihr Platz durch die Gefahr des Terrorismus mehr als ausgefüllt.

Es waren insbesondere zwei Aspekte der Qaida-Gewalt, die die Amerikaner glauben machten, die Welt habe sich tatsächlich verändert und sie müssten sich daraufhin auch ändern. Zum einen war es das Gefühl, dass die Organisation von irrationalen religiösen Fanatikern getragen wird, deren Verhalten weder vorhersehbar noch zu zügeln ist. Eine Politik wie die der wechselseitigen Abschreckung hatte gegen die Sowjetunion funktioniert, weil man von der Rationalität des Gegners ausgehen konnte, Selbstmordattentäter aber kann man nicht abschrecken. Der zweite Aspekt war die Überzeugung, dass al-Qaida so viele Amerikaner wie möglich töten wolle; da al-Qaida das World Trade Center zerstört hatte, war der Organisation auch zuzutrauen, Massenvernichtungswaffen gegen die Vereinigten Staaten einzusetzen.

Im Gegensatz zu vielen europäischen Ländern haben die USA keine große Muslimgemeinde. Die Schätzungen gehen weit auseinander, aber am realistischsten ist wohl die Zahl von 2,8 Millionen Muslimen im Jahr 2001 in den Vereinigten Staaten. Das sind nicht einmal 1 Prozent der Bevölkerung und deutlich weniger als in verbündeten Staaten wie Großbritannien, Frankreich, Deutschland oder Spanien. Da sie wenig Erfahrung mit dem Islam hatten, waren viele Amerikaner verängstigt und willens, die extremistische Perversion des Islam, für die Bin Laden und seine relativ kleine Gruppe von Gefolgsleuten stehen, mit der großen Weltreligion gleichzusetzen. Offensichtlich konnte nur eine Religion solche Taten rechtfertigen. Präsident Bush versuchte bei seinen öffentlichen Auftritten klarzustellen, dass al-Qaida nicht für den Islam spricht, und erklärte: »Die Lehren des Islam sind gut und friedlich, und jene, die im Namen von Allah Böses tun, besudeln den Namen Allahs.«[19] Doch die Ansicht, dass es sich tatsächlich um einen wachsenden Konflikt der Kulturen handele, verbreitete sich immer mehr. Auf die Frage, ob sie die Anschläge vom 11. September für den Beginn einer größeren Auseinandersetzung zwischen den Amerikanern und Europäern einerseits und den Anhängern des Islam andererseits oder nur für einen Konflikt mit einer kleinen radikalen Gruppe hielten, antworteten im Oktober 2001 28 Prozent der Amerikaner, es handele sich um einen Konflikt mit dem Islam. Ein Jahr später war diese Zahl auf 35 Prozent gestiegen.[20]

Ungeachtet all seiner religiösen Rhetorik hat Bin Laden stets eine

Reihe von politischen Forderungen gestellt, die sich auf das amerikanische Vorgehen im Nahen Osten bezogen. Doch nach den Anschlägen drehte sich die öffentliche Diskussion eher um die grandiose religiöse Rhetorik als um diese politischen Forderungen. Mit den Worten des Präsidenten: »Al-Qaida ist beim Terror das, was die Mafia beim Verbrechen ist. Doch ihr Ziel ist nicht Geld, ihr Ziel ist, die Welt neu zu gestalten – und überall den Menschen ihren radikalen Glauben aufzuzwingen … Diese Terroristen töten nicht bloß, um Leben zu beenden, sondern um eine Lebensweise zu beeinträchtigen und zu beenden.«[21] Später bezeichnete er diese Ideologie als »Islamofaschismus«[22]. Es besteht kein Zweifel, dass Terrorgruppen, die eine Mischung aus religiösen und politischen Motiven antreibt, sowohl transnationaler als auch weniger zurückhaltend als andere Bewegungen sind. Religion ist jedoch kaum der Grund für Terrorismus. Religion dient eher dazu, Konflikte zu »verabsolutieren«, wie es der Soziologe Mark Juergensmeyer ausgedrückt hat, was Kompromisse schwieriger macht.[23]

Für Terroristenführer ist Religion ausgesprochen hilfreich, um ihre Aktionen zu legitimieren und Rekruten für die Sache zu gewinnen. Sie ermöglicht es ihnen, einen Konflikt zum kosmischen Krieg hochzustilisieren, und ihre Anhänger können sich dank ihrer als Soldaten in einer gottgewollten Armee begreifen. Religion erleichtert die Rekrutierung, weil sie sowohl die Legitimierung liefert als auch jenen die Belohnung im Jenseits verspricht, die bereit sind, im Diesseits einen entsprechenden Preis zu zahlen. Über Religionen gelangt man an organisatorische Netzwerke, die seit langem ein mächtiges Hilfsmittel für Schwache sind, die gegen die Starken mobilmachen wollen. Während der Apartheid in Südafrika waren der schwarzen Mehrheit die meisten Formen politischer Organisation verboten, und die Kirchen blieben einer der wenigen Orte, wo sich jene versammeln konnten, die auf Veränderungen aus waren. Insbesondere in der Diaspora haben Kirchen immer auch dazu gedient, jene anzuziehen, die angesichts der fremden Kultur Trost suchten. Daher gab und gibt es auf praktischer wie auf ideologischer Ebene, auf der Ebene der Belohnung für die Anhänger wie auf der der Hilfsmittel für die Führer, häufig Verbindungen zwischen Religion und Terrorismus.

Nach den Anschlägen des 11. Septembers nahmen die Amerikaner die Qaida-Terminologie vom kosmischen Krieg für bare Münze und reagierten entsprechend, statt auf der Grundlage einer objektiven Einschätzung der Qaida-Ressourcen und -Möglichkeiten im Vergleich zu den amerikanischen zu antworten. Zweifellos vermittelt der bloße Anblick der in sich zusammensackenden Türme etwas von kosmischem Krieg. Doch genau genommen hätten 3000 Tote in einem Land, in dem die mehr als fünffache Zahl an Morden pro Jahr seit langem zum Alltag gehört, eine gezieltere und angemessenere Reaktion auslösen sollen. Dass das nicht der Fall war, liegt zum Teil daran, dass Amerikaner sich fragten: Wenn sie im Namen ihres Gottes Flugzeuge in amerikanische Gebäude lenken, wozu sind sie dann sonst noch bereit? Am meisten fürchtete man, dass sie Massenvernichtungswaffen einzusetzen versuchen könnten.

Massenvernichtungswaffen

In gewisser Weise war es ein Witz, dass ein Angriff mit primitiven Teppichmessern und so alten Technologien wie Düsentriebwerken die Angst, Terroristen könnten Massenvernichtungswaffen einsetzen, ganz nach oben auf die Tagesordnung der Nation beförderte. Doch dem war so. Der amerikanische Präsident drückte es so aus: »Im Kalten Krieg galten Massenvernichtungswaffen als allerletztes Mittel, weil sie das Risiko bergen, auch jene zu vernichten, die sie einsetzen. Heute betrachten unsere Feinde Massenvernichtungswaffen als erste Wahl.«[24] Meinungsumfragen in den Monaten nach dem 11. September bestätigten eine weit verbreitete Angst vor einem unmittelbar bevorstehenden Angriff mit Massenvernichtungswaffen auf die USA.[25] Seit die japanische Sekte Aum Shinrikyo 1995 das Giftgas Sarin in der Tokioter U-Bahn freisetzte, waren amerikanische Regierungsmitglieder höchst besorgt, Terroristen könnten Massenvernichtungswaffen gegen die Vereinigten Staaten einsetzen. Nach dem 11. September wurden die Ängste Allgemeingut, denn die meisten Offiziellen erklärten, solch ein Angriff sei nur noch eine Frage der Zeit.

Mit dem Begriff »Massenvernichtungswaffen« oder »ABC-Waffen« werden pauschal drei Arten von Waffen bezeichnet: chemische, biologische und atomare. Differenzierungen zwischen diesen Waffenarten werden meist nicht gemacht, aber es ist ziemlich wichtig zu begreifen, dass sie sich hinsichtlich ihrer tödlichen Wirkung, ihrer Neuartigkeit, den Schwierigkeiten bei der Anwendung und ihrer Nützlichkeit für Terroristen stark voneinander unterscheiden. Genauso wie es geboten ist, den Begriff Terrorismus zu analysieren und zwischen verschiedenen Arten von Terrorgruppen mit unterschiedlichen Motiven und unterschiedlichen Möglichkeiten zu differenzieren, muss man die Bezeichnung »Massenvernichtungswaffen« als eine sehr allgemeine begreifen, hinter der völlig verschiedene Formen der Bedrohung stehen. Um zu verstehen, wie sich die Gefährdung der Vereinigten Staaten verändert hat, müssen wir beim Begriff Massenvernichtungswaffen differenzieren und die diversen Waffenarten analysieren, die unter diese Rubrik fallen.

Chemische Waffen

Es gibt vier Hauptkategorien, in die chemische Kampfstoffe je nach ihrer Wirkung eingeordnet werden: Haut-, Lungen-, Blut- und Nervenkampfstoffe. Hautkampfstoffe sollen eher verletzen als töten. Wenn Attentäter ein Chaos auslösen und die medizinischen Einrichtungen einer Region lahmlegen wollen, ohne viele Menschen zu töten, könnten sie sich für einen Hautkampfstoff wie etwa Senfgas entscheiden. Doch es ist kaum vorstellbar, dass dieser Ansatz für irgendeine der bekannten Terrorgruppen attraktiv wäre. Lungenkampfstoffe wurden im Ersten Weltkrieg häufig eingesetzt. Sie sollen die Opfer töten, und aus terroristischer Sicht sind sie vor allem interessant, weil sie so leicht zu beschaffen sind. Hauptbestandteil sehr vieler Blutkampfstoffe sind Cyanidverbindungen. Diese eignen sich am besten für individuelle Attentate und weniger für Massenanschläge, weil sie sich schnell verflüchtigen. Die neueste Entwicklung bei den chemischen Waffen sind Nervenkampfstoffe. Zu ihnen gehören Sarin, Tabun und Soman, die heute den größten Teil chemischer Arsenale ausmachen. Solche Kampfstoffe setzte auch Saddam Hussein im März 1988 gegen die kurdische Stadt Halabja ein. Im Allgemeinen sind sie Hunderte

Male tödlicher als Haut-, Lungen- und Blutkampfstoffe. Aufgrund der geringen Menge, die nötig ist, um viel Schaden anzurichten, sind sie besonders attraktiv für jene, die töten wollen.

Chemische Waffen haben für Terroristen unter anderem den Vorteil, dass sie billig und leicht zu bekommen sind, ihr Gebrauch wenig Übung erfordert und die Herstellung der Ausgangsmaterialien ziemlich einfach ist. Der schwierigste Teil ist, den Kampfstoff richtig zu verteilen. Chemische Waffen können aber in der Handhabung ziemlich gefährlich und auch schwer zu beherrschen sein, und das schränkt ihre Attraktivität für Terroristen ein. Im Lauf der Zeit wurde eine Reihe von Terrorgruppen mit chemischen Waffen in Verbindung gebracht, aber das blieben ziemlich seltene Episoden. Da sie nicht die dramatischen Effekte von Bomben oder Entführungen haben und für ihre Nutzer ein erhebliches Risiko beinhalten, waren und sind chemische Waffen für Terroristen nicht die erste Wahl.

Mit einer Ausnahme: Am 20. März 1995 schmuggelten fünf Zweiergruppen von Aum Shinrikyo, einer japanischen Sekte unter Führung von Shoko Asahara, auf dem Höhepunkt des morgendlichen Berufsverkehrs kleine Gasbehälter in mehrere Tokioter U-Bahn. Die Züge sollten alle kurz nach 8 Uhr die Station Kasumigaseki mitten im Regierungsviertel der Hauptstadt erreichen. Die Sektenmitglieder waren wie Geschäftsleute gekleidet, hatten Regenschirme und Plastikbeutel mit Sarin dabei, die in Morgenzeitungen versteckt waren. Als die Züge in die Station einfuhren, deponierten sie die Beutel auf der Gepäckablage, stießen mit den Regenschirmspitzen Löcher hinein, stiegen rasch aus und schluckten sofort ein Gegengift. Das Giftgas entströmte den Behältern, und die Hölle brach los. Viele Tausend Pendler waren betroffen. Zwölf Menschen starben und 5 500 wurden verletzt. Der Anschlag war der erste erfolgreiche Einsatz chemischer Waffen von Terroristen, und anscheinend zeigte er, wie leicht es für Terroristen in einer offenen Gesellschaft ist, solche oder biologische Kampfstoffe zu benutzen. Die Zahl der Todesopfer wäre in diesem Fall erheblich höher gewesen, wenn die Chemiker das Gebräu stärker gemacht hätten. Mehr noch: Als das Hauptquartier der Sekte durchsucht wurde, stellte sich heraus, dass sie auch die Einrichtungen zur Herstellung mehrerer anderer Nervenkampfstoffe hatte.

Doch wie die Gerichtsverhandlungen gegen die Attentäter von Tokio ergaben, handelte es sich bei Aum Shinrikyo um einen höchst unüblichen Fall. Obwohl es eine Reihe von Hinweisen auf illegale Aktivitäten gab, hatte ihr Status als religiöse Organisation sie vor polizeilichen Nachforschungen geschützt. Die Sekte verfügte über ein geschätztes Vermögen von weltweit 1 Milliarde US-Dollar, und ihre Mitgliederzahl wurde auf etwa 50 000 geschätzt. Den zwanzig graduierten Wissenschaftlern unter den Mitgliedern stand eine umfangreiche, spezialisierte und hochmoderne technische Ausrüstung zur Verfügung. Masami Tsuchiya, der Topwissenschaftler von Aum, hatte einen Magisterabschluss der Universität Tsukuba in organischer Chemie. Er bekannte, das Sarin hergestellt zu haben, und erklärte, er sei der Sekte beigetreten, weil sie ihm eine viel bessere Laborausrüstung bot als seine Universität.[26] Die Sekte rekrutierte die Spitzenabgänger der besten Tokioter Universitäten. Sie experimentierten fünf Jahre lang und mussten neun Versuche unternehmen, ehe sie den Giftgasanschlag mit Sarin unternehmen konnten. Zwei weitere fehlgeschlagene Versuche folgten dem Attentat vom März. Insgesamt unternahmen sie zwölf Anschläge, doch nur der in Tokio zeigte Wirkung – und auch noch eine geringere, als die Gruppe gedacht hatte. Die Erfahrungen der Aum lassen darauf schließen, dass die Entwicklung solcher Waffen nicht so einfach ist, wie es oft dargestellt wird; sie erfordert wissenschaftliche Spezialkenntnisse, erhebliche Mittel und sichere Labors. Einer Terrorgruppe stehen solche Dinge nicht einfach zur Verfügung, allerdings könnte diese ein sie unterstützender Staat natürlich liefern. Nach dem Anschlag von Tokio wurde die Aum-Sekte selbst aufgelöst und als friedliche Gruppe neu gegründet.

Vor dem 11. September gab es viele Berichte, dass al-Qaida daran interessiert sei, sich chemische Waffen zu beschaffen, allerdings machten diese Meldungen auf die Öffentlichkeit kaum Eindruck. Mit Ausnahme eines Falles. Am 20. August 1998 bombardierten die Vereinigten Staaten die Pharmaziefabrik el-Schifa in der sudanesischen Hauptstadt Khartum, weil al-Qaida dort angeblich chemische Waffen produzierte; zwölf Arbeiter wurden verletzt, einer getötet. Dies war ein Stück weit auch eine Vergeltung für die Anschläge auf die amerikanischen Botschaften in Nairobi und Daressalam. Spätere Berichte ergaben, dass dem Angriff unzutreffende Informationen zugrunde gelegen hatten, und der Fabrikbesitzer, Salah Idris, verklagte die US-Regierung auf Schadenersatz. Daraufhin fror das US-Schatzministerium Idris' amerikanische Bankkonten ein, womit es implizit zugab, dass es keine Beweise gab, die das Vorgehen gegen seine Fabrik gerechtfertigt hätten.[27]

In den neunziger Jahren gab es noch weitere Berichte, dass al-Qaida plane, chemische Waffen zu entwickeln und einzusetzen, vor allem Cyanid. Darin war von primitiven Labors in Khost, Jalalabad und Charassiab in Afghanistan die Rede.[28] Außerdem sollte Bin Laden chemische und biologische Waffen von Staaten der ehemaligen Sowjetunion gekauft haben.[29] Noch fantasievolleren Berichten zufolge hatte Bin Laden nicht weniger als drei Fabriken für chemische und biologische Waffen im früheren Jugoslawien gekauft und eine Anzahl ukrainischer Biologen und Chemiker angeheuert, die al-Qaida-Mitglieder ausbilden sollten.[30] Ahmed Ressam, der gestand, an den Vorbereitungen für einen Anschlag auf den Los Angeles International Airport beteiligt gewesen zu sein, sagte vor Gericht, er sei Zeuge gewesen, wie ein Hund mit Cyanid vergast worden sei. Diese Behauptung stimmte mit einem von CNN ausgestrahlten al-Qaida-Video überein, das Hunde zeigte, die mit giftigen Chemikalien getötet wurden, vermutlich einem primitiven Nervengift oder Cyanwasserstoff.[31] Die italienische Regierung nimmt für sich in Anspruch, mit der Verhaftung von neun Marokkanern im Februar 2000 hätte man einen Plan vereitelt, die Wasserversorgung der US-Botschaft in Rom mit einer Cyanidverbindung zu vergiften.[32] Nachdem US-Truppen das Taliban-Regime gestürzt hatten, fanden sie jedoch nur Beweise für sehr primitive Laboreinrichtungen.

Seit dem 11. September drehen sich die meisten derartigen Berichte um das Interesse von al-Qaida in Afghanistan an diesen Waffen. Alan Cullison, einem Reporter des *Wall Street Journal*, fiel beispielsweise in Kabul ein al-Qaida-Computer in die Hände. Auf ihm waren Details eines Projekts mit dem Codenamen »Geronnene Milch« gespeichert, das von Aiman al-Sawahiri geleitet wurde und unter anderem vorsah, ein chemisches und biologisches Waffenprogramm aufzulegen.[33] Mit der Verhaftung von Chalid Scheich Mohammed im

Jahr 2003 scheint man an genauere Informationen über die Fortschritte dieses Programms gekommen zu sein. Berichten zufolge wiesen beschlagnahmte Dokumente darauf hin, dass al-Qaida über das erforderliche Material verfügte, um Cyanid und zwei Biotoxine herzustellen und kurz davor stand, Milzbranderreger zu produzieren.[34] Andere Berichte nach dem 11. September behaupteten, in geheimen Lagern in der Nähe von Bagdad würden al-Qaida-Mitglieder von Instruktoren des irakischen Militärgeheimdienstes im Umgang mit chemischen und biologischen Waffen geschult.[35] Doch nach der Besetzung des Iraks fanden die Vereinigten Staaten keine Beweise, die diese Berichte bestätigt hätten. Aller Wahrscheinlichkeit nach waren die Berichte erfunden oder zumindest stark übertrieben, um die amerikanische Überzeugung zu bestätigen, dass Terroristen chemische Waffen entwickeln.

Es kann zwar kaum bezweifelt werden, dass einige al-Qaida-Mitglieder lebhaftes Interesse am Erwerb chemischer Waffen zeigten, es gibt aber keine Beweise, dass ihnen das gelungen ist. Darüber hinaus hatte die Organisation vor dem Sturz der Taliban weit bessere Möglichkeiten, in dieser Richtung weiterzuarbeiten, weil sie sich in Afghanistan frei bewegen konnte. Es sieht also danach aus, dass die Angst vor ihren chemischen Waffen in dem Maße zunahm, wie ihr Potenzial zur Herstellung derselben abnahm.

Biologische Waffen

Biologische Kampfstoffe sind nichts Neues, es gibt sie, seit es Krieg gibt. Im Kern bezeichnet der Ausdruck den planvollen Einsatz biologisch gewonnener Stoffe oder den von Krankheiten, um den Feind zu schwächen. Es gibt zwei Kategorien von biologischen Waffen: Mikroorganismen, also lebende Keime, die Krankheiten wie beispielsweise Milzbrand hervorrufen, und Toxine, die von lebenden Organismen produziert werden oder als Gifte in der Natur vorkommen wie etwa Botulinustoxin oder Ricin. Dazu gibt es noch sehr viele natürliche und menschengemachte Varianten. Zur biologischen Kriegführung zählen trickreiche, uralte Praktiken: So wurden Kadaver toter Tiere in belagerte Städte katapultiert, um Krankheiten zu verbreiten, oder das Trinkwasser der Feinde mit Pferdekadavern verseucht (eine im amerikanischen Bürgerkrieg weit verbreitete Praxis).

Einer der berühmtesten Fälle biologischer Kriegführung in der amerikanischen Geschichte datiert aus dem French and Indian War (1754–1767). Die Engländer glaubten, die Indianer, die Fort Carillon besetzt hielten, stünden aufseiten der Franzosen. Deshalb boten sie ihnen 1763 – als scheinbar mitmenschliche Geste – Decken an, aber bevor sie diese den Indianern aushändigten, infizierten sie sie mit Pockenviren. Die Indianer erkrankten, eine Epidemie breitete sich aus, und die Briten konnten sie mit Leichtigkeit besiegen.

In geringem Umfang wurden biologische Waffen schon mehrmals von Terroristen eingesetzt. In den achtziger Jahren fand man in einigen »sicheren« Häusern der Roten Armee Fraktion (RAF) in Deutschland und Frankreich mit biologischen Stoffen gefüllte Badewannen. Schwerer wog eine Reihe von Mordanschlägen mit Schirmen, deren Spitzen mit Ricin vergiftet waren. Größere Bekanntheit erlangte hierbei die Ermordung von Georgi Markov, einem Journalisten des BBC World Service und aktiven Kritiker des kommunistischen bulgarischen Regimes. Er starb, nachdem er mit einer mit Ricin vergifteten Schirmspitze gestochen worden war, als er 1978 an einer Londoner Bushaltestelle wartete. Damals wurde das als Terrorismus eingestuft, aber diese Mordanschläge waren in Wirklichkeit Geheimdienstoperationen von Regierungen, die im Ausland Dissidenten beseitigen wollten, die ihnen Schwierigkeiten bereiteten.

Auf die Gewichtseinheit bezogen, sind biologische Kampfstoffe in der Regel viele Male tödlicher als chemische. Zehn Gramm Milzbranderreger beispielsweise können so viele Menschen töten wie eine Tonne des Nervengases Sarin. Hätte Aum Shinrikyo anstelle von Sarin Milzbrandbazillen genommen, hätte sie in Tokio weit mehr Menschen umgebracht. Aus Sicht der Terroristen ist einer der großen Vorteile biologischer Waffen, dass sie bei der Produktion oder beim Transport nur schwer zu entdecken sind. Würde man einen biologischen Kampfstoff beispielsweise in einer Aktentasche an Bord eines Flugzeugs mitnehmen, gäbe es keinerlei Mechanismen, mit denen er entdeckt werden könnte. Eine Alternative wäre, das Mittel ganz einfach in einer

Sprühdose zu verstecken. Leser von Tom-Clancy-Romanen dürften da schon diversen Ideen begegnet sein.

Dass die Qaida-Anhänger bereit waren, so viele Menschen wie möglich umzubringen, ließ Befürchtungen aufkommen, dass sie nicht zögern würden, biologische Waffen einzusetzen. Diese Ängste wurden durch eine Reihe von Milzbrandanschlägen erheblich verstärkt, zu denen es kurz nach der Zerstörung des World Trade Center kam. Genau eine Woche nach dem 11. September wurden fünf Briefe mit Milzbrandbazillen an Medienunternehmen in den USA verschickt. Drei Wochen später wurden zwei weitere Briefe versandt, diesmal an zwei Senatoren der Demokratischen Partei; sie enthielten eine gefährlichere, weiterentwickelte Form von Milzbranderregern. Alles in allem wurden sieben Briefe aufgegeben, fünf Menschen starben, und bis heute wurde niemand des Verbrechens angeklagt. Die Untersuchungsbeamten kamen einhellig zu dem Schluss, dass diese Briefe nicht von einem Qaida-Mitglied, sondern von einem verbitterten Amerikaner verschickt worden waren, wahrscheinlich von jemandem, der in einem der besten Biolaboratorien des Landes gearbeitet hatte, beispielsweise dem Stufe-4-Sicherheitslabor in Fort Detrick, Maryland. Das Auftauchen von Milzbranderregern steigerte die Angst und die Verunsicherung sehr. Lokale Behörden wurden mit Anrufen einer aufgeschreckten Öffentlichkeit überflutet, die fürchtete, jedes weiße Puder, dem sie begegnete, könnte Milzbranderreger enthalten.

Dass sich al-Qaida weiterhin für biologische Waffen interessiert, vor allem für Ricin, machte eine Reihe von Verhaftungen in Europa klar, bei denen man Spuren des Giftes und Ausrüstung für dessen Produktion fand. Unter anderem wurde im Dezember 2002 Menad Benchellali verhaftet, der als »der Chemiker« bekannt ist, weil er in Tschechien oder Afghanistan und später in Georgien in chemischer Kampfführung ausgebildet wurde. In einem freien Zimmer seines Elternhauses im französischen Lyon hatte er sich ein Labor zusammengebastelt, Ricin hergestellt und es in Niveacreme-Dosen gelagert, die er später zur sicheren Aufbewahrung einem Chemiker gab. Zwei Jahre nach seiner Verhaftung wurden mehrere Mitglieder seiner Familie angeklagt, ebenfalls darin verwickelt zu sein. Die Behörden glauben, dass es miteinander verknüpfte Zellen von Nordafrikanern gibt, die

Ricinoperationen in Frankreich, Großbritannien und Spanien planen, aber das ist noch nicht bewiesen.[36]

Im Januar 2003 wurden in London neun Algerier verhaftet, nachdem in ihrer Wohnung über einer Drogerie offenbar ein behelfsmäßig errichtetes Ricinlabor gefunden worden war. Dieser Zwischenfall beunruhigte die britische Öffentlichkeit sehr. Premierminister Tony Blair und auch der US-Außenminister Colin Powell bezogen sich unter anderem darauf bei ihren Versuchen, Unterstützung für die Invasion des Irak zu bekommen. In der Folge drang jedoch durch, dass keine Spuren von Ricin in der Wohnung auszumachen waren.[37] Im April 2005 wurden vier der Angeklagten freigesprochen, und die Anklagen gegen vier weitere wurden fallengelassen. Nur einer wurde verurteilt, nämlich für die Ermordung eines Polizisten im Verlauf der Razzia. Während die angebliche Entdeckung von Ricin weltweit Aufmerksamkeit erregte, nahm man von der Enthüllung, dass keine Ricinspuren nachzuweisen waren, sondern nur ein paar aus dem Internet heruntergeladene Rezepte existierten, so gut wie keine Notiz.[38] Dieser Fall spricht Bände, wie die Medien zu unseren übersteigerten Reaktionen beitragen. Mitten in London eine Ricinfabrik zu entdecken, war ein Knüller, zumal die betroffenen Regierungen sich ständig darauf beriefen. Die Tatsache, dass es überhaupt keine Fabrik gab, war keine so gute Story, und so wurde sie fallengelassen. Bei der Öffentlichkeit aber bleibt der Eindruck zurück, dass sich Untergrund-Biowaffenfabriken immer mehr ausbreiten.

Eines der Qaida-Handbücher, *Die Enzyklopädie des Dschihad*, empfiehlt tatsächlich Ricin als relativ leicht herzustellen und für den Anwender harmlos und gibt Anweisungen, wie man das Gift aus einfach zu beschaffenden Rizinussamen herstellen kann.[39] Zweifellos wirkt Ricin tödlich, aber es eignet sich eher für die Ermordung einzelner als für Massenangriffe. Da es relativ einfach herzustellen ist, kann man verstehen, warum es für Terroristen interessant ist, auch wenn noch bequemer zu beschaffende Stoffe wie etwa Kunstdünger noch viel größeren Schaden anrichten können. Man erinnere sich, dass Timothy McVeigh mit einer leicht herzustellenden Mischung von Kunstdünger und Treibstoff aus dem Motorrennsport das Murrah Federal Building zum Einsturz brachte.

Frühere Darstellungen über Biowaffenlager von al-Qaida scheinen auch stark übertrieben gewesen zu sein. In Ägypten behaupteten ein paar Angeklagte vor Gericht, al-Qaida hätte Substanzen für biologische Waffen erworben, so etwa Ebolaviren und Salmonellen per Post aus der ehemaligen Sowjetunion, Milzbranderreger aus Ostasien und Botulinustoxin aus der Tschechischen Republik.[40] Kurz nach dem 11. September gab es auch Berichte, dass Mohammed Atta, Anführer der Selbstmordattentäter, sich in Prag mit einem irakischen Geheimdienstler getroffen hätte, der ihm angeblich eine Phiole mit Milzbranderregern gab. Die tschechische Regierung hat den Wahrheitsgehalt dieser Behauptung vehement angezweifelt.[41] Ende 2001 tauchten Berichte der US-Truppen in Afghanistan auf, dass die Häuser von al-Qaida-Führern in Kabul positiv auf Milzbrand getestet worden seien, aber auch diese Aussagen wurden in Zweifel gezogen. John Walker Lindh, der »amerikanische Taliban«, erzählte angeblich im Verhör, weit und breit hätten Gerüchte kursiert, eine zweite Anschlagswelle von al-Qaida stünde bevor, und diesmal würden es biologische Attacken sein.[42] Mittlerweile sieht es ganz so aus, dass die meisten Berichte über biologische Waffen genau das waren – Gerüchte – und viele davon aufkamen, eben weil die Amerikaner sich so offensichtlich für das Thema interessierten.

Anscheinend haben amerikanische Truppen in Afghanistan tatsächlich eine im Bau befindliche biologische Waffenfabrik entdeckt. Es sah danach aus, als sollten dort Milzbranderreger produziert werden, auch wenn keinerlei Spuren irgendwelcher biologischen Stoffe dort gefunden wurden.[43] Der französische Ministerpräsident Dominique de Villepin versicherte im Januar 2005, nach dem Sturz der Taliban seien mit al-Qaida assoziierte Gruppen in die Gegend um das Pankisi-Tal in Georgien umgezogen, um dort ihre Versuche fortzusetzen, Milzbranderreger, Ricin und Botulinustoxin zu produzieren.[44] Wieder andere Berichte behaupten, zwei eng mit al-Qaida verbündete Gruppen, Ansar-e Islam und Jemaah Islamiah, hätten versucht, biologische Waffen zu entwickeln.[45]

Die Zuverlässigkeit dieser Berichte war in vielen Fällen zweifelhaft. Die meisten sind offenbar vor dem 11. September ignoriert und danach für bare Münze genommen worden. Die Wahrheit liegt wahrscheinlich in der Mitte. Wie im Fall von chemischen Waffen, verfolgte al-Qaida eindeutig das Interesse, auch biologische Kampfstoffe zu entwickeln, nicht zuletzt wegen ihres Abschreckungseffekts. Es gibt jedoch nicht viele Erkenntnisse, die darauf schließen ließen, dass sie solche Waffen in bedeutenden Mengen angeschafft hat. Da ihr Rückzugsgebiet Afghanistan verloren gegangen ist, ist es für die Organisation extrem schwierig geworden, die Kapazitäten aufzubauen, solche Mittel in relevanten Mengen herzustellen.

An diesem Punkt ist es angebracht, an die Erfahrungen von Aum Shinrikyo zu erinnern. Trotz der ausgezeichneten Einrichtungen, der ausgebildeten Wissenschaftler und der Immunität vor der Polizei gelang es der Sekte nicht, biologische Waffen herzustellen. Ursprünglich hatte sich Aum wegen der größeren Letalität für biologische und nicht für chemische Kampfstoffe entschieden. Bei den ersten Versuchen setzte Aum tatsächlich Biotoxine ein und scheiterte damit. Die Gruppe entwickelte eine Milzbrandbombe, die sie zweimal einzusetzen versuchte – das eine Mal mithilfe eines Lastwagens, das andere Mal mithilfe eines Hubschraubers –, doch der Erfolg blieb aus. Nach vier gescheiterten Experimenten mit biologischen Waffen wandte sich die Sekte chemischen Kampfstoffen zu und produzierte Sarin. Beim ersten Einsatz des Nervengiftes starb ein Wissenschaftler der Gruppe, also verdünnte man das Gas. Diese weniger starke Mischung wurde dann bei dem tödlichen Anschlag in Tokio eingesetzt. Es folgten zwei weitere, fehlgeschlagene Versuche, bei einem kam Cyanid zum Einsatz.[46] Das alles soll nicht heißen, wir sollten die Möglichkeit ignorieren, dass Terroristen chemische oder biologische Waffen einsetzen. Bin Ladens Anhänger haben ein Interesse daran gezeigt, sie sich zu beschaffen. Ich will damit nur sagen, dass die vom 11. September ausgelösten Ängste vor so einem Einsatz vermutlich übertrieben sind, dass es schwieriger ist, chemische und biologische Kampfstoffe zu entwickeln und effizient einzusetzen, als man im Allgemeinen glaubt, und dass es dank der Zerstörung ihres Rückzuggebietes in Afghanistan für al-Qaida heute noch schwerer sein dürfte, an diese Mittel zu kommen, als vor dem 11. September. Die ständigen Behauptungen, man habe Waffen gefunden, schürten jedoch die von den New Yorker Anschlägen ausgelösten Ängste erheblich weiter.

Es ist an und für sich fraglich, ob man biologische und chemische Kampfstoffe in die umfassendere Rubrik Massenvernichtungswaffen einordnen sollte, obwohl dies schon vor dem 11. September üblich war. De facto haben chemische und biologische Waffen in der Vergangenheit weit weniger Opfer gefordert als konventionelle. Biologische Kampfstoffe, die relativ leicht zu beschaffen sind, lassen sich nur unter großen Schwierigkeiten effizient einsetzen, und chemische müssen in riesigen Mengen zur Anwendung kommen, um große Wirkung zu zeigen. Aus diesen Gründen haben Staaten in Kriegszeiten vermutlich so wenig Gebrauch von biologischen und chemischen Waffen gemacht. In den relativ seltenen Fällen, wo sie zum Einsatz kamen, waren sie nicht für einen erheblichen Prozentsatz der Kriegstoten insgesamt verantwortlich. Im Ersten Weltkrieg wurden chemische Kampfstoffe am intensivsten verwendet, sie verursachten 5 Prozent aller Kriegstoten. Als im Iran-Irak-Krieg der Irak chemische Waffen einsetzte, waren diese für weniger als 1 Prozent der iranischen Kriegstoten verantwortlich.[47] Reportagen über jeden einzelnen Zwischenfall, bei dem ein Terrorist möglicherweise an solche Waffen gekommen ist, haben die öffentlichen Ängste genährt, dass uns Anschläge mit Unmengen Opfern bevorstehen, und das ist natürlich genau die Art von Reaktion, die der Terrorismus hervorrufen will.

Atomwaffen

Am meisten fürchtet man natürlich, dass Terroristen Kernwaffen einsetzen könnten. In den Wahlkampfduellen von 2004 werteten sowohl Präsident George Bush als auch sein Herausforderer Senator John Kerry die Verbreitung von Kernwaffen, vor allem wenn sie Terroristen in die Hände fallen, als die größte Sicherheitsbedrohung für die Vereinigten Staaten. Seit dem Ende des Kalten Krieges sind alle amerikanischen Regierungen besorgt ob des Risikos »unkontrollierter« Nuklearwaffen. Man fürchtete, der Zusammenbruch der Sowjet-union würde zu einem schwunghaften Handel mit Atomwaffen führen. Besondere Sorgen machte man sich um die Sicherheit in russischen Nukleareinrichtungen. Man hatte auch Angst, dass unterbezahlte russische Wissenschaftler versuchen könnten, ihr Wissen oder ein paar Dinge aus ihren Laboren zu verkaufen, oder die russische Mafia sich mithilfe von Nuklearmaterialien erhebliche Mengen von Bargeld verschaffen könnte. All diese Gruppen, glaubte man, könnten die Durchlässigkeit von Russlands Südgrenzen ausnutzen. Diese Befürchtungen verstärkten sich, als Aum Shinrikyo das Tabu brach und erstmals eine Massenvernichtungswaffe bei einem Terroranschlag einsetzte. Dass al-Qaida sich keine Schranken auferlegte, was die Zahlen ziviler Opfer anging, schürte nach dem 11. September überall die Angst, die Organisation würde auch nicht zögern, Atomwaffen einzusetzen.

Offizielle Verlautbarungen unserer Regierung unterschieden meist nicht zwischen den verschiedenen Typen von Massenvernichtungswaffen. Die Öffentlichkeit hingegen tat es offensichtlich. Genauer: Die Bevölkerung hielt übereinstimmend einen nuklearen Anschlag für eine weniger unmittelbare Bedrohung als einen chemischen oder biologischen (13 gegenüber 75 Prozent).[48] Darüber hinaus sagten ganze 16 Prozent, sie erwarteten, dass binnen eines Jahres Terroristen einen nuklearen Sprengkörper innerhalb der Vereinigten Staaten hochgehen lassen würden, und weitere 23 Prozent erklärten, sie erwarteten dies innerhalb der nächsten fünf Jahre.[49]

Ganz abgesehen davon, ob al-Qaida Zugang zu nuklearen Materialien, Techniken und den nötigen Kenntnissen hatte, ließ nichts darauf schließen, dass die Organisation die Fähigkeit oder auch nur ein Motiv besaß, Kernwaffen gegen die Vereinigten Staaten einzusetzen. Die Folgen einer solchen Aktion wären allerdings dermaßen katastrophal, dass die Möglichkeit ausführlich diskutiert wurde. Atomwaffen zu bauen ist alles andere als einfach. Indes würde die Aufgabe sehr erleichtert, wenn ein unterstützender Staat geschützte Einrichtungen oder sogar das spaltbare Material selbst zur Verfügung stellen würde. Es war genau die Angst, dass Saddam Hussein Massenvernichtungswaffen entwickeln und sie Terroristen zur Verfügung stellen könnte, die die amerikanische Öffentlichkeit die Invasion des Irak befürworten ließ.

Bin Laden selbst trug nichts zur Klärung der Sachlage bei. Im Gegenteil, er scheint recht glücklich gewesen zu sein, amerikanische

Ängste ausnutzen zu können. Er bestand einfach darauf, dass er genauso viel Recht hätte wie der Westen, nukleare oder irgendwelche anderen Waffen zu besitzen. In einem Interview mit dem Fernsehsender al-Dschasira im Jahr 2001 wurde Bin Laden gefragt, was an den Berichten wahr sei, dass er nukleare, chemische und biologische Waffen zu erwerben gedenke. Er antwortete:

> Wir wollen sie [die Vereinigten Staaten] aus unseren islamischen Nationen herausjagen und sie daran hindern, uns zu dominieren. Wir glauben, dass dieses Recht auf Selbstverteidigung das Recht aller menschlichen Wesen ist. Zu einer Zeit, da Israel Hunderte von Nuklearsprengköpfen bevorratet und die westlichen Kreuzritter einen großen Prozentsatz dieser Waffe kontrollieren, betrachten wir dies nicht als einen Vorwurf, sondern als ein Recht.[50]

Wie im Fall von chemischen und biologischen Kampfstoffen gab es schon vor dem 11. September sehr viele Berichte, dass Bin Laden sich Kernwaffen verschafft hätte, aber diese Meldungen drangen nicht in das Bewusstsein der amerikanischen Öffentlichkeit vor. Bei der Verhandlung der Vereinigten Staaten gegen Bin Laden wegen der Bombardierung der Botschaften sagte Dschamal al-Fadl, ein Zeuge der Anklage, aus, er hätte bereits 1993/1994 von al-Qaida den Auftrag gehabt, in Khartum Uran zu kaufen. Im August 1998 wurde ein israelischer Geheimdienstbericht bekannt, dem zufolge Bin Laden über 2 Millionen britische Pfund an einem Mittelsmann in Kasachstan für eine »Kofferbombe« bezahlt hätte. Ein paar Monate später informierten russische Geheimdienste ihre amerikanischen Kollegen, Bin Laden hätte einer Gruppe Tschetschenen 30 Millionen Dollar in bar und 2 Tonnen Opium im Tausch gegen 20 Nuklearsprengköpfe gegeben.[51] Im September 1998, volle drei Jahre vor den Anschlägen vom 11. September 2001, wurde ein angeblicher Gehilfe Bin Ladens, Mamduh Mahmud Salim, in Deutschland verhaftet, weil er versucht haben soll, für al-Qaida hochangereichertes Uran zu kaufen.[52] Es gab noch weitere Berichte von teuren, gescheiterten Versuchen Bin Ladens, in Osteuropa angereichertes Uran zu erstehen.[53] Im Dezember 2000 behaupteten arabische Sicherheitskräfte, sie hätten angeblich eine Schiffsladung von rund 20 aus Kasachstan, Turkmenistan, Russland und der Ukraine stammenden Nuklearsprengköpfen auf dem Weg zu Bin Laden abgefangen.[54]

Nach dem 11. September klangen die Berichte noch alarmierender. In einem vom November 2001 wurde behauptet, al-Qaida hätte von zentralasiatischen Quellen eine in Russland gebaute nukleare Kofferbombe erworben. Der Sprengkörper sollte 8 Kilogramm wiegen und 2 Kilogramm spaltbares Uran und Plutonium enthalten. Der Bericht besagte, das Gerät mit der Seriennummer 9999 sei im Oktober 1998 hergestellt worden und könnte mit einem Mobiltelefon gezündet werden.[55] Am 8. Februar 2004 berichtete die ägyptische Zeitung *al-Hayat*, al-Qaida hätte 1998 von der Ukraine taktische Nuklearwaffen gekauft und eingelagert. Die ukrainische Regierung wies die Behauptung zurück und beharrte, sie hätte alle Kernwaffen bis zum Jahr 1996 an Russland übergeben gehabt.[56] In Afghanistan wurden keine Hinweise darauf gefunden, dass al-Qaida Atomwaffen besitzt. Doch dass sich die Organisation dafür interessiert, konnte nachgewiesen werden. Ein Reporter der Londoner *Times* entdeckte in einem von al-Qaida verlassenen Haus in Kabul einen Bauplan für eine »Nagasaki-Bombe«. Das »Superbomben«-Handbuch, wie es genannt wird, legt ausführlich die komplizierte Physik von Kernwaffen und schmutzigen Bomben dar. Es kann also kaum daran gezweifelt werden, dass al-Qaida über den Erwerb von Atomwaffen nachgedacht hat.[57]

Als die Amerikaner im September 2001 und noch einmal zwei Monate später gefragt wurden, ob sie glaubten, dass Bin Laden zu diesem Zeitpunkt Zugang zu Nuklearwaffen hätte, antworteten 63 Prozent mit Ja.[58]

Mit Sicherheit kann man es nie wissen, aber es kann wenig Zweifel daran geben, dass die meisten dieser Berichte so verlässlich waren wie die, Saddam Hussein entwickle und bevorrate Massenvernichtungswaffen. Alles deutet darauf hin, dass al-Qaida vergeblich versucht hat, sich Nuklearwaffen zu verschaffen, und weit davon entfernt ist, sie einsetzen zu können. Ihre Verlautbarungen, dass sie ein Recht auf Besitz von Kernwaffen habe, sind als Ausdruck der Entschlossenheit, sie zu verwenden, missinterpretiert worden. Dies hat wiederum dazu geführt, dass die Bedrohung, die wir empfinden, stark aufgebauscht wurde.

Schmutzige Bomben

Viel wahrscheinlicher als ein Angriff mit Kernwaffen ist die Zündung einer »schmutzigen Bombe«. Im Gegensatz zu einer echten Kernwaffe enthält eine schmutzige Bombe konventionellen Sprengstoff, mit dessen Hilfe radioaktives Material im Umfeld der Explosion verteilt wird. Werden radioaktive Stoffe zu ganz feinen Partikeln zermahlen und mit einer konventionellen Sprengung freigesetzt, kann sogar schon eine kleine Menge über eine Fläche von mehreren Häuserblocks verbreitet werden. Der verheerendste Effekt einer schmutzigen Bombe ist aller Wahrscheinlichkeit nach die von ihr ausgelöste Panik. Die Letalität einer solchen Waffe ist jedoch ziemlich gering, wenn man sie mit der Zündung selbst einer primitiven Atombombe vergleicht, bei der es zu einer Kettenreaktion kommt, die Tausende Menschen in einem Umkreis von 5 bis 10 Kilometern um den Ort der Detonation herum töten und weitere Tausende radioaktiv verstrahlen kann.

Abermals gab es viele Berichte, dass al-Qaida sich für eine schmutzige Bombe interessiere. Einen Monat nach dem 11. September berichtete die Londoner *Sunday Times* über Treffen, bei denen Bin Laden versucht hätte, nukleare und radiologische Materialien zu erwerben.[59] Im November behauptete die italienische Stelle zur Bekämpfung des organisierten Verbrechens, Bin Laden hätte sich über Mafiaverbindungen sieben angereicherte Uranstäbe beschafft. Anscheinend waren die Stäbe in den Vereinigten Staaten hergestellt worden.[60] Anfang 2003 verlautbarten britische Geheimdienstquellen, sie hätten Dokumente gefunden, die den Schluss nahelegten, dass al-Qaida-Mitglieder in Afghanistan mittels von den Taliban gelieferten medizinischen Isotopen eine schmutzige Bombe gebaut haben.[61] Andere Berichte behaupteten, Bin Laden hätte über Kontaktleute in Tschetschenien radiologische Materialien erworben.[62] Es gab auch viele Berichte, über vereitelte Versuche von al-Qaida-Experten, sich radioaktives Material zu beschaffen. Wieder ist es unmöglich, den Wahrheitsgehalt dieser Berichte zu überprüfen.

Am meisten beunruhigte die Vereinigten Staaten der Fall José Padillas, eines US-Bürgers und ehemaligen Bandenverbrechers, der im Mai 2002 in Chicago verhaftet wurde, weil er geplant haben soll, für al-

Qaida einen Anschlag mit einer schmutzigen Bombe auf die USA zu organisieren. Padilla wurde als feindlicher Kriegsgefangener eingestuft, er ist der einzige Amerikaner, der in diesem Land je mit dieser Klassifizierung eingesessen hat. Zwei Jahre nach seiner Verhaftung enthüllte das Justizministerium, dass er in Wirklichkeit keinen Anschlag mit einer schmutzigen Bombe geplant hatte, sondern stattdessen ein paar Wohnhäuser in die Luft sprengen wollte. Es war anscheinend ein bescheidener Plan: Padilla und ein Komplize wollten zwei Wohnungen anmieten, dann die Gasleitungen aufdrehen und synchron in beiden Gebäuden konventionelle Sprengsätze zünden.[63] Als feindlichem Kriegsgefangenen ist Padilla noch nicht der Prozess gemacht worden. Die meisten Amerikaner glauben jedoch, er sei eingekerkert, weil er geplant hatte, die USA mit einer schmutzigen Bombe anzugreifen. Im Dezember 2005 änderte die Regierung Bush ihren Kurs und versuchte, Padilla aus der Kriegsgefangenschaft zu entlassen und ihn vor ein Zivilgericht zu stellen. Sowohl im Fall von Padillas schmutziger Bombe als auch in dem des algerischen Ricin-Rings in London hat anscheinend die Überzeugung, dass al-Qaida Massenvernichtungswaffen anstrebt, schwerer gewogen als die Beweise, die tatsächlich vorlagen. Berichte über diese Fälle trugen dazu bei, nach dem 11. September den Menschen Angst einzuflößen und ihr Gefühl der Unsicherheit zu verstärken. Aus der Perspektive der Terroristen dient schon die bloße Vermutung, dass sie Massenvernichtungswaffen haben oder planen, ihre Zwecken, indem sie ihre Fähigkeiten übertreibt und ihrem Gegner Angst einjagt.

Bin Laden weiß seit langem, wie entscheidend der kommunikative Aspekt des Terrorismus ist. Seine regelmäßigen Videoauftritte und Tonbandverlautbarungen – und auch die seiner hochrangigen Kampfgefährten – sollen den Feind einschüchtern und den Anhängern Mut machen. Ständig verfolgt er die westlichen Medien und ist sich ganz und gar bewusst, welche Furcht Massenvernichtungswaffen in der amerikanischen Öffentlichkeit auslösen. Absichtlich hat er die Furcht angeheizt, er könne möglicherweise Massenvernichtungswaffen einsetzen, indem er es zur religiösen Pflicht erklärte, solche zu erwerben, und es als sein gutes Recht bezeichnete, sie zu verwenden. Damit hat er sich sehr erfolgreich, und wie ich denke, ganz bewusst solche Ängste zunutze gemacht.

Bei mehreren Gelegenheiten haben Bin Laden und al-Sawahiri behauptet, sie besäßen Nuklearwaffen. In einem Interview mit dem Magazin *Time* Anfang 1999 versicherte Bin Laden: »Sich zur Verteidigung von Muslimen Waffen zu beschaffen ist eine religiöse Pflicht. Wenn ich in der Tat diese Waffen erworben habe, dann danke ich Gott dafür, dass er mich in die Lage versetzt hat, das tun zu können. Und wenn ich versuche, an diese Waffen zu kommen, dann genüge ich einer Pflicht. Für Muslime wäre es eine Sünde, würden sie es nicht versuchen, die Waffen zu besitzen, die die Ungläubigen davon abhalten, Muslimen Leid zuzufügen.[64] Der pakistanische Reporter Hamid Mir behauptet, er hätte im November 2001 Bin Laden interviewt, und dieser hätte zu ihm gesagt: »Wir besitzen chemische und nukleare Waffen zur Abschreckung, und wenn Amerika solche gegen uns verwendet, behalten wir uns das Recht vor, sie einzusetzen.«[65] Fünf Monate später behauptete der al-Qaida-Führer Abu Subeida, die Organisation habe das Interesse und das Wissen, radiologische Waffen zu produzieren und wisse auch, wie man diese in die Vereinigten Staaten einschmuggelt.[66] Bei einer anderen Gelegenheit ging Aiman al-Sawahiri eindeutig weiter. Er erzählte Hamid Mir, al-Qaida besäße in Zentralasien gekaufte Atomwaffen. Der zweithöchste al-Qaida-Führer versicherte, Mitglieder der Organisation seien nach Zentralasien geschickt worden, um transportables nukleares Material zu erwerben. Er wird mit den Worten zitiert: »Wenn Sie 30 Millionen Dollar haben, gehen Sie in Zentralasien auf den Schwarzen Markt, kontaktieren irgendeinen verbitterten Sowjetwissenschaftler, und eine Menge ... Dutzende cleverer Kofferbomben stehen Ihnen zur Verfügung.«[67]

Mit solchen Behauptungen versucht al-Qaida zweifellos, ihrem Terrorfeldzug die entscheidende psychologische Wirkung zu verleihen. Die Organisation weiß um die amerikanischen Ängste vor Massenvernichtungswaffen und wird ihre Anstrengungen verstärken, welche zu erwerben, zudem verkünden, dass sie welche hat, und damit die Vorteile ihres Besitzes zu nutzen versuchen, selbst wenn das nicht der Realität entspricht. Man bekommt den deutlichen Eindruck, dass Bin Laden geschickt ein manipulatives Spiel betreibt und versucht, die Ängste weiter zu schüren, die er hervorgerufen hat. De facto war das Risiko eines Anschlags mit Massenvernichtungswaffen vor dem 11. September größer als danach, weil al-Qaida damals noch das Rückzugsgebiet Afghanistan hatte und damit Opium, das man gegen Waffen tauschen konnte. Die meisten Amerikaner wurden sich des Risikos erst nach dem 11. September bewusst, und dann dachten sie an nichts anderes mehr. Die US-Regierung war von der Befürchtung besessen, dass ein feindlicher Staat Terroristen mit Massenvernichtungswaffen versorgen könnte. Diese Angst hat das Land in den Krieg getrieben.

In all den Diskussionen über unsere Verwundbarkeit gegenüber Massenvernichtungswaffen wurde fast nie öffentlich über die Art und Weise der Bedrohung gesprochen, es wurde nicht zwischen chemischen, biologischen, nuklearen und radiologischen Waffen unterschieden, und es wurde auch nicht öffentlich über die Einsatzmöglichkeiten dieser Waffen nachgedacht. Vielmehr neigten Regierungsverlautbarungen dazu, alle Formen von Massenvernichtungswaffen in einen Topf zu werfen und als apokalyptische Mittel zur Zerstörung des Landes darzustellen. Wie ich betont habe, gibt es aber zwischen den verschiedenen, unter der Rubrik Massenvernichtungswaffen zusammengefassten Waffentypen sehr reale Unterschiede. Darüber hinaus ist die Letalität irgendwelcher biologischer und chemischer Waffen oder schmutziger Bomben, die Terroristen sich beschaffen könnten, nichts im Vergleich zu den Opferzahlen von Naturkatastrophen wie beispielsweise dem Hurrikan Katrina.

Die Zahl aller von sämtlichen Arten von Massenvernichtungswaffen im Lauf der Geschichte Getöteten summiert sich auf rund 400 000.[68] Die über Hiroshima und Nagasaki abgeworfenen Bomben brachten über 100 000 Menschen um. Die Atomtechnologie hat seither zweifellos große Fortschritte gemacht, aber man muss daran erinnern, dass konventionelle Waffen, ob sie nun von Staaten oder von Terroristen eingesetzt wurden, viel, viel mehr Menschen töteten. Unsere obsessive Beschäftigung mit Massenvernichtungswaffen hat jedoch ihren Nutzen für unsere Gegner erheblich verstärkt. Sie wollen uns einschüchtern, und sie wissen, dass ihnen das gelingt, wenn sie über Massenvernichtungswaffen verfügen oder zumindest so tun.

Sollten ein paar Qaida-Sympathisanten etwas Ricin in die Hände bekommen, könnten sie nicht viele Menschen umbringen, aber sie könnten sicher sein, eine große psychologische Wirkung zu erzielen. In dieser Hinsicht läuft unsere Konzentration auf Massenvernichtungswaffen Gefahr, zu einer sich selbst erfüllenden Prophezeiung zu werden.

Die Zündung einer Atombombe wäre zweifellos verheerend und würde in der Tat einen Wendepunkt der Geschichte darstellen. Aber wenn wir diese Gefahr mit jener durcheinanderbringen, die von einem erfolglosen Franzosen ausgeht, der in seinem Elternhaus ein bisschen Ricin zusammenbastelt, unterminiert das nur unsere Fähigkeit, eine kohärente und effiziente Antiterrorpolitik zu formulieren. Die Wahrscheinlichkeit, dass sich irgendeine Terrorgruppe Zugang zu Nuklearwaffen verschafft, ist sehr gering, weil es schwierig ist, sich die zu ihrer Entwicklung nötigen Einrichtungen zu beschaffen, und weil Staaten nicht bereit sind, sie zur Verfügung zu stellen. Aber die Folgen wären so enorm, dass das Risiko ernst genommen wird und eine zielgerichtete Politik zur Abwehr dieser Gefahr ausgearbeitet werden muss.

Die von den Anschlägen vom 11. September ausgelösten Ängste und die Reaktion unser Regierung auf diese Angriffe brachten uns dazu, die Bedrohungen zusammenzuschmeißen, statt sie zu analysieren, die Risiken abzuwägen und angemessen dagegen vorzugehen. Genau wie keine Unterschiede zwischen den Waffentypen gemacht wurden, die man gegen uns einsetzen könnte, differenzierte man auch nicht zwischen den Feinden, mit denen wir konfrontiert sind. Die Angst, Terroristen könnten Massenvernichtungswaffen von einem feindlichen Staat bekommen, war dergestalt, dass wir nicht innehielten, um die Beziehungen zwischen den Terroristen und jenen Staaten zu analysieren. Wir entwickelten einen Plan, wie Saddam Hussein daran gehindert werden kann, Osama Bin Laden Waffen zu liefern, ohne die Wahrscheinlichkeit, dass er das tun würde, oder das Verhältnis zwischen den beiden Männern in Betracht zu ziehen. Nahostexperten im Außenministerium und Terrorismusexperten überall im Land wiesen sofort darauf hin, dass Saddam Hussein genau die Art säkularer, korrupter islamischer Führer war, die Bin Laden stürzen wollte. Sie versuchten uns daran zu erinnern, dass nach Husseins Besetzung von Kuwait im Jahr 1990 sich Bin Laden an die saudische Regierung wandte und anbot, die Mudschaheddin zu mobilisieren, die erfolgreich in Afghanistan gekämpft haben, um gegen Hussein vorzugehen und ihn aus Kuwait zu verjagen. Wir wussten nur, dass sowohl Saddam Hussein als auch Osama Bin Laden unsere Feinde waren und ignorierten die Tatsache, dass die beiden auch miteinander verfeindet waren, und so warfen wir die Gefahren in einen Topf und erschufen schließlich eine sich selbst erfüllende Prophezeiung.

Saddam Hussein war natürlich dafür berüchtigt, im Iran-Irak-Krieg chemische Waffen gegen Iraner und gegen Kurden im Irak eingesetzt zu haben. Von den 600 000 in diesem Krieg umgekommenen Iranern wurden rund 5 000 von chemischen Waffen des Irak getötet.[69] Schätzungen, wie viele Kurden in Halabja mit denselben Waffen umgebracht wurden, reichen von mehreren Hundert bis 5 000. Dass Saddam Hussein bereit war, überhaupt chemische Waffen einzusetzen, galt als ausreichend, um die Überzeugung zu rechtfertigen, er würde einige dieser Waffen Terroristen zum Einsatz gegen uns geben. Das von den Anschlägen des 11. Septembers verstärkte Unsicherheitsgefühl scheint öffentliche Diskussionen über die Logik dieser Annahme verhindert zu haben. Wir hatten das Gefühl, dass wir uns nicht erlauben könnten, das Risiko einzugehen.

Die Wahrscheinlichkeit, dass Terroristen Massenvernichtungswaffen einsetzen, war nach dem 11. September nicht größer als zuvor. Im Gegenteil, da sie ihr Rückzugsgebiet Afghanistan verloren hatten, wurde das Ganze nur unwahrscheinlicher. Was sich am 11. September änderte, ist, dass Terroristen gezeigt haben, dass sie uns einen massiven Schlag versetzen können. Sie zeigten nicht, dass sie die nötigen Mittel haben, um noch einmal so vorzugehen oder uns sogar militärisch anzugreifen; wir gingen einfach davon aus, dass sie das könnten. Die Haltung der Öffentlichkeit gegenüber Massenvernichtungswaffen aber veränderte sich dramatisch. Ein Jahr nach dem Bombenattentat von Oklahoma City sagten 66 Prozent der Amerikaner, sie seien wegen Terrorismus an öffentlich zugänglichen Orten in den Vereinigten Staaten nicht besorgt.[70] Das änderte sich am 11. September gründlich.

Dank einer Kombination von Versagen unsererseits und einer langen Reihe von guten Gelegenheiten auf ihrer Seite gelang es al-Qaida, uns zu treffen, und zwar empfindlich. Aber die Organisation konnte nicht damit weitermachen. Sie bedrohte das Leben amerikanischer Zivilisten, stellte aber keine wirkliche Gefahr für die Sicherheit des Landes selbst dar. Es wäre für sie außerordentlich schwierig, solch einen Anschlag auf die Vereinigten Staaten zu wiederholen. Verändert hat sich, dass die amerikanische Öffentlichkeit jetzt zu glauben bereit war, dass Terroristen Massenvernichtungswaffen haben und diese auch einsetzen wollten. Als zu dieser Überzeugung die weit verbreitete Annahme hinzukam, dass al-Qaida etwas mit Saddam Hussein zu tun hätte, und sich dazu die Furcht gesellte, dass Hussein diese Waffen al-Qaida liefern würde, wurde diese Kombination zu einem entscheidenden Faktor, Unterstützung für den Krieg gegen den Irak zu mobilisieren, der so viele schicksalhafte Auswirkungen für den Kampf gegen den Terrorismus haben sollte.

Es ist daher nicht ganz richtig, dass »der 11. September unsere Welt veränderte«, wie Präsident Bush es ausdrückte. Vielmehr war es unsere Reaktion auf den 11. September, die die Welt veränderte. Die Amerikaner erlitten einen Terrorangriff, der in seiner Größenordnung und Zerstörungskraft ohne Beispiel war, und verloren dadurch ihr Sicherheitsgefühl und ihr Augenmaß. Die von den Anschlägen hervorgerufenen Ängste standen in keinem Verhältnis zu der tatsächlichen Bedrohung. Wir glaubten, wir hätten es jetzt mit einem mächtigen Feind zu tun, der von irrationalem religiösem Fanatismus angetrieben wird und entschlossen ist, Massenvernichtungswaffen gegen uns einzusetzen. De facto war unser Feind viel schwächer, als wir dachten, demonstrierte hartnäckig, dass er zu rationalem Verhalten fähig ist, und hatte konkrete politische wie auch religiöse Motive, und sein Interesse an Massenvernichtungswaffen ging eher auf den Wunsch zurück, uns einzuschüchtern und sich gegen uns zu verteidigen, als von der Absicht, sie in den Vereinigten Staaten einzusetzen.

Zuhause waren die Amerikaner davon überzeugt, dass Fliegen gefährlich sei, obwohl die Fakten eindeutig dagegen sprachen.[71] (Wirtschaftswissenschaftler haben berechnet, dass zu den ungezählten Opfern des 11. Septembers noch weitere 1200 Todesfälle auf den Straßen hinzukamen, weil nach dem 11. September mehr Auto gefahren und weniger geflogen wurde.[72]) Im Ausland warf die amerikanische Regierung die Gefahren in einen Topf und begründete ihre Politik auf die wahrgenommene Verwundbarkeit statt auf die realen Bedrohungen. Darüber hinaus machte die Ruchlosigkeit der Anschläge die Vereinigten Staaten blind für legitime Kritik an ihrer Überseepolitik. Eines veränderte sich nicht: Der Glauben der Amerikaner, dass ihr Handeln richtig und ihre moralische Position unangreifbar ist.

Zuhause verwandelte sich ein schwacher, unbeliebter Präsident, der erst kurz zuvor auf höchst fragwürdige Weise gewählt worden war, in einen Kriegsherrn, dessen Bevölkerung die Sicherheit eines starken Führers herbeisehnte. Im Glauben, dass sich die Welt verändert hat, waren wir bereit, im Gegenzug Veränderungen unserer altbewährten nationalen Sicherheitsdoktrin und -infrastruktur hinzunehmen. Das enorme Ausmaß der Gräueltat schien eine machtvolle Reaktion zu rechtfertigen, und die Vereinigten Staaten antworteten mit der potentesten Waffe in ihrem Arsenal, einer Kriegserklärung. Aber der Krieg wurde nicht denen erklärt, die das Verbrechen begangen haben, sondern der Strategie, mit der sie uns getroffen haben. Es war ein Krieg, den wir nicht gewinnen konnten.

Kapitel 7

Warum der Krieg gegen den Terror niemals gewonnen werden kann

Die Sicherheitskräfte gingen in einer Art und Weise an die Arbeit, als wollten sie uns die Bevölkerung absichtlich in die Arme treiben. Unter dem Vorwand der Durchsuchung platzten sie Tag und Nacht in die Häuser der Menschen, ließen sie stundenlang mit erhobenen Händen stehen, missbrauchten und beleidigten sie ... Diese Versuche, die Leute einzuschüchtern und von der EOKA abzuhalten, hatten immer das genaue Gegenteil zur Folge: Die Bevölkerung wurde bloß noch enger an die Organisation gebunden, und die Jungen verachteten die Drohung mit dem Galgen.

Georgios Grivas, Führer der EOKA[1]

Die Geschichte fing schon an mit Ohnesorg, als bei diesem Schah-Besuch am 2. Juni [1967] so ein vollkommen harmloser Mann wie Ohnesorg erschossen wird, da ist das denn schon anders gewesen.
Zwei Tage vorher war er beim *Extradienst* und hat den abonniert, und ich habe da gerade ausgeholfen bei der Abonnementstelle und habe ihn denn noch so kurz gesehen, also zwei Tage vorher und habe denn drei, vier Tage später vor seinem Sarg gestanden, und das hat mir echt einen irrsinnigen Flash denn gegeben, also das kann man schlecht beschreiben, da ist in mir fürchterlich was abgefahren. Das habe ich irgendwo nicht mehr voll überzogen, daß da ein Idiot kommt und knallt einen Wehrlosen einfach ab.
Ich habe eben früher auch viele Kneipenkeilereien mitgemacht, bei denen behältst du, obwohl die oft hart sind, einen Teil von Fairness ... so 'ne Sache war für mich einfach glatter Mord.
Irgendwie hat mir das ein irres Ding gegeben damals, Benno Ohnesorg. Echt, sein Sarg, wo der an mir vorbeigefahren ist, hat's richtig kling gemacht. Da ist einfach irgendwas abgefahren.

Michael »Bommi« Baumann,
Mitglied der deutschen Bewegung 2. Juni[2]

Wenn dereinst die Geschichte der Zeit unmittelbar nach dem 11. September geschrieben werden wird, wird man diese Jahre als eine Zeit sehen, die von zwei großen Fehlern und zwei wichtigen verpassten Gelegenheiten geprägt war. Die Fehler waren die Erklärung des Krieges gegen den Terror und die Vermischung der Gefahren, die von al-Qaida einerseits und von Saddam Hussein andererseits ausgingen. Die verpassten Gelegenheiten bestanden darin, zum einen die amerikanische Öffentlichkeit nicht über die Realitäten des Terrorismus und die Kosten für unseren Status als alleinige Supermacht aufgeklärt zu haben und zum anderen nicht die internationale Staatengemeinschaft in einer transnationalen Kampagne gegen die transnationalen Terroristen hinter uns geschart zu haben.

Sobald das ungeheuerliche Ausmaß der Anschläge vom 11. September klar war, reagierte die amerikanische Regierung mit einer Kriegserklärung. Noch in der Nacht nach den Anschlägen erklärte der Präsident in seiner Rede an die Nation: »Unmittelbar nach dem ersten Angriff setzte ich die Notfallpläne unserer Regierung in Kraft. Unser Militär ist mächtig, und es ist bereit ... Amerika und unsere Freunde und Alliierten vereinen sich mit all jenen, die Frieden und Sicherheit in der Welt wollen, und gemeinsam werden wir den Krieg gegen den Terrorismus gewinnen.«[3] Als der Präsident sich neun Tage später, am 20. September 2001, simultan an den Kongress und das amerikanische Volk wandte, bekam die Kriegserklärung an die Strategie des Terrorismus die Form einer Kriegserklärung an den emotionalen Terror: »Unser Krieg gegen den Terror beginnt mit al-Qaida, aber damit endet er noch nicht. Er wird nicht eher aufhören, bis jede Terroristengruppe globaler Reichweite gefunden, gestoppt und geschlagen ist.«[4]

Die Anschläge waren von so enormer Größenordnung, dass kaum jemand hinterfragte, ob ein Krieg die richtige Reaktion sei. Am 18. September autorisierte der US-Kongress den Präsidenten, »alle notwendigen und angemessenen Kräfte gegen die Nationen, Organisationen oder Personen zu mobilisieren, die seiner Entscheidung nach die terroristischen Angriffe vom 11. September 2001 geplant, autorisiert, begangen oder dabei mitgeholfen haben oder solche Organisationen oder Personen beherbergt haben, um alle zukünftigen Aktionen des internationalen Terrorismus gegen die Vereinigten Staaten durch solche Nationen, Organisationen oder Personen zu verhindern.«[5]

Nur Stunden nach dem Luftangriff auf Pearl Harbor hatte der US-Kongress eine Kriegserklärung an Japan beschlossen, und Präsident Roosevelt hatte sie am nächsten Tag, dem 8. Dezember 1941, unterzeichnet. Im Jahr 2001 wurde oft die Erinnerung an Pearl Harbor heraufbeschworen. Auch an Osama Bin Ladens Fatwa aus dem Jahr 1996 mit dem Titel »Kriegserklärung an die Amerikaner, die das Land der zwei heiligen Stätten [Saudi-Arabien] besetzt halten« wurde gedacht sowie an sein zweites Fatwa, das zwei Jahre später kam: »Die Entscheidung, die Amerikaner und ihre Alliierten zu töten – Zivilisten wie Militärs –, ist für jeden Muslim eine persönliche Pflicht, und er kann das in jedem Land tun, in dem ihm das möglich ist, um die Aksa-Moschee und die heilige Moschee ihrem Griff zu entwinden und um ihre Armeen, geschlagen und unfähig, noch irgendeinem Muslim gefährlich zu sein, aus den Ländern des Islam zu verjagen.«[6] Da Bin Laden uns den Krieg erklärt und mit den Anschlägen auf unsere Städte einen kriegerischen Akt gegen uns begangen hatte, wurde kaum bezweifelt, dass Krieg die angemessene Reaktion war. Auch am Ausgang des Krieges bestanden kaum Zweifel: »Diese Menschen haben Amerika den Krieg erklärt, und sie haben einen schrecklichen Fehler begangen«, sagte der Präsident.[7] Umfragen zufolge waren über 90 Prozent der amerikanischen Öffentlichkeit sich des Sieges gewiss.[8]

Bin Ladens al-Qaida war nicht die erste gewalttätige Organisation, die Amerika den Krieg erklärte. Am 31. Juli 1970 gab Bernadine Dohrn – eine attraktive junge Frau mit kurzem Rock und hohen Stiefeln, ihrem typischen Outfit – in Berkeley, Kalifornien, das erste Kommuniqué des Weather Underground heraus, eines militanten Ablegers des SDS (Students for a Democratic Society). Es trug den Titel »Eine Erklärung des Kriegszustands«. Darin hieß es unter anderem:

> Überall auf der Welt blicken Menschen, die gegen den amerikanischen Imperialismus kämpfen, auf die amerikanische Jugend und hoffen, dass wir unsere strategische Position hinter den feindlichen Linien nutzen und mit vereinten Kräften die Zerstörung des Imperiums vorantreiben ... Zehntausende haben gelernt, dass Proteste und Demonstrationen nicht reichen. Revolutio-

näre Gewalt ist der einzige Weg ... Wir werden unter diesem System niemals in Frieden leben können ... Binnen der nächsten vierzehn Tage werden wir ein Symbol oder eine Institution der amerikanischen Ungerechtigkeit angreifen.[9]

Die Worte des Weather Underground erwiesen sich als blutrünstiger als seine Taten. Zwar legte die Organisation in mehr als zwei Dutzend Gebäuden Sprengsätze, aber sie versuchte, keinem Menschen zu schaden. Im Allgemeinen gelang ihr das. Am Abend des 24. Augusts 1970 jedoch fuhren Gruppenmitglieder einen Lieferwagen voll Ammoniumnitrat und Heizöl vor das Sterlin-Hall-Gebäude der University of Wisconsin in Madison und ließen ihn dort hochgehen. Robert Fassnacht, ein Assistent, der dort noch spät arbeitete, wurde bei der Explosion getötet. Die Weathermen hatten versucht, das mathematische Forschungszentrum der US-Armee zu zerstören. Sie glaubten, ihre Gewalt sei moralisch gerechtfertigt, weil sie das Ziel verfolgte, der noch größeren Gewalt und der schreienden Ungerechtigkeit der Vereinigten Staaten in Vietnam eine Ende zu bereiten.

Dies war nicht das erste Mal, dass ein amerikanischer Präsident von einem Krieg gegen den Terrorismus sprach. Bei seiner Rede vor der Vollversammlung der Vereinten Nationen im Jahr 1986 sagte Präsident Ronald Reagan: »Die Vereinigten Staaten glauben, dass die auf dem Gipfel von Tokio im letzten Mai von den sieben demokratischen Industrienationen getroffenen Vereinbarungen einen guten Ausgangspunkt für ein internationales, geschlossenes Handeln im Krieg gegen Terrorismus darstellen.«[10] Die Formulierung »Krieg gegen Terrorismus« war auch schon viel früher allgemein von der Presse verwendet worden, um die Anstrengungen der russischen, europäischen und schließlich amerikanischen Regierungen zu umschreiben, den Mordanschlägen internationaler Anarchisten Ende des 19. Jahrhunderts ein Ende zu bereiten.[11]

An andere, eher metaphorische Kriege war die Erinnerung noch frischer. In seiner Rede zur Lage der Nation vom 8. Januar 1964 erklärte Präsident Lyndon Johnson einen »Krieg gegen die Armut«, der das Los der 35 Millionen Amerikaner lindern sollte, die in jenem Jahr unter der Armutsgrenze lebten. Präsident Richard Nixon erklärte

1971 einen »Krieg gegen Drogen«. Er rief zu einer »allumfassenden Offensive« gegen den Drogenmissbrauch in Amerika auf und schuf die »Stelle für nationale Drogenkontrollpolitik« als Antwort auf dieses Problem.

Dieser Krieg war natürlich etwas ganz anderes. Am 12. September 2001 erklärte die NATO, diese Aktion gegen die Vereinigten Staaten würde als Angriff auf alle 19 Mitglieder der Allianz betrachtet. Dies war das erste Mal in der Geschichte des westlichen Bündnisses, dass sich die NATO auf Artikel 5 des Washingtoner Vertrags berief, der besagt, dass jeder bewaffnete Angriff auf ein Mitgliedsland der NATO als Angriff auf alle NATO-Staaten gewertet wird. Zur selben Zeit intensivierten die NATO und ihr einstiger Feind Russland die Zusammenarbeit. Es war klar, dass es nicht mehr um einen bloß metaphorischen Krieg ging.

Das Ausmaß der weltweiten Unterstützung war ohne Beispiel. In London spielte die Kapelle vor dem Buckingham Palace bewegend »The Star-Spangled Banner«. *Le Monde*, Frankreichs wichtigste Tageszeitung, prägte die berühmt gewordene Überschrift »Nous sommes tous Américains«[12] (»Wir sind alle Amerikaner«). Der deutsche Bundeskanzler Gerhard Schröder, der später vor allem deswegen wiedergewählt wurde, weil er entschieden gegen den Einmarsch in den Irak unter Führung der Amerikaner war, versprach den Vereinigten Staaten »uneingeschränkte Solidarität«.[13]

Hier lag eine Chance, die internationalen Beziehungen neu zu ordnen. Einstige Alliierte und einstige Gegner während des Kalten Krieges hätten sich gegen die Bedrohung des transnationalen Terrorismus vereinen können. Sie waren eifrig darum bemüht. Wir akzeptierten ihre Beileidsbekundungen, aber nicht ihre Hilfsangebote. Wir bedienten uns nicht der Mechanismen der NATO oder irgendeiner anderen internationalen Institution, um eine Gegenstrategie zu entwerfen oder umzusetzen. Wir fühlten uns stark genug, allein reagieren zu können, und das taten wir dann. Ein Unterstaatssekretär des Verteidigungsministeriums erklärte später, die Vereinigten Staaten wären »so beschäftigt gewesen, ihre Kriegspläne auszuarbeiten, dass sie keine Zeit hatten, sich um die Koordinierung der militärischen Rolle Europas zu kümmern«.[14]

Ein Jahr nach den Anschlägen hielt die NATO ein Gipfeltreffen in Prag ab. Lord George Robertson, der NATO-Generalsekretär und frühere britische Verteidigungsminister, hatte auf die Konferenz große Hoffnungen gesetzt. Die Pläne für den Gipfel sahen die Annahme eines umfassenden Maßnahmenpakets zur Bekämpfung des Terrorismus und sogar die Schaffung einer schnellen Eingreiftruppe der NATO vor, einer technisch hochgerüsteten, flexiblen und interoperablen Einheit, die nach einem Beschluss des NATO-Rats sofort zum Einsatz zur Verfügung stünde. Robertson hoffte, die NATO würde zum Schwerpunkt des internationalen Kampfes gegen den Terrorismus und zeigen, dass sie sich geändert und der neuen Sicherheitslage angepasst hätte. Bei dem Treffen sollte sowohl die Ausweitung auf frühere Mitgliedstaaten des Warschauer Pakts diskutiert als auch die Stärke der traditionellen atlantischen Allianz demonstriert werden. Doch dann beherrschte das umstrittene Thema eines möglichen Krieges gegen den Irak den Gipfel. US-Verteidigungsminister Donald Rumsfelds Ausspruch, »die Mission bestimmt die Koalition, nicht die Koalition die Mission«, wurde als mutwilliger Versuch betrachtet, die NATO, die Verkörperung der atlantischen Allianz, zu unterminieren. Noch unbeliebter machte sich Rumsfeld nur noch dadurch, dass er später Frankreich und Deutschland (die gegen den Krieg im Irak waren) als das »alte Europa« abtat und vom »neuen Europa« des Ostens sprach, das die amerikanischen Pläne für eine Invasion des Irak mehr unterstützte. Als er später gefragt wurde, warum er nicht mit der NATO in den Irak gegangen sei, antwortete Rumsfeld: »Das ist mir nicht in den Sinn gekommen.«[15]

Bald war man in anderen Ländern allgemein überzeugt, dass die Vereinigten Staaten sich nur um ihre Interessen kümmerten und die aller anderen ignorierten. Zwar erwartet man von jeder Regierung, dass sie zunächst und vor allem die eigenen Interessen im Auge hat, Führer von Allianzen und Supermächte müssen aber auch die Interessen anderer berücksichtigen. Als westliche Staatenlenker den Vereinigten Staaten sofortige und bedingungslose Unterstützung anboten, brachten sie zum Ausdruck, was sie wirklich empfanden, aber sie erwarteten auch, dass sie im Gegenzug von den Vereinigten Staaten konsultiert würden. Sie wurden bald enttäuscht.[16] Und diese Empfindungen waren nicht auf die Eliten beschränkt. Laut einer Umfrage des Pew Research Center vom Mai 2003 glaubten über 70 Prozent der Bürger von uns im Allgemeinen freundlich gesinnten Ländern wie Kanada, Spanien, den Niederlanden und Russland, dass die Vereinigten Staaten die Interessen anderer nicht berücksichtigten; 85 Prozent der Franzosen, 66 Prozent der Deutschen und 55 Prozent der Briten sahen das genauso.[17]

Das gemeinsame Interesse am Kampf gegen den Terrorismus und die erklärte Bereitschaft der NATO, sich dieser Aufgabe anzunehmen, hätten genutzt werden können, um internationale Institutionen in ein effektives Mittel zur Bündelung diverser und komplementärer Ressourcen für einen gemeinsamen Zweck zu verwandeln. Damit hätte die Verteidigungsgemeinschaft, die sich seit dem Zweiten Weltkrieg herausgebildet und wirkungsvoll den Gewalteinsatz als legitimes Mittel zur Konfliktlösung unter ihren Mitgliedern beseitigt hatte, auf andere Länder ausgeweitet werden können, die sich ihr gern angeschlossen hätten. Auf diese Weise in eine Neuausrichtung der internationalen Ordnung zu investieren, hätte jedoch die Bereitschaft erfordert, andere zu konsultieren und letztlich die Machtausübung der USA einzuschränken. Im Gegensatz zur Regierung Truman, die am Ende des Zweiten Weltkrieges die langfristigen Interessen der Amerikaner in den Blick nahm und die Gelegenheit nutzte, die internationalen Institutionen neu auszurichten, konzentrierte sich die Regierung Bush auf den kurzfristigen Gegenschlag und führte eine »Koalition der Willigen« nach Afghanistan und später in den Irak.

Es gibt zahllose Gründe, warum ein amerikanischer Präsident, welcher ideologischen Ausrichtung auch immer, auf die Anschläge vom 11. September mit einer Kriegserklärung reagieren sollte. Das schiere Ausmaß der Attacken schien danach zu verlangen. Darüber hinaus kann man ein Land innenpolitisch nicht besser mobilisieren als durch eine Kriegserklärung. Rivalen tun sich zusammen, Differenzen werden vergessen, das Land stellt sich erst hinter den Führer und später hinter die Jungs, die in seinem Namen kämpfen. Es gibt noch einen weiteren, pragmatischeren Grund. Der Machtzuwachs aufseiten der Exekutive, zu dem es in Kriegszeiten unvermeidlicherweise kommt, war für die Führer unserer Nation schon immer ein willkommenes Nebenprodukt.

Auch die überwältigende Mehrheit der Öffentlichkeit begrüßte die Kriegserklärung, allerdings muss man gerechterweise einräumen, dass ihr keine anderen Optionen angeboten wurden. Hätte man ihr eine Liste mit Alternativen vorgelegt, hätte sie vielleicht anders reagiert. Umfragen ergaben, dass die meisten Amerikaner ihr Land im Kriegszustand sahen.[18] Mit militärischen Mitteln auf die Anschläge zu antworten fand eine überwältigende Unterstützung.[19] Die Amerikaner waren auch größtenteils zuversichtlich, dass die Vereinigten Staaten die für die Anschläge verantwortlichen Leute finden und bestrafen würden.[20]

Etwas einen Krieg zu erklären, das letztlich nur eine Strategie ist, ergibt offensichtlich wenig Sinn. Niemand käme auf die Idee, beispielsweise Präzisionslenkwaffen den Krieg zu erklären. Nicht so sehr die Strategie müsste im Zentrum unserer Aufmerksamkeit stehen als vielmehr diejenigen, die sie anwenden. Später wurde der Krieg gegen den Terrorismus zum »Global War on Terror« (GWOT, »Globaler Krieg gegen den Terror«), was ein noch nebulöserer Begriff ist. Terror ist wie Angst eine Emotion, und einer Emotion einen Krieg zu erklären, ist kaum eine zum Erfolg führende Strategie. Wenn der Präsident nicht gerade dem Terrorismus oder dem Terror den Krieg erklärte, dann »dem Bösen«. Nach einem Treffen mit König Abdullah von Jordanien sagte Präsident Bush: »Ich habe Seiner Majestät versichert, dass sich unser Krieg gegen das Böse richtet, nicht gegen den Islam.«[21] Zwei Monate später ließ er der Konferenz von Warschau dieselbe Botschaft zukommen: »Wir kämpfen nicht gegen den Islam, wir kämpfen gegen das Böse.«[22] Im Januar 2002 sagte der Präsident bei einem Städtetreffen in Kalifornien: »Unser Krieg ist ein Krieg gegen das Böse.«[23] Bei einer anderen Gelegenheit versicherte der Präsident den Amerikanern: »Wir werden die Welt von den Bösewichten befreien.«[24]

Natürlich gab es Alternativen zu einem Krieg gegen den Terrorismus, den Terror und das Böse. Die Regierung hätte beispielsweise al-Qaida oder Afghanistan den Krieg erklären können, dem Staat, der der Organisation Unterschlupf gewährte. In diesem Fall hätte es ein paar klare Kennlinien für Erfolg oder Scheitern gegeben, an denen man den Fortschritt hätte messen können. Man hätte sogar wissen können, wann beispielsweise der Krieg vorüber ist. Das schiere Ausmaß der entsetzlichen Tat aber und der Wunsch, hinreichend monumental darauf zu reagieren, führten dazu, dass ein Krieg gegen einen Staat oder eine Organisation einfach nicht ausreichte. Die USA wollten nicht nur al-Qaida bekämpfen, sondern »jede Terroristengruppe von globaler Reichweite«.[25]

Das Problem bei einer Kriegserklärung ist, dass Krieg zu führen Gedanken an Sieg und Niederlage heraufbeschwört. Doch wie damals schon auf der Hand lag und wie wir seither immer deutlicher gesehen haben, ist es sehr schwierig, sich zum Sieger eines Krieges gegen Terrorismus oder Terror zu erklären, vom Bösen ganz zu schweigen. Wir haben die Taliban in Afghanistan geschlagen, aber das hat uns nicht den Sieg im Krieg gegen den Terrorismus gebracht. In der Tat glaubten die Amerikaner zu diesem Zeitpunkt, dass der Sturz der Taliban, ohne dass man Bin Laden und seine Mitstreiter zu fassen bekommt, eine Niederlage darstellen würde.[26] Wir haben erfolgreich den Bewegungsspielraum der Qaida-Führung gekappt. Wir haben viele, aber keineswegs alle ihrer Anführer gefasst und die Kommandostruktur, die Kommunikation und das Ausbildungssystem zerstört, aber dies hat uns nicht den Sieg im Krieg gegen Terrorismus gebracht.

Wenn Sieg bedeutet, die Vereinigten Staaten unverwundbar für terroristische Angriffe zu machen, werden wir nie und nimmer siegreich sein. Einen Konflikt in einen Krieg, den man nicht gewinnen kann, umzuformen, ist ein großer Fehler, und zwar aus folgendem Grund: Eine Terroristengruppe kann jederzeit einen Mitstreiter in irgendein Starbucks-Café, eine U-Bahnstation oder ein Einkaufszentrum irgendwo im Land schicken und eine Bombe zünden lassen und damit demonstrieren, dass die mächtigste Nation der Weltgeschichte nicht in der Lage war, sie zu schlagen. Das macht es den Terroristen viel zu einfach.

Terroristen wollen als Soldaten betrachtet werden, die gegen einen Feind Krieg führen. Die meisten streben an, so viel Unterstützung für ihre Sache einzuwerben, dass sie einen schönen Tages eine richtige Armee aufstellen können. Das Konzept des Dschihad etwa, wie ihn islamistische Extremisten verstehen, dreht sich um nichts anderes als um Krieg. Immer wieder bezeichnen Terroristen sich als Soldaten. Sidique Khan, der Hilfslehrer aus Leeds, der sich in einer Londoner

U-Bahn in die Luft sprengte, erklärte: »Wir sind im Krieg, und ich bin ein Soldat. Jetzt werdet auch ihr die Realität dieser Situation zu spüren bekommen.«[27] Dermot Finucane erinnert sich, wie stolz er war, dass sein Bruder John als IRA-Mitglied ein Militärbegräbnis bekam. Terroristen bedienen sich ständig militärischer Titel und militärischer Formen der Organisation und Disziplin. Im Jahr 1981 hungerten sich die zehn in Nordirland inhaftierten Republikaner nicht zu Tode, um die Briten aus Irland hinauszuzwingen. Sie hungerten sich nicht langsam zu Tode, um die Insel Irland wiederzuvereinen. Sie hungerten sich zu Tode, um als politische Gefangene anerkannt zu werden. Das letztendliche Ziel eines jeden Krieges muss sein, dem Gegner nicht zuzugestehen, was er haben will. Terroristen wollen als im Krieg mit uns liegend gesehen werden; ihnen dies zuzugestehen heißt, ihnen zu gewähren, was sie wollen, statt unser Möglichstes zu tun, ihnen genau das zu verweigern.

Terroristen möchten als Soldaten im Krieg gesehen werden, weil das ihrer Meinung nach zum einen ihrem Anliegen Legitimität gibt und zum anderen ihnen selbst Status verleiht. Dass die Vereinigten Staaten einem Haufen radikaler Extremisten unter dem Schutz eines heruntergewirtschafteten Afghanistan den Krieg erklärten, hieß ihnen einen Rang einzuräumen, den sie aus eigener Kraft nie erreicht hätten. Terroristen wollen ihr Foto unter dem Titel »Gesucht« sehen. (Als Dermot Finucane es schließlich auf ein Fahndungsplakat geschafft hatte, war er enttäuscht, dass er diese Ehre mit 35 anderen teilen musste.) Der herausragende Status als Staatsfeind Nummer eins ist genau das, was eine Terrorgruppe erreichen will. Gegenüber potenziellen Rekruten verleiht ihr das Format, und sie gewinnt dadurch mehr Anhänger. Terroristen den Krieg zu erklären, verhilft ihnen faktisch zu dem Ruhm, den sie anstreben.

Die Sprache der Militärs schließt auch ein, was Michael Howard eine »Kriegspsychose« genannt hat. Die Menschen erwarten, dass sofort etwas geschieht. Mit Sicherheit fühlte sich die Regierung Bush verpflichtet, auf die Anschläge vom 11. September sofort irgendwie zu reagieren und nicht darauf zu warten, dass das Pentagon sorgfältig kalibrierte Kriegspläne ausarbeitet. Aber die Erfahrungen anderer Länder im Kampf gegen den Terrorismus machen überdeutlich, dass erfolgreiche Antiterrorkampagnen vor allem Geduld und eine langfristige Perspektive erfordern. Die Provisional IRA entstand in den Anfangsmonaten des Jahres 1970. 35 Jahre später, im Jahr 2005, erklärte sie schließlich ihre Terrorkampagne für beendet und zerstörte ihre Waffen. Es brauchte enorm viel Geduld und umsichtige Planung seitens der britischen Regierung, um dahin zu kommen.

Der andere Punkt ist natürlich, dass eine Kriegserklärung internationales und nationales Recht berührt. Sie löst in der internationalen Gemeinschaft die Erwartung aus, dass man sich an die internationalen Vereinbarungen über die Kriegführung halten wird. Die berühmtesten davon sind die Genfer Konventionen. Ihr Ursprung reicht weit in die Geschichte der internationalen Beziehungen zurück. Versuche, die Kriegführung zu regulieren, hat es schon so lange gegeben wie Kriege überhaupt, aber historische Vereinbarungen verpflichteten die Beteiligten nur auf das Verhalten in einem bestimmten Krieg. Der erste Versuch, internationale Regeln für alle Kriege vorzugeben, wurde von dem Schweizer Geschäftsmann Henri Dunant in Gang gesetzt, der 1863 das Internationale Rote Kreuz gründete. Dunant war über das Gemetzel in der Schlacht von Solferino in Norditalien entsetzt. Er besuchte Kaiser Napoleon III. und überredete ihn, die bedingungslose Freilassung aller gefangenen Ärzte anzuordnen. Im Jahr 1864 lud Dunant dreizehn Länder zu einer Konferenz über menschliche Kriegführung ein. Deren Ergebnis war die erste Genfer Konvention, derzufolge Militärkrankenhäuser und medizinische Transporte unter Neutralität stehen, verwundete Soldaten und medizinisches Personal als nichtkämpfende Personen behandelt werden, Gefangene in ihre Heimatländer zurückkehren dürfen, wenn sie kampfunfähig sind, und die weiße Flagge mit einem roten Kreuz darauf als Symbol für Neutralität gilt.

1899 wurde die erste Genfer Konvention um Abkommen über den Einsatz von Giftgas und Dumdumgeschossen ergänzt. 1906 wurde die zweite Genfer Konvention unterzeichnet, die die Regelungen auf den Seekrieg ausweitet. Nach den Traumata des Ersten Weltkrieges wurden zwei weitere Genfer Konventionen verabschiedet, die den Umgang mit Verwundeten und Kriegsgefangenen regeln. Die sowohl auf den Schlachtfeldern als auch in den Gefangenenlagern begangenen Gräueltaten des Zweiten Weltkrieges gaben weitere Impulse, die Kriegführung zu regulieren. Die Folge davon war die Genfer Konvention von 1949, mit der die früheren Versionen modernisiert und die Behandlung von Zivilisten in Kriegszeiten geregelt wurde. 1977 wurde sie um zwei Protokolle ergänzt, die die Bestimmungen auf andere Formen von Kampfhandlungen ausweiteten, beispielsweise Bürgerkriege und Unabhängigkeitskriege. Terrorismus wird dort nicht eigens erwähnt. Die Genfer Konventionen sind nicht die einzigen Vereinbarungen zur Kriegführung; daneben gibt es noch eine Reihe von internationalen Gesetzen und Abkommen, aber die Genfer Vereinbarungen zur Eindämmung von Kriegsgräueln genießen große internationale Legitimität und überwältigende Unterstützung seitens demokratischer Staaten.

Als die Vereinigten Staaten dem Terrorismus den Krieg erklärten, erwartete die internationale Gemeinschaft, dass die USA sich an die Regeln der Kriegführung und vor allem an die internationalen Konventionen über die Behandlung von Zivilisten, Verwundeten und Gefangenen halten würden. Doch Alberto Gonzales, Berater des Weißen Hauses und anschließend Justizminister, argumentierte, der Krieg gegen den Terrorismus sei ein »neues Paradigma, [das] die strengen Genfer Einschränkungen bei der Befragung von feindlichen Gefangenen obsolet und einige der Vorschriften lächerlich macht«.[28] Das Weiße Haus entdeckte für sich den Begriff »ungesetzlicher Kombattant« und verwendete ihn als Blankokategorie, in die afghanische Kämpfer und ausländische Mudschaheddin-Kämpfer in Afghanistan genauso fielen wie in den Vereinigten Staaten verhafteten Ausländer. Sie wurde auch noch auf Amerikaner ausgeweitet, die sowohl im Kampfgebiet als auch in den Vereinigten Staaten festgenommen wurden, wobei Letzteres höchst umstritten war. Damals waren im US-Außenministerium viele entschieden gegen die Missachtung der internationalen Konventionen und meinten später, der Gefangenenmissbrauch im Irak und in Afghanistan wäre eine direkte Folge der Entscheidung gewesen, sich nicht um die akzeptierten Verhaltensnormen zu kümmern. Der Skandal um die Misshandlung von Gefangenen in Abu Ghureib schadete Amerikas moralischem Ansehen in der Welt und den Bemühungen, Unterstützung für den Feldzug gegen den Terrorismus zu gewinnen, in ungeheurem Ausmaß.

Indem sie einen Krieg erklärten, sich aber weigerten, die Genfer Konventionen dabei einzuhalten und den Krieg mittels der existierenden internationalen Institutionen zu führen, befremdeten die Vereinigten Staaten ihre Alliierten und bestätigten die schlimmsten Befürchtungen von neutralen und gegnerischen Ländern. Im Jahr 2001 beispielsweise hatten einer Umfrage des Pew Research Center zufolge drei von vier Indonesiern eine positive Meinung von den USA. Zwei Jahre später sahen sie vier von fünf in negativem Licht.[29] Eine BBC-Umfrage vom Sommer 2003 ergab, dass die überwältigende Mehrheit der Jordanier und Indonesier die Vereinigten Staaten für gefährlicher hielt als al-Qaida. Auch in Indien, Russland, Südkorea und Brasilien betrachtete eine Mehrheit die USA als gefährlicher als den Iran.[30] Die US-Regierung glaubte, die den Amerikanern angetanen Gräuel wären so groß, dass sie es sich nicht leisten könnte, darauf mit einer nur eingeschränkten Machtausübung zu antworten. Ironischerweise war es genau diese ungezügelte Anwendung beispielloser Macht, die die Alliierten vor den Kopf stieß und dazu führte, dass die Neutralen sich gegen die USA wandten und die Reihen der Gegner anschwollen. Somit wurden alle Aussichten zunichtegemacht, das langfristige Ziel zu erreichen, nämlich die Eindämmung des Terrorismus.

Krieg zu führen bedeutet natürlich auch, das Militär einzusetzen. Abermals machen die Erfahrungen anderer Länder im Kampf gegen den Terrorismus sehr deutlich, dass das Militär ein zu stumpfes Instrument ist, als dass man sich bei der effizienten Bekämpfung von Terroristen allein darauf verlassen könnte.

Der Krieg in Afghanistan war der erste Schritt im Krieg gegen den Terrorismus. Er erfreute sich innen- wie außenpolitisch überwältigender Unterstützung. Schwindelerregende 94 Prozent der Amerikaner hießen das militärische Eingreifen in Afghanistan für gut.[31] Als die Taliban sich weigerten, Bin Laden und die Führungsspitze von al-Qaida auszuliefern, verwarfen die Vereinigten Staaten alle Angebote außer einer vollständigen Kapitulation als nicht ernst gemeinte Ausflüchte und entsandten sofort amerikanische und britische Spezialeinheiten in das Land, die Kontakt mit den lokalen Gegnern des Taliban-Regimes aufnehmen sollten.

Am 7. Oktober 2001, keinen Monat nach den Anschlägen auf New

York und Washington, begannen amerikanische und britische Flugzeuge mit der Bombardierung von al-Qaida- und Taliban-Einheiten. Die Kampagne lief ursprünglich unter dem Titel »Operation Infinite Justice« (»Operation unendliche Gerechtigkeit«), wurde aber bald in »Operation Enduring Freedom« (»Operation dauerhafte Freiheit«) umbenannt, als darauf hingewiesen wurde, nur Gott könne »unendliche Gerechtigkeit« gewähren. Die armselige Luftabwehr der Taliban war schnell zerstört (für die Vereinigten Staaten ging kein einziges Flugzeug durch Feindfeuer verloren). Binnen weniger Tage waren die meisten Trainingslager von al-Qaida schwer beschädigt. Kabul fiel am 12. November, und die Qaida-Kämpfer zogen sich in den Höhlenkomplex von Tora Bora zurück. Kunduz fiel am 25. November, und am 7. Dezember verließ Mullah Muhammed Omar, der Führer der Taliban, die einstige Hochburg Kandahar, die letzte von den Taliban kontrollierte Stadt. Als am 17. Dezember Stammestruppen mit Unterstützung von amerikanischen Spezial- und Lufteinheiten den letzten Verteidigungsposten des Höhlenkomplexes von Tora Bora einnahmen, war klar, dass auch die Qaida-Führung entkommen war. Der Krieg in Afghanistan war insofern erfolgreich, als das brutale Taliban-Regime gestürzt wurde, aber weder die Taliban- noch die Qaida-Oberen konnten gefangen genommen werden, und Frieden hat er dem Land auch nicht gebracht.

Der Krieg in Afghanistan war eine Lektion, die schon viele Male zuvor erteilt worden ist: Schlachten zu gewinnen, ist nicht notwendigerweise dasselbe wie Kriege zu gewinnen, vor allem wenn man gegen Terroristen kämpft. Den Russen ist es nicht gelungen, ihre überwältigende Militärpräsenz in Tschetschenien in einen Sieg zu verwandeln. Den Israelis ist es nicht gelungen, mit ihrer überwältigenden Militärmacht im Libanon oder in den besetzten Gebieten Erfolg zu haben. Auch die Regierung von Peru ist daran gescheitert, mit dem Einsatz von Truppen über den Leuchtenden Pfad zu obsiegen. Wie weiter oben geschildert, gelang schließlich einer 70 Mann starken geheimen Einheit der peruanischen Polizei, was Welle um Welle von Truppen nicht gelungen war, nämlich die Zerschlagung des Leuchtenden Pfades. Diese Fälle belegen, dass Militärmacht allein nicht gegen Terrorismus gewinnen kann, wie ungleich die Machtverteilung auch sein mag. In

Südamerika gab es ein paar Fälle, bei denen das Militär erfolgreich gegen den Terrorismus im eigenen Land eingesetzt wurde, aber einer Demokratie ist das noch nie gelungen.

Trotz zweier ausgewachsener Kriege von 1994 bis 1996 und von 1999 bis 2002 gelang es in Tschetschenien der hervorragend ausgerüsteten russischen Armee nicht, den Terrorismus zu besiegen. Und das, obwohl die russische Armee ohne ein Gutteil der Einschränkungen operieren konnte, die in gereifteren Demokratien dem Einsatz von Gewalt auferlegt sind. Die Opferzahlen bewegen sich zwischen 40 000 und 70 000 auf beiden Seiten, und dennoch geht der Terrorismus weiter.[32] Schlimm ist auch, dass der Krieg in Tschetschenien die Terrorbewegung radikalisiert hat. Ursprünglich waren die tschetschenischen Terroristen nur Nationalisten, die von der russischen Föderation unabhängig werden wollten, aber dann infiltrierten radikale Islamisten die tschetschenischen Gruppen, die seither immer absoluter werden, immer weniger bereit sind, ihre Gewaltanwendung einzugrenzen und sich auf ausgehandelte Kompromisse einzulassen. Einige ihrer Anschläge, etwa das Massaker in der Schule von Beslan, bei dem 331 Menschen einschließlich 186 Kinder starben, zählen zu den ruchlosesten Aktionen, die je von Terroristen durchgeführt wurden.

Kein Land hat so viel Erfahrungen im Kampf gegen den Terrorismus gesammelt wie Israel. Aber trotz seiner hervorragend ausgebildeten, ausgerüsteten und motivierten Armee konnte Israel die Hisbollah im Libanon nicht besiegen. Israel war 1982 in den Libanon einmarschiert, um die palästinensische Präsenz dort einzudämmen, stattdessen gelang es der Hisbollah, Israel 1985 in eine »Sicherheitszone« entlang der südlichen Landesgrenze zurückzudrängen. Fünfzehn weitere Jahre lang lieferten sich israelische Truppen immer wieder Gefechte mit der Hisbollah, bis sie sich schließlich im Mai 2000 ganz aus dem Libanon zurückzogen. Im Lauf der Auseinandersetzungen wurden geschätzte 21 000 Zivilisten, 2 100 libanesische Kämpfer und über 900 israelische Soldaten getötet.[33] Während dieser ganzen Zeit gewann die israelische Armee viele Kämpfe, oft gab es auf der gegnerischen Seite zehnmal so viele Opfer wie auf der eigenen, aber trotzdem konnten die Israelis diese militärischen Siege nicht in politische verwandeln. Darüber hinaus war Israel bei weitem nicht bereit, so viele Opfer hinzunehmen wie die gegnerische Seite. Die Hisbollah war sich dieses Unterschieds bewusst und nutzte ihn geschickt. Bei einem Gefangenenaustausch im Jahr 2004 beispielsweise wurden 700 libanesische und palästinensische Gefangene für einen israelischen Geschäftsmann und die Leichname von drei israelischen Soldaten freigelassen. Als Israel sich im Jahr 2000 vollständig aus dem Libanon zurückzog, war die Hisbollah eine stärkere Organisation als beim Einmarsch der Israelis 1982.

Aus mehreren Gründen war es für Israel so schwierig, sich im Libanon durchzusetzen. Die Hisbollah operierte geschickt und erwies sich als unverwüstlich. Aus dem Iran und aus Syrien bekam sie jede Menge staatliche Unterstützung. Der Libanon hingegen war als Staat so schwach und ineffektiv, dass er Israel keine sinnvolle Hilfe hätte sein können, selbst wenn er das gewollt hätte. Darüber hinaus kontrollierte Israel nicht das Territorium des Libanon, was bedeutete, dass man kein effizientes Geheimdienstnetz dort aufbauen konnte. Die Aktionen der Israelis und die Erfolge, die die Hisbollah dagegensetzte, sorgten dafür, dass in der Bevölkerung insgesamt die Hisbollah mehr Unterstützung fand. Zudem wurde Israel auch noch von der öffentlichen Meinung zuhause gezügelt. Den Israelis war bei dem Gedanken nicht wohl, dass ihr demokratischer Staat eine Besatzungsarmee unterhielt, und sie waren nicht bereit, in größerem Umfang Opfer unter ihren Bürgern in Uniform hinzunehmen. Auch die internationale öffentliche Meinung bremste Israel, denn das Ausland sah viele der gewaltsameren Aktionen Israels äußerst kritisch. Dieselben Faktoren würden wahrscheinlich auch jeder anderen Demokratie bei ihrem Bemühen, Militär gegen Terroristen einzusetzen, Fesseln anlegen.

Es gab aber auch ein paar Siege. In einer Reihe von Ländern, vor allem in Südamerika, wurde das Militär erfolgreich gegen Terrorgruppen eingesetzt. In diesen Fällen aber handelten die Truppen auf eine Art und Weise, die mit den Prinzipien einer liberalen Demokratie ganz und gar nicht in Deckung zu bringen ist. Zu den berüchtigteren Beispielen zählt Argentinien. Nach dem Tod von Juan Perón wurde der Notstand ausgerufen, und die Armee konnte ungehindert agieren. Bei einem Staatsstreich im März 1976 übernahm eine Militärjunta die Macht. Gegen Ende desselben Jahres begann diese mit dem sogenannten »Prozess des Nationalen Aufbaus«, der unter dem Namen *el Proceso* besser bekannt ist; sie versuchte, damit den Linksterrorismus auszurotten, demgegenüber Perón, wie sie glaubte, viel zu tolerant gewesen war. Die beiden wichtigsten damaligen Terrorgruppen, die Montoneros und die Revolutionäre Volksarmee (ERP) hatten das Vakuum nach Peróns Tod genutzt. Wie es so oft beim Einsatz von Gewalt ist, wurde das ursprüngliche Ziel der Niederschlagung des Terrorismus bald auf die Auslöschung jeglicher politischen Opposition ausgeweitet. Das Ausmaß der Menschenrechtsverletzungen und die Zahlen der »Verschwundenen« waren schwindelerregend. Menschen, die man verdächtigte, Terroristen zu sein, mit welchen verwandt zu sein oder mit welchen zu sympathisieren, wurden verhaftet, und man hörte nie wieder von ihnen. Die diversen Einheiten der Sicherheitskräfte konkurrierten in ihrem Eifer, die Terroristen auszulöschen. Ein Armeebefehlshaber, General Luciano Menéndez, wurde für die Aussage berühmt: »Wir werden 50 000 Menschen töten müssen; 25 000 Subversive, 20 000 Sympathisanten, und wir werden 5 000 Fehler machen.«[34] Wie hoch der Blutzoll schließlich war, ist unbekannt, aber man glaubt, dass zwischen 10 000 und 30 000 Menschen im Namen von *el Proceso* getötet wurden.[35] Über 1 000 Personen waren zwischen 1976 und 1979 direkt an der Befragung, Folterung und Ermordung von Verdächtigen beteiligt. Die Terroranschläge hörten allerdings auf.

Argentinien ist nicht das einzige Beispiel. In Chile führte die Bewegung der revolutionären Linken (Movimiento de Izquierda Revolucionaria, Mir) zwischen 1965 und 1989 einen Terrorfeldzug gegen den Staat. Ihre Basis hatte sie in ländlichen Regionen, wo sie sich mit Gewalt Land für die Bauern aneignete; von da ging sie in die Städte, um dort nach Art der Stadtguerilla zu kämpfen. Wie in Argentinien wurde das Militär im Inland gegen Terrorismus eingesetzt, und wieder kam es zu groben Menschenrechtsverletzungen. Die chilenischen Militärs hielten den Terrorismus für eine Gefahr für den Staat, vor allem nachdem Salvador Allende, der Kandidat der Linksparteien, zum Präsidenten gewählt worden war. Mit amerikanischer Hilfe wurde er bei einem Staatsstreich des Militärs im Jahr 1973 gestürzt und beging wohl Selbstmord. Sofort machte sich das neue Regime daran, mit beispielloser Brutalität jegliche Opposition niederzuschlagen. Auf der

Stelle richtete die Junta die Dirección de Inteligencia Nacional (Dina) ein, die die terroristische Subversion ausradieren sollte. Einen großen Teil der anfänglichen Repression heizte ein geheimnisvoller »Plan Z« an, bei dem es sich um eine kommunistische Verschwörung zur Übernahme der Armee handeln sollte. Den Truppen wurde befohlen, die Verschwörung aufzudecken und die Beteiligten zu eliminieren. Offiziere, die mit zu wenig Eifer ans Werk gingen, wurden präventiv entlassen. Wahrscheinlich war »Plan Z« als Vorwand für die Repressionen erfunden worden. Die meisten Terroristenführer waren bis Ende 1974 getötet oder gefangen genommen worden, aber die Mir tauchte 1980 noch einmal kurz auf und wurde wiederum sofort unterdrückt. Die Regierung Chiles besiegte in der Tat den Terrorismus, aber um den Preis grober Menschen- und Bürgerrechtsverletzungen. Wie viele Leben dabei geopfert wurden, ist nur schwer genau anzugeben. Ein Denkmal auf dem Zentralfriedhof von Santiago nennt die Namen von 4000 Opfern, die aus politischen Gründen hingerichtet wurden oder »verschwanden«. Ein Bericht der Comisión de Verdad y Reconciliación nacional (Wahrheitskommission) vom Februar 1995 verzeichnet 2095 Hinrichtungen ohne Prozess und Todesfälle unter Folter und weitere 1102 Fälle von »Verschwundenen«.[36]

Auch in Brasilien hat das Militär eine Anzahl Terrorgruppen besiegt. Wie in einigen anderen südamerikanischen Ländern, nahmen brasilianische Terrorbewegungen auf dem Land ihren Anfang, wo sie sich eine Massenbasis zu schaffen versuchten, dann gingen sie in die Städte, um dort einen urbanen Guerillakrieg zu führen. Das von zahlreichen Terroristen auf der ganzen Welt gelesene *Minihandbuch des Stadtguerilleros* verfasste Carlos Marighella, Führer der Aktion zur Nationalen Befreiung (ALN), einer der größten brasilianischen Terrorgruppen. Die vom Terrorismus ausgehende Gefahr brachte die brasilianische Regierung Mitte der sechziger Jahre dazu, sich von einem gemäßigten Militärregime, das die wirtschaftliche Stabilität fördern wollte, zu einer immer stärker repressiven Militärdiktatur zu wandeln, die entschlossen war, die Ordnung wiederherzustellen. Brasilianische Terroristen waren besonders geschickt darin, hochgestellte Persönlichkeiten zu entführen, und in diesen Fällen machte die Regierung bei Verhandlungen Konzessionen, um die Freilassung der Gekidnappten zu erreichen. Gleichzeitig führte der militärische Geheimdienst eine brutale Antiterrorkampagne durch, die auch den Einsatz von Todesschwadronen, die Folterung von Gefangenen und massenhafte Verhaftungen umfasste. Einen ihrer größten Erfolge erzielte die Regierung im November 1969, als Marighella mit einigen Anhängern aufgespürt und bei einer Schießerei getötet wurde. Bis Ende 1971 war die Strategie des urbanen Guerillakrieges in Brasilien ausgerottet.

Diese Lektionen des südamerikanischen Antiterrorismus führen zu dem Schluss, dass im Inland eingesetzte und ungehindert operierende Truppen in der Tat den Terrorismus besiegen können. Denn dann kann das Militär so operieren, wie es in Demokratien nicht möglich ist. Die demokratische Regierung von Uruguay wurde 1973 genau deswegen von einem Militärregime abgelöst, weil es ihr nicht gelungen war, effizient auf den Terrorismus der Tupamaros zu reagieren. In diesem Fall wurden die Militärs in Uruguay vom benachbarten Militärregime in Brasilien zu einem Staatsstreich ermutigt, weil Letzteres fürchtete, die Tupamaros gefährdeten auch seine eigene Sicherheit. Mit ungebremster Gewaltanwendung besiegten die Truppen tatsächlich die Tupamaros.

Die Strategien der Militärregierungen von Argentinien, Brasilien und Chile stehen jedoch demokratischen Regierungen keinesfalls zur Verfügung. Die autoritären Regime besiegten den Terrorismus der Rebellen, aber im Zuge dessen ersetzten sie ihn durch faktischen Staatsterrorismus, den mutwilligen Missbrauch von Gewalt. Keine Regierung könnte solch eine Strategie verfolgen und dabei demokratisch bleiben, da das Recht des Gesetzes durch das Recht der Gewalt ersetzt wird.

Als die US-Regierung dem Terrorismus den Krieg erklärte, dachte sie also nicht an die Art von Antiterrorismus, den die südamerikanischen Generale praktiziert hatten. Sie dachte an eine legitime Art von Kriegführung wie beispielsweise an der Westfront gegen die Nazis. Das Problem war nur, dass man nicht einem Feind wie den Nazis gegenüberstand. Präsident Bush hat häufig die Qaida-Ideologie mit der des Faschismus, Stalinismus und Nationalsozialismus verglichen, aber dabei hat er nur den Fanatismus und die Amoralität im Blick gehabt, nicht die kämpfenden Bataillone. Mit einer Armee gegen die Nazis vorzugehen, konnte Erfolg haben, weil sie gleichfalls mit Truppen gegen uns vorgingen, al-Qaida aber entsandte eine Hand voll einzelner Selbstmordattentäter gegen die Vereinigten Staaten. Truppenmassierungen sind nicht die beste Möglichkeit, solche zu fassen.

Der zypriotische Nationalist Georgios Grivas, Führer der terroristischen EOKA, sagte über einen britischen Feldmarschall, der gegen ihn kämpfte: »Harding hielt an seinem Denkfehler fest: Einerseits unterschätzte er seinen Feind, andererseits überschätzte er dessen Kräfte. Mit einem Panzer fängt man aber keine Feldmaus – das kann eine Katze besser.«[37] Dem Terrorismus den Krieg zu erklären und dafür eine Armee in den Kampf zu schicken, ist so etwas Ähnliches, wie mit einem Panzer eine Feldmaus zu fangen.

Nicht ohne Grund könnten einige argumentieren, die Erfahrungen der südamerikanischen Länder oder beispielsweise Russlands und Israels hätten für die Vereinigten Staaten wenig Bedeutung, da unsere Politik und unsere Kultur so ganz anders ist. Das trifft aber wohl kaum auf unseren engsten Verbündeten zu, das Vereinigte Königreich, unseren Partner in der »speziellen Beziehung«, wie Winston Churchill das als Erster ausdrückte. Nur wenige Länder haben so viel Erfahrung mit dem Kampf gegen Terrorismus und Rebellen wie Großbritannien. Viele der kolonialen Bewegungen, die von Großbritannien unabhängig werden wollten, griffen früher oder später zu terroristischen Taktiken. Anfänglich verließ sich das Vereinigte Königreich einfach auf seine überlegene Militärmacht, aber wie etwa in Indien führte diese Strategie letztlich nicht zum Erfolg. Nach dem Zweiten Weltkrieg sah sich Großbritannien mit einer ganzen Reihe von Aufständen gegen die Kolonialherrschaft konfrontiert. In Malaya und Kenia waren die Engländer angeblich erfolgreich. Der Zypernkonflikt endete mit einem Kompromiss, und in Aden zogen sich die Briten zurück, und marxistische Rebellen übernahmen die Macht.

Auf der Grundlage seiner umfassenden Erfahrungen entwickelte das britische Militär die sogenannten *Thompson Principles*, sechs Prinzipien des militärischen Vorgehens gegen Rebellen. Sie lauten:

1. Das Primat des Politischen
2. Koordinierung der Regierungsmaschinerie
3. Geheimdienstinformationen sammeln

4. Den Rebellen von seiner Nachschubbasis trennen
5. Den Rebellen neutralisieren
6. Planung für die Zeit nach der Rebellion

Ausgerüstet mit diesen Prinzipien, jahrelanger Erfahrung und einer professionellen, bestens ausgebildeten und allgemein respektierten Armee sah sich Großbritannien im Jahr 1970 mit dem Aufkommen der Provisional IRA in Nordirland konfrontiert. Zweifellos war die IRA eine völlig andere Art von Terrorbewegung als al-Qaida, und de facto erfreute sich Großbritannien vieler Vorteile, die die Vereinigten Staaten nicht haben. Die innenpolitischen Sicherheitskräfte des Landes, die nordirische Polizei und die vor Ort rekrutierten britischen Armeeeinheiten standen allesamt auf der Seite der Briten. Zudem sprachen die britischen Truppen dieselbe Sprache wie die Terroristen und die Gemeinschaft, aus der Letztere ihre Unterstützung bezogen, was das Sammeln von Geheimdienstinformationen erheblich erleichterte. Darüber hinaus operierte die Armee nahe der Heimat in einem geografisch begrenzten Gebiet, ohne sich mit heiklen Logistikproblemen herumschlagen zu müssen. Trotz all dieser Vorteile, 5 Milliarden Dollar pro Jahr vom Londoner Finanzministerium und der Bereitschaft der Regierung, zusätzlich zu den lokalen Sicherheitskräften bis zu 30 000 weitere britische Soldaten einzusetzen, musste das Vereinigte Königreich feststellen, dass es die IRA nicht besiegen konnte, die nur ein paar Hundert Mitglieder hatte.

James Callaghan, Innenminister von Harold Wilsons Labour-Regierung, ordnete am 15. August 1969 die Entsendung britischer Truppen an, nachdem James Chichester-Clark, Premierminister von Nordirland, darum ersucht hatte. Die britische Regierung fand bald heraus, dass es viel leichter ist, Truppen zu entsenden, als welche abzuziehen. Die Stationierung sollte eine vorübergehende Maßnahme sein, aber 35 Jahre später waren die Truppen noch immer dort. Nach der ursprünglichen Entsendung fürchtete man, dass irgendein Rückzug wie ein Sieg der Terroristen wirken könnte, also blieben die Soldaten. Sie waren dorthin geschickt worden, um nach den von der Bürgerrechtsbewegung verursachten Unruhen die Ordnung wiederherzustellen, aber auch, um die katholische Minderheit vor protestantischen Mobs und den Übergriffen der undisziplinierten und höchst parteilichen Polizei zu schützen. Anfänglich wurden sie von den Katholiken willkommen geheißen. Und die IRA war nirgendwo zu finden.

Ungeachtet der guten Absichten des Militärs veränderten schwerbewaffnete Soldaten und Militärfahrzeuge auf bürgerlichen Straßen bald die Lage. Die Provisional IRA wurde Anfang 1970 gegründet, um die Gemeinschaft der Katholiken zu schützen. Das Militär stand aufseiten von Recht und Ordnung, war aber in einer gespaltenen Gesellschaft zur Parteinahme gezwungen. Die Anwesenheit von Truppen auf den Straßen ermöglichte es der IRA, die Situation als typisch für den britischen Imperialismus hinzustellen, und erlaubte zugleich den frischgebackenen Terroristen Zielübungen. Zu Beginn des Konflikts waren es drei Ereignisse unter Beteiligung des Militärs, die die katholische Bevölkerung vor den Kopf stießen, Rekruten für die IRA zu werben halfen und der IRA Bewunderung einbrachten, selbst von Menschen, die ihre Methoden nicht guthießen.

Angesichts plündernder Mobs und Polizisten als Helfershelfern verbarrikadierten sich die Katholiken in »Sperrgebieten«. Die britische Armee erkannte die Gefahr, dass die IRA dort ungestraft rekrutieren und trainieren konnte, und so startete sie die »Operation Motorman«, die größte Militäroperation des 20. Jahrhunderts in Irland. 31 000 Soldaten wurden zum Einreißen der Barrikaden entsandt. Die Operation war insofern erfolgreich, als die Sperrgebiete aufgelöst und ihre Bewohner zu Feinden der Armee gemacht wurden.

Dieser Vorgehensweise folgte bald der größte politische Fehler des gesamten Konflikts, nämlich die Internierung ohne Prozess. Wieder war es das Militär, das diese Politik umsetzte; nachts führte es in katholischen Gebieten Razzien durch und terrorisierte ganze Viertel, von den Familien der Inhaftierten ganz zu schweigen. Die Tatsache, dass diese Politik fast ausschließlich gegen Katholiken durchgeführt wurde, die keineswegs das Monopol auf illegale Gewaltanwendung innehatten, und auch die Tatsache, dass viele der Verhafteten keinerlei Verbindungen zur IRA hatten, erbosten die Bevölkerung weiter, die sich von der britischen Regierung ab- und der IRA zuwandte.

Die dritte Militäraktion, die sich gleichermaßen als Tragödie an sich wie als Rekrutierungsgoldgrube für die IRA erwies, war der bereits erwähnte »Blutsonntag«. Am 30. Januar 1972 eröffneten britische Fallschirmjäger, die anscheinend glaubten, sie würden angegriffen, das Feuer auf Bürgerrechtsdemonstranten, von denen dreizehn an Ort und Stelle starben. Fernsehbilder von entsetzten, Deckung suchenden Jugendlichen und Priestern, die weiße Taschentücher schwenkten, während sie die Verwundeten in Sicherheit brachten, entfremdeten die Bevölkerung völlig von dem Militär, das vor gar nicht so langer Zeit zu ihrem Schutz eingetroffen war. Das Vorgehen mit eiserner Faust, das Soldaten lernen, kann ungeheuer negative Wirkung zeigen, wenn es in einem zivilen Umfeld geschieht, wie das britische Militär bald feststellen musste. Allein seine physische Präsenz samt der Waffen und gepanzerten Fahrzeuge musste einfach Angst auslösen, wütend machen, einschüchtern.

Wie oft bei solchen Konflikten erkannten die Militärs selbst mit als Erste die Realität der Situation. Der britischen Armee gefiel die Entsendung nach Nordirland ganz und gar nicht, sie betrachtete sie als Ablenkung von der wichtigeren Aufgabe, für die sie ausgebildet worden war, nämlich die Verteidigung Europas gegen die Sowjetunion. 1978 schrieb der Kommandeur der Landstreitkräfte in Nordirland, General J. M. Glover, eine geheime Einschätzung der IRA. Der Bericht wurde heftig kritisiert, weil er zu dem Schluss kam, dass die IRA trotz Großbritanniens überwältigender militärischer Stärke nicht militärisch besiegt werden könne. Und er verwarf auch die Ansicht der Regierung, dass es sich bei den Mitgliedern der IRA um Schläger und Banditen handele: »Unsere Beweise für das Format der einfachen Terroristen unterstützen nicht die Einschätzung, dass es sich bei ihnen bloß um hirnlose Hooligans handelt, die unter Arbeitslosen und Nichtbeschäftigbaren rekrutiert werden.«[38] Glover kam zu dem Schluss:

> Die Gewaltkampagne der Provisionals wird sich wahrscheinlich fortsetzen, solange die Briten in Nordirland bleiben ... Die PIRA wird vermutlich weiterhin die benötigten Männer rekrutieren. Sie wird in der Lage sein, genügend Menschen mit Führungsqualitäten, guter Bildung und manuellem Geschick zu gewinnen, um ihren umfassenden Professionalismus weiter auszubauen. Die Bewegung wird sich hinreichender öffentlicher Unterstützung erfreuen, um ihre sicheren Basen in den traditionell republikanischen Gebieten beibehalten zu können.[39]

Die Ereignisse der Folgezeit sollten Glovers Analyse bestätigen.

Die britische Regierung hatte zwar keinen Krieg gegen den Terrorismus in Nordirland erklärt, aber die Stationierung von Truppen in der Provinz erlaubte es der IRA, die Situation als einen Krieg und sich selbst als den legitimen Gegner der britischen Armee darzustellen. Die Präsenz von Truppen in einem zivilen Umfeld und die damit notwendigerweise einhergehende eiserne Faust sorgten dafür, dass die IRA und ihre Rolle als Feind der britischen Armee die Unterstützung der Öffentlichkeit fanden. Die Militärpräsenz vor Ort half in der Tat, die Gewalt der IRA einzudämmen, und nach den ersten paar Jahren kam es zwischen den Truppen und den Terroristen zu einer Pattsituation, die ab und an von besonderen Gräueln der IRA und erfolgreichen Sicherheitsmaßnahmen der Armee durchbrochen wurde. Die Lösung des Problems und das Ende des Terrorfeldzugs der IRA brachten jedoch nur jahrelange mühevolle Verhandlungen und die Beseitigung der Missstände, die immer wieder die Unterstützung für die Terroristen angeheizt hatten. Dass 30 000 britische Soldaten, denen noch Tausende von lokalen Sicherheitskräften halfen, nicht ein paar Hundert IRA-Mitglieder besiegen konnten, dürfte sicherlich den Schluss nahelegen, dass die amerikanischen Militäroperationen Tausende von Meilen von zuhause entfernt, in einer fremden Kultur und meist ohne die Unterstützung zuverlässiger lokaler Sicherheitskräfte, aller Wahrscheinlichkeit nach keine Terrorgruppe von globaler Reichweite ausschalten können.

Der zweite große Fehler in der Zeit nach dem 11. September war die Vermischung zweier ganz unterschiedlicher Sicherheitsprobleme: die Bedrohung durch al-Qaida und die durch Saddam Hussein. Besonnene Menschen waren sich uneins, ob der Krieg im Irak klug war, aber aus antiterroristischer Perspektive kann es kaum Zweifel geben, dass es sich bei ihm um einen schrecklichen Fehler handelte. Drei Argumente wurden zur Befürwortung des Krieges vorgelegt. Das erste lautete, Hussein hätte Massenvernichtungswaffen, die er selbst gegen uns einsetzen oder an Terroristen dafür weitergeben könnte. Dieses Argument fand in den Vereinigten Staaten großen Anklang, vor allem bei Konservativen, die bedauerten, dass man Hussein nicht schon beim letzten Mal, im ersten Golfkrieg, beseitigt hatte. Das zweite Argument lautete, Hussein sei ein völkermordender Verrückter, der so brutal gegen seine Landsleute vorging, dass es als humanitäre Tat zu sehen wäre, ihm Einhalt zu bieten. Dieses Argument gefiel den Liberalen, vor allen denen, die meinten, der Westen hätte unbewusst weggesehen und nichts getan, um den Völkermord in Ruanda zu verhindern. Dann gab es noch das Argument, Hussein hätte Verbindungen zu al-Qaida. In einer berühmten Rede vor den Vereinten Nationen im Februar 2003 legte der US-Außenminister Colin Powell die Gründe der Amerikaner für eine Invasion vor. Größtenteils stützte er sich dabei auf Beweise, dass die Iraker Massenvernichtungswaffen entwickelten. Er argumentierte auch, dass der in Jordanien geborene Terrorist Abu Mussab al-Sarkawi im Nordosten des Irak aktiv gewesen sei und sich zu einer medizinischen Behandlung zwei Monate in Bagdad aufgehalten hätte, wäre ein Beweis, dass Hussein und Bin Laden gemeinsame Sache machten.[40]

Berichte von Regierungsmitgliedern, wie etwa dem Antiterrorismus-Koordinator Richard Clarke und dem Finanzminister Paul O'Neill, und auch von Personen, die mit ihnen in Kontakt standen, wie etwa dem deutschen Bundeskanzler Gerhard Schröder, bestätigen alle die Tatsache, dass unmittelbar nach den Anschlägen vom 11. September hochrangige Politiker glaubten, es müsse eine Verbindung zwischen Hussein und al-Qaida geben, und dass sie Überlegungen anstellten, wie gegen den Irak vorzugehen sei. Vor allem der stellvertretende Verteidigungsminister Paul Wolfowitz drängte vehement darauf, den Irak sofort anzugreifen. In einem Memo vom 17. September meinte er, auch wenn es nur eine 10-prozentige Wahrscheinlichkeit gäbe, dass Saddam Hussein hinter den Anschlägen vom 11. September stecke, müsse es oberste Priorität haben, diese Gefahr auszuschalten. Er argumentierte auch, de facto sei die Wahrscheinlichkeit jedoch weit größer als eins zu zehn.[41]

Noch lange nachdem sich die Beweise für eine Verwicklung des Irak in die Anschläge vom 11. September in Luft aufgelöst hatten, glaubte die amerikanische Öffentlichkeit daran. Einer Umfrage der *Washington Post* vom August 2003 zufolge waren 69 Prozent der Amerikaner überzeugt, dass Saddam Hussein »persönlich in die Terrorangriffe vom 11. September involviert« gewesen sei; in den Tagen unmittelbar nach den Anschlägen waren es 78 Prozent gewesen. Gigantische 82 Prozent glaubten, Hussein »hat Osama Bin Laden und seinem Terrornetzwerk geholfen«.[42] Viele Amerikaner glauben noch immer, dass Saddam Hussein bei der Planung der Anschläge geholfen habe und mehrere der Attentäter Iraker gewesen seien. In Wirklichkeit war keiner von ihnen irakischer Herkunft.[43]

Die Fehleinschätzung der amerikanischen Öffentlichkeit ist größtenteils auf Verlautbarungen des Präsidenten und höherer Regierungsmitglieder zurückzuführen, die einen solchen Zusammenhang andeuteten. Diejenigen Regierungsmitglieder und Außenstehenden, die sich intensiv mit al-Qaida beschäftigt hatten, kannten Bin Ladens tief verwurzelte Animosität gegenüber dem säkularen, korrupten Regime von Saddam Hussein. Sie wussten, dass Bin Laden – wie bereits erwähnt – angeboten hatte, Hussein aus Kuwait hinauszujagen. Sie wussten auch, wie der Untersuchungsausschuss zum 11. September berichtete, dass Bin Laden Anti-Saddam-Islamisten im irakischen Kurdistan unterstützte und versuchte, sie dazu zu gewinnen, mit ihm gemeinsame Sache zu machen.[44] Obwohl es keine handfesten Beweise für irgendeinen Zusammenhang zwischen dem Irak und al-Qaida gab, deuteten höhere Regierungsmitglieder wiederholt an, es gäbe solche Beweise. Vizepräsident Dick Cheney beispielsweise hat öfter behauptet, es hätte in Prag ein Treffen zwischen Mohammed Atta, einem der Attentäter vom 11. September, und einem höheren irakischen Geheimdienstoffizier gegeben. Im Dezember 2001, im März 2002 und im September 2003 sagte er Reportern, die Berichte über dieses Treffen seien glaubwürdig.[45] Sie waren es nicht. Im September 2002 versicherte Verteidigungsminister Rumsfeld, amerikanische Geheimdienste hätten »kugelsichere« Beweise für Verbindungen zwischen al-Qaida und Saddam Hussein.[46] Noch im September 2003 bezeichnete Vizepräsident Cheney den Irak als »die geografische Basis der Terroristen, die uns seit vielen Jahren angegriffen haben, vor allem aber am 11. September«.[47] Der Präsident musste schließlich diese Behauptungen in Abrede stellen. Am 17. September 2003 sagte er klar und deutlich: »Nein, wir hatten keine Beweise, dass Saddam Hussein mit dem 11. September zu tun hatte.«[48]

Als dann der Irak besetzt war und die Truppen keine Massenvernichtungswaffen finden konnten, musste die Regierung auf andere Gründe für den Krieg zurückgreifen: den Zusammenhang mit dem Terrorismus im Allgemeinen und die Absetzung eines brutalen Diktators im Interesse der Humanität. Angesichts der politischen Vorlieben gerade dieser Regierung fand das erste Argument mehr Anklang. Der Krieg im Irak wurde daher zur Hauptfront im Krieg gegen den Terror umgemünzt. Der Präsident sagte: »Die Terroristen betrachten den Irak als die Hauptfront in ihrem Krieg gegen die Humanität. Und wir müssen den Irak als die Hauptfront in unserem Krieg gegen den Terror begreifen.«[49] Reden von Regierungsmitgliedern über den Irak waren mit Anspielungen auf die Anschläge vom 11. September gespickt. In seiner berühmten Rede an Bord der USS *Abraham Lincoln* unter dem Transparent »Auftrag ausgeführt«, mit der er das »Ende der Hauptkampfhandlungen« im Irak verkündete, stellte Präsident Bush fest: »Die Befreiung des Irak ist ein entscheidender Fortschritt im Kampf gegen den Terror ... Wir haben die Opfer des 11. Septembers nicht vergessen – die letzten Telefonanrufe, die kaltblütige Ermordung von Kindern, die Suche im Schutt. Mit diesen Angriffen haben die Terroristen und ihre Helfershelfer den Vereinigten Staaten den Krieg erklärt. Und einen Krieg haben sie bekommen.«[50] Zwei Jahre später sagte er vor in Fort Bragg versammelten Soldaten: »Die Truppen hier und am anderen Ende der Welt kämpfen einen globalen Krieg gegen den Terror. Am 11. September 2001 hat der Krieg unsere Küsten erreicht ... Der Irak ist das letzte Schlachtfeld in diesem Krieg.«[51] Die Untersuchungskommission zum 11. September überprüfte die angeblichen Verbindungen zwischen al-Qaida und Saddam Husseins Regime und kam zu dem Schluss, dass es keine relevanten Verbindungen gab.[52]

Indem wir einen Krieg im Irak anzettelten und unsere Feindschaft gegenüber al-Qaida mit unserer Feindschaft gegenüber Saddam Hussein in einen Topf warfen, haben wir eine sich selbst erfüllende Prophezeiung geschaffen. Im Oktober 2004 gelobte al-Sarkawi, der einstige Rivale Bin Ladens und einer der Anführer der Aufstände im Irak, seine Loyalität und die seiner Terrorgruppe Dschama'at al-Tawid al-Dschihad gegenüber Bin Laden in einer Verlautbarung, die im Internet unter dem Titel »Treueid des Führers Abu Mussab al-Sarkawi gegenüber dem Scheich der Mudschaheddin Osama Bin Laden« veröffentlicht wurde.[53] Im Herbst 2005 kam es zu einem Meinungsaustausch zwischen dem zweithöchsten Qaida-Führer Aiman al-Sawahiri und al-Sarkawi, in dem wir ironischerweise anscheinend einen Versuch der Qaida-Führung erkennen können, al-Sarkawis Gewaltbereitschaft zu zügeln.[54]

Die Opposition gegen unsere Besetzung des Irak gibt dem dortigen Aufstand immer wieder neue Nahrung. Die Rebellen setzen sich aus lokalen Nationalisten zusammen, die uns aus dem Irak verjagen wollen, und ausländischen Kämpfern, die unsere Soldaten sehen und sie aus der gesamten Region vertreiben wollen. Die wenigen Informationen, die wir über diese Aufständischen haben, lassen alle den Schluss zu, dass sie keineswegs hartgesottene Mitglieder von Terroristengruppen sind, sondern durch unsere Anwesenheit im Land rekrutiert und radikalisiert wurden. Sie finden die Begründungen, die Vereinigten Staaten hielten den Irak besetzt, um New York zu verteidigen, und würden eine Armee entsenden, um Demokratie einzuführen, so unplausibel, dass sie sie nicht glauben. Stattdessen hören sie auf die Behauptungen jener, die sagen, die US-Truppen seien eine nur ums eigene Wohl besorgte Besatzerarmee, die ausschließlich daran interessiert sei, die Region zu beherrschen und ihren Ölreichtum auszubeuten.

Zwar unterstützte die amerikanische Öffentlichkeit das Vorgehen ihrer Regierung kräftig, die internationale Gemeinschaft aber war entsetzt. Die Vereinigten Staaten insistierten, der Irak sei in der Tat die Hauptfront des Krieges gegen den Terrorismus und marschierten ohne die Erlaubnis der Vereinten Nationen ein. Der Irakkrieg lenkte die Aufmerksamkeit des Militärs nicht nur von Afghanistan ab, sondern auch von der Suche nach den Attentätern des 11. Septembers sowie von der lebenswichtigen Aufgabe, das zuerst vom Krieg und dann von den Taliban verwüstete Land wiederaufzubauen. Darüber hinaus schien unsere Invasion die Überzeugung unserer Gegner zu bestätigen, dass wir faktisch Krieg gegen den Islam führen. Genau wie der Einmarsch der Sowjets in Afghanistan die Mudschaheddin mobilisierte, war die amerikanische Invasion des Irak das Aufbruchsignal für eine neue Generation von islamistischen Radikalen. Die Vereinigten Staaten spielten ihren Feinden geradewegs in die Hände.

Die internationale Unterstützung der USA brach zusammen. Der Trend durchzog alle Arten von Ländern: freundlich gesinnte, neutrale und feindselige. In Frankreich schoss die Zahl der Menschen, die die Vereinigten Staaten negativ betrachteten, von 34 Prozent im Sommer 2002 auf 67 Prozent im März 2003 hoch, in Deutschland in derselben Zeit von 35 Prozent auf 71 Prozent. In Russland stieg der Anteil von 33 Prozent auf 68 Prozent, in Indonesien von 56 auf 83 Prozent, in der Türkei von 55 auf 84 Prozent, in Pakistan von 69 auf 81 Prozent, im Libanon vom 59 auf 71 Prozent und in Jordanien von 75 auf 99 Prozent.[55]

Die weitgehende Ablehnung des Irakkrieges hat die internationale Unterstützung für Amerikas Krieg gegen den Terrorismus und die Glaubwürdigkeit des Landes im Allgemeinen ausgehöhlt. Ein erheblicher Anteil der Franzosen (57 Prozent) und Deutschen (49 Prozent) stimmte der in der muslimischen Welt weit verbreiteten Ansicht zu, dass die Vereinigten Staaten die Bedrohung des Terrorismus übertrieben. Im Gegensatz dazu glauben das nur 13 Prozent der Amerikaner. Bei einer Umfrage im März 2004 kam heraus, dass solide Mehrheiten der Franzosen und Deutschen und 44 Prozent der Briten der Ansicht waren, der Krieg gegen den Terror sei kein ernsthafter Versuch, den Terrorismus zurückzudrängen. Weil sie an die Kompetenz der Amerikaner glauben, aber nicht an ihre Aufrichtigkeit, sind Bürger fremder Nationen zu dem Schluss gekommen, dass die Vereinigten Staaten andere Motive haben müssen. Bei Meinungsumfragen im Jahr 2004 sagte in sieben von neun Ländern die Mehrheit der an Amerikas Aufrichtigkeit Zweifelnden, dass das wahre Motiv der USA die Kontrolle über das Öl des Nahen Ostens sei. Fast genauso viele meinen, Amerika wolle die Welt beherrschen.[56] Faktisch finden sie die Propaganda von al-Qaida glaubwürdiger als unsere.

Wenn die beiden Fehler dieser Jahre darin bestanden, dem Terrorismus den Krieg zu erklären und Saddam Hussein und Osama Bin Laden über denselben Kamm zu scheren, und wenn die erste verpasste Gelegenheit darin bestand, nicht die internationale Gemeinschaft für einen Feldzug gegen al-Qaida mobilisiert zu haben, dann war die zweite wichtige vertane Chance die, die amerikanische Öffentlichkeit nicht über die Realitäten des Terrorismus aufgeklärt und ihr nicht gesagt zu haben, was dies für die globale Vorherrschaft der Vereinigten Staaten bedeutet. Ganz im Gegenteil: Amerikanische Führungspersönlichkeiten spielten mit den Ängsten der Bürger. Die Regierung versicherte zwar, keineswegs seien die Muslime als solche verantwortlich, aber sie setzte trotzdem erst einmal pauschal rund 1200 Amerikaner arabischer Herkunft fest und sperrte sie monatelang ohne Zugang zu Anwälten oder sonstigem Rechtsschutz weg. Statt das richtige Augenmaß für die Gräueltaten des 11. Septembers zu entwickeln, schürte sie die Wut. Statt die Möglichkeit einzuräumen, dass einige ihrer Vorgehensweisen andere Menschen gegen sie aufgebracht haben könnten, spaltete sie die Welt in Gut und Böse, und wer nicht für die Vereinigten Staaten war, war für die Terroristen.

Wir hätten die Gelegenheit nutzen können, gründlich über die Frage nachzudenken, die so viele Amerikaner stellten: Warum hassen sie uns? Statt zu versichern, es läge im Kern daran, dass sie die Bösen und wir die Guten sind, hätte man der amerikanischen Öffentlichkeit helfen können, die Perspektive der Machtlosen zu begreifen. Man hätte den Amerikanern vermitteln können, dass die Lauterkeit unserer Motive, die wir selbst noch nicht einmal in Gedanken infrage stellen, für andere nicht so offensichtlich ist. Das ganze Land hätte darüber diskutieren können, welchen Preis wir dafür bezahlen müssen, eine globale Supermacht zu sein, das mächtigste Land der Weltgeschichte. Schon vor den USA brachten andere Großmächte Menschen gegen sich auf, und zwar nicht, weil sie selbstsüchtiger oder weniger kompetent als die Vereinigten Staaten gewesen wären. Doch andere Imperien wurden von ganzen Bevölkerungsteilen gelenkt, die die Verwaltung des Reiches bildeten, von den jüngeren Söhnen der Wohlhabenden oder Abenteurern auf der Suche nach dem Glück, die in den Überseekolonien lebten. Die Vereinigten Staaten haben versucht, ihr Imperium dadurch zu lenken, dass sie ihre Filme und Fernsehshows exportieren, nicht ihre Söhne.

Wir haben geglaubt, die Überlegenheit unserer Werte und unseres Regierungssystems sei so offensichtlich, dass nur dumme oder böse Menschen sie ablehnen könnten. Statt den Schock der Anschläge und den offensichtlichen Hunger der amerikanischen Öffentlichkeit nach

Erklärungen dafür zu nutzen, die Komplexitäten unserer globalen Stellung und unserer Verwundbarkeit gegenüber Terrorismus zu analysieren und über die besten Gegenmaßnahmen nachzudenken, erklärten wir, dass alle, die nicht hinter uns stehen, gegen uns sind. Statt zu diskutieren, wie wir uns als Gesellschaft gegen Terrorismus wappnen und ihn politisch eindämmen könnten, beschlossen wir einfach, ihn zu zerschmettern. Statt die Gelegenheit zu ergreifen, uns selbst auf den Prüfstand zu stellen, griffen wir auf die allzu simple Formel von Gut und Böse zurück.

Indem die Vereinigten Staaten auf die Anschläge vom 11. September mit einer Kriegserklärung an den Terror reagierten, spiegelten sie das Verhaltens ihres Gegners wider. Bin Laden ignoriert die reiche Komplexität und die nuancierten Lehren des Islam und überlagert ihn mit einer stark vereinfachten, manichäischen Sicht von Gut und Böse: Er repräsentiert den guten Diener Allahs, die Vereinigten Staaten repräsentieren den Ungläubigen. Mit ihrer Reaktion übernahm die US-Regierung dieselbe Schwarz-Weiß-Weltsicht, nur dass in ihren Augen sie selbst das Gute und Bin Laden das Böse repräsentiert. Nirgendwo war diese Ähnlichkeit offensichtlicher als im unglücklichen Gebrauch des Ausdrucks »Kreuzzug« zur Umschreibung unseres Krieges gegen den Terror. Ein paar Tage nach den Anschlägen sagte Präsident Bush zu Reportern: »Dieser Kreuzzug, dieser Krieg gegen den Terrorismus, wird eine Weile dauern.«[57] Den Ausdruck hätte man als unglücklichen Versprecher abtun können, hätte er ihn nicht in einer ausgearbeiteten Rede vor Soldaten in Alaska ein paar Monate später erneut gebraucht. In diesem Fall sagte der Präsident über die Kanadier: »Sie stehen uns in diesem unglaublich wichtigen Kreuzzug zur Verteidigung der Freiheit bei.«[58]

Im Westen mag man die Kreuzzüge als romantisch-militärische Episoden einer vergangenen Zeit betrachten, im Nahen Osten erinnert man sich heute noch gut daran. Die Statuten der Hamas beispielsweise beschäftigen sich ausführlich mit der Geschichte der Kreuzritter, die Jerusalem 200 Jahre lang besetzt hielten, ehe sie vom muslimischen Krieger Saladin vertrieben wurden. Die Hamas sieht die heutige israelische Besetzung Jerusalems als Parallele. Ihren eigenen Angaben nach schlachteten die Kreuzfahrer 70000 Muslime ab, als sie 1099 Jerusalem eroberten, und auch wenn die Zahl wahrscheinlich übertrieben ist, hat sie sich dem Gedächtnis tief eingegraben. Indem Präsident Bush den Ausdruck »Kreuzzug« gebrauchte, schien er vielen im Nahen Osten zu beweisen, dass der amerikanische Krieg gegen den Terrorismus in Wirklichkeit ein Krieg der Christenheit gegen den Islam ist, genau wie Bin Laden es hinzustellen versucht hat.

Ein auffälliges Charakteristikum von Bin Ladens vielen Verlautbarungen ist die endlose Aufzählung von Vorwürfen an den Westen. Er berücksichtigt nie das Leid, das er anderen zugefügt hat, noch nicht einmal die Hunderten von unschuldigen Afrikanern, die 1998 bei dem Anschlag auf die amerikanische Botschaft in Nairobi getötet oder verletzt wurden. Auch unsere Antwort an Bin Laden wirkt so, als würden für uns nur unsere Leiden, nur unsere Klagen zählen. In unserem Kampf gegen al-Qaida haben wir unfreiwillig sehr viele Zivilisten getötet. Bis zum August 2002 lag die Zahl der durch US-Bombardements getöteten afghanischen Zivilisten zwischen 3125 und 3620; das sind deutlich mehr als die von al-Qaida am 11. September getöteten Zivilisten.[59] In unserem Land werden diese Zahlen nie diskutiert, Anlass zur Beunruhigung geben sie schon gar nicht. Das Ausmaß unseres eigenen Leids beschäftigt uns so sehr, dass wir das Leid, das wir anderen zufügen, gar nicht in Betracht ziehen. Selbstverständlich besteht der deutliche Unterschied zwischen den Zivilopfern auf beiden Seiten darin, dass die unseren absichtlich getötet wurden, die der anderen nur zufällig. Das Leid derer aber, die es traf, ist zweifellos dasselbe.

In all seinen Verlautbarungen hat Bin Laden sich als Verteidiger der Muslime gegen die amerikanische Aggression dargestellt. Er behauptet, seine Taten seien Reaktionen auf unsere und er versuche nur, uns davon abzuhalten, anderen Leid zuzufügen. In genau derselben Weise behaupten wir, dass wir die Verteidiger seien und er der Aggressor, dass sein Angriff völlig unprovoziert gewesen sei und dass wir nur die stoppen wollen, die andere terrorisieren. Am Tag der Anschläge sagte unser Präsident: »Ein großes Volk ist dazu gebracht worden, eine große Nation zu verteidigen.«[60] Ein paar Tage später sagte er: »Wir haben diesen Kampf nicht gesucht, aber wir werden ihn gewinnen.«[61] Seinerseits hat Bin Laden wiederholt behauptet, er sei der Verteidiger gegen die amerikanischen Aggressoren. Er argumentierte:

»Unsere Aktionen sind die Reaktion auf eure eigenen Aktionen, auf die Vernichtung und Ermordung unseresgleichen in Afghanistan, im Irak und in Palästina ... Wer mit dem Unrecht beginnt, trägt die größere Schuld.«[62]

Mit am häufigsten gebrauchte Präsident Bush in seinen Reden über den Krieg gegen den Terrorismus das Wort »Freiheit«. »Amerika wurde zum Angriffsziel, weil wir das hellste Leuchtfeuer der Freiheit und der Möglichkeiten auf der Welt sind.«[63] »Unsere Feinde morden, weil sie unsere Freiheit und unsere Lebensweise verachten.«[64] »Entweder man tritt für Freiheit ein, oder man tritt für Tyrannei ein.«[65] »Wir reagieren auf eine globale Kampagne der Furcht mit einer globalen Kampagne für die Freiheit. Und einmal mehr werden wir die Freiheit siegen sehen.«[66] Bin Laden nimmt gleichfalls für sich in Anspruch, für die Freiheit zu kämpfen, und verwirft die amerikanischen Behauptungen als das Gegenteil davon. In seiner Rede an das amerikanische Volk kurz vor den amerikanischen Präsidentschaftswahlen 2004 erklärte er: »Ich sage Ihnen, dass die Sicherheit eine unverzichtbare Säule menschlichen Lebens ist und dass Männer nicht ihre Sicherheit aufgeben, im Gegensatz zu Bushs Behauptung, dass wir Freiheit hassen. Wenn das so wäre, dann sollte er uns erklären, warum wir beispielsweise Schweden nicht angreifen. Und wir wissen, dass die, die die Freiheit hassen, nicht solch einen Widerstandsgeist wie die Neunzehn haben – sei Allah ihnen gnädig. Nein, wir kämpfen, weil wir freie Männer sind, die nicht schlafen können, solange sie unterdrückt werden. Wir wollen unserer Nation die Freiheit wiedergeben, und genau wie Sie unsere Nation verheeren, so werden wir die Ihre verheeren.«[67]

Genau wie Bin Laden absolut überzeugt ist, dass Allah auf seiner Seite steht, haben unsere Führer die Überzeugung zum Ausdruck gebracht, dass Gott auf unserer Seite ist. In den Worten des Präsidenten: »Jeder Seele eingeprägt ist das tiefe Verlangen, in Freiheit zu leben. Ich weiß, dass Freiheit nicht Amerikas Geschenk an die Welt ist; Freiheit ist das Geschenk des allmächtigen Gottes an jeden Mann und jede Frau auf dieser Welt ... Möge Gott das Volk dieses großen Landes segnen. Möge Gott unsere Truppen segnen. Und möge Gott weiterhin die Vereinigten Staaten von Amerika segnen.«[68] Indem wir uns beim Krieg gegen den Terrorismus auf Gott an unserer Seite berufen, können wir den Konflikt leichter in den kosmischen Dimensionen betrachten, in denen unsere Feinde ihn sehen. Es macht uns auch Mut, die Konfrontation zu »verabsolutieren«, den Gegner zu dämonisieren und alles außer einem endgültigen Sieg zu verwerfen. Anders ausgedrückt: Es hilft uns, den Konflikt genauso zu sehen wie Bin Laden.

Der US-Präsident hat es so ausgedrückt: »Faktisch sind wir nicht mit einer Reihe von Anklagen konfrontiert, die man angehen und beilegen könnte. Wir haben es mit einer radikalen Ideologie mit unveränderlichen Zielen zu tun: ganze Nationen zu versklaven und die Welt einzuschüchtern. Keine Tat unsererseits hat die Wut der Mörder heraufbeschworen – und kein Zugeständnis, kein Bestechungsgeld und kein Beschwichtigungsversuch würde ihre Mordpläne ändern oder einschränken.«[69] Mit diesen Worten delegitimierte der Präsident jeden Versuch, die Missstände anzugehen, die Bin Laden Anhänger zugetrieben haben könnten. Wenn wir uns darauf berufen, dass Gott auf unserer Seite ist, dann tendieren wir dazu, uns selbst als Repräsentanten all dessen zu sehen, was in der Welt gut ist, und den Feind als Repräsentanten von allem Bösen: »Wir glauben an die Menschenrechte und die menschliche Würde jedes Mannes, jeder Frau und jedes Kindes auf dieser Erde. Die Terroristen glauben, jedes menschliche Leben sei entbehrlich. Gemeinsam ist ihnen eine hasserfüllte Ideologie, die Toleranz zurückweist und jede Abweichung zerschmettert. Sie träumen von einer Welt, in der Frauen geschlagen, Kinder indoktriniert und alle ermordet werden, die ihre Ideologie der Gewalt und des Extremismus ablehnen.«[70] So etwas zu hören, bestätigt nur die Terroristen in ihrer Überzeugung, dass Gott auf ihrer Seite ist und dass hinter dieser Perversion ihrer Perspektive Absicht stecken muss. Bin Laden formulierte es so: »Hätte er die Wahrheit gesagt, was seine Forderung nach Frieden angeht … dann hätte er auch nicht das Volk angelogen und gesagt, dass wir die Freiheit hassen und um des Tötens willen morden. Die Realität beweist unsere Wahrhaftigkeit und seine Lüge.«[71] Indem wir uns bei unserer Reaktion auf Gott berufen, spielen wir also abermals den Terroristen in die Hände und sehen den Konflikt genauso kosmisch wie unsere Gegner.

Indem wir die extreme Sprache des Überzeugungstäters benutzen, die Bin Laden verwendet, und als Reaktion auf seinen Krieg gegen uns gleichfalls zum Krieg, sogar zum Kreuzzug auffordern, werden wir zum Spiegelbild seines Verhaltens. Wir spielen ihm in die Hände, wir verhelfen ihm zu mehr Größe, wir erlauben ihm, die Bedingungen für unsere Interaktionen festzulegen. Angesichts des Umstands, dass er sehr schwach ist und wir sehr stark sind, sollten wir nicht zulassen, dass er die Spielregeln vorgibt.

Das Ziel einer jeden Kriegspartei ist, dem Gegner das zu verweigern, was er erlangen möchte. Wie weiter oben ausgeführt, verfolgen Terroristen sowohl primäre als auch sekundäre Ziele. In der Rhetorik von al-Qaida vermischen sich sowohl praktisch-politische Absichten als auch große religiöse Visionen. Doch wie ich dargelegt habe, ist al-Qaida wie andere Terrorbewegungen hauptsächlich an drei Dingen interessiert: Rache, Ruhm und Reaktion. Für Ersteres kann sie selbst sorgen, die anderen beiden muss sie von uns bekommen. Indem wir dem Terror den Krieg erklärten, was etwas ganz anderes ist, als ihm seine Ziele zu verweigern, gestehen wir ihm diese regelrecht zu, und aus diesem Grund kann der Krieg gegen den Terror niemals gewonnen werden.

Bin Laden hat in all seinen Verlautbarungen sehr deutlich gemacht, dass er sich an den Vereinigten Staaten für deren Verhalten in der muslimischen Welt und für die Unterstützung Israels rächen will. Indem wir unsere Armee zu ihm bringen, machen wir es ihm und seinen Anhängern oder den von ihm Inspirierten leicht, diese Rache zu nehmen. Mehr noch: Indem wir unsere Truppen in Afghanistan und im Irak stationieren, garantieren wir, dass es viele weitere Aktionen geben wird, die vergolten werden müssen, sei es der Tod von Zivilisten bei Luftangriffen, der Missbrauch von Gefangenen oder die Entweihung von Leichnamen in Afghanistan oder das militärische Vorgehen und abermals Gefangenenmissbrauch im Irak – wer unter diesen Aktionen leidet, wird wahrscheinlich die Reihen der Rachsüchtigen anschwellen lassen. Dank der Rolle der Medien kann die ganze Welt die Beweise für solchen Missbrauch sehen, sodass nicht nur die, die darunter gelitten haben, auf Vergeltung aus sind, sondern auch jene, die sich mit den Leidenden identifizieren und von den Ereignissen radikalisiert werden.

Es gibt keinen besseren Königsweg zum Ruhm, als vom mächtigsten Land der Welt zum größten Feind erklärt zu werden. Als wir Millionen von Dollar auf seinen Kopf aussetzten und erklärten, wir wollten ihn »tot oder lebendig«, haben wir Osama Bin Laden eine Größe verliehen, von der er nur hatte träumen können. Natürlich trifft es zu, dass die erfolgreiche Durchführung der Anschläge vom 11. September ihm in gewissen Kreisen erhebliches Ansehen verschaffte. Auf die Angriffe so zu reagieren wie wir, hat jene Kreise jedoch erheblich ausgeweitet. Wenn wir ihn töten, werden wir ihn zum Märtyrer machen, und sein Ruhm wird über Generationen hinweg andauern. Wenn wir ihn nicht zu fassen bekommen, kann er uns weiterhin verspotten und unsere Schwäche vorführen. So betrachtet, ist es für Bin Laden sehr schwer, unseren Krieg gegen den Terror zu verlieren.

Eine klügere Reaktion wäre gewesen, alles in unserer Macht Stehende zu versuchen, um seiner habhaft zu werden. Anstatt uns auf unzuverlässige lokale Kräfte zu verlassen, deren Interessen wir kaum verstanden haben, hätten wir unsere Anstrengungen auf die Höhlen von Tora Bora konzentrieren sollen. Hätten wir Bin Laden lebend gefangen, hätten wir eine außergewöhnliche Gelegenheit gehabt, der Welt zu zeigen, wie sehr sich die Amerikaner der Rechtsordnung verpflichtet fühlen, wenn wir dann dem sehr menschlichen Rachegelüst widerstanden und ihn stattdessen vor einem internationalen Gerichtshof von makellosem Ruf und unbezweifelbarer Rechtschaffenheit wegen Verbrechen gegen die Menschlichkeit angeklagt hätten. So hätten wir ihm den Ruhm verweigert und selbst Skeptikern den großen Unterschied zwischen seinen Werten und den unsrigen demonstriert.

Für Terroristen gibt es keinen größeren Affront als ignoriert zu werden. Sie verüben ja gerade spektakuläre Anschläge, um Aufmerksamkeit zu erlangen. Allerdings besteht beim Ignorieren von Terroranschlägen das Risiko darin, dass es die Täter anstacheln könnte, um der begehrten Aufmerksamkeit willen noch verheerendere Angriffe durchzuführen. Terroristen zu ignorieren ist also kein gangbarer Weg, vor allem nicht in einer Demokratie, in der die Öffentlichkeit angesichts der Gräueltaten ein Handeln fordert. Doch wenn man Terroristen wie Kriminelle verfolgt, die sie ja sind, außerhalb des öffentlichen Rampenlichts und mit gewissenhaften und notwendigen verdeckten Ermittlungen, kann man ihre Effizienz unterminieren, ohne ihr Profil zu schärfen.

Terroristen haben uns wiederholt und recht deutlich gesagt, dass sie eine Reaktion provozieren wollen, und je extremer die Reaktion ist, desto besser für sie. Eine extreme Reaktion bringt ihnen Aufmerksamkeit und entfremdet die Unentschlossenen, die sich dann für die Sache rekrutieren lassen. Am 25. September 1968 veröffentlichte eine führende brasilianische Zeitung, *Jornal do Brasil*, ein Manifest mit den Zielen der brasilianischen Terrorgruppe ALN. Deren Führer war Carlos Marighella, Autor vom *Minihandbuch des Stadtguerilleros*. Das Manifest erklärte, das Ziel der Terroristen sei, im Land eine Krise herbeizuführen, die die Regierung zu einer militärischen Reaktion zwingen würde. Das wiederum würde zu einem Massenaufstand gegen das Regime führen, bei dem die Macht an das bewaffnete Volk übergeben würde. Indem wir auf die Anschläge vom 11. September mit einer Kriegserklärung antworteten, haben wir geradewegs den Terroristen in die Hände gespielt: Wir haben ihnen genau die Ziele zugestanden – Rache, Ruhm und Reaktion –, auf die sie aus waren, und wir haben sichergestellt, dass wir nicht gewinnen können.

Der Drang, auf Gräueltaten von der Größenordnung des 11. Septembers mit einer Kriegserklärung zu reagieren, ist sehr stark, und die Entscheidung dafür ist sehr verständlich. Ich habe jedoch dargelegt, dass sie auch sehr unklug ist. Im folgenden Kapitel werde ich eine alternative Strategie erläutern, die anstelle der sehr ehrgeizigen Ziele, »die Welt von den Bösewichten zu befreien« und »den Terrorismus samt Wurzeln aus der Welt zu reißen«[72], das bescheidenere und eher erreichbare Ziel setzt, die vom Terrorismus ausgehenden Gefahren einzudämmen. Diese Strategie basiert auf den Lehren, die man aus den Erfahrungen anderer Länder, vor allem anderer Demokratien, bei deren Kampf gegen den Terrorismus ziehen kann.

Kapitel 8

Was tun?

Glücklich ist der, der aus den Fehlern anderer lernt.

Osama Bin Laden[1]

Irland zwingt uns diese großen sozialen und großen religiösen Fragen auf – Gott sei uns gnädig, dass wir den Mut haben, ihnen ins Gesicht zu sehen und sie durchzuarbeiten.

William Ewart Gladstone, 1844[2]

Nach dem Bombenattentat am Clerkenwell-Gefängnis im Dezember 1867 – die Details wurden bereits im zweiten Kapitel geschildert – kam es zu zahlreichen Verhaftungen (unter anderem eines Polizeiinformanten, der die Terroristen ausspionieren sollte), und überall kursierten Gerüchte von bevorstehenden Gräueltaten. Die Fenier planten angeblich, Gaswerke und Eisenbahnlinien mit Dynamit zu sprengen, den Kristallpalast von der Londoner Weltausstellung 1851 in die Luft zu jagen und sogar die britische Flotte anzugreifen. Die Schutzmaßnahmen für die königliche Familie wurden drastisch verschärft, Polizei und Öffentlichkeit beschäftigten sich nur noch mit der Frage, wie verwundbar die Gesellschaft durch Attentate der Gosse war. Die Zeitungen heizten die öffentliche Hysterie an. *The Banner of Ulster* erklärte: »Von all den gottlosen Grausamkeiten, die je in einem Land begangen wurden, übertrifft keine die, die kürzlich im Herzen Londons verübt wurde.«[3] *The Impartial Observer* schrieb, es sei das »entsetzlichste Verbrechen der modernen Zeit« gewesen.[4] Die Regierung war zum Handeln gezwungen und warb Freiwillige als Hilfspolizisten an. Es meldeten sich mehr Männer als später in den beiden Weltkriegen.

Fünf Männer und eine Frau wurden alsbald vor Gericht des Verbrechens angeklagt. Rasch wurde klar, dass die Staatsanwaltschaft wenig vorzuweisen hatte, denn die Anklage gegen zwei der sechs brach zusammen, drei weitere wurden aus Mangel an Beweisen freigesprochen. Nur einer, Michael Barrett, dessen Alibi, dass er zum Zeitpunkt der Explosion in Glasgow war, von sechs Zeugen bestätigt wurde, wurde überführt und zum Tod verurteilt. Queen Victoria war außer sich, dass die Regierung keine härtere Gangart einschlug. In einem Brief an den Innenminister meinte die Königin, sie sei betrübt, »dass die Beweise gegen alle außer einem der Clerkenwell-Kriminellen versagt haben … Es scheint schrecklich, dass diese Menschen entkommen … Man beginnt zu wünschen, dass diese Fenier auf der Stelle gelyncht werden«.[5]

Bei seinem Prozess erwies sich, dass Michael Barrett nicht dem Profil des seelenlosen Mörders entsprach. Von der Anklagebank aus hielt er eloquent eine wohldurchdachte, dreiviertelstündige Rede, die er ohne Stottern und Notizen vortrug. *The Daily Telegraph* berichtete, er sei »offensichtlich ein Mann hoher Intelligenz«.[6] *The Times* äußerte sich positiv über seinen »entschlossenen Blick und seinen offenherzigen Mut«.[7] Einer der Rechtsanwälte der anderen Angeklagten sagte über ihn: »Ich kann mich in der Tat nicht erinnern, je eine noch weniger mörderische Geisteshaltung als die von Barrett gesehen zu haben. Jeder Charakterzug war von latenter Gutmütigkeit geprägt.«[8] Selbst der Lord Oberrichter war nicht davon überzeugt, dass das Urteil gerecht war. Einige Mitglieder des Unterhauses, beispielsweise John Bright und John Stuart Mill, forderten Gnade, aber die vorherrschende Meinung war, dass Barrett, selbst wenn er das Verbrechen nicht begangen hätte, doch eindeutig ein Fenier sei und gehängt werden müsse. Als Barretts Mutter den Abgeordneten ihres Wahlkreises um Hilfe bat, um einen Strafaufschub zu erwirken, sagte der zu ihr, ihr Sohn und alle anderen Fenier sollten gehängt werden, je eher, desto besser.[9] Am 26. Mai 1868, fünf Monate nach der Explosion, wurde Michael Barrett vor den Augen von rund 2000 Zuschauern gehängt – die letzte öffentliche Hinrichtung in England.

Ein paar Tage nach dem Clerkenwell-Anschlag, auf dem Höhepunkt der öffentlichen und Medienhysterie, hielt William Ewart Gladstone, damals Unterhausabgeordneter für South Lancashire und der zukünftige Parteichef der Liberalen, eine Rede, in der er seine Zuhörer von seiner Ansicht zu überzeugen versuchte, dass die irische Gewalt das

Produkt von Missständen in Irland sei und es die Pflicht der Briten wäre, diese Missstände anzugehen. Er erinnerte sein Publikum auch daran, dass die Aufregung in der Öffentlichkeit Geschworene und sogar einen Richter beeinflussen könne.[10] Doch Gladstone war ein einsamer Mahner, der versuchte, hinter die Gewalt zu blicken. Während andere nach Blut schrien, versuchte Gladstone herauszufinden, warum Iren sich genötigt fühlten, gegen England Gewalt anzuwenden.

Ein Jahr nach der Clerkenwell-Bombe wurde Gladstone englischer Premierminister und betrachtete es als seine Mission, Irland zu befrieden. Er gab sich keinen Illusionen hin, dass das leicht wäre, aber mit dem Irish Church Act von 1869 und dem Irish Land Act von 1870 versuchte er die religiösen und sozialen Probleme anzugehen, die der nationalistischen irischen Gewalt immer wieder neue Nahrung gaben. Bald sah er ein, dass auch ein politischer Wandel notwendig war. 1886 legte er seinen ersten – erfolglosen – Gesetzesentwurf für eine Selbstverwaltung Irlands vor. 1893, ein Jahr vor seinem Abtritt, versuchte er es abermals und brachte eine zweite – wiederum erfolglose – Home Rule Bill für Irland ein. Gladstone scheiterte mit seiner Mission, Irland zu befrieden. Zu viele zogen es vor, mit ungeschminkter staatlicher Gewalt auf die irische Gewalt zu antworten.

Dennoch sind Gladstones Bemühungen, hinter die Gewalt zu blicken und die auslösenden Faktoren zu verstehen, sowie seine Anstrengungen, mit sozialen, politischen und religiösen Reformen die Verhältnisse zu verbessern, die der Unterstützung von Gewaltanwendung den Boden bereiteten, ein Modell für das, was man angesichts von Terrorismus tun kann. Gladstone konnte Irland nicht befrieden, hätte er aber Erfolg gehabt, wäre die Geschichte von Großbritannien und Irland in den letzten hundert Jahren völlig anders verlaufen.

Fast 50 Jahre nach Michael Barretts Tod, am 1. August 1915, wurde ein weiterer Fenier begraben: Jeremiah O'Donovan Rossa. Dabei hielt der junge Padraic Pearse, der bald den nächsten irischen Aufstand anführen sollte, eine der berühmtesten Reden in den Annalen des irischen Nationalismus: »Das Leben entspringt dem Tod; und den Gräbern patriotischer Männer und Frauen entspringen lebendige Nationen ... Die Narren, die Narren, die Narren! Sie haben uns unsere Fenier tot hinterlassen, und während Irland nun diese Gräber besitzt, wird das unfreie Irland niemals Frieden kennen.«[11] Fast 60 Jahre später, 1973, legte die nächste Generation der Fenier, die sich diesmal IRA nannte, in London eine Bombe vor Old Bailey, genau an der Stelle, an der mehr als ein Jahrhundert zuvor Michael Barrett hingerichtet worden war.

Nach einem Terrorangriff stehen Regierungen ausnahmslos unter enormem Druck, schnell und mit harter Hand zu reagieren. Aber solche Reaktionen sind aller Wahrscheinlichkeit nach nicht die, die am ehesten zu einem langfristigen Erfolg gegen Terroristen führen. Für das Problem des Terrorismus gibt es allerdings auch keine einfache Lösung. Terrorismus ist ein kompliziertes Phänomen mit zahlreichen Facetten, aber auch eines, das man rational begreifen kann. Eine Reaktion, die etwas bewirkt, muss wahrscheinlich genauso kompliziert sein wie das Problem. Von H.L. Mencken stammt die bekannte Feststellung: »Für jedes komplexe Problem gibt es eine Lösung, die einfach, sauber und falsch ist.« Gladstones Regierung hatte das lange zuvor erkannt und neben einer Politik der harten Hand auch politische, soziale und religiöse Reformen eingeführt, um das Problem des irischen Terrorismus neu anzugehen. Man muss nicht bis zu Gladstone zurückgehen, um Beispiele für Länder zu finden – sogar für voll ausgebildete Demokratien –, die mit der Bedrohung durch Terrorismus fertig werden mussten. Und einige unserer Alliierten, die uns so gern helfen wollten, waren schon irgendwie beunruhigt, dass die Amerikaner so taten, als hätte es vor dem 11. September keinen Terrorismus gegeben. Sie meinten, sie hätten eine Menge Erfahrungen gewonnen, die für uns nützlich sein könnten.

Schaut man sich die antiterroristischen Erfahrungen anderer Demokratien an, wird eines deutlich: Ihre Strategien verbesserten sich mit zunehmender Erfahrung. So war es bei den Briten und der IRA, bei der peruanischen Regierung und dem Leuchtenden Pfad, bei der italienischen Regierung und den Roten Brigaden oder Indien und dem Sikh-Terrorismus im Pandschab: Alle diese Regierungen lernten aus früheren Fehlern und verbesserten die Effizienz ihrer Antiterrorstrategien im Lauf der Zeit erheblich. Die Vereinigten Staaten sind in der glücklichen Lage, aus den Fehlern anderer lernen zu können, aber anscheinend ziehen sie es vor, aus ihren eigenen zu lernen. In diesem Kapitel werde ich daher einige der Lektionen darlegen, die man aus den Erfahrungen anderer ziehen kann, damit die Vereinigten Staaten erfolgreich die Bedrohung durch den Terrorismus eindämmen können.

Sechs Regeln für den Kampf gegen den Terrorismus

Regel 1: Ein vertretbares und erreichbares Ziel setzen

Als erstes muss man sich über den Zweck der Strategie klar werden. Wenn das Ziel darin besteht, den Terrorismus zu besiegen oder den Terror zu eliminieren, vom Bösen ganz zu schweigen, kann dieses einfach nicht erreicht werden. Hätte hingegen unsere Regierung am Abend des 11. Septembers erklärt, sie wolle einfach die gefangen nehmen, die für die Anschläge verantwortlich waren, hätte sie sehr wohl Erfolg haben können. Diese Zielsetzung hätte ein anderes politisches und militärisches Vorgehen in Afghanistan erfordert, und sie hätte uns aus dem Irak herausgehalten. Aufgrund der Art und Weise, wie sich unsere Reaktion auf den 11. September auf al-Qaida auswirkte, und vor allem aufgrund der Tatsache, dass die Bewegung jetzt viele Charakteristika einer diffusen und andere inspirierende Ideologie hat, statt eine bloße militärische Organisation zu sein, würden wir den Terrorismus nicht besiegen können, selbst wenn wir die restlichen Verantwortlichen dingfest machen würden.

Daher ist unsere Aufgabe heute in vielerlei Hinsicht schwerer als im Herbst 2001. Statt den Terrorismus besiegen zu wollen, müsste unser Ziel heute sein, die Terrorgefahr einzudämmen. Im Gegensatz zur Eliminierung des Terrorismus ist das Ziel, die Terroristen zurückzudrängen, erreichbar. Die spezifische Form von Terrorismus, die uns gegenwärtig bedroht, ist die militanter Islamisten. Also müsste unser Ziel sein, die Ausbreitung islamistischer Militanz zu stoppen. Und um diese Militanz einzudämmen, müssen wir die Terroristen isolieren und ihre potenziellen Rekruten gegen sie immunisieren.

Würden wir dieses bescheidenere und konkretere Ziel fest im Blick behalten und entsprechend planen, könnten wir sicherstellen, dass unsere kurzfristigen Taktiken nicht unsere Anstrengungen unterminieren, unsere langfristigen Ziele zu erreichen. Wenn wir die Ausbreitung der islamistischen Militanz verhindern wollen, müssen wir uns beispielsweise größte Mühe geben, dass unsere harten Maßnahmen gegen die vermutlichen Gewalttäter nicht der breiteren Bevölkerung, in deren Umfeld wir handeln, schaden oder sie entfremden. Die Ausbreitung islamistischer Militanz zu verhindern, ist letztlich ein politisches und weniger ein militärisches Ziel, und wie Thukydides vor langer Zeit sagte und britische Antiterrorstrategen in jüngster Zeit wiederholten, kommt es als Allererstes darauf an, das politische Ziel fest im Blick zu behalten. Wir müssen gewährleisten, dass militärische Vorgehensweisen nicht dazu führen, dass politische Ziele schwerer zu erreichen sind.

Darüber hinaus ist das Wesen dieses Ziels dergestalt, dass es, im Gegensatz zur Einnahme eines Brückenkopfs oder zur Bombardierung eines Trainingslagers, nicht die unrealistische Erwartung aufkommen lässt, es könne über Nacht erreicht werden. Das Wesen dieses Ziels gibt der politischen Führung Zeit und Gelegenheit, die Öffentlichkeit über die Art und Weise der Bedrohung aufzuklären und ihr die sorgfältigen Schritte zu erläutern, die zu ihrer Abwehr unternommen werden müssen.

Andere Demokratien waren bei der Formulierung effizienter Antiterrorstrategien ständig mit dem Problem konfrontiert, verschiedene Verwaltungsbereiche miteinander koordinieren zu müssen. Dass die Koordinierung so schwierig ist, scheint komplexen Organisationen jeder Nationalität und jeder Funktion innezuwohnen. In Indien, Nordirland, Peru, Sri Lanka und in der Türkei waren sowohl das Militär als auch die Polizei mit dem Kampf gegen den Terrorismus befasst, und alle hatten ursprünglich erhebliche Probleme, ihre Vorgehensweisen mit den unterschiedlichen Arten von Verwaltungen abzustimmen. Selbst in jenen Ländern, in denen der Kampf gegen den Terrorismus fest in den Händen der Polizeikräfte lag, beispielsweise in Frankreich, Japan, Italien und Spanien, gab es chronisch Probleme mit der Koordinierung der verschiedenen Dienststellen. In Ländern, die beim Kampf gegen den Terrorismus die wenigsten Erfolge zu verzeichnen hatten, etwa Russland und Kolumbien, sind die Schwierigkeiten mit der Koordinierung überwältigend. Im Fall von Kolumbien ist der Staat zu schwach gewesen, um eine Koordinierung zu erzwingen, und in Russland gibt es Myriaden von Sicherheitskräften – regionale, nationale, polizeiliche und militärische –, die allesamt für sich allein zu operieren scheinen. An einer kohärenten, eindeutig formulierten Zielvorstellung hingegen können alle Vorgehensweisen gemessen werden, und sie hilft, eine Arbeitsteilung auszuarbeiten, bei der sichergestellt ist, dass sich alle Anstrengungen in Richtung des gemeinsamen Ziels wechselseitig verstärken.

Erfolgreicher Antiterrorismus erfordert fast immer eine Kombination von Zwangs- und Beschwichtigungsmaßnahmen. Für den Erfolg ist es entscheidend, dass diese sich nicht gegenseitig unterminieren, indem sie gegen die Falschen gerichtet werden. Zwangsmaßnahmen sollten auf die wenigen tatsächlichen Gewalttäter beschränkt werden, während Beschwichtigungsmaßnahmen sich auf die potenziellen Rekruten konzentrieren sollten. Zu umfassend mit harter Hand vorzugehen, wozu wir neigen, führt dazu, dass diejenigen entfremdet werden, die wir zu beruhigen versuchen sollten, während ein versöhnlicher Umgang mit den Gewalttätern wahrscheinlich nur dann zum Erfolg führt, wenn diese klare und verhandelbare politische Ziele verfolgen.

Wenn wir das Ziel, der Ausbreitung islamistischer Militanz Einhalt zu gebieten, fest im Blick behalten, werden wir uns wahrscheinlich auch nicht so leicht von der Wut über Gräueltaten ablenken lassen, zu denen es zwischendurch kommt; der unmittelbare Vergeltungsimpuls wird eher im Hinblick auf ein längerfristiges Ziel befriedigt. Genauso werden Befürchtungen beschwichtigt, man setze sich dem Vorwurf aus, gegenüber Terrorismus zu nachgiebig zu sein oder Terroristen auch noch zu belohnen, wenn das Ziel darin besteht, ihrer Anziehungskraft ein Ende zu setzen. Eine Reihe von Strategien – beispielsweise ein milderes Strafmaß als Belohnung für Informationen – hat sich als erfolgreich erwiesen, wenn es um Mitglieder einer Organisation ging, die in der Defensive war, wie etwa die Roten Brigaden, als Italien seine *pentiti*-(Reumütigen-)Gesetze erließ. Weniger erfolgreich war diese Strategie, wenn es um Angehörige einer Gruppe ging, die sich als stärker werdend einschätzte. Politisch kann diese Strategie den Preis haben, dass es so aussieht, als würde man die terroristischen

Gewalttäter nicht adäquat bestrafen, aber abermals gilt: Wenn das Ziel darin besteht, die Ausbreitung von Militanz zu stoppen, und wenn wir darauf vertrauen können, unschätzbare Informationen zu erhalten, die uns unserem Ziel näher bringen, dann finden Befürchtungen, wir würden Terroristen belohnen, wahrscheinlich weniger Widerhall.

Regel 2: Nach den eigenen Prinzipien leben

Das Vorgehen der Vereinigten Staaten gegen Terroristen sollte von einer Reihe Prinzipien geleitet werden. Das Erste davon fasste Präsident Bush am 20. September 2001 in die knappen Worte: »Wir kämpfen für unsere Prinzipien, und unsere Hauptverantwortung ist, nach ihnen zu leben.«[12] In dieser Hinsicht hatte der Präsident völlig Recht. Dennoch ist die ziemlich irrige Ansicht weit verbreitet, dass Demokratien besonders verwundbar durch Terrorismus sind, weil die in demokratischen Gesellschaften den Bürgern gewährten Freiheiten von Terroristen ausgenutzt werden könnten und daher eingeschränkt werden müssen. Auf Terrorangriffe antworten Regierungen immer wieder mit Notstandsgesetzen, und die Öffentlichkeit ist es im Allgemeinen ganz zufrieden, für die Sicherheit ein paar Freiheiten zu opfern. Wie Benjamin Franklin diesen Punkt betrachtete, wird nicht oft zitiert. Er sagte: »Wer eine Grundfreiheit für vorübergehende Sicherheit aufgeben würde, verdient weder Freiheit noch Sicherheit.«[13] In der Regel wird für Notstandsgesetze mit dem Argument geworben, es handele sich dabei nur um eine vorübergehende Maßnahme, aber wie Laura Donohue mit ihrem Vergleich zwischen den Vereinigten Staaten und dem Vereinigten Königreich gezeigt hat, lautet ein ehernes Gesetz der Notstandsgesetzgebung, dass vorübergehende Gesetzesmaßnahmen selten vorübergehend sind.[14]

Abgesehen von zahlreichen prinzipiellen Gründen, warum es unklug ist, angesichts einer terroristischen Bedrohung liberale demokratische Werte und Praktiken abzuschaffen, gibt es auch noch eine Reihe von pragmatischen Gründen. Als Reaktion auf Terroristen das eigene Regierungssystem zu ändern, heißt, dem Gegner einen Sieg zuzugestehen. Man belohnt sein Vorgehen, indem man dessen Macht ausstellt. Man liefert ihm eine Reaktion. Man vergibt die Gelegenheit zu demonstrieren, wie sehr wir uns der Rechtsordnung verpflichtet fühlen, und das vorbildhafte Verhalten an den Tag zu legen, zu dem wir anderen raten.

Wenn wir bereit sind, unsere Prinzipien aufzugeben, sobald sie bedroht sind, zeigt das denen, um deren Unterstützung wir uns bemühen sollten, dass wir eine Doppelmoral haben, die eine für uns selbst und die zweite für die anderen. Wir verhaften Amerikaner arabischer Herkunft, aber keine anderen. Oder wir verpflichten andere auf Standards wie die Genfer Konventionen, sind aber nicht bereit, uns selbst daran zu halten. Damit wird die Legitimität unserer Position unterminiert, und die Behauptungen unserer Feinde werden glaubwürdiger, dass unsere demokratischen Ideale nur als Nebelwand für egoistischere Motive fungieren.

Während des amerikanischen Unabhängigkeitskrieges begriff General George Washington sowohl die prinzipielle als auch die pragmatische Bedeutung dieser Punkte. Mehr Amerikaner kamen auf britischen Gefangenenschiffen im Hafen von New York zu Tode, als in allen Schlachten des Unabhängigkeitskrieges. Dem US-Verteidigungsministerium zufolge starben auf dem Schlachtfeld 4435 Amerikaner, während die Schätzungen der Todesfälle auf Gefangenenschiffen von 7000 bis 11644 reichen. Die Briten rechtfertigten die entsetzliche Behandlung von Amerikanern damit, dass es sich ja nur um Rebellen handele. General Washington schrieb am 13. Januar 1777 an General Lord Howe einen Protestbrief, wie er heute genauso gut im Interesse eines feindlichen Häftlings in Guantánamo, Abu Ghureib oder Bagram geschrieben werden könnte. Washington entrüstete sich:

> Sie mögen uns Rebellen nennen und sagen, wir verdienten keine bessere Behandlung. Aber denken Sie daran, mein Lord, dass selbst wenn wir Rebellen sind, wir Gefühle haben, die so ausgeprägt und spürbar sind, wie die von Loyalisten, und dass wir, wenn man uns dazu zwingt, mit größter Sicherheit an denen Vergeltung üben werden, die wir als die ungerechten Invasoren unserer Rechte, Freiheiten und Eigentümer betrachten.[15]

Wie sich zeigte, war Washington nicht auf Vergeltung aus. Vielmehr schrieb er nach der Gefangennahme von 221 Briten in Princeton an den diensthabenden amerikanischen Offizier: »Behandelt sie human, und gebt ihnen keinen Grund zu der Klage, wir würden uns das brutale Beispiel der britischen Armee bei der Behandlung unserer unglücklichen Brüder zum Vorbild nehmen.«[16] Washington nutzte das Ereignis als Anschauungsunterricht für seine Leute, wie wichtig die Prinzipien waren, für die sie kämpften. Dem Historiker David Fischer zufolge erinnerte Washington seine Männer immer wieder daran, dass sie für Freiheit und Selbstbestimmung kämpften, auf die die gesamte Menschheit ein Anrecht hätten, und die daher auch ihren Feinden zugestanden werden müssten.[17]

In den Tagen nach dem 11. September hätte unsere Regierung beschließen können, dass auch für die Rebellen, mit denen wir es zu tun haben, die Schutzbestimmungen der Genfer Konventionen gelten. Wie General Washington hätte unsere Regierung entscheiden können, dass wir als Verteidiger der Demokratie und der bürgerlichen Freiheiten daran gebunden seien, unsere Gefangenen human zu behandeln, sie hätte die Gelegenheit ergreifen können, unseren Soldaten und der Welt den Unterschied zwischen uns und unseren Gegnern zu demonstrieren. Hätte unsere Regierung sich so verhalten, wäre es nie zu den Misshandlungen gekommen, die in unseren Gefängnissen stattfanden. Die fotografischen Beweise dafür, die die ganze Welt sehen konnte, hat Amerikas moralischem Ansehen unermesslichen Schaden zugefügt. In den Augen unserer Alliierten und der Neutralen hat es unsere Legitimität unterminiert, und allen anderen hat es unsere Perfidie bestätigt.

Wir werden niemals wissen, wie viele junge Männer sich aus Zorn und Wut über diese Fotos Terrorgruppen anschlossen oder wie viele weitere beschlossen, sie würden keinen Finger mehr krummmachen, um uns bei unserem Kampf gegen den Terrorismus zu helfen. Ich glaube, wir können mit Sicherheit davon ausgehen, dass diese Zahlen sehr hoch sind. Diese Vorfälle und das Versagen, sie dadurch zum Abschluss zu bringen, dass man die Ranghöchsten dafür verantwortlich macht, hat die entscheidende Aufgabe, einen Keil zwischen die Terroristen und die Gemeinschaften, aus denen sie kommen, zu treiben, unendlich viel schwieriger gemacht.

Im Kampf gegen den Terrorismus müssen unsere Ethik und unsere Interessen völlig im Einklang sein. Unsere demokratischen Prinzipien engen keineswegs unsere Möglichkeiten ein, auf Terrorismus zu reagieren, sondern zählen zu den stärksten Waffen in unserem Arsenal. Wir müssen uns nur daran erinnern.

Regel 3: Den Feind genau kennen

Nichts ist für den Erfolg eines jeden Zusammentreffens wichtiger, als den Gegner genau zu kennen. Für gute Aufklärungsarbeit gibt es einfach keinen Ersatz. Dass sie für eine erfolgreiche Kriegführung von zentraler Bedeutung ist, weiß man seit langem. Der chinesische Militärstratege Sunzi schrieb im 5. Jahrhundert vor Christus: »Es darf in der ganzen Armee keine vertrauteren Beziehungen geben als jene, die mit Spionen aufrechterhalten werden. Keine andere Beziehung sollte großzügiger belohnt werden. In keiner anderen Beziehung sollte größere Diskretion geübt werden.«[18]

Wir müssen wissen, wie und wo die Terroristen operieren, wie sie organisiert sind, wie sie miteinander kommunizieren, wie sie sich finanzieren und wie sie ihre Operationen planen. In dieser Hinsicht war unsere Antiterrorkampagne nach dem 11. September ziemlich erfolgreich. Wir haben ziemlich viele al-Qaida-Führer gefangen genommen, darunter auch zahlreiche Chefplaner der Anschläge vom 11. September. Wir haben ihre Kommunikationswege völlig zerstört, und wir haben ihre Organisation durcheinandergebracht, indem wir die Anführer zwangen, den größten Teil ihrer Zeit, Energie und Ressourcen darauf zu verwenden, nicht entdeckt zu werden. Wir haben einen wesentlichen Anteil ihrer Vermögenswerte eingezogen und es ihnen alles in allem erschwert, namhafte Geldbeträge zur Finanzierung von groß angelegten Operationen zu transferieren.

Als Reaktion darauf haben sie sich einfach angepasst. Die von al-Qaida ausgehende Gefahr hat sich verändert. Wir haben es nicht länger mit einer gut finanzierten, geführten, ausgebildeten und geleiteten Organisation zu tun. Stattdessen inspiriert die Ideologie von al-Qaida jetzt radikalisierte Muslime in einem breiten Spektrum von Ländern, das über den Nahen Osten bis ins Herz Europas reicht. Einige dieser Gruppen halten persönlich Kontakt zu al-Qaida, viele aber nicht. Al-Qaida berät sie vielleicht und stellt ihnen gelegentlich Fachwissen zur

Verfügung, aber die Operationen dieser Gruppen werden nicht von al-Qaida geleitet oder finanziert. Einer der größten Vorteile von Terrorismus ist, dass er so billig ist. Die Operation vom 11. September war der teuerste Terroranschlag aller Zeiten. Wie weiter oben bereits berichtet, mussten die Organisatoren geschätzte 500 000 Dollar aufbringen (und die Versicherungen mussten dann zwischen 25 und 50 Milliarden Dollar bezahlen[19]). Spätere Operationen in London, Madrid, Bali und Casablanca waren selbstfinanziert und kosteten die Gruppen nur jeweils wenige Tausend Dollar. Al-Qaida den Geldhahn zuzudrehen, hat der Organisation geschadet und sie geschwächt, aber ein Ende terroristischer Attacken ist damit nicht in Sicht und wird es auch nicht sein. Allerdings ist die Wahrscheinlichkeit reduziert, dass es aufwändige Anschläge wie die vom 11. September noch einmal geben wird.

Unsere Geheimdienstoperationen mögen zwar einige Erfolge gegen al-Qaida und vor allem gegen die »Qaida-Zentrale« zu verzeichnen gehabt haben, grandios sind wir aber damit gescheitert, über ein Spektrum gleichermaßen wichtiger Themen gute Informationen zu sammeln. Wir müssen die Basis der Stärke von al-Qaida begreifen. Wir müssen die Attraktivität der Organisation verstehen. Wir müssen wissen, wie viel Gewicht sie den diversen Zielen beimisst, die sie formuliert. Will sie wirklich das Kalifat wieder errichten, oder würde es ihr genügen, wenn sich die Vereinigten Staaten aus dem Nahen Osten zurückzögen? Würde sie weiter kämpfen, bis Israel ausgelöscht ist, oder würde sie damit aufhören, wenn es ihr gelänge, das Saudi-Regime zu stürzen und die Scharia in Saudi-Arabien einzuführen? Wir haben keine Ahnung.

Wenn wir noch nicht einmal wissen, wofür unsere Feinde kämpfen, können wir nicht hoffen, effiziente Gegenmaßnahmen zu ergreifen. Wir haben es so weit gebracht, dass wir unserem eigenen Gerede glauben, sie würden von einem unkontrollierbaren Bösen getrieben und ihr Ehrgeiz, uns zu schaden, kenne keine Grenzen. Wir haben uns vorzustellen versucht, was für schreckliche Dinge sie uns antun könnten, und dann haben wir uns an die unmögliche Aufgabe gemacht, uns gegen sämtliche davon zu wappnen. Stattdessen müssen wir auf der Grundlage vernünftiger Aufklärungsarbeit herausfinden, für welche dieser Dinge sie sowohl die Motive als auch die Möglichkeiten haben (oder bald haben werden), und uns entsprechend verteidigen. Wir müssen auch Erkenntnisse sammeln, wie wir sie am effizientesten schwächen können.

Jede Regierung, die es mit Terrorismus zu tun bekam, musste feststellen, dass gute verdeckte Ermittlungen die wichtigste Waffe im Arsenal sind. Das galt für alle möglichen Terrorbewegungen und alle möglichen Regierungen, von Rómulo Betancourts Feldzug gegen die FALN (Fuerzas Armadas de Liberación Nacional, Bewaffnete Kräfte der Nationalen Befreiung) in Venezuela in den sechziger Jahren bis zu Frankreichs Kampf gegen die GIA (Groupe Islamique Armé) in den Neunzigern. Ich habe bereits erwähnt, welche entscheidende Rolle die DIRCOTE spielte, jene kleine Spezialeinheit der peruanischen Polizei, die für die Gefangennahme von Abimael Guzmán so wichtig war. Auch Israel setzt erheblich auf Geheimdienstinformationen, um bestimmte Anschläge zu verhindern oder Terroristenführer im Westjordanland und im Gazastreifen aufzuspüren. In Nordirland haben britische Sicherheitskräfte im Lauf der Zeit ein höchst effizientes Netzwerk von Informanten aufgebaut, das es ihnen ermöglichte, geplante Anschläge zu verhindern. Die Sicherheitskräfte behaupten, Anfang der neunziger Jahre seien schließlich 70 Prozent aller geplanten IRA-Operationen aus Sicherheitsgründen abgeblasen worden. Von den übrigen 30 Prozent wurden 80 Prozent von den Sicherheitskräften verhindert oder vereitelt.[20] Gute Aufklärungsarbeit machte es auch möglich, operierende Terroristen in einen Hinterhalt zu locken, wie es die britische Armeespezialeinheit SAS 1987 in Loughgall tat, wobei acht IRA-Mitglieder getötet wurden, und verdeckte Armeekommandos 1991 in Coagh schafften. In all diesen Fällen wurden die notwendigen Informationen mit der geschickten Nutzung moderner Technik und dem breiten Einsatz von Informanten gesammelt. Bei der Entwicklung von Ersterer waren die Vereinigten Staaten sehr erfolgreich, bei Letzterem haben sie völlig versagt; stattdessen verließen sie sich auf oft dubiose Informationen, die sie aus Gefangenen herausholten.

Gute verdeckte Ermittlungen helfen nicht nur, den Gegner zu schwächen, indem man Informationen über geplante Operationen oder die Lage von Verstecken bekommt, sie liefern auch entscheidende

Erkenntnisse über die interne Dynamik der Gruppe. Terroristen operieren in ständiger Unsicherheit, und oft leiden sie an durchaus verständlichen Paranoiaausbrüchen. Werden geplante Vorhaben oder einzelne Mitglieder verraten, wendet sich die Gruppe nicht selten gegen sich selbst. Da die Angehörigen von Terrorbewegungen sich meist wechselseitig umfassend bespitzeln, können sie sehr effektiv und mit eiskalter Rücksichtslosigkeit verdächtige Kollaborateure eliminieren. Beispielsweise wurden im Zeitraum von 1979 bis 1981 mehr IRA-Mitglieder von ihren Kameraden ermordet, weil sie als Informanten galten, als von den Sicherheitsorganen getötet.[21]

Nachdem die indische Regierung im Pandschab die Sikh-Terrorgruppen erfolgreich infiltriert hatte, konnte man die Bewegung schwächen, indem Misstrauen unter den Mitgliedern gesät wurde. Zu den typischen Merkmalen von Terrorgruppen zählt ihre Tendenz, sich in kleinere Gruppen zu spalten. Die meisten gut bekannten Terrorbewegungen, seien es nun nationalistische wie die IRA oder sozialrevolutionäre wie die Rote Armee Fraktion, haben kleinere Ableger, die sich aus irgendwelchen ideologischen oder persönlichen Gründen abgespalten haben (meist ist es ein persönlicher Grund, der ideologisch verbrämt wird). Diese Spaltungen schwächen die Bewegung, lenken die Kräfte von ihrem zentralen Anliegen ab und verkleinern die Operationsmöglichkeiten, weil wichtige Mitglieder abwandern – wenn beispielsweise ein geschickter Bombenbauer sich einer Splittergruppe anschließt – oder Leute, die dann nicht mehr unter Kontrolle der Führungsspitze sind, lebenswichtige Informationen über die Kerngruppe besitzen. Mit am effizientesten kann man eine Terrorgruppe also schwächen, indem man solche Spaltungen begünstigt. Dazu muss man Agenten tief ins Innere solcher Gruppen schleusen, damit sie an den internen Debatten teilnehmen und etwas über die Kenntnisse und auch die Pläne der Mitglieder in Erfahrung bringen können.

Zweifellos ist die Infiltration einer Terrorgruppe keine leichte Aufgabe. Ein gutes Informantennetz aufzubauen erfordert Zeit, Verbindungen, sprachliche Fähigkeiten, kulturelles Wissen und gründliche Kenntnisse der Region, aus der die Gruppe stammt. Noch schwieriger wird das, wenn sich, wie das derzeit der Fall ist, spontan so viele neue Gruppen bilden, deren Mitglieder anscheinend nur noch über persönliche Beziehungen und die radikale Ideologie miteinander verbunden sind. Aber wenn ein John Walker Lindh von den Taliban akzeptiert wird und ein José Padilla von al-Qaida, dann müsste es auch weiteren Amerikanern – mit völlig anderen Absichten – gelingen, sich radikalen Dschihad-Gruppen anzuschließen. Und wenn Richard Reid, der sogenannte Schuhbomber, im Gefängnis rekrutiert werden konnte und Gefängnisse das werden, was Jessica Stern »Eingangsorganisationen« genannt hat, sollten auch unsere Agenten diese Wege zum militanten Islamismus beschreiten können.

Wie die sehr unterschiedlichen Erfahrungen zeigen, die Israel zum einen im Libanon und zum anderen im Westjordanland machte, ist es erheblich schwieriger, auf einem Territorium an gute Informationen zu kommen, das man nicht kontrolliert. Aber es gibt dazu keine wirkliche Alternative. Wir müssen entweder solche Informationen selbst sammeln oder genügend Menschen vor Ort überreden, sie für uns zu besorgen. Innerhalb der Vereinigten Staaten ist die bestmögliche Informationsquelle über das Aufkommen von kleinen Gruppen militanter Islamisten – wie sie in Großbritannien, Spanien, den Niederlanden, Frankreich, Deutschland und Belgien entstanden – die loyale Muslimbevölkerung unseres Landes. Wenn wir sie als Verdächtige behandeln, sie umzingeln und in großer Zahl verhaften, wenn wir uns nur mit den Lippen zur Toleranz bekennen, während wir rassistische Täterprofile erstellen, dann berauben wir uns wahrscheinlich selbst unschätzbarer Informationen – von der Missachtung der bürgerlichen Freiheitsrechte einmal ganz abgesehen.

Wenn überhaupt, wissen wir heute anscheinend weniger über das Wesen unserer Feinde im Krieg gegen den Terrorismus als zu Anfang. Wir nehmen es als gegeben hin, dass ihre Forderungen so extrem sind, dass sie nicht verhandelbar sind, aber es würde sich lohnen herauszufinden, ob das wirklich der Fall ist. Doch Mutmaßungen, dass ihre Forderungen vielleicht verhandelbar sein könnten, erregen sofort höchstes Misstrauen, und Vorschläge, vielleicht wirklich mit den Terroristen zu sprechen, werden als gleichbedeutend mit Verrat behandelt. Mir erscheint diese Sache so wichtig, dass bewiesen werden müsste – und nicht nur einfach behauptet –, dass ihre Forderungen in der Tat nicht verhandelbar sind. Auch wenn wir den Widerstand der

Öffentlichkeit gegen Gespräche mit Terroristen überwinden könnten, wäre das alles in allem nicht einfach. Der Hammer der amerikanischen Militärmacht, unter den al-Qaida im Herbst 2001 geriet, erschütterte die Organisation und verteilte die Absplitterungen über die ganze Welt. Daher ist es überhaupt nicht klar, mit wem wir reden könnten. Das vorausgeschickt, scheint mittlerweile Aiman al-Sawahiri eindeutig zum Sprecher und Chefstrategen der Qaida-Führung aufgestiegen zu sein, und obwohl wir nicht wissen, ob er die Autorität hat, sich bei den Anhängern durchzusetzen, sollten wir die Gelegenheit für ein Gespräch mit ihm nicht verstreichen lassen, ganz egal, wie wenig wir für ihn übrig haben.

Ich mache mir keine Illusionen, wie unpopulär solch ein Vorschlag ist. Regierungen zögern immer, mit Terroristen zu reden, weil sie fürchten, dass sie ihnen damit Legitimität verleihen oder ihren Terrorismus belohnen. Es trifft auch zu, dass viele Regierungen Terroristengruppen erfolgreich bekämpft haben, ohne jemals Kontakt zu ihnen zu haben. Dennoch trifft auch zu, dass Großbritannien den IRA-Terrorismus nur durch Verhandlungen beenden konnte und der Waffenstillstand auf Sri Lanka die Folge von Gesprächen der Regierung mit den verhassten Tamilischen Befreiungstigern war. Der Unterschied zwischen den Roten Brigaden und der RAF einerseits und den LTTE und der IRA andererseits besteht darin, dass die ersten beiden nicht verhandelbare Ziele hatten und von ihren Gemeinschaften isoliert waren. Die anderen beiden hatten politische und daher verhandelbare Ziele und erfreuten sich in ihren Gemeinschaften einer merklichen Unterstützung. Wie ich im ersten Kapitel ausgeführt habe (siehe die Tabelle auf Seite 38), sind die beiden Hauptcharakteristika aller Terroristengruppen die Art der von ihnen angestrebten Ziele und ihr Verhältnis zur jeweiligen Bevölkerung. Al-Qaida hat anscheinend nicht verhandelbare Ziele und einen erheblichen gesellschaftlichen Rückhalt. Unsere Aufklärungsarbeit – und momentan sogar alle weiteren Antiterrorstrategien – sollte sich darauf konzentrieren, erstens herauszufinden, ob ihre Ziele wirklich von dieser Art sind, und zweitens sie von der sie unterstützenden Gemeinschaft zu isolieren.

Kriege lassen sich leichter beginnen als beenden; sie ziehen sich meist viel länger hin, als sie einer objektiven Bewertung der gegnerischen Interessen nach eigentlich dauern sollten. Dasselbe gilt für Terror- und Antiterrorkampagnen.[22] In einigen Fällen hat die eine Seite die Übermacht und gewinnt den Konflikt schlicht und einfach, aber häufig kommt das nicht vor. Der Erste Weltkrieg beispielsweise wurde 1918 zu Bedingungen beendet, die man im Grunde schon zwei Jahre früher hätte haben können. Der Burenkrieg hätte zu denselben Bedingungen schon 18 Monate früher beendet werden können. Die IRA erklärte ihre Terrorkampagne schließlich sieben Jahre nach dem Karfreitagsabkommen (10. April 1998) für beendet, doch die wesentlichen Bestimmungen dieser Vereinbarung hätte man schon viele Jahre früher haben können. Dafür gibt es mehrere Gründe. Der Preis eines Krieges ist so hoch, dass die Beteiligten meinen, sie müssten weiterkämpfen, um die bereits aufgelaufenen Kosten zu rechtfertigen. Kriege und Terrorkampagnen tendieren dazu, von einer paradoxen Allianz von Falken beider Seiten in die Länge gezogen zu werden, und im Allgemeinen braucht man eine Allianz von Tauben beider Seiten, um Frieden schließen zu können.

Im Fall von Terrorgruppen können Verzögerungen daran liegen, dass man nicht bereit ist, zu verhandeln. Gespräche mit Terroristen sind nicht einfach nur eine Gelegenheit, Konzessionen auszuhandeln, sie stellen auch eine unschätzbare Möglichkeit dar, Informationen über den Gegner zu bekommen. Regierungen zögern, sich auf Gespräche mit Terroristen einzulassen, weil sie einer illegalen Gruppe keine Legitimität verleihen oder ihre Gewalttaten nicht belohnen wollen. Trotzdem haben de facto viele Staaten mit Terroristen geredet, doch die Bereitschaft dazu wechselte auch. Die Vereinbarung von Chasawjurt beendete den ersten Tschetschenienkrieg und versprach, den Status von Tschetschenien zu klären, aber der Ausbruch des zweiten Tschetschenienkrieges und Wladimir Putins hartnäckige Verweigerung von Verhandlungen brachten eine blutige Verlängerung des Konflikts mit sich.

Während der gesamten Auseinandersetzungen in Nordirland führte die britische Regierung mit der IRA Gespräche. Diese fanden oft zu Zeiten statt, da die Regierung sich offiziell weigerte, mit Terroristen zu reden. Von den ersten Geheimgesprächen des Jahres 1972 an, die hauptsächlich dazu dienten, auf beiden Seiten zu demonstrieren, wie groß die Differenzen zwischen ihnen waren, halfen die Treffen der britischen Regierung, ihren Gegner einzuschätzen. 1975 fand eine Reihe von Gesprächen zwischen der britischen Regierung und der IRA statt, während derer die Bewegung einen Waffenstillstand einhielt. Dann kam die IRA jedoch zu dem Schluss, dass sie mit den Treffen ausgetrickst worden war. Ursprünglich hatte man sie glauben lassen, Großbritannien suche nach einer Möglichkeit, sich aus der Provinz zurückzuziehen, dann aber fand man, dass die Gespräche wohl eine List der Regierung waren, um verdeckt Informationen zu sammeln und Spaltungen innerhalb der Bewegung herbeizuführen, da die Briten versuchten, ein paar IRA-Mitglieder zu einer verfassungskonformen Politik zu überreden. Die Jahre direkter und indirekter öffentlicher und privater Gespräche zahlten sich schließlich aus, als am Karfreitag 1998 das Abkommen unterzeichnet wurde.

Wenn wir unseren Widerstand überwinden, könnten wir bei Gesprächen viel über unsere Gegner erfahren – wie wichtig ihnen bestimmte Ziele sind, wie sie ihre Entscheidungen fällen und wie sie ihre eigene Position bewerten. Solche Gespräche müssen nicht öffentlich und auch nicht direkt geführt werden. Man kann Mittelsmänner einschalten, aber man lernt seinen Feind nur schwer kennen, wenn man nicht versucht, ihn ins Gespräch zu ziehen.

Es gibt eine Reihe von Beispielen, wie die Unkenntnis hinsichtlich unserer Gegner diese nur noch stärker werden ließ. Bei seiner Rede vor den Vereinten Nationen im Februar 2003 porträtierte Colin Powell Abu Mussab al-Sarkawi als Bin Ladens Mann im Irak. Damit beförderte er al-Sarkawi, einen bis dahin weitgehend unbekannten, miesen jordanischen Rabauken zum Führer einer globalen Bewegung. Zu diesem Zeitpunkt spielte al-Sarkawi bei weitem nicht in derselben Liga wie die bestens trainierten, sehr gebildeten und erfahrenen Führer von al-Qaida. Indem wir eine Belohnung von 25 Millionen Dollar auf ihn aussetzten, katapultierten wir ihn in die Chefetage. In Wirklichkeit brauchte al-Sarkawi noch eineinhalb Jahre, bis er auf islamistischen Websites Bin Laden seine Loyalität erklären konnte.[23] Zwei Monate später, im Dezember 2004, akzeptierte Bin Laden in einer Tonbandaufnahme al-Sarkawis Treueid und bezeichnete ihn als »Emir« von al-Qaida im Irak und forderte die Muslime auf, auf ihn zu hören.[24]

Wenn man seine Feinde kennt, kann man herausfinden, was sie wollen. Und erst wenn man das weiß, kann man entscheiden, ob man es ihnen verweigern will und damit die Vergeblichkeit ihrer Strategie demonstrieren will oder ob man es ihnen gewähren beziehungsweise verhandeln und ihnen einen Teil davon zugestehen will, damit sie ihre Kampagne beenden. Wenn man seine Feinde kennt, kann man nicht nur ihre Motive einschätzen, sondern auch ihre Möglichkeiten und das Format ihrer Führer und ihrer Organisationen. Jede bei solchen Begegnungen gewonnene Information kann nützlich sein. Wenn man definitiv zu dem Schluss kommt, dass ihre Forderungen nicht verhandelbar sind, muss man sich darauf konzentrieren, sie von ihren Gemeinschaften zu isolieren und mit gezielten Zwangsmaßnahmen gegen sie vorzugehen. Man könnte aber vielleicht auch erfahren, dass ihre Forderungen de facto verhandelbar sind, und das könnte einmal mehr helfen, die eigene antiterroristische Strategie auszurichten. Mit größter Wahrscheinlichkeit würde man aber herausfinden, dass die Feinde kein einheitlicher Akteur sind und ein paar von ihnen verhandelbare Ziele haben und andere nicht. Dann muss das eigene Vorgehen darauf ausgerichtet werden, diese Differenzen zu nutzen und Zwietracht zwischen ihnen zu säen.

Kurz gesagt, es gibt nichts zu verlieren und viel zu gewinnen, wenn man seine Feinde kennt. Und das lässt sich am besten dadurch erreichen, dass man entschlossen und umfassend in eine vernünftige Aufklärungsarbeit investiert.

Regel 4: Die Terroristen von ihren Gemeinschaften isolieren

Wie gesagt, kommt es zuallererst darauf an, sich das eigene Ziel ganz klarzumachen: Wir wollen die von Terroristen ausgehende Gefahr eindämmen. Heutzutage heißt das, dass wir die Ausbreitung der islamistischen Militanz aufhalten müssen. Und dazu müssen wir begreifen, was diese so attraktiv macht, und dem gegenzusteuern versuchen. Das heißt, unsere Antiterrorstrategie sollte sich nicht wie bislang auf die tatsächlichen Gewalttäter konzentrieren, sondern vielmehr auf die potenziellen Rekruten der Terrorgruppen, also auf die Gemeinschaften, aus denen sie ihren Nachschub beziehen. Terrorbewegungen brauchen Komplizengesellschaften, um zu überleben. Ohne Rekruten können sie nicht wachsen. Werden sie von der Bevölkerung isoliert, schwächt sie das ungeheuer, denn dann müssen sie auf Verbrechen zurückgreifen, um sich die nötigen Mittel zu verschaffen, und das setzt sie verstärkt der Gefahr aus, gefasst zu werden. Sind sie von ihren Gemeinschaften isoliert, können sie sich nicht sicher bewegen, interne Rivalitäten verschärfen sich, die Paranoia nimmt zu, es kommt häufiger zu Fahnenflucht, und die Gefahr des Verrats wird gesteigert. Ihre Operationen werden komplizierter, und vor allem fällt es ihnen schwerer, Arsenale mit hoch entwickelten Waffen oder Ausbildungslager zu unterhalten.

Seit dem 11. September hat sich unsere Strategie auf die eigentlichen Gewalttäter konzentriert. Im Zentrum unseres Vorgehens stand, wie wir sie stoppen können, nicht wie wir herausfinden können, was sie motiviert oder wie sie Rekruten anwerben. Unser Einsatz von Gewalt gegen sie kam vielen vor Ort so vor, als würden wir nicht zwischen Terroristen und Zivilisten unterscheiden, und damit haben wir ihre Bindungen an die Bevölkerung verstärkt und diese uns entfremdet. Insofern haben wir ihnen Rekruten gewonnen, sichere Unterschlupfmöglichkeiten beschafft und dafür gesorgt, dass man sie uns nicht aushändigen wird. Klüger wäre es gewesen, das Ganze als einen zweistufigen Prozess zu betrachten, bei dem wir sie zuerst von ihrer Gemeinschaft isoliert hätten und dann mit hochgradig differenzierten Zwangsmaßnahmen gegen die Gewalttäter vorgegangen wären. In diesem Fall hätte es viel weniger Unterstützung für militante Islamisten und viel mehr für die Vereinigten Staaten gegeben.

Die Entfremdung der Terroristen von ihren Gemeinschaften kann nicht auf einen Wettbewerb hinauslaufen, wer beliebter ist, denn die Realität sieht anders aus: Wir sind so reich und stark, dass es immer Ressentiments gegen uns geben wird. Wir müssen nicht geliebt werden; bei Großmächten ist das selten der Fall. Wir müssen es nur dahin bringen, dass die normalen Mitglieder der Gesellschaft nicht bereit sind, jene zu unterstützen, die Opposition gegen uns machen wollen, indem sie unsere Zivilisten töten. Diese Messlatte liegt gar nicht so hoch. Doch wenn wir durch unser Verhalten anscheinend den Eindruck bestätigen, den die Terroristen selbst von uns haben, wenn unsere Taten eher mit ihren Vorstellungen von unseren Motiven übereinstimmen als mit unseren eigenen, dann stärken wir unsere Gegner unermesslich.

Wie schon gesagt, erfordert Terrorismus eine Kombination von einem entfremdeten Individuum, einer Komplizengesellschaft und einer legitimierenden Ideologie. Von diesen drei Faktoren können wir die Gesellschaft am leichtesten beeinflussen. Individuen können auf vielerlei Wegen entfremdet und radikalisiert werden, und wir können das nicht verhindern. Wir können Ideologien hinterfragen, sei es nun der Salafismus oder der Kommunismus, aber wir sind in keiner guten Position, solche Debatten zu beeinflussen. Die Ebene, auf der wir intervenieren können und auf der uns potenziell alle Ressourcen für eine effiziente Intervention zur Verfügung stehen, ist die der Gesellschaften, die die Extremisten hervorbringen. Darauf müssen wir uns konzentrieren.

Wenn unser Ziel darin besteht, die Bedrohung durch Terroristen einzudämmen, und wir uns auf die Gemeinschaften konzentrieren, aus denen die Terroristen ihre Unterstützung bekommen, haben wir ein paar Kriterien an der Hand, mit deren Hilfe wir unsere Strategie entwickeln können.

Es bestreitet wohl niemand, dass es das richtige Ziel ist, die Ausbreitung der islamistischen Militanz zu verhindern; die Debatte dreht sich einzig darum, wie man das am besten erreicht. Wir haben den Ansatz verfolgt, das auszuspielen, was wir für unsere Stärke halten – unsere militärische Überlegenheit –, und der Ausbreitung der islamistischen Militanz Einhalt zu gebieten, indem wir alle militanten Islamisten fangen oder töten. Das Problem bei diesem Ansatz ist aber, dass die dafür notwendige Gewaltanwendung in Wahrheit immer mehr Extremisten hervorbringt. Am deutlichsten hat das der Krieg im Irak gezeigt, der eine ganze Generation junger Dschihadisten radikalisiert hat, die man glauben gemacht hat, wir wollten im Nahen Osten eine Basis errichten, von der aus wir die Region beherrschen und ihre Ressourcen ausbeuten können.

Dass er dieses Problem begriffen hat, ließ Verteidigungsminister Rumsfeld in einem Memo vom 16. Oktober 2003 an vier Untergebene erkennen. Er fragte: »Uns fehlen heute Maßstäbe, um zu erkennen, ob wir den globalen Krieg gegen den Terror gewinnen oder verlieren. Sind es mehr Terroristen, die wir Tag für Tag fangen, töten, abschrecken oder abhalten, als die Madrasas und die radikalen Kleriker rekrutieren, ausbilden und gegen uns einsetzen können?«[25] De facto beschrieb er einen Konkurrenzkampf um Herz und Verstand potenzieller Rekruten. Die Missetäter zu fangen ist der eine Ansatz, und er hat den Vorteil, handlungsorientiert und entschlossen zu wirken und die große militärische Stärke Amerikas auszuspielen.

Der andere Ansatz ist, einen Krieg der Ideen zu führen und schlussendlich die umfassendere Gemeinschaft gegen die Attraktivität der Militanz zu immunisieren. Für politische Entscheidungsträger ist dieser Ansatz weniger attraktiv, denn er ist weniger greifbar, es wird wahrscheinlich lange dauern, bis man Ergebnisse sieht, er scheint die zu belohnen, die den Terroristen nahestehen und verteufelt nicht genügend das Böse an den Gräueltaten. Darüber hinaus erfordert er ein gründliches, politisch vielschichtiges Engagement in der Region und auch eine linguistische wie kulturelle Vertrautheit, die in den Räumlichkeiten unserer außenpolitischen und geheimdienstlichen Behörden überraschend selten ist.

Die Qaida-Führer sind sich der Tatsache nur allzu bewusst, dass sie sich in einem Krieg der Ideen mit uns befinden. Mit ihrem umfassenden Gebrauch neuer Medien vom Internet bis zu Ton- und Videobändern haben sie versucht, ihre militärische Schwäche zu kompensieren und diese Art von Auseinandersetzung voranzutreiben. Die Formulierung »Herz und Verstand« wurde von Briten beim Kampf gegen Rebellen in Malaya geprägt und durch den amerikanischen Vietnamkrieg sehr in Misskredit gebracht; trotzdem bleibt sie eine entscheidende Komponente des gegenwärtigen Kampfes gegen Terrorismus. Sogar die Terroristen selbst verwenden sie: »Ich sage euch, dass wir uns in einem Krieg befinden, und über die Hälfte dieses Krieges findet auf dem Schlachtfeld der Medien statt. Und diese Medienschlacht wird um Herz und Verstand unserer Umma [Gemeinschaft] gefochten.«[26]

In einem im Herbst 2005 entdeckten Schreiben von Aiman al-Sawahiri, dem zweithöchsten Qaida-Führer, an Abu Mussab al-Sarkawi, einem der Anführer des Aufstands im Irak, versuchte der ältere Terrorist dem jüngeren Hitzkopf die Bedeutung dieses Aspektes ihres Krieges klarzumachen. Dieses mit Juli 2005 datierte außerordentliche Dokument, das US-Geheimdienstquellen im Irak abfingen und auf der Website des Office of the Director of National Intelligence veröffentlichten, legt die Strategie dar, die al-Qaida im Irak verfolgt, und gibt Ratschläge, wie man die Ziele erreicht:

> Wenn wir uns die beiden kurzfristigen Ziele betrachten, also die Vertreibung der Amerikaner und die Errichtung eines islamischen Emirats oder, wenn möglich, Kalifats im Irak, dann erkennen wir, dass die stärkste Waffe der Mudschaheddin – so Gott ihnen hilft und ihnen Erfolg gewährt – die populäre Unterstützung der muslimischen Massen im Irak und in den umliegenden muslimischen Ländern ist. Folglich müssen wir diese Unterstützung aufrechterhalten, so gut wir können, und wir sollten anstreben, sie noch zu steigern ... Ohne diese populäre Unterstützung würde die islamische Mudschaheddin-Bewegung still und heimlich zerschlagen ... Daher muss die Mudschaheddin-Bewegung jedes Vorgehen vermeiden, das die Massen nicht verstehen oder nicht billigen würden.[27]

Dann rät der Verfasser von Angriffen auf Schiiten und grausamen Enthauptungen von Geiseln ab, weil solche Taten die muslimische Öffentlichkeit abschrecken.

Wenn al-Qaida glaubt, ihre größte Stärke sei die Unterstützung durch die muslimischen Bevölkerungen, sollten wir unsere Energie darauf konzentrieren, diese Unterstützung zu unterminieren. Doch mit fast allem, was wir taten, haben wir das Gegenteil erreicht, nämlich diese Unterstützung verstärkt.

Ein Krieg der Ideen ist ein nebuloseres und weniger energisches Konzept als ein »echter« Krieg mit Kugeln und Granaten. Die beiden Arten der Kriegführung erfordern auch unterschiedliche Geisteshaltungen. Die bei einem konventionellen Krieg zu erwartenden Opfer machen es notwendig, dass man sich der Richtigkeit der eigenen Position absolut sicher ist, um diese Opfer zu rechtfertigen. Um jedoch einen Krieg der Ideen zu gewinnen, muss man mit den Gegnern ins Gespräch kommen und gelegentlich sogar einräumen, dass sie vielleicht auch einmal Recht haben.

Dass jemand, der schändliche Verbrechen begangen hat, uns Vorwürfe macht, bedeutet nicht, dass diese Vorwürfe unbegründet sind und deswegen unbesehen verworfen werden können. Wenn unser Publikum die umfassendere Gemeinschaft ist, an die auch der Terrorist sich wendet, dann müssen wir zuhören und auf die Vorwürfe reagieren. Nirgendwo ist die Kluft zwischen den Argumenten von al-Qaida und unseren offensichtlicher als in der Frage, wie sich die Wirtschaftssanktionen gegen den Irak ausgewirkt haben. Über die Jahre hinweg hat Bin Laden in seinen Verlautbarungen immer wieder von Hunderttausenden irakischen Kindern gesprochen, die durch die amerikanischen Sanktionen getötet wurden. »Eine Million unschuldiger Kinder sterben, während wir hier sprechen, sie werden im Irak ohne jede Schuld getötet.«[28] Die Amerikaner taten solche Behauptungen einfach als ungeheuerliche Tiraden eines teuflischen Fanatikers ab. Wirtschaftssanktionen sind schließlich nichts Bösartiges; sie sind ein Mittel, eine Regierung von Parias ohne Gewalt unter Druck zu setzen. Die Amerikaner betrachteten unsere Sanktionen als Beweis für unsere Zurückhaltung, und wenn irakische Zivilisten darunter litten, dann deswegen, weil Saddam Hussein ihre Implementierung auf die von uns geplante humanitäre Weise verhinderte.

Dass die UN-Sanktionen zum Tod von Hunderttausenden irakischen Kindern führten, ist eine Tatsache. Einem UNICEF-Bericht von 1999 zufolge starben zwischen 1991 und 1998 im Irak 500 000 Kinder unter fünf Jahren größtenteils an den Folgen der Sanktionen.[29] Die britische Medizinfachzeitschrift *The Lancet* berichtete: »Die Säuglingssterblichkeit stieg von 47 pro 1 000 Lebendgeburten in den Jahren 1984 bis 1989 auf 108 pro 1 000 in den Jahren 1994 bis 1999, und die Sterblichkeit von Kindern unter fünf Jahren stieg von 56 auf 131 pro 1 000 Lebendgeburten.«[30] Gleich zwei der mit der Durchführung des Programms beauftragte UN-Vertreter traten zurück, um gegen die humanitäre Katastrophe zu protestieren, die sie leiteten. Hans von Sponeck erklärte: »Ich will nicht länger mit einem Programm zu tun haben, das das Leiden der Menschen verlängert und keinerlei Aussicht bietet, auch nur den Grundbedürfnissen der Zivilbevölkerung zu genügen.« Und weiter: »Gesetzlosigkeit der einen Art rechtfertigt nicht Gesetzlosigkeit einer anderen Art ... Wie lange muss die Zivilbevölkerung noch für etwas bestraft werden, das sie nie und nimmer getan hat?«[31]

Zuvor schon war Fred Halliday zurückgetreten, der seit 30 Jahren bei den Vereinten Nationen arbeitete. Seine Begründung: »Jeden Monat sterben 4000 bis 5000 Kinder unnötigerweise an Folgen der Sanktionen, am Zusammenbruch der Wasserversorgung und Abwasserbeseitigung, an Nahrungsmangel und an der schlechten medizinischen Versorgung im Land.« Dann beschrieb Halliday den völligen Zusammenbruch der Zivilgesellschaft im Irak als Folge der durch die Sanktionen heraufbeschworenen Not, und hinsichtlich des zunehmenden islamistischen Fundamentalismus erklärte er 1998: »Wir treiben die Menschen in extreme Positionen.«[32]

Es ist zwingend erforderlich, dass wir uns anhören, was man uns vorwirft, und die Auswirkungen unserer Politik vor Ort überprüfen. Verschiedene Meinungsumfragen zeigen auf, dass das amerikanische Volk nicht die Iraker für das Verhalten ihres Führers verantwortlich machte, die Wirtschaftssanktionen aber, die wir dem Irak auferlegten, bestraften irakische Zivilisten. In der Tat starben infolge der Sanktionen mehr Iraker als je Menschen überhaupt von Massenvernichtungswaffen getötet wurden – einschließlich der Bomben auf Hiroshima und Nagasaki.[33] Wir können nicht hoffen, einen Krieg der Ideen zu gewinnen, wenn unser Verhalten mit den von uns vertretenen Prinzipien so absolut unvereinbar zu sein scheint.

Wir müssen uns auch um die Missstände kümmern, die die Ressentiments schüren, welche immer neue Terrorgruppen entstehen lassen. Viele dieser Missstände sind politischer Natur und nur schwer abzustellen. Extremisten haben aber sehr erfolgreich Konflikte wie den zwischen Arabern und Israelis oder den zwischen Indien und Pakistan wegen Kaschmir ausgenutzt. Kein vernünftiger Mensch erwartet, dass wir diese Probleme lösen, und unsere Unterstützung Israels wird stets unpopulär sein. Wenn wir aber sichtbar gegenüber unseren Alliierten dieselben Verhaltensstandards an den Tag legen wie gegenüber unseren Gegnern und wenn wir konzertierte Anstrengungen unternehmen, die die Lösung dieser politischen Streitfälle erleichtern, werden wir uns den Respekt der gemäßigten arabischen Öffentlichkeit erwerben.

Das andere politische Feld, auf dem wir aktiv werden sollten, wenn wir einen Keil zwischen die Extremisten und die sie begünstigenden Gesellschaften treiben wollen, ist die Innenpolitik unserer Alliierten im Nahen Osten. Es kann kaum bezweifelt werden, dass viele unserer Alliierten in der Region sich nicht so stark Demokratie und Recht und Gesetz verpflichtet fühlen wie wir. Wenn deren Bevölkerungen glauben sollen, dass wir uns an die Prinzipien halten, für die wir eintreten, müssen wir auch als die gesehen werden, die für politische Reformen plädieren. Wir sollten zeigen, dass uns durchaus bewusst ist, dass Wahlen allein noch keine Demokratie ausmachen und Demokratie nicht erfolgreich von außen oktroyiert werden kann. Stattdessen müssen wir die Entwicklung einer stabilen Zivilgesellschaft und gemäßigter oppositioneller Parteien unterstützen. Den Wahlsieg derer, die nicht mit uns einer Meinung sind, müssen wir als Beweis für unseren Erfolg werten, nicht für unser Versagen. Auch dies ist ein sehr langfristiger Prozess, aber unser Engagement dafür wird die Argumente jener unterminieren, die missionieren, indem sie auf den eklatanten Unterschied zwischen unseren Prinzipien und unseren Praktiken verweisen.

Als reichstes Land der Welt haben wir beim Kampf gegen Terroristen im direkten Vergleich einen enormen Vorteil. Den sollten wir nutzen. Wir sollten ein umfassendes Entwicklungsprogramm auflegen, das die tieferen Ursachen des Terrorismus angeht – und auch die, warum er toleriert wird. Man sagt oft, die Amerikaner würden großen Ideen den Vorzug vor kleinen geben, wie die Unterstützung für den Marshallplan nach dem Zweiten Weltkrieg, für John F. Kennedys Plan, einen Menschen auf den Mond zu bringen, oder eben auch für Präsident Bushs Plan, den Terrorismus zu eliminieren, beweist. Wie könnte man die Unterschiede zwischen uns und den Attentätern vom 11. September besser demonstrieren als mit einer Reaktion, die darin besteht, die wirtschaftlichen und sozialen Ungleichheiten in den Bevölkerungen auszugleichen, die die Terroristen zu repräsentieren behaupten?

Wir sollten uns nicht die Illusion machen, dass solche Aktionen Gewalttäter sonderlich beeindrucken, geschweige denn besänftigen würden, aber sie wären ja auch nicht das Ziel unserer Strategie. Schlimmstenfalls würde solch ein umfassender Entwicklungsplan darin scheitern, die Terroristen ihrer Unterstützung zu berauben. Aber trotzdem würde er die Lebensqualität sehr vieler Menschen erheblich verbessern und aller Wahrscheinlichkeit nach auch Märkte für amerikanische Produkte eröffnen. Wenn andererseits der Krieg gegen den Terrorismus scheitert – was meiner Ansicht nach der Fall sein wird –, dann wird das Leben vieler Menschen und die Lebensqualität von noch viel mehr Menschen zerstört sein.

Wie ich weiter oben ausgeführt habe, gibt es keinen direkten Zusammenhang zwischen Armut und Terrorismus, und viele der heutigen islamistischen Gewalttäter sind überdurchschnittlich gebildet. Die sie unterstützenden Gesellschaften aber haben soziale und wirtschaftliche Verwerfungen durchgemacht, und ihre Menschen nehmen die relative Verarmung und das politische Ausgeschlossensein überdeutlich war. Von Peru bis Ägypten wurde in vielen Fällen mit gut gemeinten Maßnahmen – etwa bessere Ausbildungsmöglichkeiten zur Verfügung zu stellen – das Gegenteil erreicht, weil sie isoliert durchgeführt wurden. Für eine bessere Ausbildung zu sorgen, ohne gleichzeitig Beschäftigungsmöglichkeiten für diese Ausgebildeten bereitzustellen, deren Erwartungen dementsprechend höher sind, hat sich als besonnders gefährlicher Fehler erwiesen. Bei einem umfassenden Entwicklungsplan ist es zwingend erforderlich, die diversen Maßnahmen zu koordinieren und mit dem übergeordneten Ziel in Einklang zu bringen.[34]

Wie sich herausgestellt hat, haben wir eine unserer vielleicht erfolgreichsten Antiterrormaßnahmen eher unbeabsichtigt umgesetzt, und dies auch nicht im Namen des Krieges gegen den Terrorismus. Indonesien ist das Land mit der größten Muslimbevölkerung der Welt (fast 200 Millionen) und hat sich als Brutkasten für al-Qaida-Unterstützer erwiesen. Die dortige militante Islamistengruppe Jemaah Islamiah war an einer Reihe von Terrorangriffen beteiligt, die sich unter anderem auch gegen westliche Ziele richteten. Zwei Bombenattentate am 12. Oktober 2002 auf den balinesischen Sari Club und die nahe gelegene Paddy's Bar forderten 202 Menschenleben. Als Amrozi, einer der angeklagten Attentäter, gefragt wurde, warum er den Club in die Luft sprengen wollte, antwortete er wiederholt, weil er »Amerikaner hasse«. Imam Samudra, ein weiterer Angeklagter führte aus:

Ich hasse Amerika, weil es das eigentliche Zentrum des internationalen Terrorismus ist, der schon oft den Islam tyrannisiert hat. Ich führe den Dschihad, weil es die Pflicht eines Muslims ist, sich zu rächen, sodass amerikanische Terroristen und ihre Alliierten verstehen, dass das Blut der Muslime nicht umsonst vergossen wird.[35]

In den Jahren danach wurde Jemaah Islamiah zum einen durch Maßnahmen der Regierung, zum anderen durch interne Spaltungen stark geschwächt. Im Oktober 2005 jagten drei Selbstmordattentäter drei westliche Restaurants in die Luft, wobei sie sich selbst und weitere fünfzehn Menschen töteten. Diese Anschläge waren bei weitem nicht so raffiniert wie die von 2002 und scheinen von einer zuvor unbekannten Gruppe von Dschihadisten durchgeführt worden zu sein.[36] Der Unterschied zwischen den beiden Attacken zeigt, dass es mit der Dschihad-Bewegung in Indonesien bergab geht.

Im Dezember 2004 war auch Indonesien von einem Seebeben im Indischen Ozean und dem daraus resultierenden Tsunami betroffen. Die Naturkatastrophe kostete geschätzten 280 000 Menschen das Leben, Hunderttausende wurden verwundet und eine Million verloren ihr Zuhause. Allein in Indonesien schätzt man die Zahlen auf 130 000 Tote, 100 000 Verletzte und 400 000 bis 700 000, die heimatlos geworden sind. Die Vereinigten Staaten boten eine Soforthilfe von 35 Millionen Dollar an. Der Betrag wurde bald auf 350 Millionen Dollar erhöht, und im Februar 2005 sagte Präsident Bush 950 Millionen Dollar als Hilfe zu. Bei einer Meinungsumfrage des Pew Global Attitudes Survey kam heraus, dass 79 Prozent der Indonesier sagten, sie würden aufgrund der amerikanischen Hilfsbemühungen die Vereinigten Staaten jetzt in positiverem Licht sehen. Die Zahl der Indonesier, die eine positive Meinung von den USA hatten, stieg von 15 Prozent im Jahr 2003 auf 38 Prozent im Jahr 2005.[37] Mit diesem Einstellungswandel stimmt auch das kurz darauf ermittelte Ergebnis überein, dass 35 Prozent der indonesischen Bevölkerung Vertrauen in Osama Bin Laden als Führer der Welt setzten – während es 2003 noch 58 Prozent gewesen waren.[38] Mit ihrer humanitären Hilfe zur Linderung des vom Tsunami in Indonesien verursachten Leids hatten die Vereinigten Staaten die breite Unterstützung für gegen die USA gerichteten Terrorismus unterminiert.

Die Erfolgsaussichten für jede Maßnahme, die wir ergreifen, werden wahrscheinlich erheblich verbessert, wenn wir eine konzertierte

Anstrengung unternehmen, unsere Politik und die Gründe dafür zu erklären. Das erfordert ein ständiges und deutliches Engagement der öffentlichen Diplomatie. In jüngster Zeit erschienen ein paar Berichte, die Details ausführten, wie die Ausrichtung unserer öffentlichen Diplomatie verbessert werden kann.[39] Wenn wir die Terroristen von ihren Gemeinschaften trennen wollen, dann müssen wir uns, und darüber kann kein Zweifel bestehen, dieser Gemeinschaften annehmen. Abermals ist dies ein Feld, auf dem unser Reichtum, unsere Medien und unsere technischen Fähigkeiten einen erheblichen Vorteil darstellen können. Dieser wird uns jedoch nichts nützen, wenn wir uns nicht die Zeit nehmen und die Sprachen und Kulturen der Gesellschaften studieren, mit denen wir es zu tun haben. Gegenwärtig macht der Etat für öffentliche Diplomatie gerade mal 0,3 Prozent des Verteidigungsetats aus.[40] Dass wir es völlig versäumt haben, nach dem 11. September unser Anliegen der islamischen Welt nahezubringen, ist schwer zu begreifen. Die Position des Staatssekretärs für öffentliche Diplomatie war über lange Zeiträume hinweg unbesetzt, und dann wechselten sich auf ihr eine Reihe von wohlmeinenden und talentierten Persönlichkeiten ab, von denen keine sonderlich große Erfahrungen mit den Kulturen hatte, um die sie sich kümmern sollte.

Damit eine öffentlich-diplomatische Kampagne irgendwelche Erfolgsaussichten hat, muss sie viel mehr sein als bloße Dekoration. Dafür muss ein umfassender, koordinierter und gut finanzierter Plan ausgearbeitet und von unvoreingenommenen Menschen umgesetzt werden, die intim mit den Nuancen der Gesellschaften vertraut sind, die wir beeinflussen wollen. Erfolge werden sich nicht in einem Zeitrahmen messen lassen, der mit den Wahlzyklen in den Vereinigten Staaten in Deckung zu bringen ist, und daher müssen unsere politischen Führer einen parteienübergreifenden Konsens herstellen, damit die Umsetzung einer solchen Politik nicht kurzfristigen politischen Vorteilen geopfert wird.

Die raffinierteste, am besten formulierte und am besten finanzierte öffentlich-diplomatische Kampagne wird jedoch nichts ausrichten, wenn die dabei vorgebrachten Argumente nicht mit dem übereinstimmen, was die Menschen wahrnehmen. Wenn die Vereinigten Staaten weiterhin eine höchst unpopuläre Politik verfolgen und diese offensichtlich nicht mit dem übereinstimmt, was unsere Politiker verkünden, werden unsere Taten lauter sprechen als unsere Worte. Solange amerikanische Truppen im Irak stationiert bleiben und solange wir den Irakern weder Sicherheit noch Stabilität und anständige Lebensbedingungen bieten können, werden jene offene Ohren finden, die argumentieren, wir wären dort, um die Region zu beherrschen oder uns das irakische Öl anzueignen.

Wenn es uns gelingt, die Terroristen von den sie hervorbringenden Gemeinschaften zu separieren, werden den Schäden, die sie uns zufügen können, echte Grenzen gesetzt. Wir werden sie niemals davon abhalten können, irgendein »weiches« westliches Ziel irgendwo auf der Welt anzugreifen, aber wir können sie daran hindern, einen spektakulären Angriff zu starten, der ausgefeilte und koordinierte Planungen erfordert. Wenn es uns gelingt, sie zu isolieren, können wir sie anschließend mit härteren Maßnahmen dingfest und unschädlich machen. Aber wir werden sie nicht isolieren können, wenn wir andere nicht davon überzeugen können, dass das, was Terroristen über uns sagen, falsch ist.

Regel 5: Verbündete im Kampf gegen den Terror suchen

In der Vergangenheit agierten die meisten Terroristen innerhalb eines Landes oder über Grenzen benachbarter Länder hinweg. Terrorismus wurde als Strategie entwickelt, um lokale Missstände zu beseitigen, sehr oft aber hatte er internationale Auswirkungen. Im Falle von nationalistischen Bewegungen kann Terrorismus zwei benachbarte Staaten betreffen, etwa wenn eine Gruppe sich von dem einen Land lösen und einem anderen anschließen will; Beispiele wären die strittigen Besitzansprüche Indiens und Pakistans auf Kaschmir oder der Wunsch einiger nordirischer Katholiken, nicht mehr zum Vereinigten Königreich, sondern zur Republik Irland zu gehören. In anderen Fällen sind benachbarte Länder betroffen, weil eine Terroristengruppe einen eigenen Staat errichten will, der mit der Heimat einer ethnischen Gruppe übereinstimmt, etwa die Basken in Spanien und Frankreich oder die Kurden in der Türkei, im Irak und in Syrien.

Die meisten Gruppen entwickeln sich zwar lokal, viele haben aber eine internationale Komponente, etwa wenn nationalistische Gruppen auf die Unterstützung von ins Ausland Emigrierten vertrauen. Die Sikhs in Nordamerika beispielsweise haben die nationalistische Bewegung der Sikhs im indischen Pandschab großzügig gefördert. Die tamilische und die kurdische Diaspora ließen ebenfalls ständig der LTTE beziehungsweise der PKK Hilfsmittel zukommen, und irischstämmige Amerikaner unterstützten die IRA. In einigen wenigen Fällen hatte die Ideologie von Terrorbewegungen internationale Dimension, etwa bei den europäischen sozialrevolutionären Gruppen in den siebziger Jahren. Die deutsche Rote Armee Fraktion nannte sich so, weil sie sich als bloß eine Fraktion einer internationalen kommunistischen Armee betrachtete. Terrorismus wird auch international, wenn Staaten Terroristen im Ausland finanzieren, um sie als verdecktes Instrument zur Durchführung ihrer Außenpolitik zu benutzen. In einigen Fällen, etwa der Unterstützung der Hisbollah durch den Iran und Syrien, war man allerdings nicht sonderlich um Heimlichkeit bemüht.

Hingegen scheint der Transnationalismus jüngerer Terroristen einen deutlichen Schritt weiterzugehen. Im Fall der Londoner Bombenattentate beispielsweise wurden junge, in England geborene Männer durch das radikalisiert, was sie über amerikanische Aktionen im Irak hörten. Sie waren weder jemals in Amerika oder im Irak gewesen, sie ermordeten Pendler in London. In der Tat sehen wir hier die Globalisierung des Terrorismus: Ein globaler Konflikt mobilisiert eine lokale Terroristengruppe. Wir können nicht hoffen, solchen Gruppen von uns aus etwas entgegenzusetzen, und doch sind wir durch sie ziemlich verwundbar. Die Anschläge vom 11. September wurden von einer Zelle in Hamburg geplant. Richard Reid wurde in einem britischen Gefängnis rekrutiert. Zacarias Moussaoui, der beinahe am 11. September dabei gewesen wäre, fand in einer Londoner Moschee zu seiner Berufung. Ahmed Ressam, der den Los Angeles International Airport in die Luft sprengen wollte, war in ein Netzwerk von Radikalen in Frankreich eingebunden. Wir müssen umfassend mit anderen Ländern zusammenarbeiten und gemeinsam Aufklärungsarbeit betreiben, wenn wir die Aktivitäten der bekannten und neu auftauchenden Zellen radikaler Militanter überwachen wollen.

Diese Kooperation wird eher Erfolg haben, wenn andere Länder von der Legitimität unserer Position überzeugt sind und glauben können, dass wir sie konsultieren, um das Problem zu definieren und eine Gegenstrategie zu entwickeln. Unvermeidlicherweise werden in bestimmten Fällen die Normen und Gesetze solcher Länder das gemeinsame Handeln erschweren, aber die Terroristen selbst operieren sehr geschickt über Grenzen hinweg, also müssen wir dasselbe Geschick entwickeln und bei unserem Abwehrkampf Grenzen überschreiten.

Wir sollten es uns zur vordringlichen Aufgabe machen, effiziente multilaterale Institutionen aufzubauen, die das Aufspüren von Terroristen erleichtern. Das muss weit über unser Insistieren hinausgehen, dass andere Länder spezifische Aufgaben übernehmen. Vielmehr müssen wir breit akzeptierte Normen und Verfahren entwickeln, damit automatisch Informationen gemeinsam genutzt werden können. Die Erfahrungen anderer Länder demonstrieren drastisch, wie effizient eine solche Zusammenarbeit sein kann. Solange Separatisten aus Kaschmir Unterschlupf in Pakistan fanden, Basken in Frankreich und Republikaner im südlichen Irland, ging es diesen Bewegungen gut. Als dann die französische und die irische Regierung von der Legitimität der spanischen und britischen Antiterrormaßnahmen überzeugt waren und einwilligten, es Terroristen unmöglich zu machen, ungehindert von ihrer Seite der Grenze aus zu operieren, wurden die Terrorgruppen stark geschwächt. Im Falle Nordirlands bekam Großbritannien diese Zusage erst, als London endlich anerkannte, dass die Republik Irland gleichfalls ein Interesse an dieser Frage hat, und auch formell dem Nordirlandkonflikt eine irische Dimension zugestand.

Ein Engagement der internationalen Gemeinschaft kann uns beim Feldzug zur Eindämmung der terroristischen Bedrohung auf vielerlei Weise den Rücken stärken. Auf der praktischen Ebene kann uns die Gemeinschaft helfen, Militante aufzuspüren und festzusetzen, ihre Finanzierung zu beschneiden und ihre Operationen zu behindern. Auf der politischen Ebene kann sie die Legitimität unserer Position stärken, indem der Konflikt als einer zwischen denen, die an Recht und Gesetz glauben, und den anderen, die das nicht tun, dargestellt wird, und nicht nur einfach als einer zwischen den Starken und den Schwachen oder den Vereinigten Staaten und dem Rest der Welt.

Mitglieder der internationalen Gemeinschaft können auch eine wichtige Rolle als Vermittler bei Verhandlungen spielen, wie etwa die Norweger bei den Vereinbarungen von Oslo 1993 oder die Vereinigten Staaten beim Friedensprozess in Nordirland. Die internationale Gemeinschaft kann auch helfen, soziale Probleme anzugehen; so hatten etwa die Weltbank und die Inter-American Bank die Finanzierung peruanischer Mikroentwicklungsprojekte übernommen, mit denen einige der sozioökonomischen Missstände beseitigt werden sollten, die der Unterstützung für den Leuchtenden Pfad Nahrung gaben.

Da die internationale Gemeinschaft unser Interesse am Kampf gegen den Terrorismus teilt – wenn auch nicht unsere Einschätzung, wie man das am besten macht –, gibt es eindeutig Bereiche gegenseitigen Einvernehmens. Einer dieser Punkte läuft unter dem Stichwort *loose nukes*, unkontrollierte Kernwaffen. Dass von den zahllosen ungesicherten Örtlichkeiten, an denen die ehemalige Sowjetunion an der Entwicklung von nuklearen, chemischen und biologischen Waffen arbeitete, große Gefahren ausgehen, darüber herrscht international weitgehend Übereinstimmung. Diese Orte abzuschotten, ist wahrscheinlich das beste und preiswerteste Mittel, unsere Sicherheit zu erhöhen. Doch das dafür von der US-Regierung aufgelegte Programm ist schlecht verwaltet und mit viel zu geringen Mitteln ausgestattet. Dieses Problem muss gelöst werden, aber der amerikanischen Regierung mangelt es unbegreiflicherweise entweder am Willen oder am Interesse daran. Als solches ist dies eine Aufgabe, die ideal von der internationalen Gemeinschaft angegangen werden könnte.

Das Programm zur kooperativen Gefahrenreduktion (Cooperative Threat Reduction, CTR) wurde 1991 aufgelegt, um Produktions- und Forschungsstätten für nukleare, chemische und biologische Waffen in der früheren Sowjetunion zu sichern. Die UdSSR arbeitete so intensiv an biologischen Waffen wie keine andere Macht, und infolgedessen lagern immer noch gefährliche Pathogene – beispielsweise Milzbrand- und Pockenerreger sowie Ebolaviren – ungesichert in Weltgegenden, in denen Terrorgruppen mit dem erklärten Interesse an solchen Kampfstoffen operieren. 2003 berichtete das General Accounting Office der Vereinigten Staaten, dass nur an vier von den 49 bekannten Biowaffen-Örtlichkeiten Sicherheitsprojekte vorankämen und dass nur zwei davon gegen Angriffe von außen abgeschottet seien. Die CTR, die nicht nur mit der Sicherung nuklearer und chemischer, sondern auch biologischer Einrichtungen befasst ist, wurde seit den neunziger Jahren mit rund 1 Milliarde Dollar per annum finanziert, obwohl ein überparteilicher Ausschuss im Januar 2001 empfahl, die Mittel zu verdreifachen. Da Handeln an dieser Front wirklich not tut, wir aber offenbar dazu nicht bereit sind, scheint das ein Bereich zu sein, den wir wohl anderen überlassen sollten.

Ein zweites Aufgabenfeld, auf dem eine Arbeitsteilung enorm sinnvoll wäre, ist der Umgang mit den Folgen militärischer Operationen. Die Europäer haben mit dem Aufbau nach Kriegen weit mehr Erfahrungen als wir (auch wenn wir täglich dazulernen). Andere Länder sind aktiv am Wiederaufbau in Afghanistan beteiligt. Die NATO hat momentan dort 12000 Mann stationiert. Um die Unterstützung für einen Wiederaufbau zu bekommen, müssen wir jedoch in Zukunft bereit sein, unsere Alliierten umfassender schon bei den Planungen für militärisches Eingreifen zu konsultieren. Wir sind heute in der kuriosen Situation, dass die Kooperation hinter den Kulissen faktisch besser ist, als irgendjemand öffentlich zugeben möchte. Der von den USA geführte Krieg gegen den Terrorismus ist dermaßen unpopulär, dass alliierte Regierungen keine Lust haben, öffentlich zu machen, wie sehr sie uns helfen; sie ziehen es vor, dass die Kooperation im Stillen abläuft. Kleine französische und deutsche Spezialeinheiten suchen beispielsweise in Afghanistan und Pakistan nach den Resten der Qaida-Führung, das wird aber nicht groß verkündet, weil man Angst hat, dass diese Maßnahmen zuhause zu unpopulär sind. Es kann nicht in unserem Interesse sein, dass unsere Alliierten verheimlichen, in welchem Umfang sie uns helfen.

Die internationale Gemeinschaft ist natürlich nicht die einzige andere Entität, derer man sich versichern muss. Wie bereits erwähnt, müssen auch lokale Gemeinschaften einbezogen werden, und sie können bei der Eindämmung des Terrorismus zur wichtigsten Kraft werden. Als beispielsweise in Ägypten erhebliche Teile der Bevölkerung erkannten, dass Terroranschläge auf Touristen wie der 1997 in Luxor mit der islamischen Tradition der Gastfreundschaft nicht vereinbar sind und auch der Tourismusindustrie schwersten Schaden zufügen, halfen sie mit, auf Gamaa al-Islamija Druck auszuüben, mit diesen Attentaten aufzuhören.

Ein anderes Beispiel ereignete sich jüngst in Israel. Edan Natan-Sada, ein neunzehnjähriger israelischer Soldat, der Verbindungen zur rechten Kach-Gruppe hatte, eröffnete das Feuer auf einen Bus mit Palästinensern, die für den israelischen Abzug aus dem Gazastreifen demonstrieren wollten. Er hatte sich zu diesem Zeitpunkt unerlaubt von der Truppe entfernt. Die israelische Öffentlichkeit lehnte den Angriff entschieden ab. Die Medien bezeichneten ihn sofort als terroristischen Akt (ein Begriff, den man in der Regel nicht vernimmt, wenn Israelis Palästinenser töten), und der Attentäter bekam das Etikett Terrorist. Der Ministerpräsident nannte Natan-Sada einen »blutrünstigen Mörder und Terroristen«. Der Verteidigungsminister verweigerte ihm ein Grab auf einem Soldatenfriedhof, weil er die Ehre der israelischen Streitkräfte besudelt hätte, und der Bürgermeister seiner Heimatstadt weigerte sich ebenfalls, ihn dort begraben zu lassen. Selbst diejenigen rechtsextremen Siedler, die möglicherweise dazu neigten, ihm mehr Sympathien entgegenzubringen, fühlten sich verpflichtet, die Tat zu verdammen. Diese völlige Ablehnung durch eine Gemeinschaft, in deren Namen zu handeln der Täter behauptet hatte, ist verblüffend.

Wir wissen nicht, ob diese Art Reaktion andere junge israelische Extremisten davon abhalten wird, genauso zu handeln, aber es ist schwer vorstellbar, dass das nicht der Fall ist. Dieser junge Mann hat vielleicht erfolgreich Vergeltung geübt, aber mit Sicherheit erntete er keinen Ruhm, und es gelang ihm auch nicht, die gewünschte Reaktion zu provozieren. Wenn lokale Gemeinschaften, aus denen Terroristen hervorgehen, genauso reagieren würden, dann würde der Terrorismus zweifellos für junge Männer auf der Suche nach Ruhm weniger attraktiv sein.

Wir müssen nicht nur versuchen, den größeren Teil der Gemeinschaften auf unsere Seite zu ziehen, wir müssen auch die Gemäßigten mobilisieren. Aber wenn wir uns der Mitglieder lokaler Gemeinschaften auf diese Weise versichern, müssen wir aufpassen, dass sie nicht delegitimiert werden, weil sie sich mit uns abgeben. Der Preis dafür, dass sie uns unterstützen, darf nicht sein, dass den Moderaten vorgeworfen wird, sie seien uns gegenüber unkritisch eingestellt. Besser könnte man ihnen nicht schaden. Wir müssen sie für uns gewinnen, aber mit all ihrer Kritik an unserer Politik und unseren Praktiken. Wir müssen so auf sie reagieren, dass deutlich wird, dass wir die Rechte anderer auf eine abweichende Meinung respektieren. Wir akzeptieren nur nicht, dass sie ihre Opposition durch Terrorismus zum Ausdruck bringen.

Abermals liefern die Erfahrungen anderer Länder viele Beispiele, wie Regierungen mit Erfolg die Gemäßigten gegen Extremisten mobilisierten. Dass die italienische Regierung die Roten Brigaden besiegen konnte, wurde maßgeblich durch die Haltung der Kommunistischen Partei Italiens gefördert. In Nordirland bemühte sich die britische Regierung, die moderat nationalistische Partei SDLP (Social Democratic and Labour Party) als Gegengewicht zur IRA zu stärken. Nachdem es dann später dem SDLP-Vorsitzenden John Hume gelungen war, Gespräche mit Gerry Adams, dem Führer der Sinn Féin, aufzunehmen, konzentrierte sich die Regierung darauf, die Pragmatiker innerhalb der republikanischen Bewegung wie etwa Adams zu stärken.

Ein andermal half die indische Regierung beim Aufbau moderater politischer Parteien der Sikhs, die ein Gegengewicht zu jenen bildeten, die bereit waren, für ihre politische Ziele Gewalt einzusetzen. Auf ähnliche Weise versuchte in Spanien die Regierung die gemäßigte Nationalistenpartei PNV zu stärken, um zu zeigen, dass politische Ansätze der Konfliktlösung Vorteile haben. Eine Zeit lang erlaubte die Regierung auch das Erstarken der ETA-nahen Partei Herri Batasuna, um die ETA dazu zu bringen, politische Mittel anzuwenden, aber sie widerrief die Anerkennung, nachdem man festgestellt hatte, dass diese Partei nichts weiter als eine Fassade für die ETA war.

Ein jüngeres Beispiel aus Spanien zeigt, wie die spanische Regierung auf die Terrorangriffe von Madrid reagierte: Sie arbeitete mit den moderaten Führern der einen Million Muslime in Spanien zusammen. Am ersten Jahrestag der Anschläge auf den Atocha-Bahnhof, bei denen am 11. März 2004 192 Menschen starben, erließ Mansur Escudero Bedate, Generalsekretär der Islamischen Kommission Spaniens ein Fatwa gegen Bin Laden, al-Qaida und alle, die mit dem Koran Terrorismus zu rechtfertigen versuchen.

Man muss hervorheben, dass die Erfahrungen anderer eines ganz klar zeigen: Die Mobilisierung von Moderaten sollte nie so weit gehen, dass man eine Gruppe unterstützt, die bereit ist, Gewalt gegen eine andere einzusetzen. Diese Strategie geht unweigerlich nach hinten los. Man muss nur daran denken, dass die Vereinigten Staaten in Afghanistan die Mudschaheddin als Gegengewicht zu den Sowjets unterstützten, um zu erkennen, wie töricht dieser Ansatz ist. Der ägyptische Ministerpräsident Anwar as-Sadat half beim Aufbau einer Bewegung, die ein Gegengewicht zu kommunistischen Parteien darstellen sollte – und die schließlich ihn selbst ermordete. Im Libanon förderte Israel unfreiwillig das Aufkommen der Hisbollah, weil Radikale innerhalb der Amal sich Friedensverhandlungen verweigerten. Ähnlich verschloss man im Westjordanland und im Gazastreifen die Augen vor den Aktivitäten der Muslimbruderschaft in dem Glauben, die Gruppe sei moderater als die Fatah. Das hatte aber das Aufkommen der Hamas zur Folge, die erheblich nun weniger moderat war.

Die Lehren anderer Länder lassen darauf schließen, dass es klug ist, Gemäßigte zu mobilisieren und eine moderate Alternative zur Gewalt zu fördern. Es kommt nicht darauf an, dass die Moderaten die Haltung der USA unterstützen, sondern nur darauf, dass sie Gewalt als Form politischer Veränderung ablehnen.

Terrorgruppen sind sich meist genau bewusst, dass moderate Vertreter ihrer eigenen Gemeinschaft ihnen gefährlich werden können. Die Tamilischen Befreiungstiger etwa haben moderate Tamilenführer gnadenlos ins Visier genommen. Und die Roten Brigaden wandten sich gegen die reformfreudige Kommunistische Partei Italiens, die sie genauso ablehnten wie die konservativen Christdemokraten. Dass die Roten Brigaden 1979 Guido Rossi ermordeten, ein populäres Mitglied der Kommunistischen Partei, erwies sich jedoch als schwere Fehleinschätzung. Aus Protest gegen die Ermordung Rossis kam es in allen großen Fabriken von Genua zu spontanen Demonstrationen und Streiks – bis dahin hatte die Stadt als eine Bastion der Brigadisten gegolten.

Terroristengruppen machen manchmal den Fehler, dass sie selbst in den Augen ihrer Unterstützer zu weit gehen. Am häufigsten passiert das, wenn sie gemäßigte Meinungsführer oder besonders leicht verwundbare Zivilisten wie etwa Kinder umbringen. Solche Fehler stellen für Regierungen eine ungeheuer wichtige Möglichkeit dar, die öffentliche Meinung gegen die Terroristen zu mobilisieren. In der Vergangenheit haben Regierungen diese Chance nur sehr selten genutzt. Meistens reagieren Regierungen mit verschärften Sicherheitsmaßnahmen oder drakonischen Antiterrorgesetzen und verlieren damit prompt die Unterstützung der Moderaten, die sie gerade hätten gewinnen können. Wenn Regierungen ihr Vorhaben im Blick behalten, die Terroristen zu isolieren und die Ausbreitung ihrer Ideologie zu verhindern, dann können sie aus solchen terroristischen Gräueltaten Kapital schlagen und einen Schritt in Richtung auf dieses Ziel machen, statt auf die Provokationen der Terroristen einzugehen.

Am Morgen des 7. Julis 2005 befand sich der britische Premierminister Tony Blair gerade beim G8-Gipfel im schottischen Gleneagles, als vier Selbstmordattentäter im Londoner Berufsverkehr 56 Menschen töteten. Blairs unverzüglicher und offensichtlich unvorbereiteter Kommentar war geradezu ein Vorbild dafür, wie ein demokratischer Politiker auf einen Terroranschlag reagieren sollte. Statt die rhetorische Keule zu schwingen und sich der Sprache des Krieges oder der Vergeltung zu bedienen, redete er ruhig von Tatorten und Polizeiarbeit und von Großbritanniens stiller Entschlossenheit, seine Werte und seine Lebensart zu verteidigen. Die Kommunikation zwischen Terroristen und ihrem Publikum dreht sich ständig um Schuld, ist ein nicht endender Wettlauf, sich selbst in der Rolle des Opfers und die anderen als die Aggressoren darzustellen. Blair weigerte sich einfach, sich an solch einem Dialog zu beteiligen, und damit bot er demokratischen Führern das Modell für eine andere Art und Weise, auf Terrorismus zu reagieren. In späteren – und eindeutig vorbereiteten Reden – verfiel Premierminister Blair mit seinen Bemerkungen wieder in die vertrauteren und weniger konstruktiven Reaktionsmuster, die demokratische Führer im Allgemeinen zeigen.

Als die IRA schließlich ihren militärischen Kampf aufgab und ihre Waffenlager auflöste, zeigte die britische Regierung einmal mehr ihr auf vielfältige Erfahrungen mit Antiterrorismus zurückgehendes gutes Urteilsvermögen. Statt die Entwaffnung der IRA als die Konzession zu werten, die sie war, und mit der Sprache des Sieges politische Vorteile daraus zu schlagen, schwor Blair jedem Triumphieren ab und bediente sich stattdessen einer Sprache, die den Befürwortern der Entwaffnung in der IRA half, den sturköpfigen Kritikern die Maßnahme zu vermitteln.

Der Kampf gegen den Terrorismus wird sich als wesentlich leichter erweisen, wenn wir bereit sind, auch die Dienste anderer in Anspruch zu nehmen und den Preis dafür zu bezahlen, dass Mitstreiter sich an der Zurückdrängung der Terroristen beteiligen.

Regel 6: Geduld haben und das Ziel im Blick behalten

Manche Terroristengruppen haben Generationen überdauert, andere gab es nur wenige Jahre. Eine Liste der Bewegungen, die beispielsweise im Jahr 1970 aktiv waren, weist ein paar sehr vertraute Namen auf, aber sehr viele andere, die seit langem vergessen sind. Als am langlebigsten haben sich die mit den engsten Bindungen an ihre Gemeinschaften erwiesen. Dabei handelt es sich meistens um ethnische oder nationalistische Gruppen, die eine politische Veränderung wollen. Auch von diesen sind ein paar nicht mehr aktiv. Die IRA erklärte schließlich die Einstellung ihrer Kampfhandlungen, und die PKK wurde von der türkischen Regierung niedergeschlagen, auch wenn noch immer latent die reale Gefahr besteht, dass unter politisch entrechteten Kurden der Terrorismus wieder aufkommt. Die sozialrevolutionären Bewegungen, die in den siebziger Jahren mehrere westliche Demokratien bedrohten, sind alle durch eine Mischung von effizienter Polizeiarbeit, Ablehnung in der Öffentlichkeit und strategischen Fehlern der Terroristen selbst zugrunde gegangen.

Angesichts der Beschaffenheit der Gefahr, die al-Qaida und die von der Organisation gesponnenen globalen Dschihad-Netzwerke darstellen, ist es höchst unwahrscheinlich, dass diese Gruppen rasch verschwinden werden. Wie lange sie uns bedrohen werden, hängt in großen Teilen davon ab, welche Beziehungen sie zu den Gemeinschaften unterhalten, aus denen sie hervorgegangen sind, und das wiederum ist von unseren Erfolgen abhängig, sie von diesen Gemeinschaften zu isolieren. Da viele der Missstände, die diesen Gruppen die Anhänger zutreiben, auf grundsätzliche sozioökonomische Realitäten und schier unlösbare politische Probleme wie etwa den Konflikt zwischen Arabern und Israelis zurückgehen, werden sie sich nicht so rasch abstellen lassen. Konzertierte Anstrengungen unsererseits zur Beseitigung der Missstände, die die Animositäten uns gegenüber anheizen, werden keine unmittelbaren Ergebnisse zeitigen, sondern können nur dazu dienen, die Ressentiments zurückzufahren und die scheinbare Legitimität terroristischer Strategien abzubauen.

Die Sprache der Militärs dreht sich um Handeln und sofortige Resultate. Diese Sprache müssen wir durch die der Entwicklung und des Aufbaus und der dafür nötigen Geduld ersetzen.

In der einen oder anderen Form wird es also vermutlich weiterhin Terrorismus geben. Die Auswirkungen der Globalisierung haben zur Folge, dass Terroranschläge sich in Zukunft leichter planen und durchführen lassen, dass man Waffen leichter erwerben und transportieren kann und dass man den Gegner leichter zu fassen bekommt als in der Vergangenheit. Dennoch bleibt die Wahrscheinlichkeit, dass Terrorgruppen uns echten Schaden zufügen können, sehr klein. Dass eine Terrorgruppe eine Bombe in einer amerikanischen U-Bahn, in einem Stadion oder Einkaufszentrum zündet, wird immer möglich sein. Die Wahrscheinlichkeit, dass Terroristen so viele Amerikaner töten wie betrunkene Autofahrer in jedem beliebigen Jahr, ist hingegen winzig.

Wenn wir über die Terrorgefahren nachdenken, sollten wir uns immer an die Worte von Aiman al-Sawahiri erinnern: »Wie weit unsere Fähigkeiten auch gehen mögen, niemals werden sie ein Tausendstel der Fähigkeiten des Königreichs des Satans erreichen, das gegen uns Krieg führt.« Wie er uns charakterisiert, können wir zurückweisen, ohne seine Kernaussage infrage zu stellen, nämlich dass die Terroristen niemals auch nur ein Tausendstel unserer Stärke erreichen werden. Das müssen wir im Hinterkopf behalten, wenn wir über die Gefahren nachdenken und unsere Reaktionen darauf planen: Wir sind unendlich viel stärker als sie. Anlass zur Selbstgefälligkeit sollte das nicht sein, aber es erlaubt uns den Luxus wohlüberlegter Reaktionen und eines langfristigen Zeithorizonts. Es bedingt aber auch, dass wir Terroristen nicht ermutigen, indem wir die Gefahr, die sie für uns darstellen, übertreiben und damit ihre Überzeugung bestätigen, dass wir Feiglinge seien.

Wirklich und anhaltend schaden können uns Terroristen nur, wenn sie sich eine Massenvernichtungswaffe beschaffen, und zwar nicht nur irgendeine. Eine schmutzige Bombe oder eine chemische Waffe würde viel Unheil anrichten, aber keine wirkliche Gefahr darstellen. Wahrhaftig schaden könnten sie uns nur, wenn sie eine biologische oder nukleare Waffe in ihren Besitz bringen und einsetzen. Das war schon immer recht unwahrscheinlich. Heutzutage ist die Wahrscheinlichkeit noch geringer, weil wir al-Qaida zumindest der Basis in Afghanistan beraubt und andere Staaten davon abgehalten haben, der Organisation Unterschlupf zu gewähren. Hinzu kommt, dass der Krieg gegen den Terror zwar viele neue Rekruten auf den Plan gerufen hat, diese sich aber zu kleinen, spontanen Gruppen zusammenfinden, nicht mehr zu komplexen Organisationen mit Ausbildungslagern. Dennoch besteht diese Gefahr weiterhin, und wie ich bereits ausgeführt habe, kann man sie am einfachsten und unaufwändigsten reduzieren, indem man sofort alle bekannten Einrichtungen sichert, wo solche Waffen gelagert werden. Wenn man über diese Art Gefährdung nachdenkt, sollte man sich auch daran erinnern, dass im Vergleich zur Situation vor 20 Jahren, als das sowjetische Nukleararsenal das Potenzial hatte, die Vereinigten Staaten auszulöschen, wir gegenüber einem Atomangriff heute viel weniger verwundbar sind als das sehr lange Zeit der Fall war.

Die Strategie des Terrorismus ist eine psychologische Kriegführung gegen einen stärkeren Feind. Terrorismus ist attraktiv, weil er einfach ist und die Schwachen stärker erscheinen lässt, aber wenn wir die entscheidenden Schwachpunkte der Terroristen erkennen, die Widerstandsfähigkeit der Gesellschaft stärken und unsere Reaktionen den tatsächlichen Risiken anpassen, dann machen wir den Terroristen ihre Aufgabe schwerer.

Am 16. September 2001 erklärte Präsident Bush, unser Ziel sei, »den Terrorismus in der Welt auszurotten«. Er sagte: »Wir werden die Welt von den Bösewichten befreien.«[41] Die Wahrheit ist: Das werden wir nicht. Aber wenn wir eine bescheidenere Agenda verfolgen – wenn unser Ziel die Eindämmung des Terrorismus ist und wir dabei unsere Stärken ausspielen und uns an unsere eigenen Prinzipien halten –, dann können wir definitiv Erfolg haben.

Wo stehen wir heute?

Betrachtet man sich die Antiterrorpolitik der Vereinigten Staaten seit dem 11. September, wird sehr deutlich, dass wir diese sechs Regeln nicht befolgt haben. Wir haben uns ein unerreichbares Ziel gesetzt, wir haben viele der Prinzipien nicht beachtet, die unserer Demokratie zugrunde liegen, es ist offensichtlich geworden, dass wir nicht genügend Aufklärungsarbeit betrieben haben, unsere Vorgehensweisen haben die Bindungen zwischen den Terroristen und ihren Gemeinschaften gestärkt, wir haben keine Mitstreiter im Kampf gegen die Terroristen gewonnen, und wir haben weder Geduld bewiesen noch Augenmaß bewahrt.

Abgesehen davon wird die amerikanische Antiterrorpolitik im Lauf der Zeit eindeutig besser. Nach den Anschlägen vom 11. September haben wir dieselben Verhaltensweisen an den Tag gelegt wie andere Demokratien. Die erste Reaktion besteht fast immer darin, Entschlossenheit zu demonstrieren und drastische Maßnahmen zu ergreifen, die größtenteils von der Öffentlichkeit nicht infrage gestellt werden. Dann folgt eine zweite Phase der Polarisierung, in der die Rechte verschärftes Durchgreifen fordert und alle, die dagegen sind, als unpatriotisch denunziert, während die Linke gegen jede Art von Gewaltanwendung ist. Die dritte Phase ist die des eher vernünftigen Nachdenkens, sie setzt ein, wenn die drastischen Maßnahmen nicht zu den gewünschten Ergebnissen geführt haben und der Gegner weiterhin unnachgiebig seine Entschlossenheit demonstriert, uns Schaden zuzufügen. Es sieht danach aus, als würden die Vereinigten Staaten jetzt in diese dritte, konstruktivere Phase eintreten. Hätten wir uns im Herbst 2001 gründlich umgeschaut, hätten wir erkannt, dass dies die Art und Weise ist, wie demokratische Staaten auf Terrorismus reagieren, und dann hätten wir die ersten beiden Phasen vermeiden können. Stattdessen waren wir von der Einzigartigkeit unserer Lage überzeugt und konnten uns nicht überwinden, von anderen zu lernen. Vielmehr mussten wir erst aus unseren eigenen Fehlern lernen, wie das schon andere vor uns getan haben. Ganz allmählich werden wir im Kampf gegen den Terrorismus geschickter.

Wenn man Antiterrorstrategien überlegt, sollte die Frage nicht –

wie so oft – lauten: Wer geht mit eiserner Faust gegen Terrorismus vor, wer geht zu sanft mit Terroristen um? Denn dann werden immer wieder Oppositionsparteien gelähmt, weil sie fürchten, als zu *sanft* gegenüber Terrorismus angesehen zu werden. Doch es kommt natürlich darauf an, was *effizient* gegen Terrorismus hilft. Bei jedem Vorschlag zum Kampf gegen den Terror sollten zwei Fragen gestellt werden. Die erste lautet: »Ist das effizient?«, und wenn die Antwort »ja« ist, muss die zweite Frage heißen: »Was ist der Preis?«

Die Vereinigten Staaten reagierten auf die Terroranschläge vom 11. September mit dem PATRIOT Act und einem gemeinsamen Beschluss, den Einsatz von Militär gegen die Verantwortlichen zu autorisieren.[42] Dann ließ die Regierung Truppen in Afghanistan und in den Irak einmarschieren und beschloss, dass die Vereinigten Staaten sich im Krieg gegen den Terrorismus nicht an die Genfer Konventionen gebunden fühlen müssen. Es waren zweifellos harte Maßnahmen gegenüber dem Terrorismus – aber waren sie auch effizient? Wer in dieser Frage parteiisch ist, erklärt gerne, die Antwort sei eindeutig – aber das ist sie kaum. Es ist leicht, eine Vorgehensweise als gut oder schlecht zu deklarieren, die Vorzüge zu preisen, ohne die Kosten darzulegen. Schwieriger ist es, herauszuarbeiten, in welchem Verhältnis gute und schlechte Maßnahmen zueinander stehen.

Nehmen wir die Invasion Afghanistans. Sie erfreute sich in den Vereinigten Staaten wie international überwältigender Unterstützung. Mit der Invasion wurde die Operationsbasis von al-Qaida zerstört, und ihre Führung musste untertauchen; erfolgreich wurde das brutale Taliban-Regime gestürzt und durch gewählte Volksvertreter ersetzt. (Bei den Präsidentschaftswahlen im Oktober 2004 betrug die Wahlbeteiligung 70 Prozent und 50 Prozent bei den Parlamentswahlen im September 2005.) Das sind wichtige Errungenschaften. Es war aber auch ein hoher Preis dafür zu bezahlen. Genau lässt es sich nicht angeben, aber die meisten Schätzungen gehen davon aus, dass weit mehr afghanische Zivilisten getötet wurden als Amerikaner am 11. September. Die sozialen Verhältnisse waren vor der Invasion entsetzlich, und sie sind es noch immer. (Nach dem Human Development Index aufgelistet, nimmt Afghanistan den 173. von 178 Plätzen ein.[43]) Mit der Opiumproduktion ist es noch viel schlimmer geworden. Im Jahr 2000 wurde auf 82000 Hektar Land Schlafmohn angebaut, dann untersagten die Taliban die Opiumproduktion. Das Verbot war ein voller Erfolg, und die Anbaufläche ging auf 7600 Hektar im Jahr 2001 zurück. Im Jahr 2004 wurde auf 131000 Hektar Land wieder Opium kultiviert. Heute werden 87 Prozent des weltweiten Opiums in Afghanistan produziert, zum Zeitpunkt der amerikanischen Invasion waren es nur 12 Prozent.[44] Die US-Regierung gibt für Militäroperationen in Afghanistan pro Monat 1 Milliarde Dollar aus, aber 2005 wurden mehr amerikanische Soldaten getötet als in den drei vorangegangenen Jahren zusammengenommen. Im April 2005 begannen die Taliban sich zurückzumelden, und heute gibt es geschätzte 1800 Warlords, die im Land Privatmilizen unterhalten.[45] Die meisten hochrangigen Anführer von al-Qaida und den Taliban sind darüber hinaus weiter auf freiem Fuß. Die Invasion Afghanistans kann objektiv noch nicht als Erfolg im Kampf gegen den Terrorismus gewertet werden, aber gut und schlecht halten sich in etwa die Waage.

Im Gegensatz dazu ist das Verhältnis von gut zu schlecht im Irakkrieg extrem. Welche anderen Argumente es auch immer für den Krieg im Irak gegeben haben mag, unter dem Gesichtspunkt des Antiterrorismus war die Invasion des Irak ein verhängnisvoller Fehler. Wie im letzten Kapitel ausgeführt, war der Irakkrieg alles andere als eine effiziente Maßnahme gegen den Terrorismus, er hat unsere Gegner unendlich gestärkt und uns selbst geschwächt. Wir haben uns der internationalen Gemeinschaft entfremdet und unsere Feinde gegen uns vereint. Wir haben unseren Gegnern ein Testgelände zur Verfügung gestellt, haben eine neue Generation von Terroristen aufkommen lassen, die überzeugt sind, dass wir gegen den Islam Krieg führen, und wir haben unser Land nicht sicherer gemacht. Dass unsere Planungen für die Zeit nach dem Krieg völlig unzureichend waren, wurde grob vernachlässigt. Offensichtlich haben wir uns niemals die Zeit genommen, die Grundannahmen zu hinterfragen, auf denen unsere Politik basierte; stattdessen gingen wir einfach davon aus, dass sie schon erfolgreich sein werde, und überlegten nie, welchen Preis sie hat.

In den Vereinigten Staaten selbst ist der PATRIOT Act zum Blitzableiter der Kritik an der Antiterrorstrategie der Regierung geworden. Allein der provokante Name des Gesetzes hat zur Opposition eingeladen, und immer wieder wird es als Beweis dafür angeführt, dass wir unsere geschätzten demokratischen Prinzipien aufgegeben hätten. Es ist noch zu früh zu sagen, ob das Gesetz etwas bewirkt hat, denn die Behauptungen der Kritiker und der Befürworter werden kaum durch verlässliche Beweise gestützt. Tatsache ist, dass mit dem Gesetz ein paar bürokratische und rechtliche Hindernisse für den effizienten Informationsaustausch zwischen Strafverfolgungsbehörden und Geheimdiensten beseitigt wurden. Insofern war für mich das Gesetz eine ganz und gar angemessene Reaktion und ein notwendiger Schritt in Richtung effizienter Informationsbeschaffung. Andere umstrittene Bestimmungen – etwa dass Bibliotheken Informationen über ihre Benutzer weitergeben müssen – sollten schon allein aus Gründen mangelnder Effizienz fallen gelassen werden.

Die US-Regierung verstieß jedoch gegen fundamentale Prinzipien und verhielt sich auf eine Art und Weise, die der Tradition des Landes völlig unwürdig ist, als sie entschied, die Genfer Konventionen würden für den Krieg gegen den Terror nicht gelten, woraus willkürliche Verhaftungen und Gefangenenmisshandlungen resultierten. Dieser Beschluss hatte mit dem PATRIOT Act herzlich wenig zu tun. Selbst wenn wir die Frage beiseite lassen, ob irgendeine dieses Namens würdige Demokratie je Folter anwenden sollte – in meinen Augen muss die Antwort »nein« lauten –, muss gefragt werden, ob Folter überhaupt effizient ist oder nicht. Wiederum sind wir offensichtlich unbedacht davon ausgegangen, dass hartes Durchgreifen Effizienz bedeutet. Dummerweise gibt es aber für die Wirksamkeit von Folter jede Menge empirische Beweise. Mindestens seit der Zeit der spanischen Inquisition haben Folterer penibel über ihre Methoden und die damit erzielten Ergebnisse Buch geführt. Hätten wir nachgefragt, wie effizient Folter ist, hätten wir festgestellt, dass die Beweislage sehr gemischt ist. Hätten wir dann noch berücksichtigt, wie hoch der Preis dafür ist – die Unterminierung unserer moralischen Legitimität sowohl zuhause als auch im Ausland, von der heiklen Rechtslage einmal ganz abgesehen –, hätten wir Folterungen sicherlich niemals sanktioniert.

Seit dem 11. September 2001 hat sich die Effizienz unserer Antiterrorstrategie verbessert, weil wir erkannt haben, dass Stärke sich nicht so einfach in Sieg umsetzen lässt und wir es in erster Linie mit einem politischen Problem zu tun haben. Wir haben die Phase hinter uns gelassen, in der der Exekutive im Interesse der Sicherheit bedingungslos Autorität zugestanden wird; wir haben begonnen, die Effizienz unseres Vorgehens zu hinterfragen und die Kosten aufzulisten. Das müssen wir weiterhin tun.

Was wird kommen

Wie in der Vergangenheit werden wir auch aller Wahrscheinlichkeit nach in der Zukunft mit Terrorismus konfrontiert sein. Wir müssen lernen, mit ihm zu leben und ihn als den Preis dafür zu akzeptieren, dass wir in einer komplexen Welt leben. Mittels verbesserter Sicherheitsmaßnahmen und verstärkter Aufklärungsarbeit müssen wir uns vor den gefährlichsten Waffen und den trickreichsten Anschlägen schützen. Wir müssen aber immer daran denken, dass Terroristen nicht unsere Demokratie aushebeln können, indem sie in unserer Mitte eine Bombe zünden. Unsere Demokratie kann nur Schaden nehmen, wenn wir zu dem Schluss kommen, dass sie uns nur inadäquaten Schutz bietet. Wie ich aber in diesem Buch ausgeführt habe, sind unsere demokratischen Prinzipien jedoch alles andere als inadäquat, sie zählen vielmehr zu unseren stärksten Waffen. Beim Kampf gegen den Terrorismus müssen unsere Interessen und unsere Ethik eindeutig im Einklang stehen.

Die jüngeren Anschläge in London, Madrid und den Niederlanden lassen darauf schließen, dass die muslimische Diaspora in Europa die nächste Welle von Terroranschlägen hervorbringen wird. In Europa leben 15 bis 23 Millionen Muslime (für die große Spannweite sind unbekannte Mengen illegaler Immigranten verantwortlich). Sie stellen also 5 Prozent der Bevölkerung; nicht eingerechnet sind dabei die 68 bis 70 Millionen Muslime in der Türkei. Bis zum Jahr 2015 soll sich Schätzungen zufolge der muslimische Anteil an der europäischen Bevölkerung verdoppeln. In den meisten europäischen Ländern gibt es große und sehr unterschiedliche Muslimpopulationen, und viele der Muslime sind nicht integriert. Im Verlauf der Jahre haben die europäischen Länder unterschiedliche Strategien gegenüber ihren muslimischen Einwanderern angewandt. Deutschland, Österreich und die Schweiz betrachteten muslimische Immigranten als zeitweilige Gastarbeiter und unternahmen kaum Anstrengungen zu ihrer Integration. Infolgedessen hat sich eine Parallelgesellschaft entwickelt. Großbritannien und die Niederlande befürworteten Multikulturalismus, aber in der Praxis führte das nur zur Verfestigung von muslimischen Gemeinschaften, die außerhalb der Kultur ihres Gastlandes funktionieren. Frankreich hingegen verfolgte eine Integrationspolitik, bot volle Staatsbürgerschaft und warb für Säkularisierung, aber auch dieser Ansatz konnte eine Absonderung nicht verhindern. Keines dieser Länder hat die muslimischen Immigranten erfolgreich integriert.

Innerhalb der europäischen muslimischen Bevölkerung gibt es enorme Unterschiede, was ethnische Herkunft, Religion, Geschlecht und Generationen angeht. Nur sehr wenige unterstützen den radikalen Islamismus. Und auch diese unterscheiden sich je nach sozialem, geografischem und Bildungshintergrund. Ihre Entwicklung verläuft meist vom politischen Erwachen – in der Regel durch Berichte über die Probleme in Bosnien oder im Irak – über die Radikalisierung hin zum Religiösen. Marc Sageman hat gezeigt, dass Dschihad-Anhänger über soziale Netzwerke in die Bewegung hineingezogen werden. Das ist nicht anders als bei jungen Kommunisten in den siebziger Jahren. Von den Letzteren sagte einer: »Was mich antrieb, war die Solidarität gegenüber den *compagni*, die ich kennen lernte, Leuten, die ihr Leben dieser Sache, diesem Kampf widmeten und von denen ich ein Teil war.«[46] Zwischen zwei Kulturen treibend, sind junge Muslime anfällig für ein einfaches, elektronisch verbreitetes Bild der Welt und ihrer Stellung darin. Die Gruppensolidarität lässt sie die Entfremdung vergessen, die sie empfinden. Indem sie Dschihad-Anhänger werden, können sie sich für erlittene Erniedrigungen rächen und in den Augen ihrer Gemeinschaft berühmt werden. Für uns stellen sie eine besondere Gefahr dar, weil sie sich moderner Techniken bedienen können, sich mit Leichtigkeit unter uns bewegen und weil es schwierig ist, sie von den Millionen friedlicher Glaubensbrüder und -schwestern zu unterscheiden.

In den sechziger Jahren des 19. Jahrhunderts wurde Michael Barrett von derselben Ideologie motiviert wie Seamus Finucane in den siebziger Jahren des 20. Jahrhunderts. Der Nationalismus hat für die, die für die »Freiheit« ihrer Gruppe kämpfen, nie an Attraktivität verloren. Diese Art von Nationalismus wird in Sri Lanka genauso empfunden wie in Tschetschenien, Indien, Spanien und im Irak. Heute jedoch ist die »nationale« Gruppe, mit der sich junge Männer der europäischen Diaspora identifizieren, religiöser und transnationaler Natur. Neue Technologien ermöglichen es, ein Zugehörigkeitsgefühl zu dieser umfassenderen Gemeinschaft zu wecken und zu pflegen. Auf einer Website von Jemaah Islamiah findet sich eine Metapher, die oft von islamistischen Extremisten benutzt wird: »Zwei Muslime verhalten sich zueinander wie ein einziger Körper. Wenn ein Teil Schmerzen hat, wird das auch der andere Teil fühlen.«[47] Die Verschmelzung von Nationalismus und Religion, die beispielsweise im Irak, in Tschetschenien und in Kaschmir zu beobachten ist, ist eine beunruhigende Entwicklung, da religiöse Gruppen schon immer die kompromisslosesten waren und nationalistische Gruppen stets sehr erfolgreich die Bindungen an umfassendere Gemeinschaften unterhielten. Darüber hinaus kann man natürlich schwerer vorhersagen, auf welchem Schauplatz die nächsten Operationen stattfinden, wenn es um eine transnationale Sache geht. Ausgehend von den Verhaltensmustern der Vergangenheit können wir nur sagen, dass die Terroristen dort zuschlagen werden, wo wir gerade nicht hinsehen.

Vor einer Generation wurden in Europa junge, gebildete und entfremdete Idealisten wie Mara Cagol, die die Welt verändern wollten, vom Kommunismus und einem mächtigen Solidaritätsgefühl motiviert. Heute werden junge, gebildete, entfremdete Idealisten wie Omar Saeed Sheikh, Ziad Jarrah und Sidique Khan vom Dschihadismus und einem starken Solidaritätsgefühl motiviert. Wir wissen nicht, welche Ideologie die nächste Generation junger Idealisten und Weltverbesserer mobilisieren wird, die bereit ist, sich und andere zur Verwirklichung ihrer extremistischen Ziele zu opfern. Wir können jedoch sicher sein, *dass* eine weitere Generation von einer weiteren extremistischen Ideologie mobilisiert werden wird, um gegen die offensichtliche Ungerechtigkeit in ihrer Welt zu protestieren. Wir sollten gleichermaßen sicher sein, dass wir der von ihr ausgehenden Gefahr standhalten können.

Danksagungen

Für die vielen Mängel dieses Buches bin ich ganz allein verantwortlich. Seine Stärken verdanken sich zu großen Teilen der Hilfe, die mir von vielen anderen zuteil wurde. Einigen von ihnen möchte ich hier noch einmal danken.

Ich profitierte sehr von dem unbeirrbaren Lektorinnenblick und den klugen Ratschlägen meiner Freundin Sarah Flynn und von den Einsichten, der Energie und dem Charme meines Agenten Michael Carlisle.

Ich schrieb dieses Buch am Radcliffe Institute for Advanced Study, einem lebendigen Treibhaus der intellektuellen Neugier. Drew Gilpin Faust gewährte mir großzügig die zum Schreiben nötige Zeit, Or-Corinne Chapman half mir mit unschätzbaren Recherchen und logistischer Unterstützung, Silvia Suteu trug weitere Recherchen bei, und während der ganzen Zeit machten mir meine Freunde und Kollegen am Radcliffe Mut. Jedem und jeder Einzelnen bin ich zutiefst dankbar.

Ich hatte das große Vergnügen, mit zwei außerordentlichen Kollegen und Freunden zusammenzuarbeiten und von ihnen zu lernen, Stanley Hoffmann und Philip Heymann. Meine in diesem Buch ausgearbeiteten Ansichten zum Thema – wie auch viele andere – haben von ihrem Einfluss profitiert. Viel Freude und großen Nutzen brachten mir auch die ständigen Fragen meiner Studenten in Harvard, die keine Behauptung unhinterfragt ließen und kein Argument ungeprüft. Ich stehe in ihrer Schuld.

Ich danke auch vielmals meinem Lektor bei Random House, Will Murphy, für seine präzisen redaktionellen Kommentare und Matt Kellogg, der das Buch durch den Produktionsprozess geleitete. Dank gebührt auch Jonathan Karp, der sich von Anfang an für dieses Buch engagierte.

Den größten Dank schulde ich aber meinem Mann, Thomas R. Jevon, dessen Begeisterung für dieses Projekt nie versiegte und der mit unerschütterlichem Großmut an der Heimatfront die Fäden in der Hand behielt. Das Buch ist unseren drei Kindern Ciara, Fiona und Rory gewidmet, denen die ständige Beschäftigung ihrer Mutter mit Terroristen Anlass zu gelegentlicher Verärgerung und ständiger Belustigung bleibt.

Anmerkungen

Einleitung

* Zitiert in: Rex A. Hudson, »The Sociology and Psychology of Terrorism: Who Becomes a Terrorist and Why?« (Washington, D. C.: Federal Research Division, Library of Congress, 20540–4840, September 1999). Deutsche Übersetzung in: *Die Zeit* Nr. 34, 18. August 2005.

1 Dieser oft zitierte Satz geht auf John Bradford zurück, einen Engländer im 16. Jahrhundert, der ihn äußerte, als er beobachtete, wie eine Gruppe Krimineller zu ihrer Hinrichtung geführt wurde. Bradford starb wenige Jahre später auf dem Scheiterhaufen.

2 Benjamin Franklin sagte seinen Mitunterzeichnern: »Wir alle müssen gemeinsam unterzeichnen, oder wir werden mit Sicherheit einzeln gehenkt.« Die irischen Unterzeichner wurden von einem Erschießungskommando hingerichtet.

3 F. S. L. Lyons, *Ireland Since the Famine* (Glasgow: Collins/Fontana, 1973), S. 375.

4 Die Nomenklatur der IRA kann für Außenstehende verwirrend sein. Am häufigsten wird in Irland der Oberbegriff IRA (für Irish Republican Army, Irisch-Republikanische Armee) verwendet. Im Dezember 1969 führte jedoch eine Spaltung der IRA in den folgenden Monaten zur Entstehung von zwei Gruppen, der »Provisional« (vorläufigen) IRA, kurz »Provos«, und der »Official« (offiziellen) IRA. Die IRA vor der Spaltung bekam dann die Bezeichnung »Alte« IRA. Im Verlauf der »Troubles«, wie die Unruhen in Nordirland genannt werden, entwickelten sich die Provos zur dominierenden Gruppe, sodass die Unterscheidung »Provisional« allmählich wegfiel und wieder nur »IRA« gebraucht wurde. Anfang der neunziger Jahre entstanden zwei weitere Splittergruppen, die »Real« (wahre) IRA und die »Continuity« (fortbestehende) IRA, die jeweils für sich in Anspruch nehmen, die wahren Erben der alten IRA zu sein.

5 Tabelle 4 in: Robert Art und Louise Richardson (Hgg.), *Democracy and*

Counterterrorism. Lessons from the Past (Washington, D. C.: United States Institute of Peace, 2006).

6 Comisión de la Verdad y Reconciliación Perú, *Informe Final*, tomo 1, Primera parte: *El proceso, los hechos, las víctimas* (Lima: Navarrete, 2003).

7 Diese Darstellung des Vorgehens gegen den Leuchtenden Pfad ist notwendigerweise verkürzt. Eine umfassendere Darstellung der peruanischen Antiterrorkampagne gegen den Leuchtenden Pfad findet sich bei David Scott Palmer, »Peru and the Shining Path«, in: Robert Art und Louise Richardson (Hgg.), *Democracy and Counterterrorism: Lessons from the Past* (Washington, D. C.: United States Institute of Peace, 2006).

8 Abu 'Ubeid al-Qurashi, *al-Ansar*, Nr. 4, 12. März 2002. Zitiert im *Middle East Media Research Institute Special Dispatch* Nr. 353. Veröffentlicht auf der MEMRI-Website unter www.memri.org/bin/articles.cgi?Area=sd&ID=SP35302, Zugriff am 17. März 2006.

Erster Teil: Die Terroristen

* Rede von Jassir Arafat vor der Generalversammlung der Vereinten Nationen am 13. November 1974 in New York. Veröffentlicht auf der MidEastWeb.org-Website unter der Adresse www.mideastweb.org/Arafat_at_un.htm, Zugriff am 18. Mai 2006.

I. Was ist Terrorismus?

1 Maximilien François Marie Isidore de Robespierre (1758–1794), Mitglied des Nationalkonvents und des Wohlfahrtsausschusses: Rede am 5. Februar 1794 vor dem Nationalkonvent in Paris. Zitiert in: wikipedia unter dem Stichwort »Terrorherrschaft«.

2 Al-Qaida-Verlautbarung vom 10. Oktober 2001. Nachgedruckt in: Barry Rubin und Judith Colp Rubin (Hgg.), *Anti-American Terrorism and the Middle East* (Oxford: Oxford University Press, 2002), S. 251–253.

3 CNN, 5. Februar 2005. Mitschrift eines Interviews mit Osama Bin Laden, das der al-Dschasira-Korrespondent Tayseer Alouni im Oktober 2001 geführt hat. Veröffentlicht auf der CNN-Website archives.cnn.com/2002/WORLD/asiapcf/south/02/05/binladen.transcript/index.html, Zugriff am 17. März 2006.

4 Interview mit Osama Bin Laden von John Miller, ABC News, Mai 1998. Veröffentlicht auf der Website von PBS Online and WGBH's Frontline unter der Adresse www.pbs.org/wgbh/pages/frontline/shows/binladen/who/interview.html, Zugriff am 17. März 2006.

5 Interview mit dem Vorsitzenden Gonzalo in: *El Diario*, Juli 1988, S. 19. Veröffentlicht auf der Website des Leuchtenden Pfads unter der Adresse www.blythe.org/peru-pcp/docs_en/interv.htm, Zugriff am 26. Juli 1997.

6 Interview in: ABC News *Nightline,* gesendet am 28. Juli 2005. Veröffentlicht auf der ABC-News-Website unter der Adresse abcnews.go.com/Nightline/International/story?id=990187&page=1, Zugriff am 17. März 2006.

7 Mitschrift einer Adresse an jordanische Regierungsvertreter. Veröffentlicht auf der Website der US-Botschaft in Neu Delhi unter der Adresse newdelhi.usembassy.gov/wwwhpr0514b.html, Zugriff am 15. Juni 2005.

8 Abu 'Ubeid al-Qurashi, *al-Ansar*, Nr. 4, 12. März 2002. Veröffentlicht auf der MEMRI-Website unter der Adresse www.memri.org/bin/articles.cgi?Area=sd&ID=SP35302, Zugriff am 17. März 2006.

9 B. Rubin und J. C. Rubin (Hgg.), *Anti-American Terrorism and the Middle East*, S. 261.

10 Schamil Bassajew, Interview in: ABC News *Nightline,* 27. Juli, 2005. Veröffentlicht unter der Adresse www.jamestown.org/publications_details.php?volume_id=409&issue_id=3424&article_id=2370102, Zugriff am 17. März 2006.

11 Osama Bin Laden, Interview auf al-Dschasira, 1998 (genaues Datum unbekannt). Veröffentlicht auf der *Telegraph*-Website unter der Adresse www.news.telegraph.co.uk/news/main.jhtml?xml=/news/2001/10/07/wbin07.xml, Zugriff am 21. März 2006.

12 Osama Bin Laden, »Message to America«, 30. Oktober 2004. Veröffentlicht auf der al-Dschasira-Website, unter der Adresse english.aljazeera.net/NR/exeres/79C6AF22-98FB-4A1CB21F-2BC36E87F61F.htm, Zugriff am 17. März 2006.

13 Rede von Jassir Arafat vor der UN-Generalversammlung in New York, 13. November 1974, *Le Monde Diplomatique.* Veröffentlicht auf der *Monde-Diplomatique*-Website unter der Adresse MondeDiplo.com/focus/mideast/a2288, Zugriff am 20. Juni 2005.

14 Julie Wolf, »People & Events; The Iran Contra Affair«. Veröffentlicht unter PBS Online, www.pbs.org/wgbh/amex/reagan/peopleevents/pandde08.html, new content 1999–2000 PBS Online/WGBH, Zugriff am 15. Juni 2005.

15 Interview mit Osama Bin Laden von John Miller, ABC News, Mai 1998.

16 Nelson Mandela, *Der lange Weg zur Freiheit* (Frankfurt/Main: S. Fischer, 1994), S. 380.

17 Bin Laden, »Message to America«, 30. Oktober 2004.

18 Bassajew in: ABC News *Nightline,* 27. Juni 2005.

19 Ich habe in dieser Tabelle 80 Gruppen aufgelistet: Die 40 Gruppen, die das US-Außenministerium als »Ausländische Terrororganisationen« bezeichnet,

und die 37 Gruppen, die das US-Außenministerium als »Andere Terroristengruppen« auflistet, sowie drei Gruppen, die heute nicht mehr bestehen – Rote Armee Fraktion, Action directe und Cellules Communistes Combatantes (CCC) –, weil sie mehrfach im Text genannt werden.

Jeder Versuch, Terroristengruppen in Kategorien einzuteilen, bedingt eine Reihe von Vorbehalten:

Die Bestimmung, ob eine Gruppe enge Verbindungen zu ihrer Gemeinschaft hat oder isoliert ist, ist häufig eine Einschätzungsfrage. In manchen Fällen stellen sich Terroristengruppen und ihre Vertreter zur Wahl, etwa für die Palästinensische Autonomiebehörde oder das Nordirische Regionalparlament. In anderen Fällen lässt sich der Grad der Unterstützung anhand von Meinungsumfragen oder Wahlen an Universitäten beurteilen.

Außerdem ist es häufig schwer zu entscheiden, ob eine Gruppe grundsätzliche oder begrenzte Ziele hat. Das gilt besonders, wenn eine Gruppe – etwa Hisbollah, Hamas oder eben al-Qaida – beide hat.

Es ist auch möglich, dass Terroristengruppen nicht statisch sind, sondern von einer Kategorie in eine andere wechseln. Das geschieht meist, wenn es zu Spaltungen wie etwa bei der IRA kommt, aber auch, wenn die Gruppe auf breite Ablehnung stößt wie im Fall der ägyptischen Gamaa al-Islamija. Diese Tabelle macht jedoch eindeutig klar, dass die gefährlichste Kategorie jene Terrorgruppen mit grundsätzlichen Zielen und engen Verbindungen zur Gemeinschaft umfasst.

20 Siehe Andrew Silke (Hg.), *Terrorists, Victims and Society: Psychological Perspectives on Terrorism and its Consequences* (London: Wiley, 2003). Max Taylor, *The Terrorist* (London: Brassey's, 1988). Walter Reich (Hg.), *Origins of Terrorism: Psychologies, Ideologies, Theologies, States of Mind* (Washington, D. C.: Woodrow Wilson Center Press, 1998). Max Taylor und Edith Quayle, *Terrorist Lives* (London: Brassey's, 1994).

21 Peter Taylor, *Loyalists: War and Peace in Northern Ireland* (New York: TV Books, 1999), S. 8.

22 Zur PKK siehe R. Hudson, »The Sociology and Psychology of Terrorism: Who Becomes a Terrorist and Why?« (Washington, D. C.: Federal Research Division, Library of Congress, 20540–4840, 1999), S. 47. Zu islamistischen Gruppen, auch solchen, die Selbstmordattentäter rekrutieren, siehe Anne Marie Oliver und Paul Steinberg, *The Road to Martyrs' Square: A Journey into the World of the Suicide Bomber* (Oxford: Oxford University Press, 2005), S. 119, und Diego Gambetta, *Making Sense of Suicide Missions* (Oxford: Oxford University Press, 2005), S. 107.

23 Zitiert in: »Suicide Terrorism: Martyrdom and Murder«, *The Economist*, 8. Juni 2004. Veröffentlicht unter der Adresse www.economist.com/displaystory.cfm?story_id=2329785, Zugriff am 17. März 2006.

24 Bruce Hoffman, »The Logic of Suicide Terrorism«, *Atlantic Monthly,* Juni 2003, S. 40–47. R. Pape, »The Strategic Logic of Suicide Terrorism«, *American Political Science Review* 97 (2003), 343–361. Luca Ricolfi, »Palestinians 1981–2003«, in: Diego Gambetta (Hg.), *Making Sense of Suicide Missions* (Oxford: Oxford University Press, 2005), S. 76–130.

25 Zitiert von Gregg Zoroya in: »Woman Describes the Mentality of a Suicide Bomber«, *USA Today,* 22. April 2002.

26 Für eine detailliertere Darstellung von Selbstmordattentätern siehe Kapitel 5 und auch Louise Richardson, »Blasts from the Past«, *Financial Times,* 5. Juli 2005.

27 Bernard Lewis, *Die Assassinen. Zur Tradition des religiösen Mordes im radikalen Islam* (München, Zürich: Piper, 1993).

28 George W. Bush, »Address to a Joint Session of Congress and the American People«, 20. September 2001. Veröffentlicht auf der Website des Weißen Hauses unter der Adresse www.whitehouse.gov/news/releases/2001/09/20010920-8.html, Zugriff am 17. März 2006.

29 Albert Camus, *Die Gerechten* (Reinbek: Rowohlt, 1962).

30 Osama Bin Laden, »Declaration of War Against the Americans Occupying the Land of the Two Holy Places«, August 1996. Veröffentlicht auf der Website von PBS Online and WGBH's *NewsHour* unter der Adresse www.pbs.org/newshour/terrorism/international/fatwa_1996.html, Zugriff am 17. März 2006.

31 Prabhakaran-Interview, *The Week,* Indien, 23. März 1986. Veröffentlicht auf der LTTE-Website unter der Adresse www.eelam.com/interviews/leader_march_86.html, Zugriff am 17. März 2006.

32 Nasra Hassan, »An Arsenal of Believers: Talking to the Human Bombs«, *The New Yorker,* 19. November 2001.

33 Zitiert in: Raimondo Catanzaro (Hg.), *The Red Brigades and Left Wing Terrorism in Italy* (New York: St. Martin's Press, 1991), S. 185.

34 Zitiert in: Garrett O'Boyle, »Theories of Justification and Political Violence: Examples from Four Groups«, *Terrorism and Political Violence* 14, Nr. 2 (Sommer 2002), S. 32.

35 Mohamed Elmasry, Präsident des kanadischen Islamischen Kongresses, in: Hicham Safieddine, »Adult Israelis Seen as ›Targets‹ by Foe«, *Toronto Star,* 23. Oktober 2004.

36 Osama Bin Laden, »Letter to the American People«, englische Version in: *The Observer,* Sonntag, 24. November 2002.

37 Hassan, »An Arsenal of Believers: Talking to the Human Bombs«.

38 Taylor, *Loyalists: War and Peace in Northern Ireland*, S. 92.

39 Interview mit Osama Bin Laden von John Miller, ABC News, Mai 1998.

40 Alan Cullison, »Inside Al Qaeda's Hard Drive«, *The Atlantic Monthly,* September 2004, S. 55–70.

41 Osama Bin Laden, Tonband, gesendet von al-Arabija am 15. April 2004. Veröffentlicht auf der BBC-News-Website unter der Adresse news.bbc.co.uk/2/hi/middle_east/3628069.stm, Zugriff am 17. März 2006.
42 Zum Hungerstreik der IRA-Häftlinge siehe D. Beresford, *Ten Men Dead: The Story of the 1981 Hunger Strike* (London: HarperCollins, 1987) und Padraig O'Malley, *Biting at the Grave: The Irish Hunger Strikes and the Politics of Despair* (Boston: Beacon Press, 1990).
43 Siehe Gambetta, *Making Sense of Suicide Missions*. Oliver und Steinberg, *The Road to Martyrs' Square*. Pape, »The Strategic Logic of Suicide Terrorism«. Hassan, »An Arsenal of Believers: Talking to the Human Bombs«.
44 Oliver und Steinberg, *The Road to Martyrs' Square,* S. 155.

2. Wo kommen Terroristen her?

1 Jassir Arafat, Rede vor der UN-Vollversammlung am 13. Dezember 1988. Veröffentlicht auf der MidEastWeb.org-Website unter der Adresse www.mideastweb.org/arafat1988.htm, Zugriff am 18. Mai 2006.
2 Diese Darstellung folgt im Wesentlichen Patrick Quinlivan und Paul Rose, *The Fenians in England, 1865–1872* (London: John Calder, 1982).
3 Ebd., S. 95.
4 Ebd., S. 96.
5 Der bahnbrechende Text zum Vergleich der drei historischen Gruppen ist David C. Rapoport, »Fear and Trembling: Terrorism in Three Religious Traditions«, *American Political Science Review*, 78, 3 (1984), 658–677. Ich folge im Wesentlichen dieser Darstellung. Zu den Feniern siehe T. W. Moody (Hg.), *The Fenian Movement* (Cork: Learning Links, 1978) und F. S. L. Lyons, *Ireland Since the Famine* (Glasgow: Collins, 1973). Zu den Anarchisten siehe siehe James Joll, *Die Anarchisten* (Frankfurt/Main, Berlin: Ullstein, 1969).
6 Es gab tatsächlich eine Reihe verschiedener Gruppen, von denen manche Sicarii und andere Zeloten genannt wurden. Wie Rapoport behandele ich sie als eine, obwohl andere Autoren das entschieden ablehnen. Siehe Morton Smith, »Zealots and Sicarii, Their Origins and Relation«, *Harvard Theological Review* 64, Nr. 1 (Januar 1971), 1–19. Zu einer anderen Darstellung der Sicarii als frühe Terroristen siehe Richard A. Horsley, »The Sicarii: Ancient Jewish Terrorists«, *The Journal of Religion* 59, Nr. 4 (Oktober 1979), 435–458.
7 Rapoport, »Fear and Trembling«, S. 670.
8 Flavius Josephus, zitiert ebd.

9 Margaret Thatcher, Rede bei der American Bar Association am 15. Juli 1985: »Und wir müssen Mittel und Wege finden, den Terroristen und den Entführern den Sauerstoff in Form von öffentlicher Aufmerksamkeit abzuschnüren, von dem sie abhängen.« Der gesamte Text ist unter der Adresse www.margaretthatcher.org/Speeches/displaydocument.asp?docis=106096 &doctyp=1 veröffentlicht, Zugriff am 23. Juni 2005.

10 Zu den Assassinen siehe Bernard Lewis, *Die Assassinen. Zur Tradition des religiösen Mordes im radikalen Islam* (München, Zürich: Piper, 1993) und Marshall G. S. Hodgson, *The Secret Order of Assassins: The Struggle of the Early Nizari Ismailis Against the Islamic World* (Philadelphia: University of Pennsylvania Press, 2005).

11 Zu den Thug siehe W. H. Sleeman, *The Thugs or Phansigars of India* (Philadelphia: Carey and Hart, 1839). Captain Sleeman war ein britischer Offizier, der die Aufgabe hatte, die Thug zu bekämpfen. Sein Enkel Colonel James Sleeman schrieb gleichfalls einen Bericht: J. L. Sleeman, *Thugs; or a Million Murders* (London: S. Low and Marston, 1933). Siehe auch Hiralal Gupta, »A Critical Study of the Thugs and Their Activities«, in: *Journal of Indian History* 38 (1959), 167–176.

12 Sleeman, *Thugs; or a Million Murders*.

13 Rapoport, »Fear and Tremblings«, S. 662.

14 Ebd., S. 664.

15 Sleeman, *Thugs; or a Million Murders*, S. 1.

16 Bericht von Saint-Just am 26. Februar 1794, zitiert in: Hippolyte Taine, *Les origines de la France contemporaine*, 6 Bde., Band II bis IV: La Révolution (1876–1894).

17 Marx an Engels in Manchester, 14. Dezember 1867, in: Karl Marx/Friedrich Engels, *Werke*, Bd. 31: Briefwechsel November 1864 – Dezember 1867 (Berlin Ost: Dietz Verlag, 1973), S. 409.

18 Engels an Marx in London, 19. Dezember 1867, in: Karl Marx/Friedrich Engels, *Werke* Bd. 31: Briefwechsel November 1864 – Dezember 1867 (Berlin Ost: Dietz Verlag, 1973), S. 413–414.

19 Siehe Richard E. Rubenstein, *Alchemists of Revolution: Terrorism in the Modern World* (New York: Basic Books, 1987).

20 Siehe beispielsweise das Tonband von Bin Laden, das al-Arabija am 15. April 2004 ausgestrahlt hat. Veröffentlicht auf der BBC-News-Website unter der Adresse news.bbc.co.uk/2/hi/middle_east/3628069.stm, Zugriff am 17. März 2006.

21 James Joll, *Die Anarchisten* (Frankfurt/Main, Berlin: Ullstein, 1969). Paul Avrich, *Anarchist Portraits* (Princeton, N.J.: Princeton University Press, 1990).

3. Was verursacht Terrorismus?

1 Osama Bin Laden, »Message to America«, 30. Oktober 2004. Veröffentlicht auf der al-Dschasira-Website unter der Adresse english.aljazeera.net/NR/exeres/79C6AF22-98FB-4A1CB21F-2BC36E87F61F.htm, Zugriff am 17. März 2006.

2 Ebd.

3 Interview mit George Paynter, BBC, 16. Juli 2002. Veröffentlicht auf der BBC-News-Website unter der Adresse news.bbc.co.uk/1/hi/uk/1804710.stm, Zugriff am 17. März 2006.

4 David Shead, Hauptschiedsrichter der European Arm Wrestling Federation, zitiert in: Nick Fielding und Yosri Fouda, *Masterminds of Terror. Die Drahtzieher des 11. September berichten* (Hamburg, Wien: Europa Verlag, 2003), S. 59.

5 Fielding und Fouda, *Masterminds of Terror*, S. 59.

6 »Omar Sheikh's Diaries«, Teil II, *The Indian Express,* 11. Oktober 2001.

7 Osama Bin Laden, »Dinner Party Tape«, 13. Dezember 2001. Veröffentlicht auf der CNN-Website unter der Adresse archives.cnn.com/2001/US/12/13/tape.transcript/, Zugriff am 17. März 2006.

8 Karl Rove, »Remarks of Karl Rove at the New York Conservative Party«, 22. Juni 2005. Veröffentlicht auf der *Washington-Post*-Website unter der Adresse www.washingtonpost.com/wp-dyn/content/article/2005/06/24/AR2005062400097.html, Zugriff am 10. April 2006.

9 Die wichtigsten psychologischen Studien zu Aggression und Gewalt stammen von Freud, Fromm, Lorenz, Pawlow und Skinner.

10 Michael »Bommi« Baumann, *Wie alles anfing* (Hg. von W. Abendroth u. v. a. m., Frankfurt/Main: Anabas u. a., 1977). Donatella Della Porta, *Social Movements, Political Violence and the State* (Cambridge: Cambridge University Press, 1995). Kevin Toolis, *Rebel Hearts: Journeys Within the IRA's Soul* (New York: St. Martin's Press, 1995). Peter Taylor, *The Loyalists: War and Peace in Northern Ireland* (New York: TV Books, 1999).

11 »Omar Sheikh's Diaries«, Teil II, *The Indian Express,* 11. Oktober 2001.

12 »Tamil National Leader Hon. V. Pirapaharan's Interview«, *The Week,* Indien, 23. März 1986. Veröffentlicht auf der LTTE-Website unter der Adresse www.eelam.com/interviews/leader_march_86.html, Zugriff am 17. März 2006.

13 Interview mit dem Vorsitzenden Gonzalo in: *El Diario,* Juli 1988, S. 19. Veröffentlicht auf der Website des Leuchtenden Pfads unter der Adresse www.blythe.org/peru-pcp/docs_en/interv.htm, Zugriff am 26. Juli 1997.

14 Osama Bin Laden, Erklärung vom 7. Oktober 2001.

15 Osama Bin Laden, »Message to America«, 30. Oktober 2004. Englische

Übersetzung in: Bruce Lawrence (Hg.), *Messages to the World: The Statements of Osama bin Laden* (New York: Verso, 2005) S. 239.

16 George W. Bush, »Address to Joint Session of Congress«, 20. September 2001. Veröffentlicht auf der Website des Weißen Hauses unter der Adresse www.whitehouse.gov/news/releases/2001/09/20010920-8.html, Zugriff am 17. März 2006.

17 Interview mit Osama Bin Laden, ausgestrahlt 1998 auf al-Dschasira (englische Version am 10. Juli 2001). Veröffentlicht auf der *Telegraph*-Website unter der Adresse www.news.telegraph.co.uk/news/main.jhtml?xml=/news/2001/10/07/wbin07.xml, Zugriff am 17. März 2006.

18 Mark Juergensmeyer, *Terror im Namen Gottes. Ein Blick hinter die Kulissen des gewalttätigen Fundamentalismus* (Freiburg im Breisgau, Basel, Wien: Herder, 2004), S. 109.

19 Interview mit Osama Bin Laden von John Miller, ABC News, Mai 1998. Veröffentlicht auf der Website von PBS Online and WGBH's *Frontline* unter der Adresse www.pbs.org/wgbh/pages/frontline/shows/binladen/who/interview.html, Zugriff am 17. März 2006.

20 Seamus Finucane zu Kevin Toolis, in: *Rebel Hearts: Journeys Within the IRA's Soul* (New York: St. Martin's Press, 1995), S. 104.

21 Bin Laden, Austrahlung auf al-Dschasira, 1998 (englische Version am 10. Juli 2001).

22 Interview mit Osama Bin Laden von Peter Arnett, CNN, März 1997.

23 Marc Sageman, *Understanding Terror Networks* (Philadelphia: University of Pennsylvania Press, 2004).

24 Gilles Keppel, *Muslim Extremism in Egypt: The Prophet and the Pharaoh* (Berkeley: University of California Press, 1995).

25 Peter Bergen und Swati Pandey, »The Madrassa Myth«, *The New York Times,* 14. Juni 2005.

26 Jerrold M. Post, »Notes on a Psychodynamic Theory of Terrorist Behavior«, *Terrorism: An International Journal* 7, 3 (1984), 242–256.

27 Jillian Becker, *Hitlers Kinder? Der Baader-Meinhof-Terrorismus* (Frankfurt/Main: Fischer-Taschenbuch-Verlag, 1978).

28 Jerrold Post et al., »The Terrorists in Their Own Words: Interviews with 35 Incarcerated Middle Eastern Terrorists«, *Terrorism and Political Violence* 15, Nr. 1 (Frühjahr 2003), 176.

29 Donatella Della Porta, *Social Movements, Political Violence and the State* (Cambridge: Cambridge University Press, 1995), insbesondere Kap. 6.

30 »Life History« 12:35 in: Donatella Della Porta, *Social Movements, Political Violence and the State,* S. 146.

31 Anne Marie Oliver und Paul Steinberg, *The Road to Martyrs' Square* (Ox-

ford: Oxford University Press, 2005). Kevin Toolis, *Rebel Hearts: Journeys Within the IRA's Soul* (New York: St. Martin's Press, 1995).

32 Eamon Collins, *Blinder Haß. Autobiographie eines irischen Terroristen* (Frankfurt/Main: S. Fischer, 1997), S. 90.

33 »Tamil National Leader Hon. V. Pirapaharan's Interview«.

34 *Patterns of Terrorist Violence* (Washington, D. C.: U.S. Department of State, April 2003), S. 77.

35 Bush, »Address to Joint Session of Congress«, 20. September 2001.

36 Louise Richardson, »State Sponsorship: A Root Cause of Terrorism?«, in: Tore Bjorgo (Hg.), *Root Causes of Terrorism: Myths, Reality and Ways Forward* (London: Routledge, 2005), S. 189–197.

37 Alan Krueger und Jitka Maleckova, NBER Working Paper Nr. w9074, National Bureau of Economic Research, Cambridge, Mass., 2002. Siehe auch Krueger und Maleckova, »Does Poverty Cause Terrorism?«, *The New Republic,* 24. Juni 2004, S. 27–34.

38 Human Development Report 2005, *Inequality and Human Development* (New York: United Nations Development Programme), S. 55. Veröffentlicht auf der Website des United Nations Development Programme unter der Adresse hdr.undp.org/reports/global/2005/, Zugriff am 5. Januar 2006.

39 Ted Robert Gurr, *Rebellion. Eine Motivationsanalyse von Aufruhr, Konspiration und innerem Krieg* (Düsseldorf, Wien: Econ, 1972).

40 Ich bin Mutter von drei Kindern und bringe ihnen normalerweise keine Süßigkeiten mit, wenn ich von der Arbeit heimkomme. Sie erwarten das auch nicht und betragen sich einigermaßen anständig. Wenn ich jedoch eines Tages drei Schokoriegel mitbrächte und jedem Kind einen gäbe, wären alle drei begeistert, sehr dankbar und extra brav (jedenfalls eine Weile). Würde ich vier Schokoriegel mitbringen und meinen beiden Töchtern je einen und meinem Sohn zwei geben, hätte ich zwei wütende Kinder, die höchst beleidigt ob der Ungerechtigkeit wären, die ihnen widerfahren ist. Objektiv betrachtet ist ihre Lage besser als an Tagen, an denen ich keine Schokoriegel mitbringe und genau gleich wie an einem Tag, an dem jedes Kind einen Schokoriegel bekommt. Aber in diesem Fall wären sie zutiefst verletzt. Das ist im Wesentlichen, was unter relativer Benachteiligung zu verstehen ist.

41 *The World Factbook* (Washington, D. C.: CIA), aktualisiert am 10. Januar 2006. Anhänge: »Field Listing – Unemployment Rate«. Veröffentlicht auf der CIA-Website unter der Adresse http://www.cia.gov/cia/publications/factbook/fields/2129.html, Zugriff am 17. März 2006.

42 *2005 World Population Data Sheet* (Washington, D. C.: 2005), Population Reference Bureau.

43 Scott Atran, »Genesis of Suicide Terrorism«, *Science,* 7. März 2003. Veröffentlicht auf der *Science*-magazine-Website unter der Adresse www.sciencemag.org/cgi/content/abstract/299/5612/1534, Zugriff am 10. April 2006.

44 Bin Laden, Interview von John Miller, ABC News, Mai 1998.

45 Barry Rubin und Judith Colp Rubin, *Anti-American Terrorism and the Middle East* (Oxford: Oxford University Press, 2002), S. 169–172.

46 Judy Aita, »Bombing Trial Witness Describes Nairobi Surveillance Mission«, 23. February 2001, U.S. Department of State. Veröffentlicht auf der Website des US-Außenministeriums unter der Adresse usinfo.state.gov/is/Archive_Index/Bombing_Trial_Witness_Nairobi_Surveillance_Mission.html, Zugriff am 23. Januar 2006.

47 In den letzten Jahren stand die Republik Irland beim Globalisierungsindex mehrfach an erster Stelle. Der IRA-Terrorismus entwickelte sich in der völlig anderen wirtschaftlichen Situation von Nordirland.

48 »Index of Globalization«, *Foreign Policy Magazine,* Januar/Februar 2001, S. 56–65; Januar/Februar 2002, S. 38–51; Januar/Februar 2003, S. 60–72; März/April 2004, S. 54–69; Mai/Juni 2005, S. 52–60.

49 Zitiert in: Jessica Stern, *Terror in the Name of God: Why Religious Militants Kill* (New York: HarperCollins, 2003), S. 40–41.

50 Bruce Hoffman, *Inside Terrorism* (New York: Columbia University Press, 1998), S. 91.

51 *Patterns of Global Terrorism 2003* (Washington, D.C.: U.S. Department of State, April 2004).

52 John Kifner, »Israelis Investigate Far Right; May Crack Down on Speech«, *The New York Times,* 8. November 1995.

53 Zu Aum Shinrikyo siehe D.W. Brackett, *Holy Terror: Armageddon in Tokyo* (New York: Weatherhill, 1966), und Ian Reader, *Religious Violence in Contemporary Japan: The Case of Aum Shinrikyo* (Honolulu: University of Hawaii Press, 2000).

54 Osama Bin Laden, Interview von Peter Arnett, CNN, März 1997. Veröffentlicht auf der FindLaw-Website unter der Adresse files.findlaw.com/news.findlaw.com/cnn/docs/binladen/binladenintvw-cnn.pdf, Zugriff am 17. März 2006.

55 Ebd.

56 Osama Bin Laden, »Declaration of War Against the Americans Occupying the Land of the Two Holy Places«, August 1996. Veröffentlicht auf der Website von PBS Online and WGBH's *NewsHour* unter der Adresse www.pbs.org/newshour/terrorism/international/fatwa_1996.html, Zugriff am 17. März 2006.

4. Die drei Rs: Rache, Ruhm, Reaktion

* William Shakespeare, *Heinrich V.* In: *Sämtliche Werke,* Bd. 4: Historien. Übers. von August Wilhelm Schlegel, Dorothea Tieck und Wolf Graf Baudissin (Berlin: Aufbau- Verlag, 2000), S. 458–459.

1 Die Darstellung basiert auf Interviews mit verschiedenen Mitgliedern der Familie Finucane, abgedruckt in Kevin Toolis' großartigem Buch *Rebel Hearts. Journeys with the IRA's Soul* (New York: St. Martin's Griffin, 1997), S. 84–191.

2 Zu denen, die so argumentieren, gehört Robert Pape in: »The Logic of Suicide Terrorism«, *American Conservative,* 18. Juli 2005. Veröffentlicht auf der *American-Conservative*-Website unter der Adresse amconmag.com/2005_07_18/article.html, Zugriff am 20. März 2006. Wenn ich Vorträge halte, kommt dieses Argument regelmäßig auch von Zuhörern.

3 Alan Dershowitz, *Why Terrorism Works* (New Haven, Conn.: Yale University Press, 2002). Dieses Buch löste eine heftige Debatte zum Thema aus.

4 Hannah Arendt, »Reflections on Violence«, *The New York Review of Books,* 17. Februar 1969. Veröffentlicht auf der *New-York-Review-of-Books*-Website unter der Adresse www.nybooks.com/articles/11395, Zugriff am 20. März 2006.

5 Osama Bin Laden auf dem »Dinner Party Tape«, 13. Dezember 2001. Veröffentlicht auf der CNN-Website unter der Adresse archives.cnn.com/2001/US/12/13/tape.transcript/, Zugriff am 17. März 2006.

6 Siehe die Darstellung in: David A. Korn, *Assassination in Khartoum* (Bloomington: Indiana University Press, 1993).

7 Peter Taylor, *Behind the Mask: The IRA and Sinn Féin* (New York: TV Books, 1997), S. 127.

8 Gututz Jáuregui, »Del nacionalismo sabiniano a la guerra revolucionaria (1963–1965)«, in: Antonio Elorza et al., *La Historia de ETA* (Madrid: Temas de Hoy, 2000).

9 Taylor, *Behind the Mask,* S. 127.

10 Ebd. S. 305.

11 Barry Rubin und Judith Colp Rubin (Hgg.), *Anti-American Terrorism and the Middle East* (Oxford: Oxford University Press, 2002), S. 21.

12 Zitiert in: Donatella Della Porta, *Social Movements, Political Violence and the State: A Comparative Analysis of Italy and Germany* (Cambridge: Cambridge University Press, 1995), S. 150.

13 Interview, veröffentlicht auf der Website der FARC unter der Adresse www.farcep.org/pagina_ingles/interview/rrp111082001.html, Zugriff am 27. Juli 2005.

14 Al-Safir, 16. Februar 1985, in: Rubin und Rubin, *Anti-American Terrorism and the Middle East,* S. 50–54.

15 Ebd.

16 Karl Marx und Friedrich Engels, »Die deutsche Ideologie«, in: Karl Marx/ Friedrich Engels, *Werke,* Bd. 3 (Berlin Ost: Dietz Verlag, 1969), S. 33.

17 Interview mit Osama Bin Laden von Peter Arnett, CNN, März 1997. Veröffentlicht auf der FindLaw-Website unter der Adresse files.findlaw.com/ news.findlaw.com/cnn/docs/binladen/binladenintvw-cnn.pdf, Zugriff am 17. März 2006.

18 Interview in: *El Diario,* Peru, Juli 1988, S. 54. Veröffentlicht auf der NY-Transfer-Website unter der Adresse www.blythe.org/peru-pcp/docs-en/interv.htm, Zugriff am 26. Juli 1997.

19 Interview mit Paul Reyes von Luis Enrique González, *Prensa Latina,* 20. Juli 2001. Veröffentlicht auf der FARC-Website unter der Adresse www.farcep.org/pagina_ingles/interview/rrp111082001.html, Zugriff am 27. Juli 2005.

20 Interview von Anita Pratap, *Sunday Magazine,* Indien, 11.–17. März 1984. Veröffentlicht auch auf der LTTE-Website unter der Adresse www.eelam.com/interviews/leader_march_84.html, Zugriff am 20. März 2006.

21 ABC News *Nightline,* 28. Juli 2005. Veröffentlicht auf der ABC-News-Website unter der Adresse abcnews.go.com/Nightline/International/story?id=990187&page=1, Zugriff am 17. März 2006.

22 Anne Marie Oliver und Paul Steinberg, *The Road to Martyrs' Square* (Oxford: Oxford University Press, 2005), S. 148.

23 Ebd. S. 146.

24 Ebd. S. 79.

25 »Communiqué on the Attempted Assassination of Hans Neusel, State Secretary in the German Ministry of the Interior in Cologne on 27 July 1990«, in: Yonah Alexander und Dennis A. Pluchinsky, *Europe's Red Terrorists: The Fighting Communist Organizations* (London: Frank Cass, 1992), S. 70–74.

26 »Communiqué on the Assassination of Dr José Ramón Muñoz in Zaragoza on 27 March 1990«, in: Alexander und Pluchinsky, *Europe's Red Terrorists,* S. 127–129.

27 Taylor, *Behind the Mask,* S. 151–152.

28 Peter Taylor, *Loyalists, War and Peace in Northern Ireland* (New York: TV Books, 1999), S 91–92.

29 Zitiert in: Della Porta, *Social Movements, Political Violence and the State,* S. 155.

30 Ebd.

31 Osama Bin Laden, »Message to America«, 30. Oktober 2004. Veröffentlicht auf der al-Dschasira-Website unter der Adresse english.aljazeera.net/

NR/exeres/79C6AF22-98FB-4A1CB21F-2BC36E87F61F.htm, Zugriff am 17. März 2006.

32 Osama Bin Laden, Tonband, gesendet auf al-Arabija am 15. April 2004.

33 Osama Bin Laden, »Declaration of War Against the Americans Occupying the Land of the Two Holy Places«, August 1996. Veröffentlicht auf der Website von PBS Online and WGBH's *NewsHour* unter der Adresse www.pbs.org/newshour/terrorism/international/fatwa_1996.html, Zugriff am 17. März 2006.

34 Bin Laden, »Dinner Party Tape«, 13. Dezember 2001.

35 Osama Bin Laden, Verlautbarung auf al-Dschasira, 3. November 2001.

36 Osama Bin Laden, Interview auf al-Dschasira, 27. Dezember 2001.

37 James Glanz, »In Jordanian Case, Hints of Iraq Jihad Networks«, *The New York Times,* 29. Juli 2005, S. 1. Veröffentlicht auf der *New-York-Times*-Website unter der Adresse www.nytimes.com/2005/07/29/international/middleeast/29jihad.html?ex=1280289600&en=1d46093d6dfa901f&ei=5090&partner=rssuserland&emc=rss, Zugriff am 20. März 2006.

38 Jerrold M. Post, Ehud Sprinzak und Laurita M. Denny, »The Terrorists in Their Own Words: Interviews with 35 Incarcerated Middle Eastern Terrorists«, *Terrorism and Political Violence* 15, Nr. 1 (Frühjahr 2003): 178.

39 Della Porta, *Social Movements, Political Violence and the State*, S. 159.

40 Ebd. S. 158.

41 Rubin und Rubin, *Anti-American Terrorism and the Middle East*, S. 274.

42 Interview in: *El Diario,* Peru, Juli 1988, S. 54. Veröffentlicht auf der NY-Transfer-Website unter der Adresse www.blythe.org/perupcp/docs-en/interv.htm, Zugriff am 26. Juli 1997.

43 Jean Marcel Bougereau, »Memoirs of an International Terrorist: Conversations with Hans Joachim Klein«, in: *The German Guerrilla* (Sanday, Orkney: Cienfuegos Press), S. 36.

44 Jerrold Post, »The Socio-cultural Underpinnings of Terrorist Psychology: When Hatred Is Bred in the Bone«, in: Tore Bjorgo (Hg.), *Root Causes of Terrorism: Myths, Reality and Ways Forward* (New York: Routledge, 2005), S. 61.

45 Kevin Cullen, »From Terrorist to Priest«, *The Boston Globe Sunday Magazine,* 7. August 2005, S. 20.

46 Post, Sprinzak und Denny, »The Terrorists in Their Own Words«, S. 177.

47 Kevin Cullen, »From Terrorist to Priest«.

48 Interview mit Osama Bin Laden von Peter Arnett, CNN, März 1997.

49 Interview von Anita Pratap, *Sunday Magazine,* Indien, 11.–17. März 1984.

50 Interview in: ABC News *Nightline,* gesendet am 28. Juli 2005.

51 Interview in: *El Diario,* Peru, Juli 1988, S. 54. Veröffentlicht auf der NY-Transfer-Website unter der Adresse www.blythe.org/perupcp/docs-en/interv.htm, Zugriff am 26. Juli 1997.

52 Osama Bin Laden, Verlautbarung am 3. November 2001. In: »Bin Laden Rails Against Crusaders and UN«. Veröffentlicht auf der BBC-News-Website unter der Adresse news.bbc.co.uk/1/hi/world/monitoring/media_reports/1636782.stm, Zugriff am 20. März 2006.

53 Interview mit Osama Bin Laden von Peter Arnett, CNN, März 1997.

54 Ed Moloney, *A Secret History of the IRA* (New York: W. W. Norton, 2002), S. 121–122.

55 Tim Pat Coogan, *The IRA: A History* (Boulder, Colo.: Roberts Rinehart, 1994), S. 299–302. William Whitelaw, *Whitelaw Memoirs* (Anrum Press: London, 1989), S. 99–100. Sean Mac Stiofain, *Memoirs of a Revolutionary* (Edinburgh: Gordon Cremonesi, 1975), S. 281.

56 Della Porta, *Social Movements, Political Violence and the State*, S. 146.

57 »Interview with Mullah Omar Mohammad«, 21. September 2001, in: Barry Rubin und Judith Colp Rubin (Hgg.), *Anti-American Terrorism in the Middle East: A Documentary Reader* (Oxford: Oxford University Press, 2002), S. 247–249.

58 Aiman al-Sawahiri, *Knights Under the Prophet's Banner,* Sommer 2001, Übersetzung durch den FBIS (Foreign Broadcast Information Service).

59 *Al-Ansar* ist das online-Magazin von al-Qaida. Abu 'Ubeid al-Qurashi gilt als einer der al-Qaida-Führer. *Al-Ansar*, Ausgabe 4. Übersetzung des Middle East Media Research Institute, Bericht Nr. 353, 12. März 2002.

60 Eamon Collins, *Blinder Haß* (Frankfurt/Main: S. Fischer, 1997), S. 85.

61 Siehe insbesondere Bernard Lewis, *Der Untergang des Morgenlandes. Warum die islamische Welt ihre Vormacht verlor.* (Bonn: BpB [Bundeszentrale für politische Bildung], 2002).

62 Bin Laden, »Declaration of War Against the Americans Occupying the Land of the Two Holy Places«, August 1996, S. 19.

63 Zitiert in: »Text of 11 September hijacker's statement«, BBC News, 15. April 2002. Veröffentlicht auf der BBC-News-Website unter der Adresse news.bbc.co.uk/2/hi/world/monitoring/media_reports/1931523.stm, Zugriff am 27. April 2007.

64 Osama Bin Laden, Tonband, 15. April 2004. Veröffentlicht auf der CNN-Website unter der Adresse www.cnn.com/2004/WORLD/asiapcf/04/15/binladen.tape/, Zugriff am 20. März 2006. Osama Bin Laden, Interview auf al-Dschasira, 1998. Veröffentlicht auf der *Telegraph*-Website unter der Adresse www.news.telegraph.co.uk/news/main.jhtml?xml=/news/2001/10/07/wbin07.xml, Zugriff am 20. März 2006.

65 Osama Bin Laden, »Fatwa Urging Jihad Against Americans«, 23. Februar

1998. Veröffentlicht auf der MidEastWeb.org-Website unter der Adresse www.mideastweb.org/osamabinladen2.htm, Zugriff am 18. Mai 2006.

66 Sayyid Qutb, »Zeichen auf dem Weg«, Exzerpt in: Rubin und Rubin (Hgg.), *Anti-American Terrorism and the Middle East*, S. 32.

5. Warum töten Terroristen sich selbst?

1 »Ruhmvoll und süß ist es, zu sterben fürs Vaterland.« Quintus Horatius Flaccus (Horaz), *Oden,* III.2,13.

2 George La Hir, der 1916 in *The New York Times* über Verdun schreibt, zitiert in: Jeremy Black (Hg.), *70 große Schlachten der Weltgeschichte von Marathon bis Bagdad* (Leipzig: Koehler & Amelang, 2005), S. 236.

3 Zitiert in: Sandra Laville und Dilpazier Aslam, »Mentor to the Young and Vulnerable«, *The Guardian,* 14. Juli 2005. Veröffentlicht auf der *Guardian*-Website unter der Adresse www.guardian.co.uk/attackonlondon/story/0,16132,1528112,00.html, Zugriff am 20. März 2006.

4 Zitiert in: Sandra Laville und Ian Cobain, »From Cricket-Lover Who Enjoyed a Laugh to Terror Suspect«, *The Guardian,* 13. Juli 2005. Veröffentlicht auf der *Guardian*-Website unter der Adresse www.guardian.co.uk/attackonlondon/story/0,16132,1527429,00.html, Zugriff am 20. März 2006.

5 Merari führt dieses Argument in seinen Vorlesungen an der Harvard Law School an. Die Studenten dort unterrichten wir gemeinsam.

6 Siehe Stephen Frederic Dale, »Religious Suicide in Islamic Asia: Anti-colonial Terrorism in India, Indonesia and the Philippines«, *Journal of Conflict Resolution* 32, 1 (März 1988), 37–59; meine Darstellung basiert darauf.

7 Robert A. Pape, *Dying to Win: The Strategic Logic of Suicide Terrorism* (New York: Random House, 2005), S. 139.

8 Stephen Hopgood, »Tamil Tigers, 1987–2002«, S. 44 und Luca Ricolfi, »Palestinians, 1981–2003«, S. 82, in: Diego Gambetta (Hg.), *Making Sense of Suicide Missions* (Oxford: Oxford University Press, 2005).

9 Rohan Gunaratna, »The LTTE and Suicide Terrorism«, *Frontline* (India) 17, 3 (5.–8. Februar 2000).

10 Rund 90 Prozent der Tamilen sind Hindus, aber die Befreiungstiger sind explizit säkular.

11 Sumantra Bose, *States Nations Sovereignty: Sri Lanka, India and the Tamil Eelam Movement* (New Delhi: Sage, 1994), S. 118.

12 Stephen Hopgood, »Tamil Tigers, 1987–2002«, S. 74.

13 Charu Lata Joshi, »Ultimate Sacrifice: Faced with Harassment and Economic Deprivation, Young Tamils Are Ready to Give Up Their Lives«, *Far Eastern Economic Review,* 1. Juni 2000, S. 64–67.

14 Zitiert in: P. Schalk, »Resistance and Martyrdom on the Process of State Formation in Tamililam«, in: J. Pettigrew (Hg.), *Martyrdom and Political Resistance* (Amsterdam: VU University Press, 1997), S. 79.

15 Man muss bedenken, dass die Logistik hierfür kompliziert ist.

16 Amy Waldman, »Masters of Suicide Bombing: Tamil Guerrillas of Sri Lanka«, *The New York Times,* 14. Januar 2003.

17 Zitiert in: Joshi, »Ultimate Sacrifice«.

18 Ebd.

19 Ebd.

20 Christoph Reuter, *Mein Leben ist eine Waffe. Selbstmordattentäter – Psychogramm eines Phänomens* (München: C. Bertelsmann, 2002).

21 Ebd.

22 Ariel Merari, »Social, Organizational and Psychological Factors in Suicide Terrorism«, in: Tore Bjorgo (Hg.), *Root Causes of Terrorism: Myths, Reality and Ways Forward* (New York: Routledge, 2005), S. 72.

23 Diego Gambetta (Hg.), *Making Sense of Suicide Missions* (Oxford: Oxford University Press, 2005), S. 288.

24 Siehe Peter Hill, »Kamikaze 1943–45«, in: Gambetta (Hg.), *Making Sense of Suicide Missions,* S. 1–42.

25 Ebd., S. 24–25.

26 Ebd., S. 23.

27 Hervorragende Darstellungen finden sich in: David Beresford, *Ten Men Dead: The Story of the 1981 Hunger Strike* (London: Harper Collins, 1987) und Padraig O'Malley, *Biting at the Grave: The Irish Hunger Strikes and the Politics of Despair* (Boston: Beacon Press, 1990).

28 Anne Marie Oliver und Paul Steinberg, *The Road to Martyrs' Square* (Oxford: Oxford University Press, 2005), S. 119.

29 Daniel Pipes, »Arafat's Suicide Factory«, *New York Post,* 9. Dezember 2001.

30 Zitiert in: Gregg Zoroya, »Woman Describes the Mentality of a Suicide Bomber«, *USA Today,* 22. April 2002.

31 Robert Pape führt in *Dying to Win* aus, dass es weltweit zwischen 1980 und 2003 315 Selbstmordattentate gab (S. 15). Seit der US-Invasion im Irak 2003 gab es bis zum Juni 2005 rund 400 solcher Anschläge (*The Washington Post,* 17. Juli 2005). Die umfangreichste quantitative Analyse von Selbstmordattentaten hat Pape durchgeführt (siehe *Dying to Win*). Seine Zahlen sind jedoch niedriger als die der meisten anderen Autoren, die sich mit diesen Fällen befasst haben. Der Hauptpunkt, das das Ausmaß dieser Taktik im Irak viel höher als anderswo ist, bleibt jedoch bestehen.

32 Die detaillierteste Untersuchung zu den ausländischen Rebellen im Irak wurde im September 2005 von Andrew Cordesman und Nawaf Obaid

vom Centre for Strategic and International Studies (CSIS) durchgeführt. Sie kommen zu dem Schluss, dass von den 3 000 ausländischen Rebellen 600 aus Algerien, 550 aus Syrien, 500 aus dem Sudan, 400 aus Ägypten und 350 aus Saudi-Arabien kommen. In den meisten anderen Berichten wurde davon ausgegangen, dass die Saudis das größte Kontingent stellen würden.

33 Aparisim Ghosh, »Inside the Mind of an Iraqi Suicide Bomber«, *Time,* 4. Juli 2005.

34 Ebd.

35 Ebd.

36 Barbara Victor, *Schahidas. Die Töchter des Terrors* (München: Knaur, 2005), S. 34.

37 Zitiert von Victor, ebd., S. 45.

38 Libby Copeland, »Female Suicide Bombers: The New Factor in Mideast's Deadly Equation«, *The Washington Post,* 27. April 2002. Avishai Margalit, »The Suicide Bombers«, *The New York Review of Books,* 16. Januar 2003.

39 Victor, *Schahidas. Die Töchter des Terrors*, S. 48.

40 Zitiert von Victor in: *Schahidas. Die Töchter des Terrors*, S. 293.

41 »Homicide Bomber-Mom Kills Four at Gaza Border«, Fox News, 14. Januar 2004. Veröffentlicht auf der Fox-News-Website unter der Adresse www.foxnews.com/story/0,2933,108329,00.html, Zugriff am 10. April 2006.

42 Zitiert von Victor in: *Schahidas. Die Töchter des Terrors*, S. 269.

43 Manuela Dviri, »My Dream Was to Be a Suicide Bomber. I Wanted to Kill 20, 50 Jews, Yes, Even Babies«, *The Telegraph* (London), 26. Juni 2005.

44 Victor, *Schahidas. Die Töchter des Terrors*, S. 132.

45 Das führt Barbara Victor in *Schahidas. Die Töchter des Terrors* aus.

46 Manuela Dviri, »My Dream«, 26. Juni 2005.

47 Zitiert von Victor in: *Schahidas. Die Töchter des Terrors*, S. 280.

48 Victor, *Schahidas. Die Töchter des Terrors*, S. 51.

49 Zitiert in Rohan Gunaratna, »The LTTE and Suicide Terrorism«, *Frontline* (India), 5.–8. Februar 2000.

50 *The Daily Star* (Beirut), 8. Februar 2002. Zitiert in Haim Malka, »Must Innocents Die? The Islamic Debate over Suicide Attacks«, *Middle East Quarterly,* Frühjahr 2003. Veröffentlicht auf der Website des Middle East Forum unter der Adresse www.meforum.org/article/530, Zugriff am 10. April 2006.

51 Stathis Kalyyvas und Ignacio Sánchez-Cuenca, »Killing Without Dying: The Absence of Suicide Missions«, in: Gambetta (Hg.), *Making Sense of Suicide Missions,* S. 211.

52 Siehe Ayman al-Zawahiri [Aiman al-Sawahiri], *Knights Under the Prophet's Banner,* erschienen als Serie in: *Asharq al-Awsat* (London), 2.–10. Dezember 2001. Übersetzung vom Foreign Broadcast Information Service, Dokument FBIS-NES-2001-1202. Online von der Federation of American Scientists unter der Adresse http://fas.org/irp/world/para/aymanh_bk.html zur Verfügung gestellt. Veröffentlicht auch unter der Adresse www.liberalsagainstterrorism.com/wiki/index.php/Knights_Under_the_Prophet's_Banner, Zugriff am 13. Juli 2005.

53 Pape, *Dying to Win,* S. 190.

54 Nasra Hassan, »An Arsenal of Believers: Talking to the Human Bombs«, *The New Yorker,* 19. November 2001, S. 36–41.

55 Ebd.

56 Zitiert von Victor in: *Schahidas. Die Töchter des Terrors*, S. 132.

57 Hassan, »An Arsenal of Believers«.

58 Ebd.

59 Ariel Merari, »Social, Organizational and Psychological Factors in Suicide Terrorism«, in: Tore Bjorgo (Hg.), *Root Causes of Terrorism: Myths, Reality and Ways Forward* (New York: Routledge, 2005). Nasra Hassan beschreibt in »An Arsenal of Believers« gleichfalls diese Ausbildungsprozesse.

60 Oliver und Steinberg, *The Road to Martyrs' Square,* S. 31

61 Luca Ricolfi, »Palestinians, 1981–2003«, S. 113.

62 Oliver und Steinberg, *The Road to Martyrs' Square,* S. 153–154.

63 Merari, »Social, Organizational and Psychological Factors in Suicide Terrorism«.

64 15. Meinungsumfrage, Palestinian Center for Policy and Survey Research, März 2005. Veröffentlicht auf der Website des Palestinian Center for Policy and Survey Research unter der Adresse www.pcpsr.org/survey/index.html, Zugriff am 20. März 2006.

65 54. Meinungsumfrage, Jerusalem Media and Communications Centre, Mai 2005. Veröffentlicht auf der Website des Jerusalem Media and Communications Centre unter der Adresse www.jmcc.org/publicpoll/results/2005/index.htm, Zugriff am 20. März 2006.

66 9. Meinungsumfrage, Palestinian Center for Policy and Survey Research, Oktober 2003. Veröffentlicht auf der Website des Palestinian Center for Policy and Survey Research unter der Adresse www.pcpsr.org/survey/index.html, Zugriff am 20. März 2006.

67 Hassan, »An Arsenal of Believers«.

68 Zitiert von Christoph Reuter in: *Mein Leben ist eine Waffe* (München: C. Bertelsmann, 2002), S. 360.

69 Victor, *Schahidas. Die Töchter des Terrors*, S. 53.

70 Ebd., S. 232.

71 Nasra Hassan, »An Arsenal of Believers«.

72 Thomas L. Friedman, »Marines Release Diagram on Blast«, *The New York Times,* 28. Oktober 1983.

73 Aparisim Ghosh, »Inside the Mind of an Iraqi Suicide Bomber«, *Time,* 4. Juli 2005, S. 22–29.

74 Oliver und Steinberg, *The Road to Martyrs' Square,* S. 122.

75 Ronald Reagan, *Erinnerungen. Ein amerikanisches Leben* (Berlin: Propyläen, 1990), S. 489.

76 Der Wortlaut der Verlautbarung ist unter www.bbcnews.com zu finden.

77 »Statement Claiming London Attacks«, 7. Juli 2005. Veröffentlicht auf der BBC-News-Website unter der Adresse news.bbc.co.uk/1/hi/uk/4660391.stm, Zugriff am 24. Mai 2006.

78 Einer der vier – Germaine Lindsay – wurde in Jamaika geboren.

79 zitiert in: Laville und Cobain, »From Cricket-Lover Who Enjoyed a Laugh to Terror Suspect«.

Zweiter Teil: Die Antiterroristen

* George W. Bush, »Address to a Joint Session of Congress and the American People«, 20. September 2001. Veröffentlicht auf der Website des Weißen Hauses unter der Adresse www.whitehouse.gov/news/releases/2001/09/20010920-8.html, Zugriff am 17. März 2006.

** Osama bin Laden, »Sermon for the Feast of the Sacrifice«, 11. Februar 2003, Middle East Media Research Institute, Special Dispatch Series, Nr. 476, 5. März 2003.

6. Was sich am 11. September 2001 geändert hat und was nicht

1 George W. Bush, »Address to a Joint Session of Congress and the American People«, 20. September 2001. Veröffentlicht auf der Website des Weißen Hauses unter der Adresse www.whitehouse.gov/news/releases/2001/09/20010920-8.html, Zugriff am 17. März 2006.

2 Lord Campbell, Unterhaus, 19. (18.?) März 1868, *Hansard Parliamentary Debates,* Bd. 193.

3 Terry McDermott, *Perfect Soldiers: The Hijackers: Who They Were, Why They Did It* (New York: HarperCollins, 2005), S. 234.

4 Text in: McDermott, *Perfect Soldiers,* S. 231.

5 Diese Darstellung beruht auf McDermott, *Perfect Soldiers.*

6 Nick Fielding und Yosri Fouda, *Masterminds of Terror. Die Drahtzieher des 11. September berichten* (Hamburg, Wien: Europa Verlag, 2003), S. 113–115.

7 *Patterns of Global Terrorism 2000* (Washington, D. C.: U. S. Department of State, April 2001).

8 *Patterns of Global Terrorism 1999* (Washington, D. C.: U. S. Department of State, April 2000).

9 Frantz Fanon, *Die Verdammten dieser Erde* (Frankfurt/Main: Suhrkamp 1966).

10 Allerdings war McVeigh von einem Beamten der Oklahoma Highway Patrol wegen Fahrens ohne Führerschein verhaftet worden. Dass er für den Bombenanschlag verantwortlich war, stellte sich erst zwei Tage später heraus, kurz bevor er wieder freigelassen werden sollte.

11 NBC News, *Meet the Press,* Mitschrift Sonntag, 14. September 2003. Veröffentlicht auf der on the MSNBC-Website unter der Adresse www.msnbc.msn.com/id/3080244/, Zugriff am 20. März 2006.

12 CBS News Poll, conducted October 25–28, 2001. Veröffentlicht auf der Polling-Report-Website unter der Adresse www.pollingreport.com/terror7.htm, Zugriff am 14. Februar 2006.

13 Osama Bin Laden, »Sermon on the Feast of the Sacrifice«, 11. Februar 2003, Middle East Media Research Institute, Special Dispatch Series, Nr. 476, 5. März 2003.

14 George W. Bush, »Address to the Nation«, 11. September 2001. Veröffentlicht auf der Website des Weißen Hauses unter der Adresse www.whitehouse.gov/news/releases/2001/09/20010911-16.html, Zugriff am 20. März 2006.

15 George W. Bush, »President Addresses Military Families«, Nampa, Idaho, 24. August 2005. Veröffentlicht auf der Website des Weißen Hauses unter der Adresse www.whitehouse.gov/news/releases/2005/08/20050824.html, Zugriff am 20. März 2006.

16 Harris-Meinungsumfrage, durchgeführt vom 19. bis 24. September 2001. Veröffentlicht auf der Polling-Report-Website unter der Adresse www.pollingreport.com/terror8.htm, Zugriff am 14. Februar 2006.

17 Ipsos-Reid-Meinungsumfrage, durchgeführt am 11. September 2001. Veröffentlicht auf der Polling-Report-Website unter der Adresse www.pollingreport.com/terror10.htm, Zugriff am 14. Februar 2006.

18 Zahlen von den Centers for Disease Control and Prevention (CDC), »Total Deaths Data Set, United States 2001, by Cause and Age Group«. Veröffentlicht auf der CDC-Website unter der Adresse apps.nccd.cdc.gov/ardi/HomePage.aspx, Zugriff am 26. September 2005. »CDC, Alcohol-Attri-

butable Deaths Report, United States 2001«. Veröffentlicht auf der CDC-Website unter der Adresse apps.nccd.cdc.gov/ardi/Report.aspx?T=AAM&P=9d3057a6-5cda-416d-ba10-41e7b8ebd521&R=c22869f8-a1d3-48a8-8095-9142c6de5baf&M=1d04dc84-f775-4032-9ab3-75bc10221b2b, Zugriff am 20. März 2006. National Highway Traffic Safety Administration FARS data. Veröffentlicht auf der MADD-Website unter der Adresse madd.org/stats/0,1056,1298,00.html, Zugriff am 21. März 2006.

19 Bush, »Address to a Joint Session of Congress and the American People«, 20. September 2001.

20 Umfrage des Pew Research Center, durchgeführt von Princeton Survey Research Associates, 14.–25. August 2002. Veröffentlicht auf der Polling-Report-Website unter der Adresse www.pollingreport.com/terror5.htm, Zugriff am 14. Februar 2006.

21 Bush, »Address to a Joint Session of Congress and the American People«, 20. September 2001.

22 George W. Bush, »Address to National Endowment for Democracy«, 6. Oktober 2005. Veröffentlicht auf der Website des Weißen Hauses unter der Adresse www.whitehouse.gov/news/releases/2005/10/20051006-3.html, Zugriff am 21. März 2006.

23 Siehe Mark Juergensmeyer, »Religion as a Cause of Terrorism«, in: Peter Neumann und Louise Richardson (Hgg.), *Democracy and Terrorism: The Root Causes of Terrorism* (New York: Routledge, 2006).

24 »President Bush Delivers Graduation Speech at West Point«, 1. Juni 2002. Veröffentlicht auf der Website des Weißen Hauses unter der Adresse www.whitehouse.gov/news/releases/2002/06/20020601-3.html, Zugriff am 21. März 2006.

25 Meinungsumfrage von ABC News, durchgeführt am 8. und 9. Oktober 2001. Veröffentlicht auf der Polling-Report-Website unter der Adresse www.pollingreport.com/terror8.htm, Zugriff am 14. Februar 2006.

26 Murray Sayle, »Nerve Gas and Four Noble Truths«, *The New Yorker*, 1. April 1996, S. 71.

27 »Factory Bombing: A Matter of Evidence«, BBC News, 5. Mai 1999. Veröffentlicht auf der BBC-News-Website unter der Adresse news.bbc.co.uk/1/hi/world/africa/336375.stm, Zugriff am 10. April 2006.

28 John McWethy, »Bin Laden Set to Strike Again?«, ABC News, 16. Juni 1999. Mitschrift 99061601-j04. Veröffentlicht auf der ABC-News-Website unter der Adresse www.transcripts.tv/search/do_details.cfm?Show DetailID=17293, Zugriff am 21. März 2006. »Afghan Alliance – UBL Trying to Make Chemical Weapons«, *Parwan Payam-e Mojahed*, 23. Dezember 1999. *Parwan Payam-e-Mojahed* ist ein wöchentliches online-Magazin, das die Nordallianz herausgibt.

29 Muhammad Salah, »Bin Laden Front Reportedly Bought CBW from E. Europe«, *al-Hayah,* 20. April 1999. Muhammad Salah, »US Said (to Be) Interrogating Jihadist over CBW«, *al-Hayah,* 21. April 1999.

30 Guido Olimpio, »Islamic Group Said Preparing Chemical Warfare on the West«, *Corriere della Sera,* 8. Juli 1998. Yosef Bodansky, *Bin Laden: The Man Who Declared War on America* (Roseville, Calif.: Prima, 2001), S. 326.

31 Pamela Hess, »Al Qaeda May Have Chemical Weapons«, United Press International, 19. August 2002. *Insight,* CNN, 19. August 2002. Veröffentlicht auf der CNN-*Insight*-Website unter der Adresse transcripts.cnn.com/TRANSCRIPTS/0208/19/i_ins.01.html, Zugriff am 21. März 2006.

32 Eric Croddy, »Chemical Terrorist Plot in Rome?«, CNS-Reportage, 11. März 2002. Veröffentlicht auf der Website des Center for Nonproliferation Studies unter der Adresse cns.miis.edu/pubs/week/020311.htm, Zugriff am 21. März 2006.

33 Alan Cullison und Andrew Higgins, »Computer in Kabul Holds Chilling Memos«, *The Wall Street Journal,* 31. Dezember 2001. »Report: Al Qaeda Computer Had Plans for Bio-Weapons«, Reuters, 21. Dezember 2001.

34 Barton Gellman, »Al Qaeda Near Biological, Chemical Arms Production«, *The Washington Post,* 23. März 2003.

35 Gwynne Roberts, »Militia Defector Claims Baghdad Trained al Qaeda Fighters in Chemical Warfare«, *The Sunday Times* (London), 14. Juli 2002.

36 Joby Warrick, »An al Qaeda ›Chemist‹ and the Quest for Ricin«, *The Washington Post,* 5. Mai 2004.

37 Chris Summers, »Questions over Ricin Conspiracy«, BBC News, 13. April 2005. Veröffentlicht auf der BBC-News-Website unter der Adresse news.bbc.co.uk/1/hi/uk/4433499.stm, Zugriff am 21. März 2006.

38 Richard Norton Taylor, »Ricin Plot: London and Washington Used Plot to Strengthen Iraq War Push«, *The Guardian,* 14. April 2005. May Ridden, »With Poison in Their Souls«, *The Observer,* 17. April 2005.

39 Der elfte Band dieses 5 000-Seiten-Wälzers ist Anleitungen zur Herstellung chemischer und biologischer Waffen vorbehalten.

40 Al J. Venter, »Elements Loyal to bin Laden Acquire Biological Agents ›Through the Mail‹«, *Jane's Intelligence Review* 11, Nr. 8 (1. August 1999), 1.

41 »Prague Discounts an Iraqi Meeting«, *The New York Times,* 21. Oktober 2001.

42 »Al Qaeda: Anthrax Found in al Qaeda Home«, *Global Security Newswire,* 10. Dezember 2001. Veröffentlicht auf der Website von NTI/Global Security Newswire unter der Adresse www.nti.org/d_newswire/issues/thisweek/2001_12_10_biow.html, Zugriff am 21. März 2006. »Walker Lindh:

Qaeda Planned More Attacks«, CNN, 3. Oktober 2002. Veröffentlicht auf der CNN-Website unter der Adresse archives.cnn.com/2002/LAW/10/03/walker.lindh.documents/index.html, Zugriff am 21. März 2006.

43 Judith Miller, »Labs Suggest Qaeda Planned to Build Arms, Officials Say«, *The New York Times,* September 2002. Michael Gordon, »US Says It Found Qaeda Lab Being Built to Produce Anthrax«, *The New York Times,* 23. März 2002. Dominic Evans, »US Troops Found Afghan Biological Lab«, Reuters, 22. März 2002.

44 Zu dem Zeitpunkt war de Villepin Innenminister und sprach bei einer Konferenz über Bioterrorismus in Lyon. »Al Qaeda Made Biological Weapons in Georgia – French Minister«, *Moscow News,* 3. Januar 2005.

45 James Gordon, »Feds Find Poison Plot vs. Gulf Troops«, *The Daily News* (New York), 10. Februar 2003. Veröffentlicht auf der Global-Security-Website unter der Adresse www.globalsecurity.org/org/news/2003/030210-poison01.htm, Zugriff am 21. März 2006. Mike Toner, »Humble Bean Produces a Deadly Toxin«, *Atlanta Journal-Constitution,* 21. März 2003, S. 10A. Maria Ressa, »Reports: Al Qaeda Operative Sought Anthrax«, CNN, 10. Oktober 2003. Veröffentlicht auf der CNN Website unter der Adresse edition.cnn.com/2003/WORLD/asiapcf/southeast/10/10/ alqaeda.anthrax/, Zugriff am 21. März 2006. Judith Miller, »US Has New Concerns About Anthrax Readiness«, *The New York Times,* 28. Dezember 2003.

46 David C. Rapoport, »Terrorism and Weapons of the Apocalypse«, *National Security Studies Quarterly* 5, Nr. 3 (1999), 57.

47 Ebd., S. 52.

48 Meinungsumfrage für Fox News/Opinion Dynamics Poll, 19. und 20. September 2001. Veröffentlicht auf der Polling-Report-Website unter der Adresse www.pollingreport.com/terror9.htm, Zugriff am 15. Februar, 2006.

49 Meinungsumfrage für Fox News/Opinion Dynamics Poll, 4. und 5. Juni 2002. Veröffentlicht auf der Polling-Report-Website unter der Adresse www.pollingreport.com/terror6.htm, Zugriff am 14. Februar 2006.

50 Osama Bin Laden, Interview von al-Dschasira, 1998. Die englische Übersetzung ist am 10. Juli 2001 unter der Adresse www.news.telegraph.co.uk/news/main.jhtml?xml=/news/2001/10/07/wbin07.xml veröffentlicht worden. Zugriff am 21. März 2006.

51 Riyad Alam al Din, »Report Links Bin Laden, Nuclear Weapons«, *al-Watran al-Arabi,* 12. November 1998. Emil Torabi, »Bin Laden's Nuclear Weapons«, *The Muslim Magazine,* Winter 1998, www.muslimmag.org, Zugriff am 13. Juli 1999, nicht mehr erreichbar.

52 Benjamin Weiser, »US Says bin Laden Aide Tried to Get Nuclear Weapons«, *The New York Times,* 26. September 1998.

53 »Arab Security Sources Speak of a New Scenario for Afghanistan: Secret

Roaming Networks That Exchange Nuclear Weapons for Drugs«, *Asharq al-Awsat,* 24. Dezember 2000.

54 Ebd.

55 »N-weapons May Be in US Already«, *Daily Telegraph* (Sydney, Australien), 14. November 2001.

56 »Al-Qaeda Does Not Have Our Nuclear Bombs Insists Ukraine«, *The Scotsman,* 11. Februar 2004. »Al-Qaeda Said to Possess Nuclear Arms«, Associated Press, 9. Februar 2004.

57 »Osama Bin Laden's Bid to Acquire Weapons of Mass Destruction Represents the Greatest Threat That Western Civilization Has Faced«, *The Mail on Sunday* (London), 23. Juni 2002.

58 Meinungsumfrage für Fox News/Opinion Dynamics Poll, 14. und 15. November 2001. Veröffentlicht auf der Polling-Report-Website unter der Adresse www.pollingreport.com/terror7.htm, Zugriff am 14. Februar 2006.

59 Adam Nathan und David Leppard, »Al Qaeda's Men Held Secret Meetings to Build a Dirty Bomb«, *The Sunday Times* (London), 14. Oktober 2001.

60 Uthman Tizghart, »Does bin Laden Really Possess Weapons of Mass Destruction? Tale of Russian Mafia Boss Simon Mogilevich Who Supplied Bin Laden with the Nuclear ›Dirty Bomb‹«, *al-Majallah* (London), 25. November 2001.

61 Ed Johnson, »Report: al Qaeda Made Bomb in Afghanistan«, Associated Press, 30. Januar 2003.

62 Nick Fielding, »Bin Laden's Dirty Bomb Quest Exposed«, *The Sunday Times* (London), 19. Dezember 2004.

63 »The case against Jose Padilla«, Online NewsHour, 1. Juni 2004. Veröffentlicht auf der Website von PBS Online and WGBH's *NewsHour* unter der Adresse www.pbs.org/newshour/bb/terrorism/jan-june04/padilla_06-01.html, Zugriff am 21. März 2006.

64 Osama Bin Laden sagte dies in einem Interview mit Rahilullah Yusufzai, der sowohl für das Magazin *Time* als auch für ABC News berichtet. Siehe »Wrath of God«, *Time Asia,* Bd. 153, Nr. 1. Veröffentlicht auf der *Time-Asia*-Website unter der Adresse www.time.com/time/asia/asia/magazine/1999/990111/osama1.html, Zugriff am 21. März 2006.

65 Hamid Mir, »Osama Claims He Has Nukes: If US Uses N-Arms It Will Get Same Response«, *Dawn* (Pakistan), 10. November 2001. (Die Echtheit dieses Interviews wird angezweifelt.)

66 Jamie McIntyre, »Zubaydah: Al Qaeda Had ›Dirty Bomb‹ Know How«, CNN, 22. April 2002. Veröffentlicht auf der CNN-Website unter der Adresse archives.cnn.com/2002/US/04/22/zubaydah.dirty.bomb/index.html, Zugriff am 21. März 2006. »Al-Qaeda Claims Dirty Bomb Know-How«, BBC, 23. April 2002. Veröffentlicht auf der BBC-Website unter der

Adresse news.bbc.co.uk/1/hi/world/americas/1945765.stm, Zugriff am 21. März 2006.

67 Max Delany, »Under Attack al Qaeda Makes Nuclear Claim«, *The Moscow News,* 3. März 2004.

68 John Mueller und Karl Mueller, »Sanctions of Mass Destruction«, *Foreign Affairs* 78, Nr. 3 (1999), S. 51.

69 David C. Rapoport, »Terrorism and Weapons of the Apocalypse«, *National Security Studies Quarterly* 5, Nr. 3 (1999), 52.

70 Pew Research Center for the People and the Press. Veröffentlicht auf der Pew-Research-Center-Website unter der Adresse people-press.org/reports/print.php3, Seiten-ID 441. Veröffentlicht am 11. April 1996. Zugriff am 5. Oktober 2005.

71 Bericht über die Arbeit von Michael J. Flanagan und Michael Sivak in: Sid Perkins, »Unfounded Fear: Scared to Fly After 9/11? Don't Reach for the Car Keys«, *Science News Online,* Bd. 163, Nr. 2, Woche vom 11. Januar, 2003, S. 20. Veröffentlicht unter www.sciencenews.org/articles/20030111/fob3.asp, Zugriff am 21. März 2006.

72 Garrick Blalock, Vrinda Kadiyali und Daniel H. Simon, »The Impact of 9/11 on Driving Fatalities: The Other Lives Lost to Terrorism«, *Cornell News,* 15. Februar 2005. Veröffentlicht auf der *Cornell-News*-Website unter der Adresse www.news.cornell.edu/stories/March05/Sept11driving.pdf, Zugriff am 21. März 2006.

7. Warum der Krieg gegen den Terror niemals gewonnen werden kann

1 General Georgios Grivas, Führer der griechisch-zypriotischen Terrorgruppe EOKA (1955–1958), bezieht sich hier auf die Aktionen der britischen Armee. In: Charles Foley (Hg.), *The Memoirs of General Grivas* (New York: Praeger, 1965), S. 53.

2 Michael »Bommi« Baumann, ein führendes Mitglied der deutschen Terroristengruppe Bewegung 2. Juni, erklärt, wie er durch die Erschießung des Studenten Benno Ohnesorg bei einer Demonstration anlässlich des Schahbesuchs im Juni 1967 radikalisiert wurde. Michael »Bommi« Baumann, *Wie alles anfing* (Hg. von W. Abendroth u. v. a. m., Frankfurt/Main: Anabas u. a., 1977), S. 37–38.

3 George W. Bush, »Statement by the President in His Address to the Nation«, 11. September 2001. Veröffentlicht auf der Website des Weißen Hauses unter der Adresse www.whitehouse.gov/news/releases/2001/09/20010911-16.html, Zugriff am 20. März 2006.

4 George W. Bush, »Address to a Joint Session of Congress and the American

People«, 20. September 2001. Veröffentlicht auf der Website des Weißen Hauses unter der Adresse www.whitehouse.gov/news/releases/2001/09/20010920-8.html, Zugriff am 17. März 2006.

5 Autorisierung, das Militär einzusetzen, vom 18. September 2001. Public Law 107-40 (SJ Res 23), 107th Congress. Gemeinsame Resolution.

6 Osama bin Laden, »Fatwa Urging Jihad Against Americans«, 23. Februar 1998. Veröffentlicht auf der MidEastWeb.org-Website unter der Adresse www.mideastweb.org/osamabinladen2.htm, Zugriff am 18. Mai 2006.

7 George W. Bush, »Remarks by the President upon Arrival«, the South Lawn, 16. September 2001. Veröffentlicht auf der Website des Weißen Hauses unter der Adresse www.whitehouse.gov/news/releases/2001/09/20010916-2.html, Zugriff am 21. März 2006.

8 Siehe z. B. die Meinungsumfrage von CBS News/*New York Times*, 20.–23. September 2001. Veröffentlicht auf der Polling-Report-Website unter der Adresse www.pollingreport.com/terror9.htm, Zugriff am 10. Januar 2006.

9 Dieses und andere Kommuniqués der Weathermen sind veröffentlicht unter der Adresse www.sunrisedancer.com/radicalreader/library/weatherman/weatherman45.asp, Zugriff am 24. September 2005.

10 Ronald Reagan, Rede bei der 41. Sitzung der UN-Vollversammlung am 22. September 1986 in New York. Veröffentlicht auf der Ronald-Reagan-Presidential-Library-Website unter der Adresse www.reagan.utexas.edu/archives/speeches/1986/092286a.htm, Zugriff am 21. März 2006.

11 Siehe z. B. »The War on Terrorism«, *The New York Times*, 2. April 1881.

12 Jean-Marie Colombani, »Nous sommes tous Américains«, *Le Monde* (Paris), 22. September 2001, S. 1.

13 Stephen F. Szabo, *Parting Ways: The Crisis in German-American Relations* (Washington D. C.: Brookings, 2004), S. 15, und der Autorin von einigen Anwesenden mitgeteilt.

14 Douglas Feith, zitiert von Fred Kaplan in »Bush's Many Miscalculations«, *Slate*, 9. September 2003.

15 »Secretary Rumsfeld Media Availability En Route to Poland«, US-Verteidigungsministerium, Nachrichtenmitschnitt, 22. September 2002.

16 Siehe z. B. Stephen F. Szabo, *Parting Ways: The Crisis in German-American Relations* (Washington, D. C.: Brookings, 2004), S. 16.

17 Pew Research Center, Global Attitudes Survey, Mai 2003. Veröffentlicht auf der Pew-Research-Center-Website unter der Adresse www.google.com/search?hl=en&lr=&q=pew+global+attitudes+survey+May+2003, Zugriff am 21. März 2006.

18 Meinungsumfrage der *Los Angeles Times*, 13.–14. September 2001. Veröffentlicht auf der Polling-Report-Website unter der Adresse www.pollingreport.com/terror10.htm, Zugriff am 10. Januar 2006.

19 Meinungsumfrage CBS News/*New York Times*, 20.–23. September 2001. Veröffentlicht auf der Polling-Report-Website unter der Adresse www.pollingreport.com/terror9.htm, Zugriff am 10. Januar 2006. Pew Research Center, 13.–19. November 2001. Veröffentlicht auf der Polling-Report-Website unter der Adresse www.pollingreport.com/terror7.htm, Zugriff am 10. Januar 2006.

20 Meinungsumfrage ABC News/*Washington Post*, 13. September 2001. Veröffentlicht auf der Polling-Report-Website unter der Adresse www.pollingreport.com/terror10.htm, Zugriff am 10. Januar 2006. Meinungsumfrage CBS News/*New York Times*, 20.–23. September 2001. Veröffentlicht auf der Polling-Report-Website unter der Adresse www.pollingreport.com/terror8.htm, Zugriff am 10. Januar 2006.

21 George W. Bush, »Remarks by President Bush and His Majesty King Abdullah of Jordan in a Photo Opportunity«, Oval Office, 28. September 2001. Veröffentlicht auf der Website des Weißen Hauses unter der Adresse www.whitehouse.gov/news/releases/2001/09/20010928-4.html, Zugriff am 20. März 2006.

22 George W. Bush, »President Bush: ›No Nation Can Be Neutral in this Conflict‹«, Beitrag des Präsidenten bei der Warschauer Konferenz zur Terrorismusbekämpfung, 6. November 2001. Veröffentlicht auf der Website des Weißen Hauses unter der Adresse www.whitehouse.gov/news/releases/2001/11/20011106-2.html, Zugriff am 21. März 2006.

23 George W. Bush, »President Holds Town Hall Forum on Economy in California«, Ontario Convention Center, Ontario, California, 5. Januar 2002. Veröffentlicht auf der Website des Weißen Hauses unter der Adresse www.whitehouse.gov/news/releases/2002/01/20020105-3.html, Zugriff am 21. März 2006.

24 Bush, »Remarks by the President upon Arrival«.

25 Bush, »Address to Joint Session of Congress and the American People«, 20. September 2001.

26 Meinungsumfrage für *Investor's Business Daily/Christian Science Monitor*, durchgeführt von TIPP, der Umfrageabteilung von TechnoMetrica Market Intelligence, 7.–11. November 2001. Veröffentlicht auf der Polling-Report-Website unter der Adresse www.pollingreport.com/terror7.htm, Zugriff am 10. Januar 2006.

27 »London Bomber: Text in Full«, 1. September 2005. Veröffentlicht auf der BBC-News-Website unter der Adresse news.bbc.co.uk/1/hi/uk/4206800.stm, Zugriff am 21. März 2006.

28 Alberto R. Gonzales, Memorandum »Decision Re Application of the Geneva Convention on Prisoners of War to the Conflict with Al Qaeda and the Taliban«, 25. Januar 2002. Veröffentlicht auf der *Newsweek*-Website unter

der Adresse msnbc.msn.com/id/4999148/site/newsweek, Zugriff am 17. Mai 2005.

29 The Pew Global Attitudes Project, 23. Juni 2005. Veröffentlicht auf der Pew-Research-Center-Website unter der Adresse pewglobal.org/reports/display.php?ReportID=247, Zugriff am 21. März 2006.

30 BBC-Meinungsumfrage. Veröffentlicht auf der BBC-News-Website unter der Adresse www.bbc.co.uk/pressoffice/pressreleases/stories/2003/06_june/16/news_poll_america.shtml, Zugriff am 19. Mai 2006.

31 Meinungsumfrage ABC News/*Washington Post*, 7. Oktober 2001. Veröffentlicht auf der Polling-Report-Website unter der Adresse www.pollingreport.com/terror8.htm, Zugriff am 10. Januar 2006.

32 Zu Schätzungen der Gefallenenzahlen siehe Robert Art und Louise Richardson (Hgg.), *Democracy and Counterterrorism: Lessons from the Past* (Washington, D. C.: U. S. Institute of Peace, 2006), Tabelle 4.

33 Congressional Research Service, no. 1B89118, Update vom 10. Juni 2005. Veröffentlicht auf der Website der Federation of American Scientists unter der Adresse www.fas.org/sgp/crs/mideast/IB89118.pdf, Zugriff am 21. März 2006.

34 *Report on the Situation of Human Rights in Argentina* (Washington, D. C.: Organization of American States, Inter-American Commission on Human Rights, 1980), S. 135, Anmerkung.

35 Guillermo Rojas, *30,000 desaparecidos: realidad, mito y dogma* (Buenos Aires: Editorial Santiago Apostol, 2003). *Nunca Mas, A Report by Argentina's National Commission on Disappeared People* (London: Faber & Faber, 1986).

36 Der Bericht war auf der Website von Amnesty International Italien unter der Adresse ww.amnesty.it/Allibtop/1996/AMR/222000196.htm veröffentlicht (nicht mehr erreichbar).

37 Foley (Hg.), *The Memoirs of General Grivas*, S. 71.

38 Der Bericht ist abgedruckt in: Sean Cronin, *Irish Nationalism: A History of its Roots and Ideology* (Dublin: Academy Press, 1980), Anhang XVIII, Absatz 16c.

39 Ebd., Absätze 64–65.

40 US-Außenminister Colin Powell, Rede im UN-Sicherheitsrat, 5. Februar 2003.

41 *9/11 Commission Report: Final Report of the National Commission on Terrorist Attacks Upon the United States (Official Edition)* (Washington, D. C.: Claitor's Law Books and Publishers Division, 22. Juli 2004), S. 335–336.

42 Meinungsumfrage der *Washington Post*: »Saddam Hussein und die Anschläge vom 11. September«, 6. September 2003. Veröffentlicht auf der *Washington-Post*-Website unter der Adresse http://www.washingtonpost.

com/wp-srv/politics/polls/vault/stories/data082303.htm, Zugriff am 20. Oktober 2005.

43 »Iraq, 9/11, Al Qaeda and Weapons of Mass Destruction: What the Public Believes Now, According to Latest Harris Poll«, Harris Poll Nr. 14, 18. Februar 2005. Veröffentlicht auf der HarrisInteractive-Website unter der Adresse http://www.harrisinteractive.com/harris_poll/printerfriend/index.asp?PID=544, Zugriff am 20. Oktober 2005.

44 *9/11 Commission Report*, S. 62.

45 NBC News, *Meet the Press*, 9. Dezember 2001. NBC, 24. März 2002. NBC News, *Meet the Press*, 14. September 2003. Das war das im letzten Kapitel erwähnte Treffen in Prag, bei dem Atta angeblich ein Fläschchen mit Milzbranderregern bekam.

46 Eric Schmitt, »Threats and Responses: Intelligence: Rumsfeld Says U.S. Has ›Bulletproof‹ Evidence of Iraq's Links to Al Qaeda«, *New York Times*, 28. September 2002, S. 9.

47 *Meet the Press* Abschrift für Sonntag, 14. September 2003. Veröffentlicht auf der MSNBC-Website unter der Adresse www.msnbc.msn.com/id/3080244/, Zugriff am 20. März 2006.

48 George W. Bush in *Fox News Sunday*, 17. September 2003. Veröffentlicht auf der Fox-News-Website unter der Adresse www.foxnews.com/story/0,2933,97527,00.html, Zugriff am 21. März 2006.

49 George W. Bush, »President Bush Discusses War on Terror at National Endowment for Democracy«, 6. Oktober 2005. Veröffentlicht auf der Website des Weißen Hauses unter der Adresse www.whitehouse.gov/news/releases/2005/10/20051006-3.html, Zugriff am 21. März 2006.

50 George W. Bush, »Remarks of the President«, 1. Mai 2003. Veröffentlicht auf der Website des Weißen Hauses unter der Adresse www.whitehouse.gov/news/releases/2003/05/20030501-15.html, Zugriff am 21. März 2006.

51 George W. Bush, »President Addresses Nation, Discusses Iraq, War on Terror«, Fort Bragg, North Carolina, 28. Juni 2005. Veröffentlicht auf der Website des Weißen Hauses unter der Adresse www.whitehouse.gov/news/releases/2005/06/20050628-7.html, Zugriff am 21. März 2006.

52 *9/11 Commission Report*, S. 65.

53 Pepe Escobar, »Zarqawi and al Qaeda, Unlikely Bedfellows«, *Asia Times*, 22. Oktober 2004.

54 Brief von al-Sawahiri an al-Sarkawi, 11. Oktober 2005. Veröffentlicht auf der Website des Office of the Director of National Intelligence unter der Adresse www.dni.gov/release_letter_101105.html, Zugriff am 21. März 2006.

55 The Pew Global Attitudes Project, 23. Juni 2005. Veröffentlicht auf der

Pew-Research-Center-Website unter der Adresse pewglobal.org/reports/display.php?ReportID=247, Zugriff am 21. März 2006.

56 Pew Research Center, *Global Opinion: The Spread of Anti-Americanism, Trends 2005*, Kap. 7. Veröffentlicht auf der Pew-Research-Center-Website unter der Adresse pewtrust.org/pdf/trends2005.pdf, Zugriff am 21. März 2006.

57 Bush, »Remarks by the President on Arrival«, the South Lawn, 16. September 2001.

58 George W. Bush, »President Rallies the Troops in Alaska«, 16. Februar 2002. Veröffentlicht auf der Website des Weißen Hauses unter der Adresse www.whitehouse.gov/news/releases/2002/02/20020216-1.html, Zugriff am 21. März 2006.

59 Tom Templeton und Tom Lumley, »9/11 in Numbers«, *The Observer* (London), 18. August 2002.

60 Bush, »Statement by the President in His Address to the Nation«, 11. September 2001.

61 George W. Bush, »Radio Address of the President to the Nation«, 29. September 2001. Veröffentlicht auf der Website des Weißen Hauses unter der Adresse www.whitehouse.gov/news/releases/2001/09/20010929.html, Zugriff am 21. März 2006.

62 Osama Bin Laden, der im April 2004 auf einem Tonband eine an Bedingungen geknüpfte Aussöhnung mit Europa anbietet. Veröffentlicht auf der BBC-News-Website unter der Adresse news.bbc.co.uk/2/hi/middle_east/3628069.stm, Zugriff am 21. März 2006.

63 George W. Bush, »Statement by the President in His Address to the Nation«, 11. September 2001.

64 George W. Bush, »President Addresses Military Families«, Nampa, Idaho, 24. August 2005. Veröffentlicht auf der Website des Weißen Hauses unter der Adresse www.whitehouse.gov/news/releases/2005/08/20050824.html, Zugriff am 21. März 2006.

65 Bush, »President Rallies the Troops in Alaska«.

66 George W. Bush, »President Discusses War on Terror at National Endowment for Democracy«, 6. Oktober 2005. Veröffentlicht auf der Website des Weißen Hauses unter der Adresse www.whitehouse.gov/news/releases/2005/10/20051006-3.html, Zugriff am 21. März 2006.

67 Osama Bin Laden, Rede auf Videoband, das al-Dschasira am 30. Oktober 2004 zugesandt wurde. Veröffentlicht auf der al-Dschasira-Website unter der Adresse english.aljazeera.net/NR/exeres/79C6AF22-98FB-4A1C-B21F-2BC36E87F61F.htm, Zugriff am 17. März 2006.

68 Bush, »President Addresses Military Families«.

69 Bush, »President Discusses War on Terror at National Endowment for Democracy«, 6. Oktober 2005.
70 Bush, »President Addresses Military Families«.
71 Osama Bin Laden bietet auf einem Tonband »An Bedingungen geknüpfte Aussöhnung mit Europa« an, 15. April 2004. Veröffentlicht auf der BBC News Website unter der Adresse news.bbc.co.uk/1/hi/world/middle_east/3628069.stm, Zugriff am 21. März 2006.
72 Bush, »Remarks by the President on Arrival«, the South Lawn, 16. September 2001.

8. Was tun?

1 Osama Bin Laden, »Message to America«, 30. Oktober 2004. Veröffentlicht auf der al-Dschasira-Website unter der Adresse english.aljazeera.net/NR/exeres/79C6AF22-98FB-4A1CB21F-2BC36E87F61F.htm, Zugriff am 17. März 2006.
2 William Ewart Gladstone, »Brief an seine Frau«, in: J. L. Hammond, *Gladstone and the Irish Nation* (London: Longmans, Green, 1964), S. 51.
3 »The Banner of Ulster«, 17. Dezember 1867. Zitiert in: Patrick Quinlivan und Paul Rose, *The Fenians in England, 1865–1872* (London: John Calder, 1982), S. 97.
4 »Impartial Reporter«, 7. Mai 1868. Zitiert in: Quinlivan und Rose, *The Fenians in England,* S. 97.
5 »Queen Victoria an Gathorne Hardy, den Lord Cranbrook«, 1. Mai 1868. Zitiert in: Quinlivan und Rose, *The Fenians in England,* S. 133.
6 Zitiert in: Quinlivan und Rose, *The Fenians in England,* S. 117.
7 *The Times* (London), 21. April 1868, zitiert in: Quinlivan und Rose, *The Fenians in England,* S. 117.
8 Zitiert in: Quinlivan und Rose, *The Fenians in England,* S. 117.
9 Quinlivan und Rose, *The Fenians in England,* S. 135.
10 J. L. Hammond, *Gladstone and the Irish Nation* (London: Longmans, Green, 1964), S. 80.
11 Padraic H. Pearse, *Political Writings and Speeches* (Dublin: Talbot Press, 1966), S. 137.
12 George W. Bush, »Address to a Joint Session of Congress and the American People«, 20. September 2001. Veröffentlicht auf der Website des Weißen Hauses unter der Adresse www.whitehouse.gov/news/releases/2001/09/20010911-16.html, Zugriff am 20. März 2006.
13 Benjamin Franklin, Pennsylvania Assembly: Antwort an den Gouverneur, 11. November 1775, in: *The Papers of Benjamin Franklin,* hg. von Leonard W. Larabee, Bd. 6 (New Haven: Yale University Press, 1963), S. 242.

14 Laura K. Donohue, *Counterterrorist Law and Emergency Powers in the United Kingdom, 1922–2000* (Dublin: Irish Academic Press, 2001).

15 George Washington, *The Writings of George Washington from the Original Manuscript Sources*, Bd. 7, *1745–1799* (Charlottesville, Va.: Electronic Text Center, University of Virginia Library).

16 David Hackett Fischer, *Washington's Crossing* (Oxford: Oxford University Press, 2004), S. 379.

17 Ebd., S. 276.

18 Sunzi, *Die Kunst des Krieges,* hg. von James Clavell (München: Knaur, 2001), S. 155.

19 Tom Templeton und Tom Lumley, »9/11 in Numbers«, *The Observer* (London), 18. August 2002.

20 Peter R. Neumann, *Britain's Long War: British Strategy in the Northern Irish Conflict, 1969–1998* (New York: Palgrave, 2003), S. 157.

21 Louise Richardson, »Britain and the IRA«, in: Robert Art und Louise Richardson (Hgg.), *Democracy and Counter-terrorism: Lessons from the Past* (Washington, D. C.: United States Institute of Peace, 2006).

22 Louise Richardson, »How Terrorist Campaigns End: Lessons from War Termination«, Vortrag bei der International Studies Association Annual Convention, New Orleans, 25. März 2002.

23 David Ensor, »U.S. Officials: Al-Zarqawi Group's Statement Credible«, CNN, 18. Oktober 2004. Veröffentlicht auf der CNN-Website unter der Adresse www.cnn.com/2004/WORLD/meast/10/18/al.zarqawi.statement/index.html, Zugriff am 21. März 2006.

24 »Voice on Tape Is bin Laden, Say US Investigators«, MSNBC, 28. Dezember 2004. Veröffentlicht auf der MSNBC-Website unter der Adresse www.msnbc.msn.com/id/6759167/, Zugriff am 21. März 2006.

25 Memo von Donald Rumsfeld, 16. Oktober 2003. Veröffentlicht auf der *USA-Today*-Website unter der Adresse www.usatoday.com/news/washington/executive/rumsfeld-memo.htm, Zugriff am 21. März 2006.

26 Brief von al-Sawahiri an al-Sarkawi, Office of the Director of National Intelligence, 11. Oktober 2005. Veröffentlicht auf der Website des Office of the Director of National Intelligence unter der Adresse www.dni.gov/release_letter_101105.html, Zugriff am 21. März 2006.

27 Ebd.

28 Osama Bin Laden, 7. Oktober 2001. Veröffentlicht auf der MidEastWeb.org-Website unter der Adresse www.mideastweb.org/osamabinladen3.htm, Zugriff am 21. März 2006.

29 »Iraq Surveys Show ›Humanitarian Emergency‹«, UNICEF Information Newsline, 12. August 1999. Veröffentlicht auf der UNICEF-Website unter der Adresse www.unicef.org/newsline/99pr29.htm, Zugriff am 25. Mai 2006.

30 Mohamed M. Ali und Iqbal H. Shah, »Sanctions and Childhood Mortality in Iraq«, *The Lancet* 355, Band 9218 (27. Mai 2000), 1851–1857.

31 Offener Brief an Mr. Peter Hain, *The Guardian,* 3. Januar 2001.

32 BBC News, 30. September 1998. Veröffentlicht auf der BBC-News-Website unter der Adresse news.bbc.co.uk/1/hi/world/middle_east/183499.stm, Zugriff am 21. März 2006.

33 John Mueller und Karl Mueller, »Sanctions of Mass Destruction«, *Foreign Affairs* 78, Nr. 3 (1999), 43–53.

34 Näheres zu dieser Politik, die Teil eines umfassenden Entwicklungsplans sein könnte, findet sich in der Madrider Agenda, die der Club de Madrid am 11. März 2005 veröffentlicht hat. Das Hintergrundmaterial, auf dem die Agenda basiert, ist eine wahre Fundgrube an detaillierten Empfehlungen zur Vorgehensweise.

35 Greg Fealy, »Hating Americans: Jemaah Islamiyah and the Bali Bombings«, *IIAS Newsletter* 31 (Juli 2003), 3.

36 Raymond Bonner, »Bali Suicide Bombers Said to Have Belonged to Small Gang«, *The New York Times,* 7. Oktober 2005, S. A3.

37 Pew Global Attitudes Survey, 23. Juni 2005. Veröffentlicht auf der Pew-Research-Center-Website unter der Adresse pewglobal.org/reports/display.php?ReportID=247, Zugriff am 21. März 2006.

38 Pew Global Attitudes Project, 14. Juli 2005. Veröffentlicht auf der Pew-Research-Center-Website unter der Adresse pewglobal.org/reports/display.php?ReportID=248, Zugriff am 21. März 2006.

39 Bericht der Independent Task Force Sponsored by the Council of Foreign Relations, »Finding America's Voice: A Strategy for Reinvigorating U.S. Public Diplomacy«, New York, 2003. The Djerejian Report, »Changing Minds, Winning Peace: A New Strategic Direction for U.S. Public Diplomacy in the Arab and Muslim World«, Report of the Advisory Group on Public Diplomacy for the Arab and Muslim World, Washington, D. C., 2003.

40 Djerejian Report, S. 25.

41 Bush, »Remarks by the President upon Arrival«, the South Lawn, 16. September 2001. Veröffentlicht auf der Website des Weißen Hauses unter der Adresse www.whitehouse.gov/news/releases/2001/09/20010916-2.html, Zugriff am 21. März 2006.

42 Bei dem Beschluss, den Einsatz des Militärs zu autorisieren, betrug das Abstimmungsergebnis 420 : 1 im Repräsentantenhaus und 98 : 0 im Senat. Beim PATRIOT Act lautete es 357 : 66 im Repräsentantenhaus und 98 : 1 im Senat.

43 »Security with a Human Face: Challenges and Responsibilities«, UNDP National Human Development Report, 2004, UNDP – Afghanistan, Februar 2005.

44 United Nations International Drug Control Programme, *Annual Opium Poppy Survey, Afghanistan 2001, 2004.*

45 Peter Barron, »Afghanistan Struggles to Keep Warlords Off the Ballot«, *The Christian Science Monitor,* 8. September 2005.

46 Interview zitiert in: Raimondo Catanzaro (Hg.), *The Red Brigades and Left Wing Terrorism in Italy* (New York: St. Martin's Press, 1991), S. 185.

47 Zitiert in: Fealy, »Hating Americans: Jemaah Islamiyah and the Bali Bombings«, S. 3.

Literatur

Aita, Judy. »Bombing Trial Witness Describes Nairobi Surveillance Mission«. Washington, D. C.: United States Department of State, 23. Februar 2001. Veröffentlicht auf der State-Department-Website unter der Adresse usinfo.state.gov/is/Archive_Index/Bombing_Trial_Witness_Describes_Nairobi_Surveillance_Mission.html, Zugriff am 17. Mai 2006.

al Din, Riyad Alam. »Report Links Bin Laden, Nuclear Weapons«. *Al-Watran al-Arabi,* 12. November 1998.

Alexander, Yonah, und Dennis A. Pluchinsky. *Europe's Red Terrorists: The Fighting Communist Organizations.* London: Frank Cass, 1992.

Allison, Graham. *Nuclear Terrorism: The Ultimate Preventable Catastrophe.* New York: Times Books, 2004.

al-Qurashi, Abu 'Ubeid. »Al-Qa'ida Activist, Abu 'Ubeid Al Qurashi: Comparing Munich (Olympics) Attack 1972 to September 11«. Middle East Media Research Institute Report Nr. 353, 12. März 2002. Veröffentlicht auf der MEMRI-Website unter der Adresse memri.org/bin/articles.cgi?Page=subjects&Area=jihad&ID=SP35302, Zugriff am 17. Mai 2006.

al-Zawahiri, Ayman [Aiman al-Sawahiri]. *Knights Under the Prophet's Banner.* Übers. FBIS (Foreign Broadcast Information Service), Sommer 2001. Veröffentlicht auf der Liberals-Against-Terrorism-Website unter der Adresse www.liberalsagainstterrorism.com/wiki/index.php/knights_Under_the_Prophet's_Banner, Zugriff am 17. Mai 2006.

Annual Opium Poppy Survey, Afghanistan 2001, 2004. United Nations International Drug Control Programme, Wien.

»Arab Security Sources Speak of a New Scenario for Afghanistan: Secret Roaming Networks That Exchange Nuclear Weapons for Drugs«. *Asharq al-Awsat,* 24. Dezember 2000.

Arendt, Hannah. »Reflections on Violence«. *The New York Review of Books,* 27. Februar 1969. Veröffentlicht auf der *New-York-Review-of-Books-*

Website unter der Adresse www.nybooks.com/articles/11395, Zugriff am 22. Juli 2006.

Art, Robert, und Louise Richardson (Hgg.). *Democracy and Counterterrorism: Lessons from the Past.* Washington, D. C.: U.S. Institute of Peace, 2006.

Atran, Scott. »Genesis of Suicide Terrorism«. *Science,* 7. März 2003. Veröffentlicht auf der *Science*-magazine-Website unter der Adresse www.sciencemag.org/cgi/content/abstract/299/5612/1534, Zugriff am 17. Mai 2006.

Avrich, Paul. *Anarchist Portraits.* Princeton, N. J.: Princeton University Press, 1990.

Baumann, Michael »Bommi«. *Wie alles anfing.* Hg. von W. Abendroth u. v. a. m. Frankfurt/Main: Anabas u. a., 1977.

Becker, Jillian. *Hitlers Kinder? Der Baader-Meinhof-Terrorismus.* Frankfurtt/Main.: Fischer-Taschenbuch-Verlag, 1978.

Benjamin, Daniel, und Steven Simon. *The Age of Sacred Terror, Radical Islam's War Against America.* New York: Random House, 2003.

Beresford, David. *Ten Men Dead: The Story of the 1981 Hunger Strike.* London: HarperCollins, 1987.

Bergen, Peter. *Heiliger Krieg Inc. Osama bin Ladens Terrornetz.* Berlin: Berliner Taschenbuch-Verlag, 2003.

Bergen, Peter, und Swati Pandey. »The Madrassa Myth«. *The New York Times,* 14. Juni 2005.

Bin Laden, Osama. »Letter to the American People«. Übers. *The Observer,* 24. November 2002.

Black, Jeremy (Hg.). *70 große Schlachten der Weltgeschichte von Marathon bis Bagdad.* Leipzig: Koehler & Amelang, 2005.

Blalock, Garrick, Vrinda Kadiyali und Daniel H. Simon. *The Impact of 9/11 on Driving Fatalities: The Other Lives Lost to Terrorism.* Ithaca, N. Y.: Cornell University, 25. Februar 2005. Online. Veröffentlicht auf der Cornell-University-Website unter der Adresse www.news.cornell.edu/stories/March05/Sept11driving.pdf, Zugriff am 17. Mai 2006.

Bodansky, Yosef. *Bin Laden: The Man Who Declared War on America.* Roseville, Calif.: Prima, 2001.

Bonner, Raymond. »Bali Suicide Bombers Said to Have Belonged to Small Gang«. *The New York Times*, 7. Oktober 2005.

Bose, Sumantra. *States Nations Sovereignty: Sri Lanka, India and the Tamil Eelam Movement.* New Delhi: Sage, 1994.

Bougereau, Jean Marcel. »Memoirs of an International Terrorist: Conversations with Hans Joachim Klein«. In: *The German Guerrilla: Terror, Reaction, and Resistance.* Sanday, Orkney: Cienfuegos Press, 1981.

Brackett, D. W. *Holy Terror: Armageddon in Tokyo.* New York: Weatherhill, 1966.

Burke, Jason. *Al-Qaida: Wurzeln, Geschichte, Organisation.* Düsseldorf, Zürich: Artemis und Winkler, 2004.

Camus, Albert. *Die Gerechten.* Reinbek: Rowohlt, 1962.

Catanzaro, Raimondo. *The Red Brigades and Left Wing Terrorism in Italy.* New York: St. Martin's Press, 1991.

Chaliand, Gérard (Hg.). *Guerrilla Stratégios.* Berkeley: University of California Press, 1982.

»Changing Minds, Winning Peace: A New Strategic Direction for U.S. Public Diplomacy in the Arab and Muslim World (›The Djerejian Report‹)«. Bericht der Advisory Group on Public Diplomacy for the Arab and Muslim World, Washington, D. C., 2003.

Charters, David (Hg.). *The Deadly Sin of Terrorism: Its Effect on Democracy and Civil Liberties in Six Countries.* Westwood: Greenwood Press, 1994.

Clark, Robert P. *The Basque Insurgents: ETA 1952–1980.* Madison: University of Wisconsin Press, 1984.

Clarke, Richard A. *Against all enemies: Der Insiderbericht über Amerikas Krieg gegen den Terror.* Hamburg: Hoffmann und Campe, 2004.

Clyde, R. Mark, et al. *CRS Issue Brief for Congress, Lebanon.* Congressional Research Service, Library of Congress, aktualisiert am 10. Juni 2005.

Collins, Eamon. *Blinder Haß. Autobiographie eines irischen Terroristen.* Franfurt a. M.: S. Fischer, 1997.

Congressional Research Service, Nr. 1B89118, Library of Congress, aktualisiert am 10. Juni 2005.

Coogan, Tim Pat. *The IRA: A History.* Boulder: Roberts Rinehart, 1994.

Copeland, Libby. »Female Suicide Bombers: The New Factor in Mideast's Deadly Equation«. *The Washington Post,* 27. April 2002.

Council on Foreign Relations. *The War on Terror: A Foreign Affairs Book.* New York: Council on Foreign Relations, 2003.

Crenshaw, Martha. »The Causes of Terrorism«. *Comparative Politics* 13, Nr. 4 (Juli 1981), 379–400.

Crenshaw, Martha (Hg.). *Terrorism in Context.* University Park: Pensylvania State University Press, 1995.

Croddy, Eric, Matthew Osborne und Kimberly McCloud. »Chemical Terrorist Plot in Rome?«, Center for Nonproliferation Studies Research Story, 11.

März 2002. Veröffentlicht auf der CNS-Website unter der Adresse cns.miis.edu/pubs/week/020311.htm, Zugriff am 17. Mai 2006.

Cronin, Audrey Kurth, und James M. Ludes (Hgg.). *Attacking Terrorism: Elements of a Grand Strategy.* Washington, D. C.: Georgetown University Press, 2004.

Cronin, Sean. *Irish Nationalism: A History of its Roots and Ideology*. Dublin: Academy Press, 1980.

Cullen, Kevin. »From Terrorist to Priest«. *The Boston Globe Sunday Magazine,* 7. August 2005, S. 20.

Cullison, Alan. »Inside Al Qaeda's Hard Drive«. *The Atlantic Monthly,* September 2004, S. 55–70.

Cullison, Alan, und Andrew Higgins. »Computer in Kabul Holds Chilling Memos«. *The Wall Street Journal,* 31. Dezember 2001.

Dale, Stephen Frederic. »Religious Suicide in Islamic Asia: Anti-colonial Terrorism in India, Indonesia and the Philippines«. *Journal of Conflict Resolution* 32, Nr. 1 (März 1988), 37–59.

Dartnell, Michael Y. *Action Direct: Ultra-Left Terrorism in France, 1979–87.* London: Frank Cass, 1995.

Delany, Max. »Under Attack al Qaeda Makes Nuclear Claim«. *The Moscow News,* 3. März 2004.

Della Porta, Donatella. *Social Movements, Political Violence and the State: A Comparative Analysis of Italy and Germany*. Cambridge: Cambridge University Press, 1995.

Dershowitz, Alan. *Why Terrorism Works.* New Haven: Yale University Press, 2002.

Donohue, Laura K. *Counterterrorist Law and Emergency Powers in the United Kingdom, 1922–2000.* Dublin: Irish Academic Press, 2001.

Dviri, Manuela. »My Dream Was to Be a Suicide Bomber. I Wanted to Kill 20, 50 Jews, Yes, Even Babies«. *The Telegraph* (London), 26. Juni 2005.

Dwyer, Jim, et al. *Two Seconds Under the World.* New York: Crown, 1994.

English, Richard. *Armed Struggle: The History of the IRA*. London: Macmillan, 2003.

Escobar, Pepe. »Zarqawi and al Qaeda, Unlikely Bedfellows«. *Asia Times,* 22. Oktober 2004.

Esposito, John L. *Unholy War: Terror in the Name of Islam.* Oxford: Oxford University Press, 2002.

Evans, Dominic. »US Troops Found Afghan Biological Lab«. Reuters, 22. März 2002.

Fanon, Frantz. *Die Verdammten dieser Erde.* Frankfurt/Main: Suhrkamp, 1966.

Farrell, William R. *Blood and Rage: The Story of The Japanese Red Army.* Lexington, Mass.: Lexington Books, 1990.

Fielding, Nick. »Bin Laden's Dirty Bomb Quest Exposed«. *The London Times Online,* 19. Dezember 2004.

»Finding America's Voice: A Strategy for Reinvigorating U.S. Public Diplomacy«. Bericht der Independent Task Force Sponsored by the Council of Foreign Relations, New York, 2003.

Fischer, David Hackett. *Washington's Crossing.* Oxford: Oxford University Press, 2004.

Foley, Charles (Hg.). *The Memoirs of General Grivas.* New York: Praeger, 1965.

Foley, Greg. »Hating Americans: Jemaah Islamiyah and the Bali Bombings«. *IIAS Newsletter* 31 (Juli 2003), 3–4.

Fouda, Yosri, und Nick Fielding. *Masterminds of Terror. Die Drahtzieher des 11. September berichten. Der Insider-Report von al-Qaida.* Hamburg; Wien: Europa-Verlag, 2003.

Franklin, Benjamin. *The Papers of Benjamin Franklin.* Hg. von Leonard W. Larabee. Bd. 6. New Haven: Yale University Press, 1963.

Friedman, Thomas L. »Marines Release Diagram on Blast«. *The New York Times,* 28. Oktober 1983.

Gambetta, Diego (Hg.). *Making Sense of Suicide Missions.* Oxford: Oxford University Press, 2005.

Gardner, J. Starkie. *Armour in England from the Earliest Times to the Seventeenth Century.* Whitefish, Mont.: Kessinger Publishing Company, 2004.

Gellman, Barton. »Al Qaeda Near Biological, Chemical Arms Production«. *The Washington Post,* 23. März 2003.

Ghosh, Aparisim. »Inside the Mind of an Iraqi Suicide Bomber«. *Time,* 4. Juli 2005, S. 23–29.

Gonzales, Alberto R. »Memorandum: Decision Re Application of the Geneva Convention on Prisoners of War to the Conflict with Al Qaeda and the Taliban«. 25. Januar 2002. Veröffentlicht unter der Adresse http://msnbc.msn.com/id/4999148/site/newsweek.

Gordon, James. »Feds Find Poison Plot vs. Gulf Troops«. *The Daily News* (New York), 10. Februar 2003.

Gordon, Michael. »US Says It Found Qaeda Lab Being Built to Produce Anthrax«. *The New York Times,* 23. März 2002.

Greenberg, Karen J. *Al Qaeda Now: Understanding Today's Terrorists*. Cambridge: Cambridge University Press, 2005.

Guevara, Ernesto Che. *Der Guerillakrieg*. Münster: Unrast, 2005.

Gunaratna, Rohan. *Inside Al Qaeda Global Network of Terror.* New York: Columbia University Press, 2002.

Gunaratna, Rohan. »The LTTE and Suicide Terrorism«. *Frontline* (Indien), 5.–8. Februar 2000.

Gurr, Ted Robert. *Rebellion. Eine Motivationsanalyse von Aufruhr, Konspiration und innerem Krieg*. Düsseldorf, Wien: Econ, 1972.

Hammond, J. L. *Gladstone and the Irish Nation*. London: Longmans, Green, 1964.

Hassan, Nasra. »An Arsenal of Believers: Talking to the Human Bombs«. *The New Yorker,* 19. November 2001.

He Hir, J. Bryan. *Liberty and Power: Dialogue on Religion & U.S. Foreign Policy in an Unjust World*. Washington, D. C.: Brookings, 2004.

Hess, Pamela. »Al Qaeda May Have Chemical Weapons«. *United Press International*, 19. August 2002.

Heymann, Philip B. *Terrorism, Freedom, and Security: Winning Without War*. Cambridge, Mass.: MIT Press, 2003.

Hill, Peter. »Kamikaze 1943–45«. In: Diego Gambetta (Hg.). *Making Sense of Suicide Missions*. Oxford: Oxford University Press, 2005.

Hodgson, Marshall G. S. *The Secret Order of Assassins: The Struggle of the Early Nizari Isma'ilis Against the Islamic World*. Den Haag: Mounton & Company, 1955.

Hoffman, Bruce. *Inside Terrorism*. New York: Columbia University Press, 1998.

Hoffman, Bruce. »The Logic of Suicide Terrorism«. *The Atlantic Monthly,* Juni 2003, S. 40–47.

Horsley, Richard A. »The Sicarii: Ancient Jewish Terrorists«. *The Journal of Religion* 59, Nr. 4 (Oktober 1979), 435–458.

Hudson, R. *The Sociology and Psychology of Terrorism: Who Becomes a Terrorist and Why?* Washington, D. C.: Federal Research Division, Library of Congress, 20540-4840, 1999.

Human Development Report 2005. New York: United Nations Development Programme. Veröffentlicht auf der Website des United Nations Development Programme unter der Adresse hdr.undp.org/reports/global/2005/, Zugriff am 5. Januar 2006.

Hupta, Hiralal. »A Critical Study of the Thugs and their Activities«. *Journal of Indian History* 38 (1959), 167–176.

Jaber, Hala. *Hezbollah Born with a Vengeance.* New York: Columbia University Press, 1997.

Jacquard, Roland. *Die Akte Osama Bin Laden. Das geheime Dossier über den meistgesuchten Terroristen der Welt.* München: List, 2001.

Jáuregui, Gututz. »Del nacionalismo sabiniano a la guerra revolucionaria (1963–1965)«. In: Antonio Alorza et al. (Hgg.). *La Historia de ETA.* Madrid: Temas de Hoy, 2000.

Johnson, Ed. »Report: al Qaeda Made Bomb in Afghanistan«. *Associated Press*, 30. Januar 2003.

Joll, James. *Die Anarchisten.* Frankfurt/Main., Berlin: Ullstein, 1969.

Joshi, Charu Lata. »Ultimate Sacrifice: Faced with Harassment and Economic Deprivation, Young Tamils Are Ready to Give up Their Lives«. *Far Eastern Economic Review,* 1. Juni 2002, S. 64–67.

Juergensmeyer, Mark. »Religion as a Cause of Terrorism.« In: Peter Neumann und Louise Richardson (Hgg.). *Democracy and Terrorism: The Root Causes of Terrorism.* New York: Routledge, 2006.

Juergensmeyer, Mark. *Terror im Namen Gottes. Ein Blick hinter die Kulissen des gewalttätigen Fundamentalismus.* Freiburg im Breisgau, Basel, Wien: Herder, 2004.

Kaplan, Fred. »Bush's Many Miscalculations«. *Slate,* 9. September 2003.

Keppel, Gilles. *Jihad: The Trail of Political Islam.* Cambridge, Mass.: Harvard University Press, 2002.

Keppel, Gilles. *Muslim Extremism in Egypt: The Prophet and the Pharaoh.* Berkeley: University of California Press, 1995.

Keppel, Gilles. *The War for Muslim Minds: Islam and the West.* Cambridge, Mass.: Harvard University Press, 2004.

Khosrokhavar, Farhad. *Suicide Bombers: Allah's New Martyrs.* London: Pluto, 2002.

Kifner, John. »Israelis Investigate Far Right; May Crack Down on Speech«. *The New York Times,* 8. November 1995.

Korn, David A. *Assassination in Khartoum.* Bloomington: Indiana University Press, 1993.

Krueger, Alan, und Jitka Maleckova. »Does Poverty Cause Terrorism?«. *The New Republic,* 24. Juni 2004.

Krueger, Alan, und Jitka Maleckova. »Education, Poverty, Political Violence and Terrorism: Is There a Causal Connection?«. *NBER* Working Paper Nr. 9074. Cambridge: National Bureau of Economic Research, 2002.

Krumwiede, Heinrich-W., und Peter Waldmann (Hgg.). *Civil Wars: Conse-*

quences and Possibilities for Regulation. Baden-Baden: Nomos Verlagsgesellschaft, 2000.

Krumwiede, Heinrich-W., und Peter Waldmann (Hgg.). *Voices of Terror.* New York: Reed, 2004.

Laqueur, Walter. *Krieg dem Westen. Terrorismus im 21. Jahrhundert.* Berlin: Propyläen, 2003.

Lawrence, Bruce (Hg.). *Messages to the World: The Statements of Osama bin Laden.* New York: Verso, 2005.

»Letter from al-Zawahiri to al Zarqawi«. Washington, D. C.: Office of the Director of National Intelligence, 11. Oktober 2005. Veröffentlicht auf der Website des Office of the Director of National Intelligence unter der Adresse www.dni.gov/release_letter_101105.html, Zugriff am 17. Mai 2006.

Lewis, Bernard. *Die Assassinen. Zur Tradition des religiösen Mordes im radikalen Islam.* München, Zürich: Piper, 1993.

Lewis, Bernard. *Der Untergang des Morgenlandes. Warum die islamische Welt ihre Vormacht verlor.* Bonn: BpB (Bundeszentrale für politische Bildung), 2002.

Lyons, F. S. L. *Ireland Since the Famine.* Glasgow: Collins/Fontana, 1973.

Mac Stiofain, Sean. *Memoirs of a Revolutionary.* Edinburgh: Gordon Cremonesi, 1975.

»The Madrid Agenda«. Madrid: Club de Madrid, 11. März 2005. Veröffentlicht unter der Adresse english.safe-democracy.org/agenda/the-madrid-agenda.html, Zugriff am 17. Mai 2006.

Malka, Haim. »Must Innocents Die? The Islamic Debate over Suicide Attacks«. *Middle East Quarterly,* Frühjahr 2003. Veröffentlicht unter der Adresse www.meforum.org/article530.

Mandela, Nelson. *Der lange Weg zur Freiheit.* Frankfurtt/Main: S. Fischer, 1994.

Margalit, Avishai. »The Suicide Bombers«. *The New York Review of Books,* 16. Januar 2003.

Marighella, Carlos. *Minihandbuch des Stadtguerilleros.* o. O.: o. V., 1972.

Marx, Karl, und Friedrich Engels. »Die deutsche Ideologie«. In: Karl Marx/Friedrich Engels, *Werke,* Bd. 3. Berlin Ost: Dietz Verlag, 1969.

Marx, Karl, und Friedrich Engels, *Werke,* Bd. 31: Briefwechsel November 1864 – Dezember 1867. Berlin Ost: Dietz Verlag, 1973.

McDermott, Terry. *Perfect Soldiers: The Hijackers: Who They Were, Why They Did It.* New York: HarperCollins, 2005.

McIntyre, Jamie. »Zubaydah: Al Qaeda Had ›Dirty Bomb‹ Know-How«. CNN, 22. April 2002. Veröffentlicht auf der CNN-Website unter der Adresse www.cnn.com/2002/us/04/22/zubaydah.dirty.bomb, Zugriff am 17. Mai 2006.

McWethy, John. »Bin Laden Set to Strike Again?«. ABC News, 16. Juni 1999.

Merari, Ariel. »Social, Organizational and Psychological Factors in Suicide Terrorism«. In: Tore Bjorgo (Hg.). *Root Causes of Terrorism: Myths, Reality and Ways Forward*. New York: Routledge, 2005.

Miller, Judith. »Labs Suggest Qaeda Planned to Build Arms, Officials Say«. *The New York Times,* 14. September 2002.

Miller, Judith. »US Has New Concerns About Anthrax Readiness«. *The New York Times,* 28. Dezember 2003.

Mir, Hamid. »Osama Claims He Has Nukes: If US Used Narms It Will Get Same Response«. *Dawn* (Pakistan), 10. November 2001.

Moloney, Ed. *A Secret History of the IRA*. New York: W. W. Norton, 2002.

Moody, T. W. (Hg.). *The Fenian Movement.* Cork: Learning Links, 1978.

Mueller, John, und Karl Mueller. »Sanctions of Mass Destruction«. *Foreign Affairs* 78, Nr. 3 (1999), S. 43–53.

Nathan, Adam, und David Leppard. »Al Qaeda's Men Held Secret Meetings to Build a Dirty Bomb«. *Sunday Times* (London), 14. Oktober 2001.

Neumann, Peter R. *Britain's Long War: British Strategy in the Northern Irish Conflict, 1969–1998.* New York: Palgrave, 2003.

9/11 Commission Report: Final Report of the National Commission on Terrorist Attacks Upon the United States (Official Edition). Washington, D. C.: Claitor's Law Books and Publishers Division, 22. Juli 2004.

Nunca Mas (Report by Argentina's National Commission on Disappeared People). Buenos Aires: Faber & Faber, 1986.

O'Boyle, Garrett. »Theories of Justification and Political Violence: Examples from Four Groups«. *Terrorism and Political Violence* 14, Nr. 2 (Sommer 2002), 32.

O'Malley, Padraig. *Biting at the Grave: The Irish Hunger Strikes and the Politics of Despair.* Boston: Beacon Press, 1990.

»Omar Sheikh's Diaries«. *The Indian Express,* 11. Oktober 2001.

Olimpio, Guido. »Islamic Group Said Preparing Chemical Warfare on the West«. *Corriere della Sera,* 8. Juli 1998.

Oliver, Anne Marie, und Paul Steinberg. *The Road to Martyrs' Square: A Journey into the World of the Suicide Bomber.* Oxford: Oxford University Press, 2005.

Organization of American States, Inter-American Commission on Human Rights. »Report on the Situation of Human Rights in Argentina«. Washington, D. C., 1980.

Pape, Robert A. *Dying to Win: The Strategic Logic of Suicide Terrorism*. New York: Random House, 2005.

Pape, Robert A. »The Strategic Logic of Suicide Terrorism«. *American Political Science Review* 97 (2003), 343–361.

Patterns of Global Terrorism 1999. Washington, D. C.: U. S. Department of State, April 2000.

Patterns of Global Terrorism 2000. Washington, D. C.: U. S. Department of State, April 2001.

Patterns of Global Terrorism 2001. Washington, D. C.: U. S. Department of State, April 2002.

Patterns of Terrorist Violence 2002. Washington, D. C.: U. S. Department of State, April 2003.

Patterns of Terrorist Violence 2003. Washington, D. C.: U. S. Department of State, April 2004.

Pearse, Padraic H. *Political Writings and Speeches*. Dublin: Talbot Press, 1966.

Pipes, Daniel. »Arafat's Suicide Factory«. *New York Post*, 9. Dezember 2001.

Post, Jerrold M. »Notes on a Psychodynamic Theory of Terrorist Behavior«. *Terrorism: An International Journal* 7, Nr. 3 (1984), 242–256.

Post, Jerrold M. »The Socio-cultural Underpinnings of Terrorist Psychology: When Hatred Is Bred in the Bone«. In: Tore Bjorgo (Hg.) *Root Causes of Terrorism: Myths, Reality and Ways Forward*. New York: Routledge, 2005.

Post, Jerrold M., et al. »The Terrorists in Their Own Words: Interviews with 35 Incarcerated Middle Eastern Terrorists«. *Terrorism and Political Violence* 15, Nr. 1 (Frühjahr 2003), 176.

Prendergast, Alan. »A Simple Case: How a Drunk Driving Fatality Got Lost in the System«. 25. September 2003. Veröffentlicht auf der Westword-Website unter der Adresse www.westword.com/issues/2003-09-25/news/news.html, Zugriff am 17. Mai 2006.

Quinlivan, Patrick, und Paul Rose. *The Fenians in England, 1865–1872*. London: John Calder, 1982.

Rapoport, David C. »Fear and Trembling: Terrorism in Three Religious Traditions«. *American Political Science Review* 78, Nr. 3 (1984), 658–677.

Rapoport, David C. *Inside Terrorist Organizations.* New York: Columbia University Press, 1988.

Rapoport, David C. »Terrorism and Weapons of the Apocalypse«. *National Security Studies Quarterly* 5, Nr. 3 (1999), 57.

Rashid, Ahmed. *Taliban. Afghanistans Gotteskrieger und der Dschihad.* München: Droemer, 2001.

Raufer, Zavier. »The Red Brigades: A Farewell to Arms«. *Studies in Conflict and Terrorism* 16 (1993), 315–325.

Reader, Ian. *Religious Violence in Contemporary Japan: The Case of Aum Shinrikyo.* Honolulu: University of Hawaii Press, 2000.

Reagan, Ronald. *Erinnerungen. Ein amerikanisches Leben.* Berlin: Propyläen, 1990.

Reich, Walter (Hg.). Origins of Terrorism Psychologies, Ideologies, Theologies, States of Mind. Washington, D. C.: Woodrow Wilson Center Press, 1998.

Ressa, Maria. »Reports al Qaeda Operative Sought Anthrax«. CNN, 10. Oktober 2003. Veröffentlicht auf der CNN-Website unter der Adresse edition.cnn.com/2003/world/asiapcf/southeast/10/10/alqaeda.anthrax/, Zugriff am 17. Mai 2006.

Reuter, Christoph. *Mein Leben ist eine Waffe. Selbstmordattentäter – Psychogramm eines Phänomens.* München: C. Bertelsmann, 2002.

Richardson, Louise. »Blasts from the Past«. *Financial Times,* 5. Juli 2005, 26–27.

Richardson, Louise. »Britain and the IRA«. In: Robert Art und Louise Richardson (Hgg.). *Democracy and Counter-terrorism: Lessons from the Past.* Washington, D. C.: U. S. Institute of Peace, 2006.

Richardson, Louise. »Buying Biosafety: Is the Price Right?«. *New England Journal of Medicine,* 20. Mai 2004, S. 2121–2123.

Richardson, Louise. »How Terrorist Campaigns End; Lessons from War Termination«. Vortrag bei der International Studies Association Conference, New Orleans, La., März 2002.

Richardson, Louise. »State Sponsorship: A Root Cause of Terrorism?«. In: Tore Bjorgo (Hg.). *Root Causes of Terrorism: Myths, Reality and Ways Forward.* London: Routledge, 2005.

Ridden, May. »With Poison in Their Souls«. *The Observer* (London), 17. April 2005.

Roberts, Gwynne. »Militia Defector Claims Baghdad Trained al Qaeda Fighters in Chemical Warfare«. *The Sunday Times* (London), 14. Juli 2002.

Rojas, Guillermo (Hg.). »30,000 desaparecidos: realidad, mito y dogma: historia verdera y manipulación ideológica«. Buenos Aires: Santiago Apostol, 2003.

Rubenstein, Richard E. *Alchemists of Revolution: Terrorism in the Modern World.* New York: Basic Books, 1987.

Rubin, Barry, und Judith Colp Rubin (Hg.). *Anti-American Terrorism and the Middle East.* Oxford: Oxford University Press, 2002.

Sageman, Marc. *Understanding Terror Networks.* Philadelphia: University of Pennsylvania Press, 2004.

Salah, Muhammad. »Bin Laden Front Reportedly Bought CBW from E. Europe«. *Al-Hayah,* 20. April 1999.

Salah, Muhammad. »US Said [to Be] Interrogating Jihadist over CBW«. *Al-Hayah,* 21. April 1999.

Sayle, Murray. »Nerve Gas and Four Noble Truths«. *The New Yorker,* 1. April 1996.

Schalk, P. »Resistance and Martyrdom on the Process of State Formation in Tamililam«. In: J. Pettigrew (Hg.). *Martyrdom and Political Resistance.* Amsterdam: VU University Press, 1997.

Schmid, Alex P., und Ronald Crelinsten (Hgg.). *Western Responses to Terrorism.* London: Frank Cass, 1993.

Silj, Alessandro. *Never Again Without a Rifle: The Origins of Italian Terrorism.* New York: Karz, 1979.

Silke, Andrew (Hg.). *Research on Terrorism: Trends, Achievements and Failures.* London: Frank Cass, 2004.

Silke, Andrew. *Terrorists Victims Society: Psychological perspectives on Terrorism and Its Consequences.* London: Wiley, 2003.

Sleeman, J. L. *Thugs; or a Million Murders.* London: S. Low and Marston, 1933.

Sleeman, W. H. *The Thugs or Phansigars of India.* Philadelphia: Carey and Hart, 1839.

Smith, Morton. »Zealots and Sicarii, Their Origins and Religion«. *Harvard Theological Review* 64, Nr. 1 (Januar 1971), 1–19.

Stern, Jessica. *Terror in the Name of God: Why Religious Militants Kill.* New York: HarperCollins, 2003.

Stern, Jessica. *The Ultimate Terrorists.* Cambridge, Mass.: Harvard University Press, 1999.

Stern, Steve J. *Shining and Other Paths: War and Society in Peru, 1980–1995.* Durham: Duke University Press, 1998.

Strickland, Matthew. *War and Chivalry: The Conduct and Perception of War in England and Normandy, 1066–1217*. Cambridge: Cambridge University Press, 1996.

Sunzi. *Die Kunst des Krieges*. Hg. von James Clavell. München: Knaur, 2001.

Swamy, M. R. Narayan. *Inside an Elusive Mind: Prabhakaran*. Delhi: Konark, 2003.

Szabo, Stephen F. *Parting Ways: The Crisis in German-American Relations*. Washington, D. C: Brookings, 2004.

»Tamil National Leader Hon. V. Pirapaharan's Interview«. *The Week* (India), 23. März 1986. Veröffentlicht auf der LTTE-Website unter der Adresse www.eepam.com/interviews/LEADER_MARCH_86_html, Zugriff am 30. Juli 2005.

Taylor, Max, und Edith Quayle. *Terrorist Lives*. London: Brassey's, 1994.

Taylor, Maxwell. *The Terrorist*. London: Brassey's, 1988.

Taylor, Maxwell, und John Horgan (Hgg.). *The Future of Terrorism*. London: Frank Cass, 2000.

Taylor, Peter. *Behind the Mask: The IRA and Sinn Fein*. New York: TV Books, 1997.

Taylor, Peter. Loyalists: *War and Peace in Northern Ireland*. New York: TV Books, 1999.

Taylor, Richard Norton. »Ricin Plot: London and Washington Used Plot to Strengthen Iraq War Push«. *The Guardian* (London), 14. April 2005.

Templeton, Tom, und Tom Lumley. »9/11 in Numbers«. *The Observer* (London), 18. August 2002.

Tizghart, Uthman. »Does bin Laden Really Possess Weapons of Mass Destruction? Tale of Russian Mafia Boss Simon Mogilevich Who Supplied Bin Laden with the Nuclear ›Dirty Bomb‹«. *Al-Majallah* (London), 25. November 2001.

Toner, Mike. »Humble Bean Produces a Deadly Toxin«. Fox News Service, 20. März 2003.

Toolis, Kevin. *Rebel Hearts: Journeys Within the IRA's Soul*. New York: St. Martin's Press, 1995.

Torabi, Emil. »Bin Laden's Nuclear Weapons«. *Muslim Magazine*, Winter 1998; www.muslimmag.com (nicht mehr erreichbar).

Tout, T. F. *The History of England from the Accession of Henry III to the Death of Edward III (1216–1377)*. London: Longmans, Green, 1905.

Tucker, Jonathan B. (Hg.). *Toxic Terror: Assessing Terrorist Use of Chemical and Biological Weapons*. Cambridge, Mass.: MIT Press, 2000.

Venter, A. J. »Elements Loyal to bin Laden Acquire Biological Agents ›Through the Mail‹«. *Intelligence Review,* August 1999.

Victor, Barbara. *Schahidas. Die Töchter des Terrors.* München: Knaur-Taschenbuch-Verlag, 2005.

Waldman, Amy. »Masters of Suicide Bombing: Tamil Guerrillas of Sri Lanka«. *The New York Times,* 14. Januar 2003.

Warrick, Joby. »An al Qaeda ›Chemist‹ and the Quest for Ricin«. *The Washington Post,* 5. Mai 2004.

Washington, George. *The Writings of George Washington from the Original Manuscript Sources.* Bd. 7. 1745–1799. Charlottesville, Va.: Electronic Text Center, University of Virginia Library.

Weinberg, Leonard. »Turning to Terror: The Conditions Under Which Political Parties Turn to Terrorist Activities«. *Comparative Politics* 23, Nr. 4 (Juli 1991), 423–438.

Weiser, Benjamin. »US Says bin Laden Aide Tried to Get Nuclear Weapons«. *The New York Times,* 26. September 1998.

Whitelaw, William. *Whitelaw Memoirs.* London: Anrum Press, 1989.

Wieviorka, Michel. *The Making of Terrorism.* Chicago: University of Chicago Press, 1988.

Wilkinson, Paul. *Terrorism Versus Democracy: The Liberal State Response.* London: Frank Cass, 2001.

The World Factbook. Washington, D. C.: CIA. Veröffentlicht auf der CIA-Website unter der Adresse www.cia.gov/cia/pubications/factbook/fields/2129.html, Zugriff am 5. Februar 2006.

Zoroya, Gregg. »Woman Describes the Mentality of a Suicide Bomber«. *USA Today,* 22. April 2002.

Glossar

Abu Sayyaf: Eine kleine muslimische Separatistengruppe im Süden der Philippinen, die sich Anfang der neunziger Jahre von der größeren Moro National Liberation Front (MNLF) abgespaltet hat.

Abu Schanab, Ismail (1950–2003): An dritter Stelle stehender Hamas-Führer in Gaza. Starb 2003 bei einem Angriff israelischer Kampfhubschrauber.

Ação Libertadora Nacional (ALN, Aktion zur Nationalen Befreiung): Eine Revolutionsbewegung, die 1967 in Brasilien gegründet wurde. Die Gruppe wurde von Carlos Marighella angeführt und agierte als Stadtguerilla. Nach Marighellas Tod 1969 schwand ihre Bedeutung.

Action directe: Eine sozialrevolutionäre Terroristengruppe, die in den achtziger Jahren in französischen Städten aktiv war.

Adams, Gerry (geb. 1948): Führer der irisch-republikanischen Bewegung. Seit 1983 Vorsitzender der Sinn Féin und Parlamentsabgeordneter für Westbelfast.

Afrikanischer Nationalkongress (ANC): Seit den ersten freien Wahlen in Südafrika 1994 Regierungspartei. Hat sich den Rechten der Mehrheit verschrieben. Gegründet 1912, 1960 wurde der Grundsatz der Gewaltlosigkeit aufgegeben.

al-Aksa-Märtyrerbrigaden: Militante Palästinensergruppe, die Arafats Fatah nahesteht. Vor allem Selbstmordattentate. Der Name leitet sich von der Aksa-Moschee her, einem der wichtigsten islamischen Heiligtümer und Symbol der Palästinenserbewegung. Entstand kurz nach dem Ausbruch der Aksa-Intifada im Jahr 2000.

al-Qaida (Die Basis): Radikalislamische Bewegung, die in den achtziger Jahren in Afghanistan gegründet wurde. Geführt von Osama Bin Laden. Verantwortlich für den 11. September 2001 und viele andere Terroranschläge.

Amir, Jigal: Rechtsradikaler Israeli, der im November 1995 Ministerpräsident Jitzhak Rabin ermordet hat.

Ansar-e Islam (Unterstützer des Islam): Entstanden im Jahr 2001 aus dem Zusammenschluss der Schund al-Islam (Armee des Islam) und einer Gruppe unter der

Führung von Mullah Krekar. Bei der Gründung von Ansar-e Islam war die Errichtung eines kurdischen Gottesstaates unter islamischem Gesetz das Ziel. Heute kämpft die Gruppe für den Abzug der US-Truppen aus dem Irak und die Errichtung eines islamischen Staates dort.

Arafat, Jassir (1929–2004): Vorsitzender der Palästinensischen Befreiungsorganisation (PLO), Gründer der Fatah. 1993 erhielt er den Friedensnobelpreis zusammen mit Schimon Peres und Jitzhak Rabin.

Asahara, Shoko (geb. 1955): Gründer und Führer der japanischen Sekte Aum Shinrikyo. Für den Sarin-Anschlag auf die Tokioter U-Bahn 1995 und andere Verbrechen wurde er 2004 zum Tode verurteilt. Am 15. September 2006 bestätigte der Oberste Gerichtshof in Japan das Urteil. Die Vollstreckung steht noch aus.

Assassinen: Eine gewalttätige radikalislamische Sekte, die vom 11. bis 13. Jahrhundert aktiv war.

Atta, Mohammed (1968–2001): Aus Ägypten stammender Anführer der Anschläge vom 11. September 2001. Steuerte die Maschine (American Airlines Flug 11), die in den Nordturm des World Trade Center raste.

Aum Shinrikyo (Om-Lehre der Wahrheit): Gewalttätige japanische Sekte, die 1987 von Shoko Asahara gegründet wurde. Setzte im März 1995 das Giftgas Sarin in der Tokioter U-Bahn frei.

Azhar, Maulana Masud (geb. 1968): Militanter Islamistenführer, Gründer von Dschaisch e-Mohammed, die für die Vereinigung von Kaschmir mit Pakistan kämpft.

Baader, Andreas (1943–1977): Führer der Roten Armee Fraktion (Baader-Meinhof-Gruppe), die Anfang der siebziger Jahre in Westdeutschland aktiv war. Zu lebenslänglicher Haft verurteilt, beging Baader im Oktober 1977 im Gefängnis Selbstmord.

Baader-Meinhof-Gruppe: Inoffizielle Bezeichnung der Roten Armee Fraktion.

Baath-Partei: 1945 als linke, säkulare, panarabische, nationalistische politische Partei gegründet. Kam 1963 in Syrien und im Irak an die Macht. 1966 spaltete sie sich in mehrere rivalisierende Gruppen. Nach der Zerschlagung von Saddam Husseins Baath-Regime 2003 wurde die irakische Partei von den Behörden der Besatzer verboten.

Barajew, Mowsar (1975–2002): Tschetschenischer Separatist, Führer des Islamischen Regiments zur besonderen Verwendung, im Oktober 2002 bei der Geiselnahme im Moskauer Dubrowka-Theater, die er leitete, getötet.

Barrett, Michael (1841–1868): Irischer Nationalist, Mitglied der Fenier, 1868 für den Clerkenwell-Bombenanschlag gehenkt.

Bassajew, Schamil Salmanowitsch (1965–2006): Tschetschenischer Rebellenführer, 1998 für kurze Zeit Ministerpräsident, Führer der Islamischen Internationalen Friedensbrigade (IIPB) und der Märtyrerbrigade »Rijad al-Salihin«. Gilt als Drahtzieher der Geiselnahme in der Schule von Beslan im September 2004.

Baumann, Michael »Bommi« (geb. 1948): Mitglied der deutschen Terrorgruppe Bewegung 2. Juni. Der Name bezieht sich auf den 2. Juni 1967, den Tag, an dem der Student Benno Ohnesorg, der erstmals an einer Demonstration teilnahm, von einem Polizisten erschossen wurde.

Befreiungstiger von Tamil Eelam (LTTE): Eine große Guerilla- und Terrororganisation auf Sri Lanka, die 1976 von Velupillai Prabhakaran gegründet wurde, der auch ihr Führer ist. Den bewaffneten Kampf begann sie 1989 mit dem Ziel eines unabhängigen Tamilenstaats. Gegenwärtig besteht ein brüchiger Waffenstillstand.

Begin, Menachem (1913–1992): Israelischer Ministerpräsident (1977–1983). In den vierziger Jahren Führer der Irgun-Bewegung. 1978 erhielt er den Friedensnobelpreis.

Benchellali, Menad (geb. 1975): Radikaler Islamist, der in Frankreich wegen Terroranschlägen im Gefängnis sitzt. Auch als »Chemiker« bekannt, weil er angeblich ein Training mit chemischen Waffen absolviert hat.

Betancourt, Rómulo (1908–1981): 1945–1948 und 1959–1964 Präsident von Venezuela.

Bin Laden, Osama (geb. 1957): Gründer und Leiter von al-Qaida. Geboren in Saudi-Arabien, das ihm 1994 die Staatsbürgerschaft entzog. Sohn eines Bauunternehmers, studierte Verwaltungs- und Wirtschaftswissenschaften an der König-Abdulaziz-Universität. Gründete al-Qaida in den achtziger Jahren, um die Mudschaheddin in Afghanistan gegen die Sowjetunion zu unterstützen. 1996 erklärte er den Vereinigten Staaten den Krieg. Hält sich versteckt.

Binalshibh, Ramzi: 1973 im Jemen geboren, 2002 in Pakistan festgenommen, heute in US-Gewahrsam. Mitglied der al-Qaida-Spitze, einer der Planer der Anschläge vom 11. September.

Brigate Rosse (BR, Rote Brigaden): Italienische sozialrevolutionäre Terrorgruppe, die vor allem in den siebziger und Anfang der achtziger Jahre aktiv war. Verantwortlich für die Entführung und Ermordung des Parteivorsitzenden und früheren Regierungschefs Aldo Moro im Frühjahr 1978.

Cellules Communistes Combatantes (CCC): Eine kleine kommunistische sozialrevolutionäre Gruppe, die Mitte der achtziger Jahre in Belgien aktiv war.

Chalid, Leila (geb. 1944): Berühmte Terroristin, Mitglied der PFLP. Im August 1969 war Chalid an der Entführung von TWA Flug 840 beteiligt. Im September 1970 versuchte sie, zusammen mit dem Nicaraguaner Patrick Arguello, die Maschine des El-Al-Flugs 219 zu entführen.

Clan na Gael (Irische Familie): Organisation, die Ende des 19. Jahrhunderts von Sympathisanten der irischen Republikaner in den Vereinigten Staaten gegründet wurde. Sie unterhielt enge Verbindungen zu den Feniern und zur IRB.

Continuity IRA (CIRA): Eine Splittergruppe der IRA, die 1994 aus Protest gegen den Friedensprozess in Nordirland gegründet wurde.

Contras: Eine von den USA unterstützte Bewegung gegen die linke Sandinisten-Regierung in Nicaragua zwischen 1979 und 1990. Löste sich nach der Abwahl der Sandinisten 1990 auf.

Curcio, Renato (geb. 1941): Führer der Roten Brigaden in Italien.

Dawa-Partei: Schiitische islamische Partei im Irak, die Ende der fünfziger Jahre gegründet und vom Iran unterstützt wurde.

Devrimci Sol (Dev Sol, Revolutionäre Linke): Kleine türkische marxistisch-leninistische Gruppe, die 1978 gegründet wurde und sich Anfang der neunziger Jahre in zwei Fraktionen spaltete. Der ursprüngliche Dev-Sol-Gründer benannte die Gruppe in DHKP-C um. Sie führt weiterhin Anschläge gegen die türkische Regierung wie westliche Investoren durch.

Dirección de Inteligencia Nacional (Dina): Chilenischer Geheimdienst, der Ende 1977 in Central Nacional de Informaciones umbenannt wurde. Fungierte unter der Leitung von Augusto Pinochet, 1973–1990 Chef der Militärregierung in Chile, als Geheimpolizei.

Dohrn, Bernadine (geb. 1942): Führerin und Sprecherin von Weather Underground.

Dschaisch e-Mohammed (JEM, Armee Mohammeds): Radikale Islamistengruppe in Pakistan. Sie wurde 2000 von Maulana Masud Azhar mit dem Ziel gegründet, Kaschmir mit Pakistan zu vereinen.

Dschama'at al-Tauhid al-Dschihad: Islamistisches Terrornetzwerk im Irak, das Ende der neunziger Jahre von Abu Mussab al-Sarkawi aufgebaut wurde. Seit 2002 bezeichnet sich die Gruppe als al-Qaida im Irak.

Dschihad-Moschee: Die Fußballmannschaft Dschihad-Moschee wurde 1998 von dem sechzehnjährigen Mushin Kawasmeh in Hebron gegründet. Seit 2002 haben sich acht Mitglieder der Elf als Selbstmordattentäter zur Verfügung gestellt.

Ejército Revolucionario del Pueblo (ERP, Revolutionäre Volksarmee): Bewaffneter Flügel der Revolutionären Arbeiterpartei Argentiniens. Gegründet 1969 und geleitet von Mario Roberto Santucho. Aktiv von 1973 bis 1977.

Euskadi ta Askatasuna (ETA, »Das Baskenland und seine Freiheit«): Baskische Nationalistengruppe, die 1959 gegründet wurde und noch heute in Spanien mit dem Ziel aktiv ist, einen unabhängigen Baskenstaat zu erreichen, der die spanischen Provinzen Vizcaya, Guipúzcoa und Álava, die autonome Region Navarra und die südwestfranzösischen Gebiete Labourd, Basse-Navarre und Soule umfasst.

Fatah: Militärischer Flügel der PLO, 1959 von Jassir Arafat gegründet.

Fenian Brotherhood (Fenier): Irisch-republikanische Organisation im 19. Jahrhundert, die Gewalt einsetzte, um die Unabhängigkeit Irlands zu erreichen. Der Name leitet sich von dem mythischen Helden Fionn MacCumhall und seinen Kriegern, den Fianna, her. Der Begriff Fenier bezeichnet auch allgemein die republikanische Bewegung und schließt dabei Einzelorganisationen ein.

Fuerzas Armadas de Liberación Nacional (FALN, Bewaffnete Kräfte der Nationalen Befreiung): Linksradikale venezolanische Terrorgruppe, aktiv in den sechziger Jahren. Entstanden aus dem Zusammenschluss der beiden militanten Gruppen PCV (Partido Communista de Venezuela, Kommunistische Partei Venezuelas) und MIR (Movimiento de Izquiera Revolucionaria, Revolutionäre Linksbewegung). Die Kampagnen der FALN umfassten sowohl Terroranschläge in Städten als auch die Revolution auf dem Land. Bevorzugte Ziele der von Kuba unterstützten Gruppe waren US-Einrichtungen. Der Großteil der Mitglieder nahm 1969 ein Amnestieangebot an.

Fuerzas Armadas Revolucionarias de Colombia (FARC, Revolutionäre Streitkräfte Kolumbiens): Lateinamerikas älteste und größte Terroristengruppe. Sie wurde 1964 von der kommunistischen Partei gegründet und wird von Manuel Marulanda Vélez (Kampfname von Pedro Antonio Marín) geführt.

Gaddafi, Muammar Abu al- (geb. ca. 1942): Seit 1969 faktisch Staatsoberhaupt von Libyen.

Gamaa al-Islamija (Islamische Gruppe): Die größte ägyptische militante Gruppe. Aktiv seit den siebziger Jahren. Der spirituelle Kopf der Gruppe, Sheikh Umar Abd al-Rahman verbüßt eine lebenslange Haftstrafe in den USA wegen seiner Beteiligung beim Anschlag auf das World Trade Center 1993. 1998 unterzeichnete die Gruppe Osama Bin Ladens Fatwa, das zum Angriff auf die Vereinigten Staaten aufrief.

Grivas, Georgios (1898–1974): Führer der griechisch-zypriotischen Terrorgruppe Ethnike Organosis Kypriakou Agonos (EOKA). Propagierte die Einheit mit Griechenland und leitete die Guerilla-Kampagne gegen die britische Herrschaft in den fünfziger Jahren des letzten Jahrhunderts. Nach der Unabhängigkeit von Zypern 1959 gründete er die paramilitärische Organisation EOKA-B, die sich gegen den Präsidenten (und Erzbischof) Makarios richtete.

Groupe Islamique Armé (GIA, Bewaffnete Islamische Gruppe): 1982 gegründete Gruppe islamistischer Extremisten, die von Algerien aus in Nordafrika und Frankreich agiert.

Grupo de Resistencia Anti-Fascista Primero de Octubre (GRAPO, Antifaschistische Widerstandsgruppe 1. Oktober): Kleine Gruppe marxistisch-leninistischer Extremisten, die 1975 in Spanien gegründet wurde. Sie ist stark antiamerikanisch eingestellt und befürwortet den Sturz der spanischen Regierung.

Guevara, Che (1928–1967): Bürgerlicher Name Ernesto Guevara de la Serna. Der argentinische Revolutionär und Guerilla-Führer war Anfang der sechziger Jahre Mitglied der Regierung von Fidel Castro auf Kuba. 1967 wurde er gefangen genommen und erschossen, als er Guerilleros für einen Aufstand gegen die bolivianische Regierung schulte.

Guzmán, Abimael (geb. 1934): Gründer und Führer der peruanischen maoistischen Gruppe Leuchtender Pfad. Der frühere Philosophieprofessor wurde 1992 gefangen genommen. Seine Anhänger bezeichnen ihn auch als »Vorsitzenden Gonzalo« und »Viertes Schwert des Marxismus« (nach Marx, Lenin und Mao).

Habasch, Georges (geb. 1925): Marxistischer Palästinenser und Gründer der Volksfront für die Befreiung Palästinas (PFLP, 1968).

Hamas (Eifer): Radikal-islamistische Palästinenserorganisation, die Ende 1987 mit dem Ziel gegründet wurde, einen islamistischen Palästinenserstaat in Israel zu errichten. Am einflussreichsten ist die Hamas im Gazastreifen und im Westjordanland. Sie konkurriert mit der säkularen PLO und dem kleineren Palästinensischen Islamischen Dschihad um Unterstützung und hat bei den palästinensischen Parlamentswahlen im Januar 2006 einen Überraschungssieg errungen.

Hanif, Assaf Mohammed (1979–2003): Britischer Selbstmordattentäter, der im April 2003 eine Bombe in einer Bar in Tel Aviv zündete.

Harakat ul-Mujahidin (HUM): Eine militante islamistische Gruppe, die von Pakistan aus vor allem in Kaschmir agiert. Schloss sich 1998 Bin Ladens Fatwa gegen die Vereinigten Staaten an. 2000 löste der populäre Kommandant Farooq Kashmiri den langjährigen Führer Fazlur Rehman Khalil ab. Ausbildungslager der HUM wurden im Herbst 2001 durch alliierte Luftangriffe zerstört.

Hasnawi, Ahmed al- (1980–2001): Geboren in Saudi-Arabien. Einer der Kidnapper von United Airlines Flug 93 (der Maschine, die in Pennsylvania abgestürzt ist) am 11. September 2001.

Hisbollah (Partei Gottes): Radikale Schiitenorganisation, die Anfang der achtziger Jahre im Libanon gegründet wurde. Ziel ist der Widerstand gegen Israel und die Errichtung eines islamistischen Staates im Libanon. Generalsekretär ist derzeit Hassan Nasrallah. Die Hisbollah wird vom Iran und von Syrien unterstützt.

Hussain, Hasib Mir (1986–2005): Einer der vier britischen Selbstmordattentäter, die am 7. Juli 2005 die Anschläge auf drei Londoner U-Bahnen und einen Bus verübten und 52 Menschen mit in den Tod rissen.

Idris, Wafa (1975–2002): Eine Helferin des Roten Halbmonds und die erste palästinensische Frau, die ein Selbstmordattentat beging. Sie zündete eine Rucksackbombe mitten in einer israelischen Einkaufstraße. Die Verantwortung für diesen Anschlag übernahmen die Aksa-Märtyrerbrigaden.

Irgun: Zionistische Organisation, die 1931 in Palästina gegründet wurde und für die Errichtung eines jüdischen Staates kämpfte. Geführt wurde sie eine Zeit lang von Menachem Begin, der dann von 1977 bis 1983 israelischer Ministerpräsident war.

Irische Republikanische Bruderschaft (IRB): Die IRB war eine militante irische Republikanerorganisation, die Mitte des 19. Jahrhunderts aus der Fenier-Bewegung entstand und Vorläuferin der heutigen IRA war. Die IRB organisierte den Osteraufstand 1916, wurde dann aber im Verlauf des Unabhängigkeitskrieges allmählich durch die IRA ersetzt und löste sich 1924 auf.

Irisch-Republikanische Armee (IRA): Gegründet Anfang des 20. Jahrhunderts, um die irische Unabhängigkeit von Großbritannien zu erkämpfen. Die »Alte« IRA spaltete sich Ende 1969 in »Provisionals« und »Officials«. Die »Provisionals« (Vorläufigen) galten alsbald als eigentliche IRA und führten einen fünfunddreißigjährigen blutigen Kampf für die Einheit Irlands. Im Sommer 2005 erklärten sie ihren bewaffneten Feldzug für beendet.

Islamische Internationale Friedensbrigade (IIPB): Tschetschenische Terroristengruppe, die 1986 von Schamil Bassajew gegründet wurde, der sie zusammen mit Abu al-Walid auch leitete. Zu den Mitgliedern gehören Tschetschenen, Araber und sonstige ausländische Kämpfer. Die IIPB war an der Geiselnahme im Moskauer Dubrowka-Theater im Oktober 2002 beteiligt.

Islamisches Regiment zur besonderen Verwendung: Tschetschenische Gruppe, die für die Unabhängigkeit kämpft. Bis zu seinem Tod bei der Geiselnahme im Moskauer Dubrowka-Theater im Oktober 2002 leitete Mowsar Barajew das Regiment. Sein Nachfolger wurde Chamsat Tasabajew, der 2004 getötet worden sein soll.

Izz-ad-Din-al-Qassam-Brigaden (al-Qassam-Brigaden): Der militärische Flügel der Hamas, benannt nach Scheich Izz ad-Din al-Qassam (1882–1935).

Japanische Rote Armee (JRA): Kleine japanische sozialrevolutionäre Gruppe, die ab den frühen siebziger Jahren rund 30 Jahre lang aktiv war, und die einzige bekannte Terrororganisation, die von einer Frau geführt wurde: von Fusako Shigenobu, die 2000 festgenommen wurde. Verantwortlich für das Massaker auf dem Flughafen im israelischen Lod im Jahr 1972.

Jarrah, Ziad (1975–2001): Libanese, einer der Attentäter vom 11. September 2001. Er steuerte die Maschine, die in Pennsylvania abstürzte (United Airlines Flug 93).

Jassin, Scheich Ahmed (1936–2004): Gründer und geistiger Führer der Hamas, wurde von einer israelischen Kampfhubschrauberrakete getötet.

Jemaah Islamiah (JI, Islamische Gemeinschaft): Islamistische Terrorgruppe in Südostasien. Ihr Ziel ist die Schaffung eines islamistischen Staates, der Brunei, Indonesien, Malaysia, Singapur, die südlichen Philippinen und den Süden von Thailand umfasst. Die Gruppe hat Verbindungen zu al-Qaida und ist verantwortlich für die Bombenanschläge auf Bali 2002 und 2005.

Kach (auch Kahane Chai): Rechtsextreme israelische Terrorgruppe, die Anfang der siebziger Jahre von dem Rabbi Meir Kahane (1932–1990) gegründet wurde und den biblischen Staat Israel wiedererrichten will. Nachdem sie von der israelischen Regierung 1994 verboten wurde, löste sich die Gruppe offiziell auf, doch inoffiziell ist sie weiterhin aktiv.

Khan, Mohammad Sidique (1974–2005): In England geborener Anführer der vier britischen Selbstmordattentäter, die am 7. Juli 2005 die Anschläge auf drei Londoner U-Bahnen und einen Bus verübten und 52 Menschen mit in den Tod rissen.

Kherchtou, L'Houssaine (geb. 1964): Marokkaner, Mitglied von al-Qaida. Sagte 2001 als Kronzeuge im Prozess wegen der Anschläge auf US-Botschaften im August 1998 aus, bei denen vier Männer angeklagt und verurteilt wurden.

Kommunistische Partei Nepals (Maoistisch): Maoistische Terroristengruppe in Nepal, die 1994 gegründet wurde und von Pushpa Kamal Dahal geleitet wird. Ziel der Gruppe ist, die Regierung in Nepal zu übernehmen und einen kommunistischen Staat zu errichten.

Kumaratunga, Chandrika (geb. 1945): Von 1994 bis 2005 Präsidentin von Sri Lanka.

Lechi: Splittergruppe der Irgun, die 1940 von Abraham Stern gegründet wurde. Ihr Ziel war die Vertreibung der britischen Streitkräfte wie der Araber aus Palästina. Sie weigerte sich, während des Krieges gegen Hitler-Deutschland eine Waffenruhe mit den Briten einzugehen. Zu ihren Führern gehörte Itzhak Schamir, der 1983–1984 und 1986–1992 israelischer Ministerpräsident war.

Leuchtender Pfad (Sendero Luminoso): Maoistische Terroristengruppe in Peru, die Ende der sechziger Jahre von Abimael Guzmán gegründet und von ihm geführt wurde. Begann 1980 mit bewaffneten Aktionen und wurde durch die Verhaftung ihrer Führung 1992 erheblich geschwächt.

Lindsay, Germaine (Jamal, 1985–2005): In Jamaika geborener britischer Selbstmordattentäter, der zusammen mit drei anderen am 7. Juli 2005 die Anschläge auf drei Londoner U-Bahnen und einen Bus verübte, bei denen insgesamt 56 Menschen getötet wurden.

Mac Sweeney, Terence (1879–1920): Nationalistischer Bürgermeister von Cork, starb während des irischen Unabhängigkeitskrieges gegen Großbritannien im Brixton-Gefängnis bei einem Hungerstreik.

Marighella, Carlos (1911–1969): Brasilianischer Revolutionär, Mitglied der ALN (Ação Libertadora Nacional). Sein wichtigstes Werk ist das 1969 veröffentlichte *Minihandbuch des Stadtguerilleros.*

Marín, Pedro Antonio (geb. 1928): Führer der kolumbianischen FARC, besser bekannt als Manuel Marulanda Vélez.

Märtyrerbrigade »Rijad al-Salihin«: Tschetschenische Rebellengruppe, die von Schamil Bassajew geleitet wurde und 2002 an der Geiselnahme im Moskauer Dubrowka-Theater beteiligt war. Der Name bedeutet »Garten der Frommen«.

Maududi, Sayyid Abul Ala (1903–1979): Einer der einflussreichsten muslimischen Theologen des 20. Jahrhunderts und Gründer von Jama'at-e islami, mit deren Hilfe in Indien (vor der Trennung von Pakistan) islamische Werte und Handlungsweisen verbreitet werden sollten. Maududi und Qutb gelten als die Väter der globalen islamischen Erneuerungsbewegung.

McGuinness, Martin (geb. 1950): Einer der führenden Köpfe der irisch-republikanischen Bewegung. Chefunterhändler der Sinn Féin, zeitweilig Führer der IRA. 1997 wurde er zum Parlamentsabgeordneten für Mid Ulster gewählt und 1998 Bildungsminister der nordirischen Regionalversammlung.

Meinhof, Ulrike (1934–1976): Zusammen mit Andreas Baader an der Spitze der Roten Armee Fraktion (Baader-Meinhof-Gruppe) in Westdeutschland. Beging Selbstmord im Gefängnis.

Mohammed, Chalid Scheich (geb. 1965): Chefplaner der Anschläge vom 11. September 2001. Aus Kuweit stammendes führendes al-Qaida-Mitglied, 2003 in Pakistan gefangen genommen und in US-Gewahrsam, mittlerweile in Guantánamo.

Movimiento de Izquierda Revolucionaria (Mir, Bewegung der revolutionären Linken): Linksgerichtete Revolutionsbewegung, die in den sechziger Jahren in Chile gegründet wurde und in den siebziger und achtziger Jahren sporadisch Terroranschläge verübte.

Movimiento Revolucionario Túpac Amaru (MRTA): Marxistisch-leninistische Revolutionsbewegung, die 1982 in Peru gegründet wurde. Am bekanntesten ist ihre Besetzung der japanischen Botschaft in Lima 1996/97.

Mugabe, Robert Gabriel (geb. 1924): Staats- und Regierungschef von Simbabwe seit 1980 – von 1980 bis 1987 als Premierminister und seit 1987 als Präsident.

Gründer und Führer der Befreiungsbewegung Zimbabwe African People's Union (ZAPU).

Muslimbruderschaft (al-Ichwan al-muslimun): Islamistische Organisation im Nahen Osten. Die ursprüngliche Muslimbruderschaft wurde 1928 von Hassan al-Banna in Ägypten gegründet, wo sie nach wie vor die stärkste politische Oppositionsgruppe bildet. Ableger der Muslimbruderschaft wurden unter anderem in Syrien, Jordanien, Palästina, Kurdistan und im Irak gegründet.

Narodnaja Wolja (Volkswille): Eine russische revolutionäre Anarchistengruppe, die zwischen 1878 und 1883 aktiv war. Unter anderem verantwortlich für das Attentat auf Zar Alexander II. im März 1881.

Nasrallah, (Sayyid) Hassan (geb. 1960): Libanesischer Generalsekretär der Hisbollah.

New People's Army (NPA): Militanter maoistischer Flügel der Kommunistischen Partei der Philippinen, 1969 mit dem Ziel gegründet, die Regierung zu stürzen. Ihre Führer José Maria Sison und Luis Jaladoni leben in den Niederlanden im Exil.

Öcalan, Abdullah (geb. 1948): Gründer und Führer der seit 1974 bestehenden kurdischen Terrororganisation PKK. Öcalan wurde 1999 gefangen genommen und zu lebenslanger Haft verurteilt.

Okamoto, Kozo (geb. 1948): Mitglied der Japanischen Roten Armee (JRA) und einziger Überlebender der Gruppe, die 1972 den Anschlag auf den Flughafen Lod verübte. Er wurde in Israel zu lebenslanger Haft verurteilt, aber 1985 aufgrund eines Gefangenenaustausches mit der PFLP-GC freigelassen. Er floh nach Libyen und wurde später im Libanon verhaftet, wo er 2000 Asyl bekam.

Omar, Muhammed Mullah (geb. 1959): Führer der Taliban und faktisch Staatschef in Afghanistan von 1996 bis 2001. Seit der US-Invasion 2001 hält er sich versteckt.

Palästinensische Befreiungsorganisation (PLO): Politische und militärische Dachorganisation zur Schaffung eines unabhängigen Palästinenserstaates. Die PLO wurde 1964 von der Arabischen Liga ins Leben gerufen und wurde von 1969 bis 2004 von Jassir Arafat geleitet. Nachfolger von Arafat ist Mahmud Abbas, der 2005 zum Präsidenten der palästinensischen Autonomiebehörde gewählt wurde.

Palästinensischer Islamischer Dschihad: Ende der siebziger Jahre von Fathi al-Schakaki als Zweig des Ägyptischen Islamischen Dschihad im Gazastreifen gegründet. Die Gruppe ist im Westjordanland und in Gaza mit dem Ziel aktiv, einen islamistischen Palästinenserstaat zu errichten und Israel zu zerstören.

Partiya Karkêren Kurdistan (PKK, Kurdische Arbeiterpartei): Große Terroristengruppe, die 1974 von Abdullah Öcalan gegründet wurde und das Ziel hat, einen unabhängigen Kurdenstaat zu errichten, der die Kurdengebiete in der Türkei, im Irak und im Iran umfasst.

Prabhakaran, Velupillai (geb. 1954): Führer der LTTE (Befreiungstiger von Tamil Eelam), das einzige noch lebende Gründungsmitglied der Organisation.

Premadasa, Ranasighe (1924–1993): Von 1989 bis 1993 Staatspräsident von Sri Lanka, bei einem Attentat der LTTE (Befreiungstiger von Tamil Eelam) getötet.

Provisional IRA (PIRA): Im Dezember 1969 spaltete sich die IRA in zwei Gruppen. Die Provisional IRA oder »Provos« entwickelten sich schnell zur größten Gruppe, und die Bezeichnung »IRA« galt fortan für sie. Die Gruppe erklärte 2005 ihren bewaffneten Kampf für die irische Einheit für beendet.

Qurashi, Abu 'Ubeid al-: Berater von Osama Bin Laden und al-Qaida-Sprecher mit Wohnsitz in London. Schrieb für die inzwischen abgeschaltete al-Qaida-Website und das Onlinemagazin *al-Ansar.*

Qutb, Sayyid (1906–1966): Islamischer Theologe, Theoretiker und Schriftsteller aus Ägypten. Er hatte großen Einfluss auf die islamistische Fundamentalismusbewegung, insbesondere hinsichtlich des Konzepts Dschihad (Heiliger Krieg) und der Nichtanerkennung weltlicher Gesetze. 1966 wurde er wegen Verschwörung zum Staatsstreich hingerichtet.

Rantissi, Abd al-Asis al- (1947–2004): Kinderarzt und Sprecher der Hamas; wurde von einer israelischen Hubschrauberrakete getötet.

Real IRA (RIRA, Wahre IRA): Militanter Ableger der IRA, entstand 1998 aus Opposition zum nordirischen Friedensprozess.

Resistência Nacional Moçambicana (RENAMO): Rechtsgerichtete Opposition gegen die FRELIMO-Regierung in Mosambik, gegründet 1975 und derzeit unter der Führung von Afonso Dhlakama.

Ressam, Ahmed (geb. ca. 1967): Gebürtiger Algerier, wegen der Vorbereitung eines Anschlags auf den Los Angeles International Airport am Vorabend der Jahrtausendwende zu 22 Jahren Haft verurteilt.

Riaschi, Reem (1981–2004): Erste palästinensische Mutter, die – im Januar 2004 – ein Selbstmordattentat beging. Hamas und al-Aksa nahmen dies gemeinsam für sich in Anspruch.

Rossa, Jeremiah O'Donovan (1831–1915): Irischer Fenier-Führer, der Generationen von irischen Republikanern inspirierte.

Rote Armee Fraktion (RAF): Deutsche sozialrevolutionäre Terrorgruppe, die auch unter der Bezeichnung Baader-Meinhof-Gruppe bekannt ist und Ende der sechziger und in den siebziger Jahren in Westdeutschland aktiv war. 1998 löste sie sich offiziell auf.

Salafiya Jihadia (Dschihad für den reinen Islam): Extremistische marokkanische Islamistenbewegung, die 2003 in Casablanca eine Reihe von Selbstmordattentaten verübte.

Salim, Mamduh Mahmud (geb. 1958): Sudanese, der als Finanzchef von al-Qaida galt. Er wurde 1998 in München bei dem Versuch verhaftet, an radioaktives Material zu gelangen.

Santucho, Mario Roberto (1936–1976): Führer der Revolutionären Volksarmee (ERP) in Argentinien; wurde 1976 getötet.

Sarkawi, Abu Mussab al- (1966–2006): Aus Jordanien stammender Führer der irakischen Rebellengruppe Dschama'at al-Tauhid al-Dschihad, auch als al-Qaida im Irak bezeichnet.

Sawahiri, Aiman al- (geb. 1951): Ägyptischer Arzt, früher Führer des ägyptischen Islamischen Dschihad, Vizekommandant von al-Qaida.

Schwarzer September: Terrorgruppe, die entstand, nachdem die PLO im »schwarzen September« 1970 aus Jordanien vertrieben worden war. Verantwortlich für die Geiselnahme und den Tod des israelischen Olympiateams 1972 in München. Im Dezember 1974 löste die Fatah den Schwarzen September auf.

Sendic, Raúl (1926–1989): Gründer und Führer der Tupamaros, einer Terroristengruppe, die in den sechziger und siebziger Jahren in Uruguay aktiv war.

Sharif, Omar Khan (ca. 1976–2003): Britischer Dschihadist, einer der beiden Selbstmordattentäter, die im April 2003 in einer Bar in Tel Aviv Bomben zündeten.

Sheikh, Omar Saeed (geb. 1973): Britischer Staatsbürger und Radikalislamist, Mitglied von Dschaisch e-Mohammed. Wegen der Ermordung des *Wall-Street-Journal*-Reporters Daniel Pearl 2002 in Pakistan im selben Jahr zum Tode verurteilt. Das Berufungsverfahren ist noch nicht entschieden.

Shigenobu, Fusako (geb. 1945): Führerin der Japanischen Roten Armee und einzige Frau, die eine Terroristengruppe leitete. Schmiedete 1971 eine Allianz zwischen JRA und der PFLP. Sie wurde 2001 verhaftet und sitzt derzeit in Japan im Gefängnis.

Sicarii: Wörtlich »Dolchmänner«, jüdische Zeloten, die sich im 1. Jahrhundert nach Christus gewaltsam gegen die römische Herrschaft wehrten.

17. November: Kleine linksradikale Untergrundorganisation in Griechenland, die 1975 gegründet und nach dem griechischen Studentenaufstand im November 1973 benannt wurde. Die meisten ihrer Führer wurden 2002 verhaftet und im Dezember 2003 zum Teil zu mehrfach lebenslänglichen Haftstrafen verurteilt.

Sinn Féin (Wir selbst): Gern mit »Wir selbst allein« übersetzt; politische Partei, die 1905 von Arthur Griffin gegründet wurde und sich der irischen Unabhängigkeit verschrieben hat. Heute der politische Arm der IRA, der die Vereinigung mit Irland anstrebt, und die größte Partei der Katholiken in Nordirland.

Südlibanesische Armee (SLA): 1976 gegründete pro-israelische libanesische Miliz während des Bürgerkrieges im Libanon (1975–1990).

Suthanthirab Paravaikal (Vögel der Freiheit): Die Frauenorganisation der LTTE (Befreiungstiger von Tamil Eelam) in Sri Lanka.

Taliban: Die »Koranschüler«, so die Übersetzung von Taliban, kamen im Verlauf des Bürgerkrieges in Afghanistan an die Macht. Die islamistische, paschtunische Nationalistenbewegung unter Muhammed Mullah Omar beherrschte von 1996 bis 2001 nahezu das gesamte Afghanistan und setzte eine rigide Auslegung der Scharia durch. Nach der US-Invasion löste die afghanische Interimsbehörde im Dezember 2001 das Taliban-Regime ab.

Tanweer, Shehzad (1982–2005): Einer der vier britischen Selbstmordattentäter, die am 7. Juli 2005 die Anschläge auf drei Londoner U-Bahnen und einen Bus verübten und 52 Menschen mit in den Tod rissen.

Thug: Große, gewalttätige Hindusekte, die vom 13. bis 19. Jahrhundert in Indien aktiv war.

Tsuchiya, Masami (geb. 1965): Chefchemiker von Aum Shinrikyo. Für seine Rolle bei dem Sarin-Giftgasanschlag auf die U-Bahn in Tokio 2004 zum Tode verurteilt. Am 18. August 2006 bestätigte der Oberste Gerichtshof in Japan das Urteil. Die Vollstreckung steht noch aus.

Ulster Volunteer Force (UVF): Loyalistische paramilitärische Organisation, die 1966 von Augustus »Gusty« Spence gegründet wurde. Die verbotene protestantische Gruppierung war vor allem in den siebziger Jahren in Nordirland aktiv.

Umkhonto We Sizwe (MK): Militärischer Arm des Afrikanischen Nationalkongresses (ANC), der 1961 gegründet wurde und seine Aktivitäten 1990 eingestellt hat; der Name bedeutet »Speer der Nation«.

União Nacional para a Independência Total de Angola (UNITA, Nationale Union für die totale Unabhängigkeit Angolas): Angolanische Befreiungsbewegung, die 1966 von Jonas Savimbi mit dem Ziel gegründet wurde, die Unabhängigkeit Angolas von der portugiesischen Kolonialherrschaft zu erkämpfen.

Volksfront für die Befreiung Palästinas (PFLP): Säkulare linke Palästinensergruppe, die 1967 von Georges Habasch gegründet wurde und den Osloer Friedensprozess ablehnt.

Volksfront für die Befreiung Palästinas – Generalkommando (PFLP-GC): Palästinensische Terroristengruppe, die die PLO bekämpft. Sie spaltete sich 1968 von der PFLP ab und wird von Ahmed Dschibril, einem ehemaligen Hauptmann der syrischen Armee, geführt.

Walker Lindh, John (geb. 1981): Der »amerikanische Taliban« – ein Amerikaner, der im November 2001 als Taliban-Kämpfer gefangen genommen wurde. 2002 wurde er wegen seiner Dienste für die Taliban und wegen Sprengstoffbesitzes zu 20 Jahren Haft verurteilt.

Weather Underground Organization (Weathermen): Militanter Ableger des amerikanischen SDS (Students for a Democratic Society), Anfang der siebziger Jahre in den Vereinigten Staaten aktiv.

Zeloten: Gewalttätige jüdische Gruppe, die im 1. Jahrhundert nach Christus gegen die römische Herrschaft über die Provinz Judäa kämpfte.

Register